WASEDA University Academic Series

早稲田大学学術叢書

13

モンゴル 近現代史研究 1921〜1924年

―外モンゴルとソヴィエト,コミンテルン―

青木雅浩
Masahiro Aoki

早稲田大学出版部

Outer Mongolia's Relationship with Soviet Russia and the Comintern
—From 1921 to 1924—

Masahiro AOKI is part-time lecturer at Waseda and Nihon universities, and post-doctoral researcher of Center for Northeast Asian Studies, Tohoku University, Japan (as of April, 2011).

An English summary of this book is on p.430.

First published in 2011 by
Waseda University Press Co., Ltd.
1-9-12-402 Nishiwaseda
Shinjuku-ku, Tokyo 169-0051
www.waseda-up.co.jp

© 2011 by Masahiro Aoki

All rights reserved. Except for short extracts used for academic purposes or book reviews, no part of this publication may be reproduced, stored in a retrieval system or transmitted in any form whatsoever—electronic, mechanical, photocopying or otherwise—without the prior and written permission of the publisher.

ISBN 978-4-657-11705-2

Printed in Japan

目　次

序章　はじめに──────────────────────── 1

　第1節　本書の視点
　　　　──外モンゴルとソヴィエト，コミンテルン………………… 1
　　1. モンゴル近現代史におけるソヴィエト，コミンテルンの重要性　1
　　2. 外モンゴルとソヴィエト，コミンテルンの関係の発端　3

　第2節　本書の目的……………………………………………… 6
　　1. 従来の研究とその問題点　6
　　2. 本書の目的　15

　註　18

第Ⅰ部　モンゴル人民政府成立後の政治情勢　　　　　　　21

第1章　外モンゴルとソヴィエト・ロシア，コミンテルン
　　　　──ロシア・モンゴル友好条約と極東諸民族大会をめぐって── 23

　第1節　外モンゴルにおけるソヴィエト・ロシアとコミンテルン……… 24
　　1. 外モンゴルにおけるソヴィエト・ロシア，コミンテルンの機関　24
　　2. 中ソ公式交渉とモンゴル問題　30
　　3. 人民政府の政権の様相　34

　第2節　ロシア・モンゴル友好条約締結交渉とモンゴル人民政府……… 39
　　1. 外モンゴルにおける旧条約　40
　　2. 条約に対する人民政府の目的　42
　　　A.「モンゴル代表の宣言」　42
　　　B. 人民政府側作成条約草案　47
　　3. ロシア・モンゴル友好条約締結交渉　50
　　　A. 条約締結交渉に至る過程　50
　　　B. 条約締結交渉議事録の検討　52
　　　C. 条約締結交渉におけるソヴィエト・ロシアの意図　55

i

第3節　条約締結交渉に見るソヴィエト・ロシアの対外モンゴル方針
　　──ウリヤンハイ問題を中心に……………………………………60

　1．モンゴル人民政府とウリヤンハイ問題　62
　2．ソヴィエト・ロシアとウリヤンハイ問題　62
　　A．外モンゴルへのウリヤンハイの統合を許容する方針　63
　　B．ウリヤンハイの「独立」を維持する方針　66
　3．ウリヤンハイ問題とロシア・モンゴル友好条約締結交渉　68
　　A．ソヴィエト・ロシアの対ウリヤンハイ公式宣言──9月9日宣言──
　　　の成立過程　68
　　B．条約締結交渉におけるウリヤンハイ問題　75

第4節　極東諸民族大会と外モンゴル……………………………………78

　1．極東諸民族大会の概要　80
　2．極東諸民族大会におけるモンゴル問題協議　83
　　A．ジノヴィエフ報告をめぐる討論　83
　　B．サファロフの発言　86
　3．極東諸民族大会におけるモンゴル代表の報告　87
　　A．報告の内容　87
　　B．報告の作成者について　88

本章の結論……………………………………………………………………91

註　92

第2章　ボドーの粛清事件と外モンゴルの政治情勢の変化────107

第1節　ボドーの辞任とソヴィエト・ロシア，コミンテルン…………109

　1．ボドーの経歴と粛清事件　109
　2．ボドーとソヴィエト・ロシア，コミンテルン　111
　　A．ボドーに対するソヴィエト・ロシア，コミンテルンのエージェント
　　　の評価　112
　　B．ソヴィエト・ロシア，コミンテルンのエージェントの
　　　過剰干渉問題　115
　　C．ボドーの辞任の経緯　118

第2節　辞任後のボドーの活動と外モンゴルの政治情勢………………129

　1．オフチンの報告書に見るボドーらの活動　129
　2．供述書に見るボドーらの活動　136
　3．ソヴィエト・ロシアの対外モンゴル方針の変化　144

本章の結論 …………………………………………………… 150

註 151

第Ⅱ部　モンゴル近現代史における1923年　161

第3章　1923年の人民政府・ソ連間の交渉と中ソ公式交渉 ── 163

第1節　中ソ公式交渉におけるソ連の譲歩 …………………… 165

1. 中ソ公式交渉の展開　165
2. ソ連の譲歩と人民政府　172

第2節　1923年の人民政府とソ連の交渉 ……………………… 179

1. 交渉の内容　179
2. 交渉の意義　185
   A. ソ連の譲歩とリンチノの言質　185
   B. ソ連の譲歩と武器譲渡の決定　188
   C. 外モンゴルにおけるソ連の影響力の確保　191

本章の結論 …………………………………………………… 193

註 194

第4章　モンゴル人民党第2回大会とソ連，コミンテルン ── 201

第1節　モンゴル人民党第2回大会について ………………… 202

1. ボドーの粛清事件後のコミンテルンの対外モンゴル方針　202
2. 大会開催の経緯　204
3. 大会に対するスタルコフの関与　209

第2節　リンチノとスタルコフの対立とS. ダンザン ………… 223

1. リンチノとスタルコフの対立の発生　224
2. 新首相選出問題とS. ダンザン　233

本章の結論 …………………………………………………… 241

註 242

第Ⅲ部　外モンゴルにおける1924年の政治的変化　　253

註　254

第5章　外モンゴルにおける1924年夏の政変について ── 255

第1節　リンチノとスタルコフの対立の展開 …………………… 257
1. リンチノらの活動　257
2. スタルコフらの活動　262

第2節　2つの大会
―― 人民党第3回大会と青年同盟第3回大会 ………… 271
1. 人民党第3回大会に見るリンチノとスタルコフの対立の影響　271
2. 青年同盟第3回大会と対立の終焉　279

本章の結論 …………………………………………………… 287

註　288

第6章　モンゴル人民共和国第1回国会とT. ルィスクロフ ── 295

第1節　中ソ協定締結後の中ソ関係と外モンゴル ……………… 297
1. 中ソ協定の締結とソ連，コミンテルンの対外モンゴル方針　297
2. 外モンゴルにおける共和制への移行について　300

第2節　モンゴル人民共和国第1回国会におけるルィスクロフの活動 …………………………………………… 303
1. 外モンゴルにおけるルィスクロフの活動目的　303
2. ルィスクロフの報告書に見るモンゴル人民共和国第1回国会　318
   - A. 第1回国会の準備作業　319
   - B. 第1回国会の内容とルィスクロフの関与　323

本章の結論 …………………………………………………… 334

註　335

補論　外モンゴルとフルンボイル，新疆 ── 341

第1節　フルンボイルに対する人民政府の活動とソヴィエト，コミンテルン ……………………………… 342
1. 人民党，人民政府とフルンボイル　343

A. 20世紀初頭のフルンボイル　343
    B. フルンボイルの活動家グループと人民党大会　344
    C. 人民政府とフルンボイルの協定　347
  2. ソヴィエト，コミンテルンの対モンゴル方針とフルンボイル　350
    A. フルンボイルに対するシュミャツキーの姿勢　350
    B. 1923年のフルンボイルをめぐるソ連，コミンテルンの姿勢
      ――モンゴル人の民族運動と中ソ公式交渉　352

 第2節　新疆における人民政府の活動と
       ソヴィエト，コミンテルン……………………………………355
  1. 新疆における人民政府の活動　356
    A. 20世紀初頭の新疆　356
    B. 1922年のモンゴル人民政府の活動　359
    C. 人民政府の政治家と新疆における活動　363
  2. ソヴィエト，コミンテルンの姿勢　364
    A. 新疆におけるモンゴル人と「ウイグル住民」の関係　364
    B. コミンテルンの意図　367

 結　　論………………………………………………………………………372

 註　374

終　章　本書の結論
     ――外モンゴルの政治情勢とソヴィエト，コミンテルン――　381

 第1節　外モンゴルの政治情勢の展開
       ――1921〜1924年………………………………………………381
 第2節　外モンゴルの政治情勢と中ソ関係………………………………387
 第3節　外モンゴルとソヴィエト，コミンテルンの関係………………390

  あ と が き―――393
  史料，参考文献一覧―――398
  地　　図―――414
  事 項 索 引―――418
  人 名 索 引―――425
  英 文 要 旨―――430

目 次　v

凡　例

○「ソヴィエト」に関する表記について

　本書においては，1917年のロシア革命の結果成立したロシアのソヴィエト政権を，1922年末までのロシア・ソヴィエト連邦社会主義共和国の時期においては「ソヴィエト・ロシア」，それ以降のソヴィエト社会主義共和国連邦の時期においては「ソ連」，この双方を総称する際には便宜的に「ソヴィエト」と表記する。

○史料の引用について

　本書の史料の引用において，［　］は筆者による註を示している。（　）は，史料に実際に記述されている括弧である。「　」は，史料中に実際にある括弧や，史料内の人物の発言を示したものである。史料引用中の……は，特に断りがない限りにおいては，筆者による省略を示す。

○年号の表記について

　1920年代前半の外モンゴルにおいては，「共戴」という年号が使用されていた。共戴暦は陰暦である。本書においては，原則的に西暦を用いるが，史料に共戴暦が記載されている場合は，共戴暦と西暦を合わせて示す。また，史料に共戴年号しか記されていない場合には，БАТに掲載されたモンゴルの新旧暦対応表に依拠して西暦を特定した。

　また，ロシア，モンゴルの公文書の中には，文書の作成日ではなく，その文書が宛先に届いた日付を記してあるものもある。本書においては，このような文書の日付を提示する際には「受領」という語を用いる。

序章
はじめに

第1節　本書の視点
────外モンゴルとソヴィエト，コミンテルン

1．モンゴル近現代史におけるソヴィエト，コミンテルンの重要性

　1910年代末の外モンゴルの政治的混乱の中で結成されたモンゴル人民党（以下「人民党」と称する）が，ソヴィエト・ロシア，コミンテルンの援助を受けて活動を行った結果，1921年7月10日にモンゴル人民政府（以下「人民政府」と称する）が成立した。この日以降，人民政府は，外モンゴルを統治する政権を運営することになった。この政権のもとに，1924年に第1回国会において共和制への移行が正式に決定され，モンゴル人民共和国が成立した。このモンゴル人民共和国は，世界に唯一存在するモンゴル人の国家であり，1980年代末の民主化まで存続した。人民政府の成立は，まさにその後の外モンゴルの行く末を大きく決定づける事件であったと言うことができる。

　人民政府の成立は，以上の点において重要である一方，外モンゴルとロシアの関係のあり方を一変させた事件でもあった。この日以降，外モンゴルにおいてソヴィエト，コミンテルンの存在が大きな政治的意義を持つことになった。以前は外モンゴルにとって単なる一外国に過ぎなかったロシアの勢力が，外モンゴルの政権の内部深くにまで関わり，外モンゴルの行く末を決す

I

る重要な要素の1つになったのである。この外モンゴルとソヴィエト，コミンテルンの関係は，1921年以後，外モンゴルにおいて発生した数々の政治事件に対しても影響を及ぼした。そして，モンゴル人民共和国と共にこの関係もまた，1980年代末における民主化まで継続することになるのである。

このような人民党および人民政府による外モンゴル統治と，外モンゴルに対するソヴィエト，コミンテルンの関与が形成され，進展していったのが，人民政府が成立した1921年7月10日以降，モンゴル人民共和国が成立した1924年までの時期である。この時期の外モンゴルとソヴィエト，コミンテルンの関係を考察することは，その後約70年にわたって外モンゴルの政治情勢を規定し続けた要素を考察することにほかならず，モンゴル近現代史研究の基本的課題である。

加えて，指摘しておかなければならないのは，1921～1924年の外モンゴルとソヴィエト，コミンテルンの関係を解明することは，単にモンゴル近現代史研究においてのみ重要だというわけではない，ということである。当時，ソヴィエトとコミンテルンは，東アジア，とりわけ中国情勢を視野に入れて外モンゴルに関する活動を推進していた。このため，外モンゴルに対するソヴィエト，コミンテルンの関与がいかなるものであったのかを考察することは，ソヴィエトとコミンテルンの中国，東アジア進出，さらには1920年代初頭の東アジア情勢の解明にも寄与しうるものなのである。

以上のような重要性を有する20世紀の外モンゴルとソヴィエト，コミンテルンの関係の本質はどのようなものであったのか，というモンゴル近現代史研究の根幹に関わる問題こそが，本書の主題である。

この問題に関しては，かつては史料上の制限があまりに大きく，各研究者の多大な努力にもかかわらず，研究を充分に進めることが大変困難であった。しかし，1980年代末以降のソ連，モンゴル人民共和国における民主化が，研究環境に大きな変化をもたらすことになった。民主化によって，ロシアとモンゴルにおいて近現代史に関する機密公文書が公開されたのである。これによって，外モンゴルとソヴィエト，コミンテルンの関係に関する本格的な実証研究を推進できる環境がようやく整い始めた。現在のモンゴル近現代史研究においては，この公開された公文書の調査と，それに基づいた近現代史上

の事実の解明が進められている状況にある。このような研究を取り巻く環境の変化に伴い，新史料を充分に用いた実証的研究に基づいて20世紀のモンゴルに関する新たな視点を提示しうる研究が求められている。本書は，まさにこのような新たな形の研究として位置づけられるものである。

2．外モンゴルとソヴィエト，コミンテルンの関係の発端

　本書の主題である外モンゴルとソヴィエト，コミンテルンの関係が外モンゴルの政治情勢に対して重要な意義を持つに至った原因は，この関係が築かれていく経緯にある。この問題の理解のために，1910年代の外モンゴルにおけるモンゴル人の活動について述べておく必要があろう。

　清末の政治的混乱，および「新政」と呼ばれる清朝の辺疆統治策に対する反発を契機にして，モンゴル人の間に民族の統一と独立を模索する動きが現れ始めた。この動きが，1911年にモンゴル独立運動を形成するに至る。この時，外モンゴルにおいて権威のあった第 8 世ジェブツンダムバ・ホトクト (jibzundamba qutuγtu) がボグド・ハーン (boγda qaγan) の位に就き，フレーにボグド・ハーン政権が成立した。この運動には外モンゴルのみならず内モンゴルの王公も加わって重要な役割を果たし，ボグド・ハーン政権は内モンゴル各地に軍を派遣した。また，この運動に関与したモンゴル人たちは，ロシア帝国に活動の援助を求めた。

　モンゴル独立運動は中華民国の強い反発を招き，モンゴル，ロシア帝国，中華民国の間において大きな懸案となった。この懸案の解決のために，最終的に1915年にキャフタにおいてこの三者間で交渉が行われ，キャフタ三国協定が締結された。この協定によって，中華民国の宗主権下の外モンゴル自治が規定され，外モンゴル自治政府が成立することになった。一方，内モンゴルは中華民国領内に留められ，この自治の枠外に置かれることになった。この後，外モンゴル自治の時代が続いたが，1917年のロシア革命によって状況に大きな変化がもたらされた。革命によるロシア帝国の崩壊は，外モンゴルにとっては，強力な後ろ盾を失うことを意味していた。この事態に機敏に反応した中華民国は，これに乗じて外モンゴル自治を廃止することを図り始めた。庫倫弁事大員の陳毅は，中華民国との協力を是とする一部の外モンゴル

序　章　はじめに　3

の王公，仏教勢力の助力を受けて，外モンゴル自治廃止に向けて活動を始めた。この一方において，外モンゴル自治の廃止に反対する動きもモンゴル人の間に現れ始めた。後に人民党を結成することになるボドー（bodu_a），S. ダンザン（danzan）らが活動を始め，各々グループを結成したのはこの頃のことであった。

　しかし，その後，中華民国の将軍徐樹錚が軍を率いて外モンゴルに入り，陳毅を排して強引に外モンゴル自治の廃止を推し進めた。その結果，1919年11月の中華民国大総統令によって，外モンゴル自治は廃止された。この事態の急変に対して，モンゴル人の活動は外モンゴル自治の復興運動という形を取るようになった。この運動には，王公，仏教勢力の有力者から旧外モンゴル自治政府の官吏，一般大衆まで，広範な人々が関わった。

　この運動の中から結成されたのが人民党であった。上述のボドーのグループとS. ダンザンのグループは，外モンゴル自治の復興という同一の目的を持ち，やがて互いに連絡を取るようになった。この時，彼らは，活動の援助を得られる外国を探し，ソヴィエト・ロシアに対して援助を要請する，という方法を最終的に選択した。こうして1920年夏，ボドーのグループとS. ダンザンのグループが合併し，人民党が結成された。その直後に，ボドー，S. ダンザンら人民党の中心的メンバー7人が人民党代表として，援助要請のためにソヴィエト・ロシアに赴いた。ソヴィエト・ロシアとの関係を樹立した後の人民党の活動は，ロシアと外モンゴルの国境付近に位置するキャフタ近辺を中心に行われることになる。

　人民党代表を受け入れたロシア共産党の機関は，ロシア共産党中央委員会シベリア局東方諸民族部（以下「東方諸民族部」と称する）であった。コミンテルンとも関係を持つこの組織は，1921年1月にコミンテルン極東書記局（以下「極東書記局」と称する）に改組され，正式なコミンテルンの機関になった。この部には日本課，中国課，朝鮮課，モンゴル・チベット課が設けられ，各地の活動に対応した。モンゴル・チベット課には，リンチノ，ジャムツァラーノといったブリヤート・モンゴル人が参加していた。彼らもまた，モンゴル人の統一と独立を模索して，コミンテルンの活動に関与しながら，人民党の活動に関わった。とりわけ，リンチノは，この頃から人民党とソヴィエ

ト・ロシアをつなぐ役割を果たしながら人民党の活動にも影響を与え，人民政府成立後は政治的影響力の強い全軍評議会議長という要職に就き，影響力を発揮した。リンチノを外モンゴルの重要な政治指導者の1人とみなす先行研究の指摘は，的を射たものであると言える。

　当初，ソヴィエト・ロシア，コミンテルンは，人民党を革命組織として育成することを目指し，漸次援助を進めていく方針でいたことが，史料からうかがわれる。だがこの方針を覆す事件が外モンゴルで発生する。1920年秋，反ボリシェヴィキ派，いわゆるロシア白軍の将軍ロマン・フョードロヴィチ・ウンゲルン・フォン・シュテルンベルグ（Роман Федорович Унгерн фон Штернберг）が軍を率いて外モンゴルに進入し，フレーに駐屯していた中国軍と戦い，1921年2月にフレーを占領した。この時，自治を廃止した中国軍を嫌っていた外モンゴルの王公，仏教勢力の有力者たちは，ウンゲルンの力を利用して外モンゴル自治政府を復興した。

　一方，ソヴィエト・ロシア，コミンテルンにとってこの政府の復興は，ロシア白軍が強い影響力を有する政権が外モンゴルに成立し，ソヴィエト・ロシアと極東共和国にとって脅威になることを意味していた。このことが，外モンゴルに対するソヴィエト・ロシアおよびコミンテルンの援助を促進した。これによって人民党の活動に拍車がかかり，1921年3月1〜3日にトロイツコサフスクにおいて人民党の組織会議（人民党第1回大会）が開催され，3月13日に人民党を中心にモンゴル人民臨時政府（以下「人民臨時政府」と称する）が結成された。3月18日には，人民党が組織した人民義勇軍が，中国軍が駐屯するキャフタを占領した。その後，人民義勇軍，ソヴィエト・ロシア軍，極東共和国軍が外モンゴルへ進軍してフレーを占領し，1921年7月10日に外モンゴル自治政府を受け継ぐ形で人民政府が成立した。人民政府が成立するこの一連の過程は，以前は「モンゴル人民革命」と呼ばれてきた。民主化後のモンゴル国においては，「民族民主化革命」と名づけられている。

　このようにソヴィエト・ロシア，コミンテルンは，すでに人民党と人民政府の成立に対しても深く関与し，重要な役割を果たしていたのである。人民党および人民政府とソヴィエト・ロシア，コミンテルンの間に成立したこの関係は，人民政府が外モンゴルを統治する政権の座に就いたことによって，

序章　はじめに　5

以後一層その重要性を強め，外モンゴルの政治情勢に対して大きな影響を及ぼし続けることになるのである。

第2節　本書の目的

1．従来の研究とその問題点

　以上に述べてきたように，1921年以降のモンゴル近現代史はソヴィエト，コミンテルンと極めて密接な関係を持つことになる。とりわけ，1921～1924年という人民政府成立初期の外モンゴルにおいて，この関係がどのように始まったかはモンゴル近現代史研究における重要なテーマであり，以前から研究が行われてきた。

　本書において扱うモンゴル近現代史上の諸問題をめぐる従来の研究の傾向については，本書の各章において述べることとしたい。本項においては，従来のモンゴル近現代史研究の流れを捉え，そこにいかなる問題点が包含されており，その問題点に対してどのような研究を構築すべきかを論じたい。モンゴル近現代史の従来の研究は，第2次世界大戦前，戦後—モンゴル民主化以前，モンゴル民主化以後の3つの期間に区分することができる。

　第2次世界大戦以前，大陸進出を図っていた日本をはじめとして，すでに外モンゴル情勢に関する研究が進められていた。この時期の研究にとって，1921～1924年の外モンゴル情勢は，歴史研究の対象というよりも，同時代における政治的問題の対象とみなされるべきものであったようである。そのため，外モンゴルに対するソヴィエト，コミンテルンの政治的関与は注目されることが多かった。このような視点を有する当該時期の研究は，外モンゴルとソヴィエトの関係を，ソヴィエトの対外モンゴルおよび対東アジア侵略という観点から分析し，外モンゴルにおける政治的事象はすべてソヴィエトの侵略的政策によって形成された，と結論づける傾向が非常に強いと言うことができる[8]。しかしながら，当時の研究は，現在よりも史料がはるかに乏しい状況下において行われたために，外モンゴルの実情を解明するには至っていない。また，内容の正確さにもやや欠けるところがあったと言わざるを得ない。その一方において，この時期の文献には，まれに現地における調査報告

が含まれている。これらには興味深い内容が記述されており，注目に値すると言えるだろう。

戦後―モンゴル民主化以前の研究は，モンゴル人民共和国およびソ連における研究と，その他諸外国における研究に分けることができる。この時期のモンゴル人民共和国およびソ連における研究を論じる際に必ず触れなければならないのが，「公式的歴史」の存在である。「公式的歴史」とは，モンゴル人民共和国およびソ連が，共産主義国家建設の「革命史」としてのモンゴル史を描くために設定した歴史叙述である。当時，モンゴル人民共和国およびソ連では，「公式的歴史」に基づく歴史研究のみが許容されていた。当然，外モンゴルとソヴィエト，コミンテルンの関係に関する研究も「公式的歴史」に拘束されることになった。この「公式的歴史」が最も顕著に反映された文献として，『モンゴル人民共和国史』（3巻本）を挙げる必要があるだろう。とりわけ，近現代史を扱う第3巻（БНМАУТ3）においては，外モンゴルにおける共産主義国家建設のための「革命史」が描かれ，外モンゴルとソヴィエト，コミンテルンの関係が「公式的歴史」に基づいて語られている。

『モンゴル人民共和国史』第3巻の本文は，「十月社会主義大革命，モンゴルに影響す」という章から始まり，ロシア十月革命の世界的意義が語られる。その後，「十月革命の影響，モンゴルに反映開始」という項目の冒頭において，

> モンゴルにおける革命運動は，植民地，被支配国を巻きこんだ全体的運動の一部であった。モンゴル革命は，弱小国の労働者が，工業発展国の勤労者階級と団結し，世界帝国主義に反抗して闘った栄光ある明確な例である。

と指摘することによって，人民党と人民政府が成立する過程を「革命運動」と規定し，この「革命運動」が，弱小な外モンゴルの労働者と工業先進国ソヴィエト・ロシアの労働者が団結した活動であったことが強調された。こうして，人民党を形成した人々は，ロシア革命の影響を強く受けたグループとして位置づけられていったのである。一方，この外モンゴルの革命勢力に対する反動的敵勢力として，外モンゴルの封建王公，外国の帝国主義者（ロシア白軍，日本，中国など）が設定された。「公式的歴史」に基づくモンゴル近

現代史においては，この革命勢力と反動の対立という枠組みによってすべてが描かれることになる。「公式的歴史」で重視されたのは，共産主義建設に邁進するモンゴル人の姿と，外モンゴルとソ連の友好への礼賛だったのである。

「公式的歴史」が設定したこの枠組みは，1921～1924年の外モンゴルの情勢を論じる際にも適用された。つまり，『モンゴル人民共和国史』第3巻において，1921～1924年は，革命勢力である人民党と人民政府がソヴィエト，コミンテルンとの友好のもとに外モンゴルにおける民主的改革を進め，反動勢力が扇動した反革命事件を乗り越え，民主的な人民共和国が建国された時期として描かれている[11]。当時のソ連における研究もまた，このような「公式的歴史」の枠組みに基づいて外モンゴルの情勢を描いている[12]。モンゴルとソ連の友好と対反革命闘争の歴史こそが，モンゴル人民共和国とソ連の両国政府が「公式的歴史」において公的に認めたモンゴル近現代史だったのである。

だが，モンゴル人民共和国およびソ連におけるこのような研究は，「公式的歴史」の枠組みに拘束され，ごく限られた極めて少数の史料にのみ基づいたものでしかなく，実証性と具体性には大きく欠けるものであったと言わざるを得ない。これは，モンゴル人民共和国とソ連における研究が，実証的歴史研究というよりも，「公式的歴史」に基づく近現代史の構築を主目的としていたためであろう。

モンゴル人民共和国とソ連以外の諸外国における研究が基づいていた視点は，「ソヴィエトによるモンゴル侵略史」と「モンゴル人自身の活動の歴史」という2つの構図であったと言えよう。外モンゴルとソヴィエト，コミンテルンの関係をソヴィエトの外モンゴル侵略という面からのみ描く研究は，主としてアメリカにおいて行われた[13]。このような研究においては，人民党と人民政府はソヴィエトとコミンテルンの傀儡に過ぎず，ソヴィエトの侵略政策の産物である，と位置づけられた。そして，外モンゴルに対するソヴィエトの侵略の結果，1921～1924年の外モンゴルにおいて数々の政治的事件が発生した，とされている。これは，冷戦という当時の世界情勢のもとで，共産主義国家研究としてモンゴル近現代史研究が評価されたことが影響していると考えられる。ロシアおよびモンゴルにおける民主化以降にもこういった視点

を有する研究が出されている[14]。これらは，モンゴル人民共和国およびソ連の「公式的歴史」に対する反発や，反共意識から生じたものだと思われる。

この「ソヴィエトによるモンゴル侵略史」の構築を目指す研究傾向に対して，モンゴル近現代史を「モンゴル人自身の活動の歴史」として捉え，外モンゴルに対するソヴィエト，コミンテルンの姿勢を必ずしも侵略政策とはみなさない研究も登場した[15]。この研究傾向は，「ソヴィエトによるモンゴル侵略史」観に対する反発がその根底にあると推測される。このような研究においては，1921～1924年の外モンゴル情勢を，ソヴィエト，コミンテルンは外モンゴルに興味をそれほど持っておらず，モンゴル人たちはソヴィエトと共同して国家建設を進めた，と記述している。

日本における研究は，主として1921年の「モンゴル人民革命」に焦点を当てたものが多く，それ以後のモンゴル近現代史に関わる研究は比較的少ないようである。日本における研究の傾向は，モンゴル近現代史におけるソヴィエト，コミンテルンの役割を副次的なものとして捉え，モンゴル人の活動を主体として描く，というものである[16]。また，モンゴル人民共和国とソ連における「公式的歴史」を受け継いでモンゴル近現代史を構築しようとした研究[17]や，外モンゴルに対するソ連の意図を描こうと試みた研究も存在する[18]。

この時期には，中ソ関係におけるモンゴル問題の位置づけに関する研究も数多く行われており，中ソ公式交渉においてモンゴル問題が重要なカードになっていたことが論じられてきた[19]。これらの研究はあくまで中ソ関係の研究を主題としており，モンゴル近現代史に直接取り組んだ研究ではなく，外モンゴルそのものの情勢に触れることはまずない。その一方で，モンゴル，ロシアの公文書史料を用いることがほとんどできない当時の状況においても，中華民国側の外交史料などの他の史料を活用することで研究を進めることができ，研究の発展につながったようである。

第2次世界大戦後―民主化前の時期の数多くの研究において共通しているのは，研究に利用することができる史料が大きく制限されていることであろう。この時期の研究においては，ごく僅かな回想録，史料集，モンゴル人民共和国における研究を史料として用いる以外には，史料を獲得する方法がなかったのである。そのため，この時期の研究も，第2次世界大戦前の研究と

ほぼ同様に，実証性に欠け，実態を解明したとは言い難いものにならざるを得なかった。

　1980年代末以降の社会主義諸国における民主化の影響はモンゴル人民共和国にも及び，体制の変化を引き起こした。この結果，モンゴル人民共和国は社会主義，一党独裁制を放棄し，新たにモンゴル国が誕生した。これに伴って歴史研究の分野においても大きな変化が生じた。モンゴル，ロシアにおいては，モンゴル近現代史研究を行う際に「公式的歴史」に従う必要がなくなり，以前よりも自由な研究が可能になった。また，従来非公開とされてきた莫大な公文書史料がモンゴル，ロシアそれぞれにおいて公開されるようになった。このような状況の変化の結果，以前の研究では無視，軽視されてきた回想録，機密公文書史料などを活用できる環境が成立し，より実証的な研究を進めることが可能になったのである。

　民主化後のモンゴル国における近現代史研究は，以下の2つの特徴を有しているとみなすことが可能であろう。第1に，民主化後の研究では，モンゴル人自身の活動を重視し，モンゴルの統一と独立を目指すモンゴル人の闘争の歴史を描くことが主目的とされている。たとえば，1995年にモンゴル国科学アカデミー歴史研究所から出版された『20世紀のモンゴル』（X3M）では，人民党および人民政府の建設を扱う部分の最初の節のタイトルが「1921年の人民革命：1.民族独立のための闘争の新たな展開。モンゴル人民党の建設」となっている。民主化前には「モンゴル人民革命」と名づけられた人民政府の成立過程に，民族独立のための活動という新たな意義が付与されたのである。この章は以下の文章で始まっている。

　　　中国の帝国主義者たちの確立した暴虐な抑圧は，モンゴル大衆を民族解放闘争に再び決定的に立ち上がらせることになった。帝政モンゴル国［ボグド・ハーン政権のこと］の時代に目覚め始めた民族意識，政治的な積極性は，社会のすべての階層を包含したのである[20]。

この記述には，民族独立運動史としてのモンゴル近現代史の構築という研究傾向が明確に表れていると言うことができるだろう。現在のモンゴル国の研究は，人民党が民族独立と国家の民主化を目指した，という点において，人民党と人民政府の成立過程に対して「民族民主化革命」という名称を与えて

いる[21]。このような傾向を受けて，各モンゴル人政治家の評価も大きく変化した。人民党結成の尽力者であるにもかかわらず，後に粛清されたことから，「公式的歴史」では反革命勢力と位置づけられていたボドー，S. ダンザンらは，現在の研究においては民族独立の尽力者として再評価されている[22]。モンゴル国における「歴史の見直し」は，多かれ少なかれこういった傾向に基づいて進められている。この「歴史の見直し」に基づいた1921～1924年の外モンゴルに関する研究では，人民政府による民主化が進められる一方において，国家の発展方針をめぐるモンゴル人内部の政治闘争によって民族独立の尽力者が粛清された，という構図が描かれるようになった。

現在のモンゴル国における研究においては，外モンゴルにおける諸事件をすべてモンゴル人の活動に帰結させるという研究方法が取られている[23]。共産主義建設の「革命史」である「公式的歴史」を放棄したモンゴル国は，それに代わるナショナル・ヒストリーを構築する必要があったために，「モンゴル人の歴史」の研究を近現代史研究の主軸としたのであろう。

以上のような傾向が強く影響したため，現在のモンゴル国における研究においては，外モンゴルとソヴィエトの友好を最重要視した以前の「公式的歴史」と比べると，相対的に外モンゴルとソヴィエトの関係に関する記述は少なくなっている。現在でもモンゴル近現代史に関する数多くの研究文献において，ソヴィエト，コミンテルンが登場するのは確かである。しかし，現在のモンゴル国における研究では，ソヴィエト，コミンテルンは「モンゴル人の歴史」を描き出すための1つの道具でしかない。このような状況であるため，外モンゴルとソヴィエト，コミンテルンの関係を解明するためには，研究上の数多くの問題がまだ残されたままになっているのである[24]。

民主化後のモンゴル国における近現代史研究の第2の特徴として，国際関係における外モンゴルの位置づけを論じる研究が登場するようになったことが挙げられる[25]。この分野の研究はモンゴル国にようやく登場したばかりである。これに加えて，この問題に関する史料の開拓も進展途中である。そのため，1921～1924年における外モンゴルをめぐる国際情勢については，同時期に行われていた中ソ公式交渉の過程を述べるのみに止まっており，中ソ公式交渉の過程が外モンゴルにいかなる影響を与えたかを解明するまでには至っ

ていないと言えるだろう。

　モンゴルと同じく民主化したロシアにおいても，新たなモンゴル近現代史研究が行われるようになった。現在のロシアにおける研究は，モンゴル国における研究が持っていた上述の2つの特徴を受け継ぎつつ，モンゴルとソヴィエト，コミンテルンの関係により言及した内容になっている。この特徴は，モンゴル国の研究者よりもロシアの研究者の方がロシア語文書によりアクセスしやすいために生まれたのだと思われる。

　ロシアにおけるモンゴル近現代史の代表的研究者として，ロシチンを挙げることができるだろう。ロシチンの研究は，モンゴル国で行われている「モンゴル人の歴史」の構築を目指す研究を，ロシアの文書を利用して行ったものであると位置づけることが可能であろう[26]。また，ルジャニンは，外モンゴルの国際的位置づけに主眼を置いた研究を行っている。ルジャニンの研究は，「モンゴル人の歴史」の構築を目指す研究という性格を有しつつ，国際関係における外モンゴルの地位に関してより多く言及したものだと言えよう[27]。

　これらロシアにおける研究においても，モンゴル国における研究とほぼ同様に，1921〜1924年の外モンゴルの政治情勢は，民主化の進行，モンゴル人政治家同士の闘争，外モンゴルの国際的地位の不安定さの3つの点から形成されていると位置づけられている[28]。

　また，ロシア，モンゴル以外の諸外国における研究においても，おおむね「モンゴル人の歴史」の構築を模索する傾向が強いと言うことができるだろう[29]。ただし，モンゴルとソヴィエト，コミンテルンの関係に関する研究は，史料集を利用したものに止まっている。

　民主化後の研究においては，従来の研究では充分には利用されていなかった回想録，新たに公刊された史料集，公開された公文書史料を用いる方法が主流になっている。この内，とりわけ重要な意味を持つのが公文書史料である。現在のモンゴル近現代史研究においては，公文書史料に基づいてモンゴル近現代史上の各事件の実態を解明することに重点が置かれている。

　このように1921〜1924年の外モンゴルの政治情勢と，外モンゴルとソヴィエト，コミンテルンとの関係を論じた従来の研究を概観すると，1980年代末の民主化を契機として，研究の傾向に大きな変化が生じたことを見出すこと

ができる。つまり，外モンゴルとソヴィエトの友好関係，対反革命闘争という要素によって1921〜1924年を位置づける研究から，モンゴル人自身の活動による国家の民主化と政治闘争に主眼を置いた「モンゴル人の歴史」の構築を目指す研究へと研究の性質が変化したのである。また，研究の手法に関しては，充分な史料を用いることができず，外モンゴルで発生した各事件の実態と意義を解明し難い研究から，史料を用いて実証作業を行う研究へと移っていったとみなすことができる。

　このような現在の研究は，一定の成果を挙げていることは疑いない反面，大きな問題点をはらんだものでもある。第1の問題点は，「モンゴル人の歴史」が追求され過ぎるために，1921〜1924年における外モンゴルの政治事件がすべてモンゴル人の活動によるものと単純にみなされる傾向が生じていることである。上に述べたように，人民党，人民政府は，すでに成立当初からソヴィエト・ロシアとコミンテルンの関与を受けてきた。そして，本書において詳述していくように，この状況は人民政府成立後も継続することになる。このような状況において，モンゴル人の活動にのみ注目したり，外モンゴルにおける諸事件をすべてモンゴル人の活動に無条件に結びつけたりしてしまうことは，外モンゴルの政治情勢におけるモンゴル人以外の要素に目を背けることにほかならず，その結果，当時の実態の解明にむしろ支障を来してしまうと言わざるを得ない。

　また，20世紀は国際関係が重要な意義を持った時代である。このことは外モンゴルも決して例外ではない。しかしながら，外モンゴルの政治情勢と国際関係の関連性は，従来の研究においてはまだ検討中の課題であり，充分に解明されたとは言えない。このような状況において，モンゴル近現代史研究において，モンゴル人の活動のみを追求し，モンゴル人の活動に含まれない要素を軽視し過ぎることは，当時の国際情勢におけるモンゴルの位置づけをさらに曖昧にしてしまう危険性がある。

　さらに，モンゴル近現代史研究において，「モンゴル人の歴史」の構築に基づく単なるナショナル・ヒストリーの構築が行われるだけでは，社会主義時代の「公式的歴史」に代わる新たな「公式的歴史」を生み出すだけになりかねない。

以上のような現在のモンゴル近現代史研究がはらむ危険性に対して，現在，新たな研究方法を構築する必要がある。この点において，外モンゴルとソヴィエト，コミンテルンの関係という視点が重要な役割を果たしうる，と筆者は考えている。この視点による研究は，モンゴル近現代史研究を「モンゴル人の歴史」の構築だけに止まらせることなく，モンゴル近現代史におけるモンゴル以外の要素を考察に含めることで，当時の外モンゴルの実情をより明確に描き出すことを可能にしてくれるはずである。

　また，モンゴル近現代史におけるモンゴル以外の要素に目を向けることは，モンゴル人の活動の実態を解明するためにも重要なことであり，むしろ「モンゴル人の歴史」の構築に大きく貢献するものでさえあると言うことができる。これに関してとりわけ考慮しなければならないのは，従来の研究において1921～1924年に人民政府が実行したとみなされている「民主化」の問題である。社会主義時代に規定された「人民革命」および近年規定された「民族民主化革命」のいずれの概念においても，人民政府が外モンゴルで「民主化」を施行したことを強調してきた。この「民主化」が実際にはどこから発生し，いかなるものに基づいていたかを解明することは，この時期の外モンゴルの政治情勢を正確に捉える上で極めて重要であろう。

　さらに，この視点を持つことによって，外モンゴルにおいて発生した事象を，国際関係の中に位置づけ，モンゴル近現代史を東アジアの近現代史の中に位置づけることを可能にしてくれるはずである。当時の外モンゴルを国際情勢の中に位置づけ，外モンゴルの政治情勢と国際情勢の相関関係を解明し，新たな形のモンゴル近現代史を提示する。これを可能にする方法こそが，外モンゴルとソヴィエト，コミンテルンの関係の研究である，と筆者は考えている。

　このため，1921年以降外モンゴルにおいて発生し，外モンゴルの政治情勢を規定してきた多くの政治事件を，ソヴィエト，コミンテルンとの関係から逐一検討することが，現在のモンゴル近現代史研究には必要である。とりわけ，1921～1924年というその後の外モンゴルの政治情勢を形成する諸要素が形成されていった極めて重要な時期に対してこの研究方法を適用することによって，外モンゴルにおいて発生した政治事件の実態，事件が有した政治的

意義とその影響，外モンゴルに対するソヴィエトおよびコミンテルンの関与の実態，東アジア情勢における外モンゴルの位置づけを解明することができ，モンゴル近現代史に新たな進展をもたらすことができるのである。

2．本書の目的

本書においては，以上に述べた問題意識と研究の視点に基づいて，モンゴルおよびロシアにおいて収集した機密公文書を用いて，1921～1924年に外モンゴルにおいて発生した政治事件を外モンゴルとソヴィエト，コミンテルンとの関係から検討することによって，当時の外モンゴルの政治情勢の実態と，東アジア情勢との関連を解明する。そして，これらの研究を通じて，モンゴル近現代史において重要な意義を持った外モンゴルとソヴィエト，コミンテルンの関係の本質を追究することが，本書の目的である。

本書が1921年7月～1924年11月という時期を1つの区切りとしている理由は，第1に，先に述べたように，この時期は，この後1980年代末まで継続する，外モンゴルの政治情勢に影響した数々の要素（人民政府による外モンゴル統治，モンゴル人民共和国の成立，外モンゴルとソヴィエト，コミンテルンの関係など）が確立していく時期であり，現代に続く外モンゴルの基盤が築かれた時期であるからである。第2に，この時期における中ソ関係が，1つのまとまった特徴を持っているためである。中ソ関係にとって，1921～1924年は，国交正常化等を求めて中ソ公式交渉が行われ，その結果として1924年に中ソ協定が締結された時期に当たる。本書において論じていくように，ソヴィエト，コミンテルンは，この中ソ公式交渉の展開を前提として，外モンゴルに対する姿勢を決定していた。この点において，1921～1924年の外モンゴルに対するソヴィエト，コミンテルンの姿勢は，他の時期とは異なる性質を有していると言うことができるのである。

本書は3つの部と補論から構成されている。第Ⅰ部「モンゴル人民政府成立後の政治情勢」は第1章と第2章から構成され，成立直後の人民政府のあり方と外モンゴルに対するソヴィエト・ロシア，コミンテルンの姿勢と，これらに対してボドーの粛清事件が与えた大きなインパクトについて論じる。

第1章「外モンゴルとソヴィエト・ロシア，コミンテルン――ロシア・モンゴル友好条約と極東諸民族大会をめぐって」においては，人民政府成立直後の外モンゴルとソヴィエト・ロシア，コミンテルンの関係を考察する。この目的のために，1921年10～11月に行われたロシア・モンゴル友好条約締結交渉と，1922年1～2月に開催された極東諸民族大会を取り上げる。ロシア・モンゴル友好条約の締結交渉の過程を考察することによって，当時人民政府が国家運営の基盤整備に対する援助をソヴィエト・ロシアに求めていたことと，ソヴィエト・ロシアが外モンゴルに対して自国の利益を保障させようとしていたことを論証する。そして，このようなソヴィエト・ロシアの姿勢の背景を解明するために，ロシア・モンゴル友好条約締結交渉における議題の内，ウリヤンハイ問題を特に取り上げ，当時外モンゴルに対するソヴィエト・ロシア側の姿勢が必ずしも一本化されてはいなかったことを論じる。また，極東諸民族大会と外モンゴルの関係を検討することによって，コミンテルンが，外モンゴルに対するソヴィエト・ロシアの姿勢を受けて，中国国民党に対して外モンゴルの独立を支持する姿勢を敢えて示したことを考察する。また，第1章においては，外モンゴルに対するソヴィエト，コミンテルンの姿勢に重要な影響を及ぼした中ソ公式交渉についても説明する。
　第2章「ボドーの粛清事件と外モンゴルの政治情勢の変化」においては，モンゴル近現代史研究における重要な研究テーマとなってきたボドーの粛清事件を取り扱う。従来の研究では解明されてこなかったこの政治事件の実情と影響を，ソヴィエト・ロシア，コミンテルンとの関係から検討し，当時の外モンゴルの情勢，ボドーの粛清事件が人民政府の政権のあり方とソヴィエト・ロシアの対外モンゴル方針を一変させてしまったことを考察する。これらを通じて，ボドーの粛清事件がモンゴル近現代史において大きな転換をもたらした事件であったことを考察する。

　第Ⅱ部「モンゴル近現代史における1923年」は，第3章，第4章からなり，ボドーの粛清事件後の外モンゴルの政治情勢に対して1923年の中ソ公式交渉におけるソ連の譲歩姿勢が大きな影響をもたらし，ここから1924年夏の外モンゴルにおける政変につながる原因が生じたことを論じる。

第3章「1923年の人民政府・ソ連間の交渉と中ソ公式交渉」においては，1923年の人民政府・ソ連間の交渉を検討することを通じて，1923年の中ソ公式交渉におけるソ連の譲歩が外モンゴルに大きく影響したことを論証する。
　第4章「モンゴル人民党第2回大会とソ連，コミンテルン」においては，1923年夏にコミンテルンが外モンゴルの政権から王公，仏教勢力を排除する姿勢を強硬に取ったために外モンゴルの政情不安を惹起してしまい，1924年夏の政変の一因を作ってしまったことを論じる。

　第Ⅲ部「外モンゴルにおける1924年の政治的変化」は，現在のモンゴル近現代史において転換の年と位置づけられている1924年の政治情勢を再検討することを目的とする。
　第5章「外モンゴルにおける1924年夏の政変について」においては，第4章における議論を受け継ぎ，S.ダンザンらの粛清に代表される1924年夏の政変が，ソ連，コミンテルンの関与に対するモンゴル人指導層の反発から生じたことを考察する。
　第6章「モンゴル人民共和国第1回国会とT.ルィスクロフ」は，1924年夏の政変にもかかわらず，以前の方針を変えることなく外モンゴルで実施しようとするソ連，コミンテルンの姿勢が，モンゴル近現代史上の重要な政治事件であるモンゴル人民共和国第1回国会の開催とモンゴル人民共和国の成立に影響したことを論じる章である。

　外モンゴルにおける情勢の変化を主として扱う第Ⅰ部～第Ⅲ部に対して，補論「外モンゴルとフルンボイル，新疆」は，モンゴル近現代史における重要なテーマであるモンゴル人の民族運動とソヴィエト，コミンテルンの関係について論じる。20世紀のモンゴル各地においては，モンゴル人の統一と独立を模索した活動が活発に行われた。人民政府もその例外ではなく，成立後，外モンゴル以外の各地のモンゴル人との提携を模索し始める。この問題は従来の研究においては，モンゴル人の活動としてのみ検討されてきた。だが，この問題をソヴィエト，コミンテルンとの関係から検討することによって，20世紀におけるモンゴル人の民族運動がモンゴル人の世界以外において有し

た意義を考察し，国際情勢にこの運動がどのような影響を及ぼしたかを解明する。補論においては，人民政府がフルンボイルおよび新疆との関係樹立を模索した問題を取り上げる。1921～1924年の人民政府とフルンボイルの関係構築には，モンゴル人の民族運動としての面だけではなく，ソ連と人民政府の自国家防衛という思惑が包含されていたことを論証する。また，人民政府と新疆との関係については，対中関係や地域の安定を重視するソヴィエト，コミンテルンの意図が込められていたことを論じる。これらの問題を考察することを通じて，ソヴィエト，コミンテルンが，人民党，人民政府と外モンゴル以外のモンゴル人との関係に対して示した複雑な姿勢を描き出す。

本書において主として用いる史料は，モンゴル国立中央文書館，モンゴル人民革命党中央文書館，モンゴル国立外務中央文書館，ロシア国立社会政治史文書館，国立ロシア連邦文書館，ロシア連邦外交政策文書館において収集した公文書史料である。また，近年刊行された重要な史料集も合わせて活用する。これらの史料は，人民党，人民政府の公文書（人民党中央委員会の会議議事録，人民政府の会議議事録，各省庁間の連絡文書など），外モンゴルに駐在していたソヴィエト，コミンテルンのエージェント[30]の報告文書，ソヴィエトおよびコミンテルンの高官の連絡文書などである。

註
1 現在のオラーンバートルの当時の名称。イフ・フレー，ニースレル・フレーなどとも呼ばれることがある。
2 フレーの漢字音写。
3 エルベグドルジ・リンチノ（elbegdorǰi erinčinqu, Элбэгдорж Ринчино）。東方諸民族部モンゴル・チベット課メンバー，極東書記局モンゴル・チベット課課長として人民党の活動に早くから関わったブリヤート・モンゴル人活動家である。人民政府において大きな影響力を持った。1920年代前半の外モンゴルにおける最重要政治家の1人である。
4 ツェベーン・ジャムツァラーノ（čeveng ǰamsaran, Цэвээн Жамсран）。リンチノと並んで著名なブリヤート・モンゴル人活動家である。人民党の活動に早くから関与し，外モンゴルにおける活動に身を投じた。人民政府成立後は，財政協議会委員，典籍委員会研究書記長，人民教育省長官などを務めた。

5 二木 1995。
6 1920年9月16日の東方諸民族部会議議事録（KM, pp.22-24）から，人民党の組織を構築し，運動を進めようとしていた様子をうかがうことができる。
7 ロシアと外モンゴルの境界に位置していた都市。キャフタとほぼ同じ場所にある。
8 この時期の研究としては，たとえば Pasvolsky 1922, 後藤 1938, 矢野 1928, 小川 1930などを挙げることができるだろう。
9 たとえば，盛島 1928は，1920年代中頃に盛島自身が外モンゴルに入った経験に基づいて書かれており，興味深い情報が掲載されている。
10 БНМАУТЗ, p.51.
11 БНМАУТЗ, pp.188-219.
12 当時のソ連における外モンゴル近現代史の代表的研究著作には，ИСМО, Златкин 1957などがある。
13 このような研究には，Murphy 1966, Rupen 1979などがある。
14 Sandag/Kendall 2000, 藍 2000, 劉 2001などがある。
15 たとえば Bawden 1968, ラティモア 1966, Friters 1949などがある。
16 こういった研究には，たとえば田中 1973, 磯野 1974などが挙げられる。
17 小貫 1993など。
18 坂本 1974。
19 中ソ関係におけるモンゴル問題を取り扱った研究は枚挙にいとまがないが，代表的なものとして，王 1963, Whiting 1968, Leong 1976などがある。また，ソ連における中ソ関係の研究でも，外モンゴルの位置づけに関する問題が触れられている。そのような研究の代表的なものとして，Капица 1958を挙げることができる。
20 ХЗМ, p.34.
21 モンゴル国の研究者であるダシダワーは，1921年の「革命」について，
　　モンゴルにおける1921年の革命の主たる成果は，民族独立を復興したのみならず，モンゴルを自立した独立国とし，人民主権を定着させたことにある。この革命は，性質および主たる内容において，ブルジョア民主革命であった（Дашдаваа 2003, p.55）。
と述べている。
22 このような傾向を有する20世紀のモンゴル人政治家の研究文献，伝記は枚挙にいとまがない。たとえば，Даш 1990, Бат-Очир 1991, Бат-Очир 2001, Лонжид/Батсайхан 1995などを挙げることができるだろう。
23 民主化後に出版された近現代史の概説書（たとえばХЗМ, МУТ5など）は，おおむねこの傾向を有していると言ってよい。
24 モンゴル国における近年の研究の内，ソヴィエトとモンゴルの関係を扱ったものとしては，Баабар 1996, Дашдаваа 2003, Баттогтох 1991, Бат-Очир

1996, Батсайхан 2007, Жамсран 1997などが代表的な著作であろう。
25 このような研究の内，代表的なものとして，Батбаяр 2006, Лхамсүрэн 1995, Батсайхан 2007, МТТОХХЗ, Дамдинсүрэн 2001, Бор 1996などを挙げることができる。
26 ロシチンの代表的著作には，Рощин 1999がある。
27 ルジャニンには，Лузянин 2003などの著作がある。
28 こういった解釈を取る研究に，Рощин 1999, Лузянин 2003, ИМなどがある。
29 1921～1924年を扱った近年のモンゴル近現代史研究としては，二木 1995, 生駒 1995, 生駒 1999, Barkmann 1999, Atwood 2002a, Atwood 2002b などがある。
30 本書においては，ソヴィエトおよびコミンテルンから外モンゴルに派遣され，外モンゴルにおけるソヴィエト，コミンテルンの活動に従事していた人々を便宜上このように総称する。

第Ⅰ部 モンゴル人民政府成立後の政治情勢

ソヴィエト・ロシア赤軍第5軍団対ウンゲルン戦司令部が置かれた建物

第Ⅰ部においては，人民政府成立直後における外モンゴルの政治情勢を，外モンゴルとソヴィエト・ロシア，コミンテルンの関係から解明する。
　当時のこの両者の関係を考察するためには，双方が直接関係した政治的事件を分析することが必要となるであろう。そこで，第1章においては，この双方が直接関与した2つの大きな国際的事件——ロシア・モンゴル友好条約締結交渉と極東諸民族大会——を主題として，当時の外モンゴルとソヴィエト・ロシア，コミンテルンの相互関係がどのようなものであったかを論じる。
　第2章においては，ボドーの粛清事件とソヴィエト・ロシア，コミンテルンの関係を論じる。この問題を検討することによって，第1章において論じた人民政府成立当初の外モンゴルの政治情勢がどのように変化し，ソヴィエト・ロシア，コミンテルンが外モンゴルをどう認識するに至ったかを解明する。
　これら2つの章における考察を通じて，外モンゴルとソヴィエト・ロシア，コミンテルンの関係が，人民政府成立当初，いかなる形で始まり，その本質がどこにあったかを解明することが，この第Ⅰ部の目的である。

第1章

外モンゴルとソヴィエト・ロシア，コミンテルン
──ロシア・モンゴル友好条約と極東諸民族大会をめぐって

　本章においては，人民政府とソヴィエト・ロシア，コミンテルンが当事者として直接関係し，各々の立場を主張し合ったロシア・モンゴル友好条約締結交渉と極東諸民族大会を検討し，人民政府成立直後における双方の関係を考察することを目的とする。これら2つの出来事は，人民党，人民政府とソヴィエト・ロシア，コミンテルンがそれぞれ相手に対する姿勢を公式に明確にした初の国際的な場であった。そのため，この2つの事件を考察することは，外モンゴルとソヴィエト・ロシア，コミンテルンの関係を論じる上で不可欠である。

　以上の目的のために，本章においてはまず，2つの事件を考察するための背景として，外モンゴルにおけるソヴィエト・ロシア，コミンテルンの活動機関と，当時開始されていた中ソ公式交渉について説明する。当時，ソヴィエト・ロシアは，中華民国との関係を考慮に入れた上で外モンゴルに対する姿勢を決定していた。そのため，中ソ公式交渉は，外モンゴルとソヴィエト・ロシア，コミンテルンの関係を解明する際に考慮に入れなければならない要素であったと言える。また，1921年7月に成立した人民政府が，いかなる性質を有する政権であったかを確認しておく。次に，ロシア・モンゴル友好条約締結交渉における人民政府，ソヴィエト・ロシア双方の思惑を検討する。そして，条約締結交渉におけるソヴィエト・ロシアの思惑を分析するために，当時のモンゴルとロシアの間の領土問題であったウリヤンハイ問題を

特に取り上げ，この問題に対するソヴィエト・ロシアの対応から，当時の外モンゴルに対するソヴィエト・ロシアの姿勢を分析する。そして最後に，極東諸民族大会におけるモンゴル問題協議とモンゴル代表の報告を検討し，当時の外モンゴルに対するコミンテルンの姿勢を考察する。

第1節　外モンゴルにおけるソヴィエト・ロシアとコミンテルン

1．外モンゴルにおけるソヴィエト・ロシア，コミンテルンの機関

すでに序章において述べたように，1920年夏以降，人民党代表との関係を樹立したソヴィエト・ロシア，コミンテルンの主な機関は，ロシア共産党中央委員会シベリア局東方諸民族部と，この部が1921年1月に改組されて形成されたコミンテルン極東書記局であった。

東方諸民族部はロシア共産党の機関として組織された。だが，その一方でコミンテルンの指示を受けて活動することを望んでおり，元来コミンテルン[1]と関係が深い組織であったと考えることができる。人民党とソヴィエト・ロシアが共同活動を行うようになった1920～1921年当時，シベリアにおいてはロシア革命後の内戦と，日本などの外国の干渉軍に対する抗戦が続いていた。この混乱したシベリアにおいて，ソヴィエト・ロシアは極東に関する対外活動，対外交渉のための機関として，1920年初頭にシベリア革命委員会付属[2]としてシベリア外交代表部（Сибмиссия）を成立させた。また，ロシア共産党はシベリア局，極東局という活動機関を設け，東アジアにおける書記局の設立を模索して活動していた。シベリア局は，シベリアにおける活動の指揮を目的として，1918年12月に設置された。1920年になると，ザバイカルおよび極東における活動のために，極東局の設置が決定された。一方，コミンテルンも，極東における活動の推進を図っていたが，コミンテルン直属の機関はまだ成立していなかった。当時，シベリアにおいては，ソヴィエト・ロシア外務人民委員部，ロシア共産党，コミンテルンがそれぞれの活動を確立しようとし，時には共同し，時には矛盾しながら活動を模索していたのである。この状況下，コミンテルンは東方諸民族部を通じて活動を行おうとしたのである[3]。

こうして，1920年7月に東方諸民族部が設置された。この部が組織された重要な理由として指摘しておかなければならないのは，当時，東方におけるソヴィエト・ロシア，コミンテルンの活動を統一することが要求されており，統一した活動を行う機関としての役割を東方諸民族部が果たすよう期待されていたことである。当時，シベリア，極東におけるソヴィエト・ロシア，コミンテルンの活動に対して，ソヴィエト・ロシア外務人民委員部，ロシア共産党中央委員会シベリア局，ロシア共産党中央委員会極東局，赤軍第5軍団などの複数の機関が関与していた。このような複雑な状況に対して，8月7日付シベリア局書記発ロシア共産党中央委員会宛電報に，

> 　中国，朝鮮，日本，モンゴル・ブリヤートにおける党活動は，組織面における統一性が要求されている。これら諸民族における責任ある活動家や同志は非常に少ない。それゆえ，ロシア共産党シベリア局は，上に列挙した諸民族における活動のために派遣された，外務人民委員部を含むあらゆる職員が1つの機関を通じて活動するよう決議を行い，これを実行するよう提案する。
> 　かくして，シベリア局東方諸民族部が編成されなければならないのである[4]。

と記されているように，極東に関する活動を東方諸民族部に統一することが要求されていたのである。

　東方諸民族部は1920年7月27日に組織され，東方活動全権代表にゴンチャロフ（Н. К. Гончаров）[5]，部長にブルトマン（Н. Г. Буртман）[6]，副部長にガポン（Ф. И. Гапон）[7]が任命された[8]。この部にはモンゴル・チベット課が設けられ，モンゴルにおける活動を担当した。序章において触れたように，このモンゴル・チベット課には，リンチノやジャムツァラーノといったブリヤート・モンゴル人活動家が所属していた。彼らはこのような組織の一員である一方，ソヴィエト・ロシア，コミンテルンとは違った立場からモンゴル人の統一と独立を模索し，人民党と人民政府に関与していった。

　「東方諸民族部モンゴル・チベット課活動原則」という文書には，モンゴルにおける東方諸民族部の活動の目的に関して以下の記述がある。

　　東方諸民族部モンゴル・チベット課の活動は，モンゴル，チベットの

大衆の革命化，彼らに対するソヴィエト・ロシアの影響の拡大，アジアの地域における世界の帝国主義との戦いに引き込むという総合的課題によるものであり，課内部における活動と現地における直接的な活動に分かれる。……

　これに関して，何よりもまず，モンゴルの革命的風潮が，アジア東方の大半の国々の大衆の風潮と同様に，民族主義的方向へ向かっている，という状況が考慮されることになる。……モンゴルの風潮のこのような性質によって，東方諸民族部の面前に2つの課題が突きつけられている。

　1. モンゴル大衆の国家的運動を思想的に捉え，この運動の社会的側面を汚しうる有害な層からこの運動を守り清めること。

　2. 封建・宗教勢力を利用して人民革命党の影響を強化する共同活動によって，モンゴル大衆の国家的運動を社会内部の階層の分化を拡大する方向へ向けること[9]。[10]

この記述によると，東方諸民族部はソヴィエト・ロシア，コミンテルンの影響をモンゴル，チベットへ拡大することを活動の目的とし，その具体的課題として，モンゴルの国家的運動，つまり当時外モンゴルに拡大していた外モンゴル自治の復興運動を，社会運動，つまり外モンゴル社会の内部の階層間の分化に転換することを設定していた，と考えることができる。その一方で，人民党の影響力の強化のために，王公，仏教勢力を利用することも記されている。

　1921年初頭に東方諸民族部が極東書記局に改組されたことによって，極東における活動のためのコミンテルンの正式な機関がようやく成立することになった。極東におけるコミンテルン代表として極東書記局を指導したのはシュミャツキー（Б. З. Шумяцкий）であった。彼は，外務人民委員部シベリア・モンゴル全権代表と赤軍第5軍団革命軍事評議会委員も兼任しており，外モンゴルのみならず極東におけるソヴィエト・ロシア，コミンテルンの活動に大きな影響力を発揮した。

　本章において後で触れるように，シュミャツキーは，モスクワのソヴィエト・ロシア，コミンテルンの指導層から指示を一方的に受けていただけではなく，指導層に対してソヴィエト・ロシア，コミンテルンが外モンゴルにお

いて取るべき活動方針を提案していた。ここで考えておかなければならないのは，当時のソヴィエト・ロシア，コミンテルンの中央において，外モンゴルにおける活動方針のための機関や役職がまだ設けられていなかったことである。加えて，先に述べたように，現地におけるソヴィエト・ロシア，コミンテルンの活動機関もまだ整備され始めた段階にあった。このため，モスクワのソヴィエト・ロシア，コミンテルンの中央から一方的に指示が下され，それを現地の機関がそのまま実行する，という体制が完成していたわけではなかったのである。これらの事情とシュミャツキーの権限を考え合わせると，当時のソヴィエト・ロシア，コミンテルンの対外モンゴル方針は，現地の判断がモスクワに送られて承認される傾向の方がむしろ強かったと推測される。本書において後述するように，このような傾向は，シュミャツキーが外モンゴルから離れた後においても，後任の人物に受け継がれていったと考えられる。

シュミャツキーが大きな権限を有していた重要な理由として，極東におけるソヴィエト・ロシア，コミンテルンの活動の一本化が彼に要求されていたことを挙げることができる。上述のとおり当時，シベリア，極東におけるソヴィエト・ロシア，コミンテルンの活動に対して複数の機関が関与していた。この状況において，ソヴィエト・ロシアの諸機関の官僚主義的体質のために，東方諸民族部の活動に支障を来していることが指摘され始めたのである。[11]このような指摘に対して1920年10月4日のシュミャツキー発スミルノフ（И. Н. Смирнов[12]），ゴンチャロフ宛電報には，

> コミンテルンとの協議の結果，広範な活動と広い諸組織を結成するために，東方に関する活動を特別極東書記局［後のコミンテルン極東書記局］に集中し，バクーの会議のような極東諸民族の大会の招集が決議さ[13]れた。[14]

という記述がある。今後成立することが予定されている極東書記局に，東方におけるソヴィエト・ロシアとコミンテルンの活動を一本化することが考えられていたのである。この状況において，1921年1月21日付コベツキー発極東局メンバーのズナメンスキー（А. А. Знаменский）[15]宛文書には，

> 1月15日付コミンテルン執行委員会の決議によって，極東における活

動にボリス・シュミャツキーが任命され，東方諸民族部が彼に従属することになった。[16]

という記述がある。コミンテルン執行委員会の決議に基づいて，東方諸民族部がシュミャツキーに従属することになったのである。これに加えて，1921年2月26日付シュミャツキー発ロシア共産党中央委員会宛電報には，

極東諸国における全対外活動の指導を，コミンテルン全権代表としての私と，私によって東方諸民族部の代わりに建設されたコミンテルン極東書記局に譲り渡す，という［ロシア共産党］中央委員会とコミンテルンの決議……[17]

という記述がある。極東における対外活動の指導の権限を，極東書記局と，その代表であるシュミャツキーに委譲する決議を，ロシア共産党中央委員会とコミンテルンが出していたのである。

このような状況は，外モンゴルに関するソヴィエト・ロシア，コミンテルンの活動にも影響を及ぼし始めた。1921年2月28日受領のシュミャツキー発外務人民委員部宛電報には，

現在，モンゴルに関する活動を望ましい方向へ向けるために，この活動をコミンテルンの手に集中する特別な必要性が示唆されている。[18]

とある。極東におけるソヴィエト・ロシア，コミンテルンの活動がシュミャツキーと極東書記局の手に一本化されていく中において，外モンゴルにおける活動もまた，この一本化への傾向に従うことになったのである。

このような極東における活動の一本化の過程において，1921年3月11日受領のシュミャツキー発ソヴィエト・ロシア外務人民委員チチェリン（Г. В. Чичерин）宛電報には，

モンゴルにおける諸事件に関連して，せめてある一定の場合においてモンゴルから追い出された中国人と連絡する際の便宜のための舞台装置として，もちろん，衰退しつつあるシベリア外交代表部[19]のようないかなる機関も設けることもなく，私が外務人民委員部の全権を，保持する必要がある。[20]

という記述が見られる。シュミャツキーがコミンテルン代表として極東における活動の一本化に関わる内に，「中国人との連絡」のような外務人民委員

部の権限が必要な事案に直面し，外務人民委員部の権限を必要としたのであろう。シュミャツキーに対して，上述したさまざまな大きな権限が集中したのは，このような状況の結果であると思われる。

　外モンゴルにおけるソヴィエト・ロシアの活動に関して重要な役割を果たしたもう1つの機関として，ソヴィエト・ロシア外務人民委員部が後にフレーに設置したモンゴル駐在ソヴィエト・ロシア全権代表部を指摘しておく必要がある。詳細は第2章に譲るが，この全権代表部において活動していたモンゴル駐在外務人民委員部副代表オフチン（А. Я. Охтин）は，外モンゴルの政治情勢に対して重要な役割を果たすことになる。彼はシュミャツキーと共にソヴィエト・ロシア，コミンテルンのエージェントの活動を指導し，特にシュミャツキーが外モンゴルに深く関与しにくくなった1921年秋頃から，外モンゴルの政治情勢に対して重要な影響を及ぼし始めるのである。

　序章において言及したように，極東書記局は，成立したばかりの人民党と人民臨時政府の活動にかなりの程度関与した。にもかかわらず，外モンゴルに対してソヴィエト・ロシア，コミンテルンが派遣した人員の構成とその活動については，いまだに不明な点が多い。外モンゴルへの関与が始まったばかりであったことなどから考えると，当時はまだ正式なシステムが構築されていたわけではなかったのであろう。ただ，現存するモンゴルおよびロシアの公文書には，人民（臨時）政府と人民党に対して政府，党の建設支援という名目でソヴィエト・ロシアとコミンテルンのエージェントが，党や政府各省庁において活動していた様子が記されている。たとえば，1921年3月28日付ボリソフ（С. С. Борисов）[21]発ボロダエフスキー[22]宛電報には，

　　マイマーチェン[23]における人民革命党の党建設に関する報告を伝達する。建設は組織の初歩段階にある。3月3日の会議において［この後の言葉が暗号未解読である。おそらく「委員会が」というような語が入ると推測される］建設され，委員会のメンバーは，委員長ダンザン［S. ダンザン］，委員会メンバー2人はダムバドルジ（dambadorji）[24]，書記バダルチンである。［この部分に暗号未解読の語が1語ある］委員会のメンバーは，定員がすべて揃って独立し積極的に活動できてはいないが，活動の基盤はある。コミンテルンの職員が，実質的にすべての活動を行うようになっ

ている。それ以外に，[党]中央委員会の全メンバーが直接の職務以外に別の職務も行う必要があり，それが元来計画されて課された活動を邪魔している。[25]

という記述がある。この記述によると，人民党における党建設活動はまだ初歩段階にあり，活動がうまく進んでおらず，これに対して人民党におけるすべての活動をコミンテルンのエージェントが行っていることになっている。

また，1921年3月29日付ボリソフ発リンチノ宛電報にも，

　　今のところ，書記局［極東書記局のことであろう］によって事前に保証された人数から，職員は1人もこちらには来ていない。職員の不足は，政治的活動の分野でも組織活動の分野でも莫大である。……我々のところに新たに職員の補強人員が送られてこなければ，組織活動は進まないであろう。[26]

という記述がみられる。この電報においても，人民党，人民臨時政府における政治および組織に関する活動に対してコミンテルンのエージェントの重要性が主張されている。そして，そのようなコミンテルンのエージェントが不足しているため，エージェントの増派が要請されているのである。

このような外モンゴルにおけるコミンテルンのエージェントの活動は，人民臨時政府側の史料にも記録されている。共戴11年3月11日（1921年4月18日）の人民臨時政府会議の議事録には，

　　モンゴル人民［臨時］政府の各省において公務を執行しているコミンテルンの官吏が，モンゴル政府の指導層の内政，財政等の事柄に干渉しようと欲張っている様子が観察された。[27]

とあり，「コミンテルンの官吏」が人民臨時政府において公務を執行し，「干渉」さえしている状況が明記されている。

以上の諸史料の記述から，当時の人民党，人民臨時政府の公務において，ソヴィエト・ロシアおよびコミンテルンから派遣されたエージェントが大きな役割を果たしていたと判断することが可能であろう。

2．中ソ公式交渉とモンゴル問題

ソヴィエト・ロシアは，以上のように外モンゴルにおける直接の活動を開

始した一方で，中華民国との関係においても，外モンゴルをめぐる問題と向き合わなければならなくなっていた。当時ソヴィエト・ロシアは北京政府を正式な交渉相手として中華民国との公式交渉を進めようとしていたが，この中ソ公式交渉において外モンゴルをめぐって議論が紛糾するのである。[28]

　中ソ間の公式交渉は，初めから直接交渉が行われたのではなかった。1920年4月に成立した極東共和国が中華民国と国境を接していたことから，極東共和国と中華民国北京政府の間でまず交渉が開始された。中華民国との交渉のために，1920年8月26日に極東共和国代表ユーリン（И. Л. Юрин）が北京に赴いた。[29] ただ，ユーリンとの交渉において，中華民国側は中ソ関係に関わる問題を協議することも想定していた。[30] またユーリンも，中華民国と極東共和国の相互承認，通商協定の締結などを目指していた一方において，モンゴル問題や中東鉄道問題のような中ソ間の懸案にも取り組んだ。[31] これらのことから，この交渉は単に極東共和国と中華民国の間のみの交渉であったのではなく，中ソ間の交渉を，極東共和国を介して行ったものでもあったと考えるべきであろう。

　これと同時期に，中華民国は非公式代表の張斯麐（ちょうしりん）をモスクワに派遣した。張は1920年8月末にモスクワに到着した。[32] 張の役割は，非公式交渉を通じて，今後行われることが想定されていた中ソ間の直接交渉に向けた情報を収集することであった。[33] この時カラハン（Л. М. Карахан）[34]は，中ソ公式交渉の開始を求める第2次カラハン宣言を張に渡した。[35] その後，張は11月28日に北京に戻った。[36]

　中ソ公式交渉に対するソヴィエト・ロシアの目的はさまざまである。その中でも重要なものとして，国境の安全保障に関する問題を協議することをソヴィエト・ロシアが望んでいたことを指摘しておかなければならない。たとえば，上述の第2次カラハン宣言には，

　　　第3条：中国政府は以下の義務を負う。

　1．ロシア反革命派の個人，グループ，組織に対していかなる支持も示さず，自領土においてこれらの者たちの活動を認めないこと。

　2．本協定調印の時まで中国領土にいる，ロシア・ソヴィエト連邦社会主義共和国およびその同盟国に対して戦闘を行うすべての部隊，組織

を武装解除し，拘禁し，ロシア・ソヴィエト連邦社会主義共和国に引き
渡すこと。また，彼らの武装，弾薬，財産をロシア・ソヴィエト連邦社
会主義共和国に引き渡すこと。[37]

という条項があり，ソヴィエト・ロシアが中華民国政府に対して，ロシア反
革命派に対する援助を禁止し，中国領内におけるソヴィエト・ロシアに反対
する勢力を解体するよう望んでいたことがわかる。[38]

　また，ユーリンは1920年11月30日の第1回非公式会談において，中国領に
逃げたロシア白軍はウラジオストクに送っても中東鉄道沿線に留まらせても
危険であることを北京政府に指摘し，この白軍をチタに送るよう提案した。[39]
ソヴィエト・ロシアは，中国領に逃亡したロシア白軍を極東における「脅
威」とみなし，対中交渉において処理すべき問題だと考えていたのである。

　ロシア白軍以外にソヴィエト・ロシアが極東において脅威を感じていた勢
力として，張作霖を挙げることができるだろう。当時のソヴィエト・ロシア
およびコミンテルンの指導層の間に，モンゴル問題を扱う蒙疆経略使(もうきょうけいりゃくし)に任
命された張作霖が外モンゴルに遠征を行うという認識が広まっていた。たと
えば，1921年8月8日付でチチェリン，ソヴィエト・ロシア外務人民委員部
極東課課長ドゥホフスキー（С. И. Духовский），コミンテルン執行委員会東
方局局長トリリッセル（М. А. Трилиссер）宛の文書においてシュミャツキー
は，

> 第2：対外関係。……中国の政策のトーンのせいで，現在，張作霖が
> 著しい力を持っている。最近までの張作霖一派の状況は以下のとおりで
> ある。奉天会議以後，蒙疆経略使の役目を受けた張作霖は，主たる拠点
> をハイラルに置き，満洲里地域において軍を集結し始め，そこから行軍
> してモンゴルへ向かうはずである。彼の目的はウンゲルンと合流し，臨
> 時政府［人民政府のことであろう］を打倒することである。極東共和国の
> 側からの反抗がある場合には，日本の軍人グループに頼って最後の戦い
> を始める。[40]

と述べている。シュミャツキーは，張作霖の力が強く，彼が外モンゴルへ進
攻し，ウンゲルンや日本と関係を持つ可能性がある，という認識を持ってい
たのである。

また，列強と関係を持ち，ソヴィエト・ロシアを承認しようとしない中華民国北京政府自体を，ソヴィエト・ロシアおよびコミンテルンの指導層は脅威になりうると判断していた可能性が高い。1919年12月に，コミンテルン執行委員会東方局には，中国との関係が悪化した際に中国軍が直接ロシア国境に接近できないようにモンゴルを緩衝地帯として利用する，という発想があった。[41] ソヴィエト・ロシアにとっては，中ソ公式交渉によって中華民国との関係を調整すること自体が極東における安全保障に関わることだったと考えられるのである。

　ユーリンとの交渉において，中華民国側はロシア革命，内乱期における在露華僑の損害賠償問題などを持ち出すことによって交渉を進展させていった。[42] この交渉の流れを一変させたのが外モンゴル情勢の大きな変化，つまりウンゲルンの外モンゴル進入とフレー占領であった。[43] 中華民国側は，1921年3月に人民臨時政府が成立した際に，この問題に対するソヴィエト・ロシアの関与についてユーリンを問い詰めており，[44] 外モンゴルにソヴィエト・ロシアが関与する可能性を危惧し始めたのである。

　さらに，1921年夏における外モンゴルに対するソヴィエト・ロシア軍および極東共和国軍の介入は，中ソ公式交渉においてモンゴル問題を協議することそのものを困難にしてしまった。中華民国側は，中華民国へ外モンゴルを返還する問題をこの交渉の議題に取り上げようとし始めたのである。[45] 1921年7月にユーリンは，張作霖とモンゴル問題に関する協議を行った。[46] この時，外モンゴルに対するソヴィエト・ロシアの軍事介入を非難した張作霖に対してユーリンは，ウンゲルンがフレーを占領しているのは極東共和国にとって危険な状況であったためにやむを得なかった，と弁明した。この時ユーリンは張作霖と3度会談を行ったが，張作霖は，外モンゴルの返還問題は北京で決定すべきであるという態度を取ったため，交渉はうまくいかなかった。[47] しかし，北京政府が，モンゴル問題に関する全権は張作霖にある，と指摘したため，ユーリンは1921年8月に再び張作霖と中国への外モンゴル返還に関する交渉を行うことになった。ここでも張作霖の態度は強硬であり，協議は不首尾に終わった。その後，ユーリンは北京でモンゴル問題に関する協議を続けた。1921年10月の交渉においてユーリンは，外モンゴルに対する主権は中

第1章　外モンゴルとソヴィエト・ロシア，コミンテルン

国にあり，ソヴィエト・ロシア軍は撤兵すべきであるが，中東鉄道沿線にはロシア白軍がいてチタや外モンゴルを脅かしているため，まずこれに対する措置を取る必要がある，と主張した。この協議において北京政府は，通商協定締結は難しくない作業であるため，その前にまず外モンゴルからのソヴィエト・ロシア軍の撤兵問題と中東鉄道問題を協議する，という方針をユーリンに対して示した。[48]

このように，中ソ公式交渉においては，ソヴィエト・ロシア軍の外モンゴル介入を契機にして，現時点における撤兵を受け入れないユーリンと，ソヴィエト・ロシア軍の撤退と外モンゴルの返還を求める中華民国側の間でモンゴル問題の協議が停滞し，やがて中華民国側がモンゴル問題を第1に協議すべき問題と位置づけたことによって，この停滞が交渉全体に及び始めたのである。

だが，交渉が難航する一方において，上述のソヴィエト・ロシアにとっての脅威は依然として極東に存在した。このためソヴィエト・ロシアは，中ソ公式交渉とは別に，交渉に依らない防衛措置も講じる必要があったはずである。こういった状況が，ソヴィエト・ロシアが外モンゴルに対する姿勢を決定する際に大きく影響したのである。

3．人民政府の政権の様相

1921年7月に成立した人民政府の政権の実態については，現在においてもなお不明な点が多い。この問題について，ここで触れておく必要があろう。

すでに序章において述べたように，人民党は，1910年代末のモンゴル人の外モンゴル自治復興運動から誕生した組織であった。先行研究の指摘にもあるように，人民党のもとになったボドーのグループやS.ダンザンのグループは単独で活動を行っていたわけではなかった。当時の外モンゴルにおいては，王公，仏教勢力の有力者をはじめとする多くの人々が外モンゴル自治復興運動に関与していた。これらの人々は，互いに連携しながら運動を行っていたのである。ボドーのグループやS.ダンザンのグループも，これら諸グループの一部であった。[49]

先に述べたように，ソヴィエト・ロシアおよびコミンテルンは，当初，外

モンゴル社会の内部に階層分化を推進し，人民党を1つの革命組織として育成するという方針に基づいて人民党に対する援助を進めようとしていた。だが，ウンゲルンの外モンゴル進入によって，ソヴィエト・ロシア，コミンテルンは人民党に対する援助のあり方を検討し直す必要に迫られた。つまり，革命組織の育成のみならず，外モンゴルに進入したウンゲルンのロシア白軍に対する対策として，人民党に対する援助を考えなくてはならなくなったのである。

このように外モンゴルに対するソヴィエト・ロシアおよびコミンテルンの活動が変化しようとした際，人民党とソヴィエト・ロシア，コミンテルンの懸け橋としての役割を果たしていたブリヤート・モンゴル人から，「民族統一戦線」形成を進める考えが提示され始める。ウンゲルンの外モンゴル進入を受けて外モンゴルの実情を調査していたツェデンイシ（čedengisi, Дашепылов, Гочитский）が，1920年11月29日付で，東方諸民族部モンゴル・チベット課宛にモンゴルの政治情勢に関する報告書を提出している。[50] そこには，

> バロン・ウンゲルンのモンゴル進入に関連して，本年夏と比べて全く新しい状況が成立している。……
>
> 中国人は，ウンゲルンの進入の原因をモンゴル人のせいにして，決定的にモンゴルを抑圧して独立に対するあらゆる希望を押さえつけるために，ウンゲルンの進入を利用した。……
>
> 総じて，モンゴルの人々は，ひどい恐怖政治を受けている。だが，中国人に対するモンゴル人の憎悪の念は，極限にまで達している。モンゴルの一般人も有力王公たちも，その意識は中国のくびきから解放されるという最も強力な希望に囚われており，ソヴィエト・ロシアからの援助を待っている。
>
> この方面における組織活動は，まだ大規模には行われていない。人民党の活動は，中国人の恐怖政治のせいで困難になっている。……地方の条件を考慮して，あらゆる可能性を利用して組織活動を強化することが不可欠であると認められ，彼らの活動に対する指導と指示が必要とされている。

形成された状況が物語るのは、現状からの出口を発見するためにモンゴルの全グループの統一が不可欠であり、さもなければ目的に到達せずに疑いなく中国人の抑圧を強化してモンゴルに重大な紛糾と災厄を招きうる無組織行動が避けられない、ということである。……

ウンゲルンのような冒険主義者にとって恵まれた基盤を提示している、中国人に対するモンゴル人の極めて敵対的な風潮を考慮して、民主的グループのみならず、上級王公および仏教僧の中にもソヴィエト・ロシアのために扇動を強化することが不可欠である。これは、上級王公および仏教僧を白軍から引き離し、モンゴルにおけるあらゆる精神的および物質的基盤を白軍から奪うためである。このためには、権威ある王公、仏教僧に宛てて、権威あるソヴィエト機関からのアピールが必要である[51]。

と記されている。ツェデンイシは、ソヴィエト・ロシアに対して、モンゴル人にとって脅威となっているのは中国人であることを指摘した。そして、現状への対策として、従来の階層分化の方針ではなく、むしろそれとは逆の、外モンゴルの全グループの統一を訴えたのである。

このような考え方は、やがて「モンゴル民族統一戦線」形成の方針へとつながっていく。1920年12月21日に行われた東方諸民族部幹部および同部モンゴル・チベット課参事会メンバーの共同会議において、

　1. 協議事項：モンゴル民族統一戦線の形成に関するリンチノのテーゼについて。
　　　決議事項：モンゴル民族統一戦線の形成に関するリンチノのテーゼを承認する[52]。

という決議が出された。リンチノが作成したテーゼが承認され、東方諸民族部においては、階層分化ではなく、民族統一戦線形成の方針によって以後の外モンゴルにおける活動を進めていくことになったのである。

このリンチノ作成のテーゼと思われるものが、ロシアの公文書館に保管されている。「モンゴルにおける中華帝国主義との革命的闘争の組織の基本的テーゼ」という表題が付いたこの史料には、以下の記述がある。

　1. モンゴルにおける北京政府の政策は、モンゴルの民族的要求に対する完全な非妥協、安福派占領軍の援助で行われているモンゴルの革命

的および民族的勢力に対する容赦ない恐怖政治，モンゴル封建諸侯を反動勢力の方へ向ける，という方法において特徴づけられる。……

2．モンゴルの革命的および民族主義的勢力は，ロシアの方にある程度向いており，ひどく待ちきれない様子で，発言においても行動においても，支援をソヴィエト・ロシアに期待している。だが，中国人の容赦ない恐怖政治と，ロシアからの援助が以後に延期されたことの影響のもとに，民族主義勢力がロシアの方へ向いている範囲から後退したり，中国人との最小限の譲歩や，協商国［シベリア出兵を行った諸列強を指すと思われる］，日本，さらにはバロン・ウンゲルンからの援助や支援によって，親中封建諸侯や中国人と，民族主義勢力が一致調和したりする可能性がある。

3．モンゴルにおけるこのような実情は，革命勢力の孤立の恐れを生み出している。このことは，革命勢力の分化と組織化の最初期にあることと，ソヴィエト・ロシアの革命的影響から大衆が抜け出てしまうことを視野に入れると，極めて望ましからぬことである。初歩的状況にあって，封建および宗教的イデオロギーの方法からまだ充分に脱していない革命的および政治的意識を持っているのが，大衆なのである。

4．中国国内のあらゆることと関連した上述の事柄は，長期的および恒久的性質を持つという点において，あらゆる危険をはらんでいる。それゆえ，これらの事情は，この時，特別な戦術的スローガン，新たな組織の形，中華帝国主義の圧制からのモンゴルの解放のための闘争方法を，提案して形成することが不可欠であることを示唆している。これらは，以下のように考えられている。

　　а．提唱されているのは，最初に人民主権に基づいた国の自治の再興のために中華帝国主義に対して行う積極的な民族革命闘争に基づいたモンゴル人の全社会層の団結の必要性である。

　　б．階層分化のスローガンは影が薄くなり，二次的計画に一時的に延期される。……

　　г．統一民族戦線の提唱と，国内階層分化スローガンの延期は，人民革命党に対して王公，仏教僧が充分に忠誠を誓い，統一民族戦線の

思想に忠実であり，中華帝国主義との戦いに積極的に協力することによって条件づけられる[53]。

このテーゼは，中国人による恐怖政治こそがモンゴル人の最大の脅威であることを指摘し，これに対する対策として，「民族統一戦線」の形成，階層分化の一時的な延期の提案，民族統一戦線の中で人民党が中心的役割を果たせるようにすることを提案したものだったのである。このテーゼは，外モンゴルの現状に合わない活動を行おうとするソヴィエト・ロシアに対して，ブリヤート・モンゴル人の活動家が，現状に合致した活動を提案したものだと言うことができるであろう。そのような現状に合致した活動方針として，階層分化方針の一時的な延期と，外モンゴルの全社会層の団結が訴えられていることからも，人民党という組織の性質や，人民党が行おうとしていた活動の性質がいかなるものであったかを読み取ることが可能であろう。

人民党が，単なる革命組織ではなく，王公，仏教勢力との協力もいとわない組織であったため，人民党が中心となって建設された人民政府の性質もまた，王公，仏教勢力と無関係のものではなくなった。先行研究の指摘によると，人民政府は成立時に，再興外モンゴル自治政府の各省庁の印章の譲渡を受けていた。再興外モンゴル自治政府とは，ウンゲルンの支援を受け，1921年2月に王公，仏教勢力の有力者がフレーに再興した外モンゴルの自治政府である。人民政府は，王公，仏教勢力が主たる役割を果たしていたこの政府の正統性を受け継いでいたのである[54]。

また人民政府の閣僚を見ると，首相兼外務大臣ボドー，軍務大臣スフバートル（sükebaγatur），財務大臣 S. ダンザンは人民党員だが，法務大臣マグサルジャブ・ホルツ（maγsurjab）は非人民党員でボグド・ハーン政権に関係が深い人物[55]，内務大臣ダー・ラマ・ポンツァグドルジ（pungčuγdorji）は仏教勢力の有力者である。これに加え，ジャルハンズ・ホトクト・ダムディンバザル（jalqanza qutuγtu damdinbajar）[56]，ハタンバートル・マグサルジャブ（maγsurjab）[57]らも，人民党に協力して西モンゴルにおいて活動しており，政権に対する一定の影響力を持っていたと考えられる。加えて，次節において述べるとおり，1921年秋のロシア・モンゴル友好条約締結交渉の人民政府側代表団には，ボグド・ハーンの使者として，エルデネ・ジノン・ワン・シルニ

ンダムディン (sirnindamdin)[58]が加わっていた。条約締結交渉の際に，シュミャツキーはシルニンダムディンを，ボグド・ハーンが派遣した代表だとみなしていた[59]。

確かに，人民政府のメンバーの多くは人民党の活動に関わっていた人々であり，人民政府の運営には人民党中央委員会が強い影響力を持っていた。しかし，その一方において，かつての政治的中心勢力であった王公，仏教勢力もまた，人民政府に対する一定の影響力を有していたと考えるべきであろう。1921年7月の成立当時の人民政府の様相は，このようなものだったのである。

第2節　ロシア・モンゴル友好条約締結交渉とモンゴル人民政府

前節において述べた中ソ公式交渉の一方において，ソヴィエト・ロシアは，外モンゴルとの公式の関係を築こうともしていた。また，人民政府も，唯一の援助国であるソヴィエト・ロシアとの懸案を解決する必要があった。この結果，1921年11月5日，人民政府とソヴィエト・ロシア政府の間において，ロシア・モンゴル友好条約が締結されたのである[60]。

この条約の締結交渉は，人民政府，ソヴィエト・ロシア各々の相手に対する姿勢が明確に反映された場であった。この条約の締結が求められた背景には，新たに成立した人民政府とソヴィエト・ロシアが互いに対する公的な姿勢を改めて規定しなければならなくなったことがあったと思われる。この条約締結交渉が，当時のソヴィエト・ロシアと外モンゴルの関係において大きな意義を持っていたことは疑いない。

ロシア・モンゴル友好条約締結交渉に関する従来の研究は，交渉における協議や条約の内容を解明することに重点を置いてきた。従来の研究においては，条約の締結によって，双方の政府の承認，ソヴィエト・ロシアと外モンゴルの間の友好の強化，双方の関係の規定，モンゴル独立の成果の確定，東アジアにおけるソヴィエト・ロシアの政治的地位の強化などが達成された，と指摘されている[61]。

従来の研究は，条約締結交渉において何を協議し，条約によって何が規定されたかを解明することを主眼としてきた。そのため，多くの研究は条約の

条文を検討するのみに止まっている。こういった先行研究に対して，公文書史料を用いて交渉過程を検討することによって，人民政府，ソヴィエト・ロシアの双方が，何を目的にして交渉に臨んでいたかを考察し，条約締結交渉が持つ意義を解明することが現在求められている，と筆者は考えている。

本節においては，人民政府成立当初のソヴィエト・ロシアと人民政府の関係を解明するために，以上の観点から，ロシア・モンゴル友好条約締結交渉の過程を検討し，この条約がソヴィエト・ロシアと人民政府の間においていかなる意義を有したかを考察することを試みる。

1．外モンゴルにおける旧条約

ロシア・モンゴル友好条約の締結に対する人民政府の目的を明らかにするためには，この条約以前にロシアとモンゴルの関係を規定していた旧条約[62]がいかなる性質を持ち，人民政府の活動にどのような影響を及ぼしていたかを検討する必要があるだろう。

成立直後の人民政府がまず取り組んだのは，新政権の組織を建設することであった。当時人民政府の法務大臣を務めていたマグサルジャブ・ホルツは，その状況を自身の著書『モンゴル国新史』に以下のように書き残している。

> 外務省は，あらゆる通商産業等に従事する外国人に身分を証明する有印文書を発行して税を徴収する等の規則を新たに定め，これに従って処置していた。……電報および郵便局の長に，ツェデブスレン公を任命し，外務省に共に管轄させた。……財務省は，あらゆる関税と土地租借料の規定を新たに定め，これに従って処置していた。……法務省は，あらゆる残酷な拷問を廃止したり軽減したりする問題を提起し，政府の会議において決議していた[63]。

ここには，人民政府の各省が，新たな国家経営に必要な体制の整備を進めていたことが記されている。

人民政府が行おうとしていたこのような活動にとって障害になったと想定されるのが，旧条約であった。ここでは，このような人民政府の活動に影響を及ぼしていたと考えられる旧条約として，露蒙協定とキャフタ三国協定を挙げておきたい。

露蒙協定は，1912年にロシア帝国とボグド・ハーン政権の間において締結されたものである。1912年秋に，両者の間において交渉が行われた。交渉において，ボグド・ハーン政権は，モンゴル民族の統一と独立国家の建設を目指し，自領土と国境の画定と，中華民国との関係の明確化などをロシア帝国側に要求し，ロシア帝国が要求する経済権益の譲渡に反対した。だが，ボグド・ハーン政権は，後ろ盾となっていたロシア帝国に頼らざるを得ない政権であった。このことを熟知していたロシア帝国側は，この協定において自分たちに有利な規定を設けることに成功し，外モンゴルにおける経済権益を確保できたのである。当時ロシア帝国は，モンゴル独立運動によって発生したモンゴルをめぐる問題を解決するために，まずボグド・ハーン政権と交渉を行い，その結果によって中華民国に対応する，という2つの段階を経て解決する方法を取っていた。露蒙協定はその第1段階だったのである。[64]

　この協定の第2条においては，モンゴル側は付属決議特別条項に基づいてモンゴル領内においてロシア人に通商特権を享受させる，と規定されている。[65]この付属決議特別条項はモンゴル領内のロシア人の特権を規定しており，17項からなる。この内，ロシア側に有利な規定は，ロシア人の商工業の許可と優遇（第1，4，5，6，9項），関税の非課税（第2項），ロシアの金融機関の活動許可（第3項），天然資源採掘や漁業についてモンゴル側と協議する権利の授与（第7項），モンゴルとロシアの間の郵便の開設権利の授与（第10項），モンゴルからロシアへ流れる川の水運利用や通商の許可（第12項），ロシア人による物資輸送，架橋，通行料徴収の権利の授与（第13項），ロシア人とモンゴル人，中華民国人の間の契約方法とそれに対するロシア領事の介入の権利の授与（第16項）などである。[66]

　キャフタ三国協定は，ロシア帝国，中華民国，外モンゴルの関係を規定するため，これら三者の間で1915年に締結された。これに先立つ1913年の露中宣言[67]において，中華民国は外モンゴルにおけるロシア帝国の経済権益を認めていた。そして，モンゴルをめぐる問題を解決するために，露蒙協定，露中宣言に続く第3段階として，ロシア帝国，中華民国，ボグド・ハーン政権の三者間協議が行われることになったのである。この協議においても，露蒙協定，露中宣言を基盤としたロシア帝国が主導権を握り，キャフタ三国協定に

第1章　外モンゴルとソヴィエト・ロシア，コミンテルン　41

おいても外モンゴルにおける経済権益を確保できたのである[68]。

キャフタ三国協定のモンゴルに関する条項には，露中宣言の承認（第1条），中華民国の宗主権と外モンゴルの自治の規定（第2条），政治問題および領土問題に関わる条約を外モンゴルが自主的に締結することの禁止（第3条），中華民国の官，民の利益保護（第10条），自治外モンゴルの領域制限（第11条），中華民国国民への関税非課税（第12条），中華民国領事およびロシア領事の裁判参加（第13，14，15，16条），中華民国郵便局の存続（第18条），露中宣言および露蒙協定の付属決議特別条項の存続（第21条）などがあった[69]。

このようにこれらの協定には，外モンゴルに不利なロシア帝国と中華民国の特権に関する多くの条項があった。独立国家建設を目指す人民政府にとって，これら旧条約は障害になるものであった。そのため人民政府は旧条約を公式に破棄し，これに代わる新規定を設ける必要があったはずである。

2．条約に対する人民政府の目的

人民政府が条約締結交渉のために準備した文書——「モンゴル代表の宣言」と人民政府側作成条約草案——には，人民政府がいかなる目的のもとにロシア・モンゴル友好条約締結を目指したかが明確に反映されている。これらの史料の内容を検討することによって，この条約に対する人民政府の目的を解明することができる。

A．「モンゴル代表の宣言」

「モンゴル代表の宣言」は，条約締結交渉において人民政府がソヴィエト・ロシア政府に対して要求する項目を列挙した文書である。文書冒頭に記された宛先は「大ロシア社会主義連邦ソヴィエト共和国外務人民委員」であり，文書末尾の署名は「モンゴル人民政府代表団長ダンザン[70]」である。文書の日付と場所は，「モスクワ，西暦1921年10月26日，モンゴル暦共戴11年9月25日」である。この文書は，条約締結交渉第1回会議において人民政府側からソヴィエト・ロシア側に手渡された[71]。先行研究においては，宣言の内容には触れられているが，各項目が持つ意義については明確にされていない[72]。

「モンゴル代表の宣言」は，人民党がソヴィエト・ロシアの協力を得ることによって設立した人民政府によって国内改革が進められていることを述べ

た前文で始まり，その後に8項目からなる人民政府の要求が示されている。

第1項の冒頭においては，外モンゴルが200年にわたる清朝支配を受けた後，1911年のモンゴル独立運動によって独立を求めたが，1915年のキャフタ三国協定によって外モンゴルのみの自治が規定されるに止まり，1919年には中華民国によってこの外モンゴル自治さえも廃止され，ウンゲルンが外モンゴルに進入した，という人民政府成立までの外モンゴルの状況が端的に述べられている。その後に，

> 強調しておくのは，現在，我らモンゴル人にとって基本的にして調整が必要とされている本質的な問題は，全モンゴル族の統一の問題，中国のくびきからの我ら民族の解放，独立モンゴル国家の建設である。自らの黄教の神聖性と国家の独自性の防衛に対して強固にして不屈に立ち，中国との交渉の際に，世界帝国主義に抑圧される小民族の庇護者として，大ロシア社会主義ソヴィエト共和国に即時の仲介を切に請願するものである。[73]

とあり，全モンゴル族の統一，中国の支配からの解放，独立モンゴル国家の建設，中国との交渉の際のロシアの仲介が要求されている。

第2項においては，

> 1912年以降，旧ロシア帝政政府と自治モンゴル政府の間に締結されたあらゆる条約は，ロシアにおいてもモンゴルにおいても発生した大政治変動のために効力を失った。また，1912年にウルガにおいて，わが国政府と旧ロシア帝政政府全権代表との間に締結された通商的性格を有する諸条約においては，モンゴルの経済的発展にとって極めて不利で有害な数多くの項目がある。これらを考慮して，賢明なる新たなロシア労農政府は，1919年にすでにこの条令を廃止し，旧帝政政府の略奪的政策に決定的に別れを告げた。[74]
>
> 貴政府に完全なる謝意を表しつつ，わが人民政府は現在，今こそ古き友好を確かめて通常の通商関係を復興するために，時代の風潮に応えて隣り合う友好的な双方の大衆の現実的利害に適う通商的性格を有する新しい条約を締結する交渉を開始することが時宜に適している，とみなしている。[75]

と記述されており，旧条約の破棄と新条約の締結が求められている。

第3項はタンヌ・ウリヤンハイ[76]がハルハ・モンゴルに属するべきであることを主張した項目であり，以下の記述がある。

> タンヌ・ウリヤンハイの大衆，および彼らのホショー[77]とソム[78]は，旧清朝の創基から200年以上もの間ウリヤスタイ軍事総督（将軍）の管轄下にあった。この大衆の他のホショーが統治されて賦税を支払っていたのは，我らハルハの5ホショーであった。つまり，ザサグト・ハンおよびサイン・ノヤン・ハン盟（アイマグ[79]），ゾリグト・ワン・ナムハイジャンツァン，ベイレ・サンダグドルジなどである[80]。

第4項においては，

> 現在モンゴル領内において生活を営んで居住しているブリヤート・モンゴル人の中には，何世紀にもわたる抑圧の枷からの兄弟的民族の解放に同情してモンゴル領内に移住し，また自分たちに対するモンゴル人民革命政府［人民政府］の権力を承認することを望む者もいる。大ソヴィエト共和国政府がこれに関して彼らの邪魔をせず，ブリヤート・モンゴル人の要望に応えることは，モンゴル大衆にとって極めて有益であるはずであろう。まさにこれゆえに，モンゴル人民政府は，ブリヤート・モンゴル人がハルハ領内に部分的に移住する問題が好ましい意味で解決されるように努めているのである[81]。

と記されており，外モンゴルに移住することを希望しているブリヤート・モンゴル人の要望を叶える必要性が主張されている。

第5項は，

> ホブド-コシュ・アガチとモンディ-ウリヤスタイの電報線は，1913〜1914年のロシアとモンゴル間の諸協定に基づいて敷設されたが，モンゴルにおける混乱のせいで，近年，役に立たないものになっている。現在，モンゴルとロシアの間の規則正しい電報連絡のために，上述の方面における電報線敷設が不可欠に思われているが，モンゴル人民政府は上述の電報線の敷設を受け入れるつもりである。
>
> このため，大ソヴィエト共和国政府はモンゴル人民政府に，ホブドとウリヤスタイにおける電報事務局の建物を，電報事務局に置かれてい

ロシア・ソヴィエト政府の所有になっている電報器具と共に無償で譲渡することを可能とお考えであろうか。[82]

という要求が記されている。ここで人民政府は，ホブド，ウリヤスタイ方面の電信事業を自分たちの手中に収めるために，現在の電信施設を無償譲渡するよう求めている。

第6項においては，

以前，我らモンゴル人は独自の郵便機関を国に設けなかったために，郵便事業がロシア人と中国人の手中に入ってしまった。彼らは，ウルガ，ホブド，ウリヤスタイなどのモンゴルの諸拠点において自分たちの郵便事務局を設立した。これらモンゴルの諸都市間において，ロシア政府と中国政府は規則正しい郵便連絡網を設けたのである。現在，我ら人民革命政府［人民政府］は自国領内において郵便を組織し，郵便を外国の帝国主義者たちに渡さないことを決定した。ロシアとモンゴルが郵便を交わすことになるため，これに関してロシア政府とモンゴル政府の協定に含めることが不可欠である。[83]

と記されており，人民政府が自身の手によって外モンゴルに郵便を設置する必要性を主張している。

第7項は，

再び結成されて国土防衛を担う人民革命軍とモンゴル赤軍部隊のために，相当の量の武器が必要とされる。モンゴル人民政府は，ソヴィエト・ロシア政府が昨年約束したさまざまな武器を完全に受領することを期待する。[84]

であり，国土防衛を担当する軍隊に必要な武器の受領を要求している。史料の記述に見られる「昨年約束した」という表現は，1920年夏にロシアに赴いた人民党代表たちが，モスクワにおいてソヴィエト・ロシア政府と協議し，その際に譲渡を約束された武器のことを指していると考えられる。

第8項においては，

現在，モンゴル領内において完全なる秩序と安寧が打ち立てられたが，国の経済活動はまだ通常の軌道には乗っていない。ここから，若い政府においては現在大いなる経済的困難を感じ取っている。昨年，我らの民

族を中華帝国主義者の圧迫から解放するという大事に直面して，ソヴィエト・ロシア政府は，資金で我らの民族を援助することを約束した。この資金の一部は，すでに我ら政府が受け取ったが，残りを，これに関してソヴィエト政府が今回我々に交付することを拒否しないと信じている。[85]

と記されており，資金援助を要請している。

　これら8項目には，人民政府が中国人とロシア人の干渉を排して自分たちの手による国家経営を行うことを強く望み，そのために旧条約の廃止を要求していることが強く反映されていると言うことができる。たとえば，第1項の冒頭においては，

　　我らモンゴル民族は，200年以上もの間，満洲皇帝の支配下にあり，中国人の最もひどい圧迫を経験した。そしてヨーロッパ暦の1911年，自由と自決の名のもとに，抑圧者たる中国人に対して蜂起し，隣人たるロシアの人々の支援を受けて中国のくびきを打倒し，自決の権利を獲得した。しかし，1915年に成立したキャフタのロシア，中国，モンゴルの三国協定によって，中国の宗主権下において外モンゴルのみに自治の権利が承認され，中国人からの解放という名のもとにおける我らの勝利の成果がほとんどなくなるという状況に帰結した。……当時，ロシア帝国政府は「共和制」中国と共に，お互いの間でモンゴルを分割して掠奪するためにこの条約を筆記した。統一と解放のために戦ったモンゴル民族に対するこのような略奪的文書は，モンゴル民族にとって無条件に受け入れられないものであった。[86]

という1911年のモンゴル独立運動の顛末が語られている。ここには，キャフタ三国協定に対する強い批判が記述されている。人民政府側は，キャフタ三国協定を正式に否定することによって，全モンゴル族の統一，中国支配からの解放，独立モンゴル国家の建設といった，第1項において提示した人民政府の主張を実現することを狙っていたと考えられるのである。

　第2項においても，すでに上に示したとおり，「1912年にウルガにおいて，わが国政府と旧ロシア帝政政府全権代表との間に締結された通商的性格を有する諸条約においては，モンゴルの経済的発展にとって極めて不利で有害な数多くの項目がある」と明記されている。この「条約」とは，露蒙協定など

を指していると思われる。露蒙協定におけるモンゴルにとって「有害な項目」については先に述べたとおりである。

　第3，5，6項も，旧条約が関わっていると考えてよかろう。人民政府にとって，ウリヤンハイ問題は，キャフタ三国協定において規定された外モンゴルのみの自治という規定を破ることを意味しており，旧条約の破棄に関係すると考えられる。郵便と電信についても，キャフタ三国協定や，ボグド・ハーン政権とロシア帝国の間で締結された電信協定の改正という意味を持つと考えられる。

　第7，8項も，人民政府が外モンゴルにおける軍事と経済を自ら掌握するための準備に必要な援助を要請しており，自分たちの手による国家経営を進めるための要求であったと言うことができるであろう。

　B．人民政府側作成条約草案

　人民政府は条約締結交渉に際して，自ら条約草案を作成していた。この人民政府側作成条約草案は，条約締結交渉第2回会議において人民政府側からソヴィエト・ロシア側へ手渡され，交渉を行う際の基本資料となった。先行研究においてはこの条約草案に関して，ロシア・モンゴル国境の条項，タンヌ・ウリヤンハイの条項，訴訟と利権の条項が草案の中に存在したことが指摘されたのみに止まり，その内容が充分に考察されたとは言い難い。

　人民政府側作成条約草案の前文には，

　　以前ロシア帝国政府とモンゴル自治政府の間に締結された全条約，協定は，両者に現在起こった新たな状況のために破棄された。そして現在，一方にはソヴィエト社会主義大ロシア共和国政府，他方にはモンゴル人民政府が，隣国双方の間に昔から定まっていた友好を将来に続けて強固なものとし，ロシア，モンゴルの間の通商を新たな基盤の上に行うことを望み，両政府が各々全権代表を介して決議した。

と記されており，旧条約の破棄と，新たな基盤に基づく新条約の締結が謳われている。

　草案の条項は全15条からなっている。第1条，第2条においては，

　　第1条：ソヴィエト大ロシア国政府は，合法的に権力を掌握したモンゴル人民政府を承認する。

第2条：モンゴル国人民政府は，合法的に権力を掌握したソヴィエ
　　ト・ロシア国政府を承認する。[91]
という双方の政府の承認が記述されている。第3条，第4条の条文は，
　　　第3条：ソヴィエト・ロシア国政府は，モンゴル国の首都フレーに全
　　権代表を，ホブド，ウリヤスタイ，アルタンボラグ市に各々領事を置く。
　　　第4条：モンゴル人民政府は，ソヴィエト・ロシア国の首都に全権代
　　表を，国境付近の各州に代表を置く。[92]
であり，人民政府，ソヴィエト・ロシアの双方が互いに外交代表，領事を設
置することが規定されている。第5条においては，
　　　第5条：ロシア，モンゴルが接する境を，ロシア国，中国の間で以前
　　条約において規定したものを手本にして，決定することとする。[93]
とあり，ロシア，モンゴル間の国境策定の問題が，中華民国との関係をも加
味して規定されている。第6条はタンヌ・ウリヤンハイに対するソヴィエ
ト・ロシアの不干渉を規定した条項であり，
　　　第6条：タンヌ・ウリヤンハイ地域は，中国が以前から支配してきた
　　土地であるため，ソヴィエト大ロシア国政府はタンヌ・ウリヤンハイの
　　地に関していかなる興味も決して示してはならない。[94]
と記述されている。ここにおいて人民政府は，タンヌ・ウリヤンハイを「中
国が支配してきた土地」と位置づけることで，ソヴィエト・ロシアがタン
ヌ・ウリヤンハイへ干渉することを妨げようとしている。上述のとおり，
「モンゴル代表の宣言」の中において，清朝時代，タンヌ・ウリヤンハイが
ウリヤスタイ定辺左副将軍によって統治されていたことが指摘されていた。
この論理を，タンヌ・ウリヤンハイに対するソヴィエト・ロシアの干渉を排
除するために利用して条文化したものが，この第6条であろう。
　第7条は電信に関する条項だが，
　　　第7条：コシュ・アガチ－ホブドと，モンディ－ウリヤスタイ間の電
　　信線に関して，宣言文書に書き込まれた件。[95]
と書かれているのみである。「宣言文書」とは，上述の「モンゴル代表の宣
言」のことであろう。つまり，「モンゴル代表の宣言」第5項の電信線に関
する規定をそのまま条約の第7条にするという意味であると思われる。

第8条は外モンゴルとソヴィエト・ロシア間の電信と郵便の料金に関する条項だが,

> 第8条：ロシアとモンゴル国の間で相互に取り交わされる電報,郵便配達の料金の規定について,この交渉に従い,利害ある双方の代表間において特別に締結する協定によって決定する。[96]

とあるだけで,具体的な規定が記されていない。

第9条と第13条は,双方の国民に対する法律の適用と裁判に関する条項であり,

> 第9条：モンゴルの地に一時的あるいは恒久的に居住するすべてのロシア国民は,モンゴル国の法律に必ず従う。ソヴィエト・ロシア国の地に一時的あるいは恒久的に居住するモンゴル国のすべての国民は,ソヴィエト・ロシアの法律に必ず従うべきである。[97]

> 第13条：モンゴルの地に居住するロシア国民の刑事および民事事件を,モンゴルの司法機関が自国の法律,権限に従って審理する。[98]

と規定されている。

第10条は,

> 第10条：ロシア国民がモンゴルの地において販売するさまざまな物品を輸入する際には,モンゴル国が定めたさまざまな税を支払う。モンゴル人民政府が輸入を禁じた物品をモンゴルの地に入れてはならない。
> モンゴル国の国民がロシアの地に商売で赴く場合には,条約のこの規定に同様に従う。[99]

であり,関税の条項である。

第11条はロシア人がモンゴル人と商売を行う際に借款商売を禁じる条項であり,

> 第11条：モンゴルの地において商業を行う大ロシア国の国民は,商売をモンゴル国民と行う際には,現金か物品,原料によってその場で精算する。モンゴル国においては,借款商売を禁じる。条約のこの規定に違反し,モンゴル国民と借款商売を行った場合,これを当該国の司法機関において審理しない。[100]

と規定されている。

第1章　外モンゴルとソヴィエト・ロシア,コミンテルン　49

第12条には,

> 第12条：ロシア国民が建築物を建設して利用している土地を，モンゴル人民政府が定めた額の使用料をモンゴルの国庫に毎年完全に支払うことによって，その後も使用することを認めるものとする。[101]

とあり，ロシア人に対する土地租借料の設定に関する条項になっている。

第14条は双方が条約に調印した時から条約が効力を有すると規定した条項であり，第15条は双方が条約文書を保管することを定めた条項である。[102]

このように，人民政府側作成条約草案には，人民政府が規定することを望んだ政府の承認，外交関係の設立，電信，法律，商業に関するさまざまな条項が設けられていた。先に述べた「モンゴル代表の宣言」の内容を考え合わせると，人民政府は，旧条約を廃棄して新たな規定を設けるために，外交，通信，通商，裁判などの新たな条項を条約草案に盛り込んだのであろう。

3．ロシア・モンゴル友好条約締結交渉

本節においては，前節において分析した人民政府の主張が協議を経て条約にどう反映されたかを考察するために，条約締結交渉における人民政府代表の主張を検討する。先行研究においては，条約締結交渉において国境問題，双方の国民と裁判の問題，ウリヤンハイ問題，草案にはなかった利権問題が協議されたこと，特権廃止協定，裁判協定があったことが指摘された。[103]だがこれらの詳しい内容や協議に関する考察は行われていない。

A．条約締結交渉に至る過程

ロシア・モンゴル友好条約締結交渉の発端は，人民政府成立前の1921年6～7月にまで遡ることができる。当時モスクワにおいて開催されていたコミンテルン第3回大会に，ジャムツァラーノとホルローがモンゴル代表として参加していた。彼らはコミンテルンの大会に参加する一方において，チチェリン，カラハン，財務人民委員部のアリスキーと面会し，武器援助の実施，財政援助，紙幣の注文と紙幣原盤の譲渡，外モンゴルにおけるロシアの利権の廃止，外モンゴルと中華民国の関係の調整を協議した。[104]その後，1921年秋に人民政府において，「諸外国との条約締結の全事項に関する協議準備委員会」が設立され，後に条約締結交渉の人民政府代表団に加わるシルニンダム

ディン，ツェレンドルジ（čerindorji）[105]らが委員に選出された。この委員会において条約草案が作成されたようである。[106]

共戴11年8月26日（1921年9月27日）付の人民政府代表の全権委任状には，

現在，我らモンゴル人民政府は，ソヴィエト大ロシア国政府と通商等の条約を協議して締結することを望んでいる。そのため，財務大臣ダンザン［S. ダンザン］，軍務大臣スフバートル，外務副大臣兼長官ツェレンドルジに，ロシア国政府とあらゆることを協議し，条約を直接協議して締結する全権を与える。これらの者たちの補佐として，人民政府長官エルデネ・バトハーン[107]，エルデネ・ジノン・ワン・シルニンダムディンを任命して派遣した。[108]

と記されており，S. ダンザン，スフバートル，ツェレンドルジが全権委任代表に任命され，補佐にエルデネ・バトハーン，シルニンダムディンが任命された。また，後に書記としてダワー（dava）[109]が代表団に加わった。彼らは共戴11年8月26日（1921年9月27日）にフレーを発ち，共戴11年11月20日（1921年12月19日）にフレーに帰還した。[110]

ソヴィエト・ロシア政府代表団は，全権代表ドゥホフスキー（ソヴィエト・ロシア外務人民委員部極東課課長）とゲツ（Б. Ф. Гец）（同部経済法課職員），書記ベルリン（Берлин）（同部調査員），通訳オチロフ（včir, Очиров）で構成された。また条約締結交渉にはシュミャツキーが関与し，重要な役割を果たした。彼はソヴィエト・ロシア，コミンテルンの活動家だが，ソヴィエト・ロシア政府代表にはならずに条約締結交渉に参加した。ソヴィエト・ロシア側の条約締結の主唱者はシュミャツキーと，彼を支持したチチェリンであり，条約締結交渉におけるソヴィエト・ロシア側の主張には彼らの考えが反映していた。[111]

条約締結交渉の会議は5回行われた。第1回会議（10月26日）では，ロシア代表団団長ドゥホフスキーと人民政府代表団団長S. ダンザンが挨拶を交わし，人民政府側が「モンゴル代表の宣言」をソヴィエト・ロシア側に渡した。第2回会議（10月28日）では，「モンゴル代表の宣言」に対してソヴィエト・ロシア側が回答声明を示し，人民政府側が条約草案をロシア側に手渡した。第3回会議以降，草案の条項の検討が行われた。条約作成のための実

第1章　外モンゴルとソヴィエト・ロシア，コミンテルン　51

質的な協議が行われたのは第3回および第4回会議である。第3回会議（10月30日）においては草案前文と第1～5条を協議し，第4回会議（10月31日）においては第7～15条を協議した。そして第5回会議（11月5日）において条約が締結された。[112]

B．条約締結交渉議事録の検討

条約締結交渉は，先に挙げた人民政府側作成条約草案に対して，条項毎にソヴィエト・ロシア側が対案を挙げて協議する形式で進められた。

条約締結交渉の議事録によると，人民政府側作成条約草案の各条項の内，前文（旧条約の破棄と新条約の締結），第3条および第4条（領事・外交代表の設置），第7条（電信線の譲渡），第8条（郵便協定の作成），第14条および15条（条約の施行開始時期と条約文書の取り扱い）は，ソヴィエト・ロシア側からのわずかな修正はあったが，ほぼ草案どおりに合意されている。草案第11条（モンゴルにおけるロシア人の商業の規定）は，第9条の規定が適用される問題であり，またモンゴルの国内問題として処理すべきものであるとされたため，条約から削除された。

また，草案第1条および第2条（双方の政府の承認），第9条（双方の領土における双方国民の法律の遵守），第10条（関税課税と輸入禁止物の規定），第12条（ロシア人からの借地料徴収）は，ソヴィエト・ロシア側の主張が追加されたうえで合意に達した。このソヴィエト・ロシア側の主張については，後で詳細に論じたい。

草案第5条（モンゴル・ロシア国境の確定），第6条（タンヌ・ウリヤンハイへのロシアの不干渉）は複雑な外交問題であるため，条約から排除された。タンヌ・ウリヤンハイの問題に対しては，外モンゴルに対するソヴィエト・ロシアの姿勢が強く反映していた。これに関しては，本章第3節において詳細に検討する。

条約締結交渉において人民政府側，ソヴィエト・ロシア側双方の主張が強く衝突したのは，人民政府側作成条約草案の第13条と，草案には存在しなかった外モンゴルにおけるロシアの利権に関する条項をめぐる協議であった。

先に引用したように，条約草案の第13条は，モンゴル領内におけるロシア国民に対する裁判に関する条項である。ソヴィエト・ロシア側はこの草案の

条文に対して，ロシア領内におけるモンゴル人の裁判にはモンゴル領事が，モンゴル領内におけるロシア人の裁判にはロシア領事が同席する，という規定を付け加えようとした。人民政府側代表のS. ダンザンはソヴィエト・ロシア側のこの提案に対して，

> モンゴル，ロシア双方の代表が犯罪者の審理に同席することを，有害なことであるとは思っていない。ただ我々は第三国のことを懸念している。もしこの項目［ソヴィエト・ロシア側の提案した項目］を承認してロシアの代表たちにこのような権利［裁判に同席する権利］を与えてしまえば，中国や，総じて第三国にも同様に権利を与えることになる。このため，他国とわが国の間に常に混乱を来してしまうかもしれない。[113]

と発言している。人民政府側は，ソヴィエト・ロシア領事の裁判同席を条約に反映させないことで，中華民国をはじめとするソヴィエト・ロシア以外の第三国の領事の裁判同席の可能性をも排除することを企図していたのである。他国領事の裁判関与は，自主的な司法行政には障害となるものであろう。そこで，人民政府側は領事の裁判関与を新条約から排除しようとしたと考えられる。これに対して，ソヴィエト・ロシア側は非公開の秘密条項にすることを提案し，人民政府側もこれに同意した。人民政府側はロシア側の主張を認めることになったが，非公開というソヴィエト・ロシア側の譲歩に応じ，この条項が中華民国などの第三国に影響しないようにしたのである。

協議が難航したもう1つの議題である利権をめぐる問題は，条約締結交渉第4回会議において協議された。利権の条項を条約に加えるよう主張したのはソヴィエト・ロシア側であった。それは，ドゥホフスキーの以下の発言から始まった。

> 最後の条項を承認する前に，財政商業の特権を廃止する条項を承認してもらいたい。……これに関しては以前わが国の外務省［外務人民委員部］が，今夏モスクワに来たモンゴル代表たちと以下のようにすでに決議した。つまり，ロシア国は利権［原文は qongčiyesi］と呼ばれる特権を廃止したが，［特権を第三国に譲渡する際には，協議に関与できる］第三者となることを望む。このため，以前の我らロシアの特権を他者に譲り渡すことがあれば，ロシア，モンゴル，特権を得る第三者が協議して決

める。

ドゥホフスキーの発言から明らかなように，ソヴィエト・ロシア側が提示した新たな条項の内容は，ロシア利権の廃止と，第三者への旧ロシア利権の譲渡の際のソヴィエト・ロシアの交渉介入権であった。この問題は，1921年夏にモスクワに赴いたジャムツァラーノ，ホルローがすでに協議していたことであった。

これに対してS. ダンザンは以下のように述べてソヴィエト・ロシア側の要求に反対した。

> ［ロシア帝国とモンゴルが以前締結した条約の破棄がこの条約に盛りこまれたため，］旧ロシア帝国政府がモンゴル自治政府と締結した条約に基づいて行使していたロシア国民の財政商業等の特権は廃止された。また，そのような条約協定［ロシア帝国とモンゴルの間で締結された旧条約］は完全に無効になったことを承認したであろう。

また，S. ダンザンは以下のようにも述べている。

> 国のあらゆる特権は，その政府間で互いに締結した条約から生じるものである。それゆえ，現在旧条約をすでに廃止したため，モンゴルの地にいるロシア国籍の者が特権を享受する理由がなくなった。そのため，この条項を入れてはならないように思われる。

これらのS. ダンザンの発言に見られるように，人民政府側は，外モンゴルにおけるロシア人の利権の廃止に反対したのではなく，旧条約を廃止することによってロシアの利権の存在そのものを否定する，という考え方に基づいていたため，ソヴィエト・ロシア側の主張に反対し，条約草案にも利権に関する条項を加えなかったのであろう。

またこの問題に関する協議の際にS. ダンザンは，

> 現在誰かが一片の土地を借りようとすれば，与えるか与えないかはモンゴル政府の管轄下にある。

とも主張している。この主張は，第三者への利権譲渡の際の交渉介入権を求めるソヴィエト・ロシア側の主張を拒否するものであり，独力による内政の実行という人民政府の目的を強く反映したものであろう。

議事録によると，最後にソヴィエト・ロシア側は主張を撤回したことにな

っている。だが，実際には領事の裁判同席の条項と同様に秘密条項として，ソヴィエト・ロシア側の主張が受け入れられた。先に述べたように，領事の裁判同席の規定は，人民政府側が中華民国などの第三国への影響を懸念したために非公開とされた。これと同様に，第三国への旧ロシア利権の譲渡の際にロシアが第三者として介入するという条項も，中華民国などの第三国の存在を考慮して秘密条項にされたと推測できるであろう。

　自主的な国家運営を行うことができる政権を建設するために旧条約の破棄と新規定の作成を望む人民政府の主張は，ソヴィエト・ロシア，人民政府双方の利害が比較的衝突しない分野では承認された。だが，国境策定などの外交に関わる複雑な問題は条約においては規定されなかった。そして，ソヴィエト・ロシアと人民政府の双方の利害が衝突した領事の裁判同席と利権の条項に関しては，秘密条項という形を取ることによって人民政府側は妥協させられたのである。

　このように，ロシア帝国政府と外モンゴル自治政府がなくなり，外モンゴルとロシアの間の公式の規定がなくなった1921年において，人民政府による新政権建設に際して，人民政府は旧条約によって失われた外モンゴルにおける諸権利を取り戻そうとしていた。この条約の締結交渉は，人民政府にとっては旧条約の不利な規定を改善するいわば条約改正交渉としての意義を持ったと位置づけることが可能であろう。

C．条約締結交渉におけるソヴィエト・ロシアの意図

　以上のような人民政府側の意図に対して，ソヴィエト・ロシアが条約締結交渉において企図したことは，外モンゴルにおける安全保障と利益の確保であった。

　ソヴィエト・ロシア側が条約の条文を決定する際に考慮していたことの1つは，外モンゴルにおいて「反ソヴィエト・ロシア」の勢力が再び結成されないようにすることであった。双方の政府の承認（人民政府作成条約草案第1条，第2条）に関する協議（第3回会議）にこの主張が表れている。すでに先に引用したように，条約草案第1条，第2条においては，各々の政府が他方の政府を，合法的に権力を掌握した政府として承認した，と規定された。これに対してドゥホフスキーは，

我々は［人民政府側が作成した条約草案の］基本的な意味を変えることなく，唯一の，という１語を加えた。この語を加えた理由は何かというと，近年の内乱期に，断続的にあらゆる良くない反動勢力が次々と出て，政府を建設したと称して騒乱を起こした。そのため，きちんと明確にしておくため，我々は，唯一合法的に権力を掌握した，という数語を加えたい[119]。

と述べ，「唯一」という語を加えるよう要求した。ソヴィエト・ロシア側は，外モンゴルにウンゲルンのロシア白軍が進入したことを考慮し，人民政府にとって唯一合法のロシア政府はソヴィエト・ロシア政府であることを条約に明記することを要求したのであろう。こうして条約の第１条と第２条では，「唯一合法的に権力を掌握した」政府として双方が互いの政府を承認した[120]。

　また条約の第３条（双方の領内において他方に反抗する勢力があれば，それを領内に進入させず，徴兵させず，武器の輸送も認めない[121]）の協議にもソヴィエト・ロシア側のこの姿勢が表れた。この条項は，人民政府が作成した条約草案には存在せず，ソヴィエト・ロシア側が提案したものである。第４回会議においてドゥホフスキーは，

　　ロシア代表は，兄弟のごとき関係にある２国間の友好を永遠に強固にすることを望み，協議中の双方の領土に売国的反動勢力を入れないようにすることについて，このような議事録に添付した１条を付け加えることを重視している。そこでこれを貴代表方々に承認して頂きたい[122]。

と述べた。人民政府側はこの提案を承認し，この条項は条約に追加されることになった。この条項の評価について，第４回会議の翌日の1921年11月１日付チチェリン宛文書には，

　　［この条項は］他のわが国の条約と対応させて，我々が加えたものである。そして，ソヴィエト・ロシアに対する反革命陰謀がモンゴル領内において形成される形式上の可能性に対するいくらかの保障になっている[123]。

と記されている。この記述から，ソヴィエト・ロシアにとってこの条項は，単にソヴィエト・ロシアと外モンゴルの友好関係を強化するためにだけ設けられたのではなく，ソヴィエト・ロシアの安全を脅かしうる勢力からの国家防衛を目指したものであったことがうかがわれる。

条約締結交渉におけるソヴィエト・ロシア側の第2の目的は，外モンゴルにおいてソヴィエト・ロシアが他国より不利になる可能性を排除することであった。この目的はまず第9条に関する協議に反映された。上述のとおり，条約草案第9条は，外モンゴル，ソヴィエト・ロシア双方の国民と法に関する規定である。草案においては，外モンゴル，ソヴィエト・ロシアの二者間においてのみ法的関係が規定されていた。これに対してゲツは，

> あなた方の草案よりも我々の案では，双方の国民が他方の領内に行ったり住んだりする際に享受する権利義務を明確にした。モンゴル国民がロシア領内に行ったり住んだりする際に，たとえて言えば，ロシア領内にいるイギリス国民と同様の権利を享受し，義務を負う。またこれと同様にモンゴルに居住したりモンゴルに行ったりする際に，ロシア国民は他の外国国民と同様の義務権利を享受する。[124]

と述べた。ゲツに続いてドゥホフスキーも，

> 双方の国民は，他国の国民が他方の国に居住する際に享受する権利，負う義務を同様に享受し，負うことになる。もし他国国民に特権を与えれば，そのような権利を自動的にわが国の国民も同様に行使するため，ここで言っておくのは，いかなる他国の国民とも同様の権利と義務を行使する，ということである。[125]

と述べ，ソヴィエト・ロシア側が修正した条項の承認を求めた。上述の1921年11月1日付チチェリン宛文書においては，この条項を設けた理由について，

> この条項が条約に加えられたのは，条約を締結する双方の国の領土においてモンゴル人およびロシア人が他の外国人と平等になる原則を確立するためである。[126]

と記されている。ソヴィエト・ロシア側は，外モンゴルにおいてソヴィエト・ロシアが他国より不利にならないようにするためにこの条項を提案したのである。実際の条文（条約第7条）では，双方の国民は他方の領内において「他の最恵国の国民と同等の権利を享受し，また同等の義務を負う」[127]という表現を取った。

ソヴィエト・ロシア側のこの姿勢は他の条項にも表れた。第4回会議における条約草案第10条（商品に対する関税課税と輸入禁止物の規定）に関する協

議ではゲツが,

> この前条［第9条］において,協議中の双方の国民は他国国民と同様の義務を果たし,同様の権利を享受するとした。そのため,もし他国国民から関税を徴収するならば,モンゴルにおいて商業を行うわがロシア国民からも徴収し,ロシアにおいて商業を行うモンゴル人から関税を徴収する。[128]

と述べている。ゲツは,関税に関しても,外モンゴルにおいてソヴィエト・ロシアの国民が他国民と同等でなければならない,ということを指摘したのである。これを受けて,関税を「他の最恵国国民よりも余計に徴収してはならない」[129]という文章が条文に加えられた。

また第4回会議における条約草案第12条(モンゴルにおける土地租借料の支払い)の協議においても,ドゥホフスキーが,

> モンゴル側草案の条項に我々が付け加えるのは,他の者より多くの権利を持つ国の国民とロシア国民が同等の権利を享受することについての数語である。[130]

と述べた。この結果,実際の条約においては,ロシア人に関しては「他の最恵国国民と同様に土地の占有,利用を租借し,……税を徴収する」[131]という表現に条文が変更された。これらの条項ではロシア人が最恵国国民と同等であることが明記され,ロシアは外モンゴルにおける権利義務,関税,土地および建物の賃借料と税金において最恵国と同等の権利を有することになった。[132]

条約締結交渉に対するソヴィエト・ロシア側の3つ目の目的は,この条約によって外モンゴルにおける利益を確保することであった。領事の裁判同席と利権の協議にこの姿勢が反映されている。ソヴィエト・ロシア側は条約草案第13条の協議で領事の裁判同席を主張した。1921年10月28日付チチェリン宛文書によると,ソヴィエト・ロシア側は草案の中の裁判に関する条項を,

> その後私が貴殿に指摘したのは,モンゴル側草案の裁判管轄の条項で,ロシア国民がモンゴル国民と同等の基盤の上でいわゆる「モンゴル式の」慣習法に従って裁判を受けるという規定を取り除く必要性であった。……現在条約［草案］にある慣習法の表記は,モンゴルの立法制度ではまだ廃止されていない拷問と肉体的刑罰を規定したものである。[133]

と判断した。また領事の裁判同席が秘密条項という形で承認された後の1921年11月1日付チチェリン宛文書においては，領事の裁判同席の条項が，

> ある程度まで拷問適用反対について保障になりうる。[134]

として評価されている。ソヴィエト・ロシア側は，ロシア人の裁判における拷問適用の回避，というソヴィエト・ロシアにとっての利益を守るため，領事の裁判同席を主張したのである。

この利益確保という目的は，旧ロシア帝国が外モンゴルにおいて持っていた利権を譲渡する際の交渉介入権を確保するというソヴィエト・ロシア側の主張にも反映されている。これに関する記述が，1921年10月18日付チチェリン宛シュミャツキーの文書にある。これは，人民政府がロシアとの協議を望む事項に関する情報を，条約締結交渉開始前にシュミャツキーがチチェリンに伝えた文書である。この文書においてシュミャツキーは，

> だが我々にとって，モンゴルで何らかの新たな調整が行われた際に，利権を拒否したことが我々にとってマイナスに向かないようにするような適切な保障が必要なのは理解できることである。旧利権を明確な形で拒否することに対して，我々が将来何らかの形で第三者の地位を占めるような条件を満たすことが重要である。[135]

と提案した。ロシア側は，利権廃止の代わりに利権譲渡の際の交渉介入権を確保することによって，利益を確保できる保障を得ようとしたのである。

外モンゴルに対してソヴィエト・ロシアの友好的態度を宣伝することも，条約締結交渉におけるソヴィエト・ロシア側の目的の1つであった。条約締結後の1921年11月19日付オフチン宛文書には，

> 総じて，ソヴィエト・ロシアとの条約締結が持つ意義について，またソヴィエト・ロシア（まさにソヴィエトのロシア）が以前発揮し，今も発揮している，モンゴルの歴史において前代未聞の友好と支援について，宣伝と大騒ぎをモンゴル人[136]と青年同盟を通じて発展させるように。[137]

という指示がオフチンに出されている。条約には，政府の承認，関税徴収の許可，電信局の譲渡，利権の廃止など，外モンゴルに対するロシアの友好的態度を示すことができるような，外モンゴルにとって望ましい条項がある。この条約には，ソヴィエト・ロシアが外モンゴルの友好国であり，ソヴィエ

第1章　外モンゴルとソヴィエト・ロシア，コミンテルン

ト・ロシアとの条約の締結が重要であることを外モンゴルの人々に対して宣伝する意図が込められていたと考えられる。

　また，ソヴィエト・ロシア側は複雑な外交問題を規定することを避けようとしていた。これは草案第5条の協議に反映された。草案第5条は外モンゴルとソヴィエト・ロシアの国境確定の条項である。人民政府側はこの問題の協議を望んだが，ソヴィエト・ロシア側がこの問題を条約締結交渉において協議しないよう主張した。すでに先行研究において指摘されているように，シュミャツキーとドゥホフスキーは，外モンゴルとソヴィエト・ロシアの国境の画定は国際的問題であり，中華民国にも関わるため，この協議では取り上げるべきでない，と述べ，国境画定の特別委員会を後日設けることを提案した[138]。人民政府側もこれを承認し，特別委員会の設置のみが条文化され，第6条になった。

　このようにソヴィエト・ロシア側は，条約締結交渉を通じて，外モンゴルにおける「反ソヴィエト・ロシア」勢力の発生に備え，複雑な外交問題を規定することを避けることで外交上の不利益を抑えつつ，外モンゴルにおけるソヴィエト・ロシアの利益を確保する意図を有していたと言うことができるであろう。

第3節　条約締結交渉に見る
　　　ソヴィエト・ロシアの対外モンゴル方針
　　　──ウリヤンハイ問題を中心に

　前節において明らかにしたように，条約締結交渉においてソヴィエト・ロシアは，外モンゴルにおける「反ソヴィエト・ロシア」勢力の発生を抑え，外モンゴルにおいてソヴィエト・ロシアが一定の利益を維持できるような措置を取ろうとしていた。このような意図がどこから生じていたのかを分析することは，当時の外モンゴル情勢，中国情勢に対するソヴィエト・ロシアの姿勢を解明する上で重要な意義を持つ作業であろう。この問題を検討する上で重要な鍵となるのが，ソヴィエト・ロシアと外モンゴルの間に存在した，タンヌ・ウリヤンハイをめぐる領土問題──ウリヤンハイ問題である。対外

関係，国防などに大きな影響を及ぼしうる領土問題だからこそ，外モンゴルに対するソヴィエト・ロシアの姿勢が強く反映されているはずである。

　ウリヤンハイ問題は，20世紀初頭において，ロシア，モンゴル，中国の間でたびたび取り上げられてきたものである。条約締結交渉においてはこの問題の協議も行われていた。人民政府との関係を公式に規定するための条約締結交渉に際して，ソヴィエト・ロシアがウリヤンハイ問題に対する姿勢をどのように形成していったかを考察することは，人民政府成立当初における外モンゴルに対するソヴィエト・ロシアの姿勢を解明することにもつながるものであろう。

　ウリヤンハイ問題に対するソヴィエト・ロシアの姿勢を論じた従来の研究においては，ソヴィエト・ロシアがウリヤンハイのソヴィエト化を進めてウリヤンハイの独立を狙っていたことや，条約締結交渉においてウリヤンハイ問題に関する協議を避けていたことなどがすでに論じられてきた。従来の研究では，ロシアへのウリヤンハイ併合に対するソヴィエト・ロシアの積極性が強調される傾向が強いと言うことができよう。[139]

　これら従来の研究の問題点は，第1に，ウリヤンハイに対するソヴィエト・ロシアの姿勢を一面的にしか判断していないことである。本節において論じるように，ウリヤンハイ問題に対する当時のソヴィエト・ロシアの姿勢は統一されておらず，多面的な考察が必要である。第2の問題点は，外モンゴルと中国に対するソヴィエト・ロシアの姿勢とウリヤンハイ問題の関係が解明されていないことである。

　本節においては，ウリヤンハイの現代史そのものを検討するのではなく，条約締結交渉においてウリヤンハイ問題をソヴィエト・ロシアがどう判断したかを解明することを目指す。このため，先行研究の問題点に対して，ロシアおよびモンゴルにおいて収集した公文書史料を利用して，条約締結交渉におけるウリヤンハイ問題協議を検討し，ウリヤンハイ問題に対するソヴィエト・ロシアの意思決定がどう行われていたかを論じる。そして，極東情勢に対するソヴィエト・ロシアの姿勢とウリヤンハイ問題との関係の解明を試みる。

1．モンゴル人民政府とウリヤンハイ問題

　ウリヤンハイ問題に対するソヴィエト・ロシアの姿勢を論じる前に，この問題に対する人民政府の姿勢を明らかにしておく必要があろう。

　実は，人民党のメンバーは，ソヴィエト・ロシアとの関係を樹立したばかりの頃から，すでに外モンゴルへのウリヤンハイの統合をソヴィエト・ロシアに対して訴えていた。1920年8月21日に，ソヴィエト・ロシアに派遣された人民党代表たちは，外モンゴルへのウリヤンハイの統合を主張していたのである。[140] 人民臨時政府成立後の1921年4月16日には，人民臨時政府ウリヤンハイ駐在全権代表官[141]としてチャグダルジャブ（čiɣdurjab）[142]が任命された。また，先に述べたように，1921年6〜7月に行われたコミンテルン第3回大会にモンゴル代表として参加したジャムツァラーノとホルローは，チチェリン，カラハンなどとモスクワにおいて協議を行った。[143]この時彼らは，ウリヤンハイ問題にも言及し，外モンゴルへのウリヤンハイの統合を主張した。[144]

　すでに触れたように，条約締結交渉において人民政府側は，「モンゴル代表の宣言」と人民政府側が作成した条約草案の第6条においてウリヤンハイへのロシアの不干渉を規定した。実際の交渉の席上における人民政府側の主張については，1921年11月9日付シュミャツキー発リンチノ宛書簡に以下の記述が見られる。

> 　ダンザン［S．ダンザン］らはウリヤンハイ地域が人民政府の権力下に置かれるであろうことを条約において今承認することに固執し，無条件に要求した。[145]

この記述から，S．ダンザンらが強硬な姿勢で外モンゴルへのウリヤンハイの統合を条約で規定するよう要求していたことがわかる。このように，人民政府側は一貫してソヴィエト・ロシアに対して外モンゴルへのウリヤンハイの統合を主張していたのである。

2．ソヴィエト・ロシアとウリヤンハイ問題

　ウリヤンハイ問題に対するソヴィエト・ロシアの姿勢は，人民政府の姿勢が一貫していたのとは大きく異なり，人民政府成立時にはまだ統一されていなかった。このことには，ウリヤンハイのみならず，外モンゴル情勢，中国

情勢に鑑みてウリヤンハイに対処しなければならなかったソヴィエト・ロシアの事情が反映されていた。

A．外モンゴルへのウリヤンハイの統合を許容する方針

ソヴィエト・ロシア，コミンテルンに，外モンゴルへのウリヤンハイの統合を認める主張が存在したことは，従来の研究では全く注目されていない。

管見の限りにおいて，この主張が初めて確認できるのは，1921年3月2日付スミルノフ，シュミャツキー発チチェリン，レーニン（В. И. Ленин）宛文書である。この文書にはウリヤンハイ問題に関して，

> 独立の復興という問題に関してモンゴル人民革命党に実際の援助を示すという，貴殿等が秋に採択した決定に応じて，独立モンゴルには，その構成にウリヤンハイ地域を含めることが不可欠であるように思われる。
>
> このような方法によって，モンゴル解放の目的が容易に達せられる。なぜなら，人民革命党は，北モンゴルのみならず，西モンゴルにおいても同時に変革を行うからである。これにより，我々もまたモンゴルに対する影響を自由に強化することができる。なぜなら，モンゴルの国際的地位が我々に不利なように形成された場合，ウリヤンハイに関しては，好きな時にモンゴルから分離することができるのである。
>
> 計画の範囲内にウリヤンハイを含めることは，我らの力を強化し，人民革命党によって建設される政府に一定の安定性を付与する。[146]

という記述がある。この文書においては，外モンゴルへのウリヤンハイの統合の必要性が主張され，この統合によってソヴィエト・ロシアの力が強化され，人民党によって建設される政府が一定程度安定する，とみなされている。このような主張の一方において，この文書では，外モンゴルからウリヤンハイを分離する可能性にも言及されている。

上述のとおり，1921年3月1～3日には人民党の組織会議（人民党第1回大会）が開催されていた。この状況において，外モンゴルにおける今後の政権の構想をソヴィエト・ロシア側は検討する必要があり，その際にウリヤンハイ問題に言及する必要があったのであろう。このような文書に，外モンゴルへのウリヤンハイの統合と，外モンゴルからのウリヤンハイの分離という相容れないはずの2つの主張が共に記されたのである。

上に引用した1921年3月2日付文書の2人の執筆者の内，外モンゴルへのウリヤンハイの統合を主張していたのはシュミャツキーであった。1921年7月14日付シュミャツキー発トリリッセル宛文書には，以下のようなシュミャツキーの主張が記されている。

　　　7月7日，政治局は冒険主義者をモスクワへ召還することを決議した。……この地域［ウリヤンハイ］（モンゴルの一部）をモンゴル人民革命党の勢力範囲に含めるという私の主張を彼は知っており……[147][148]

この記述によると，シュミャツキーはウリヤンハイを「モンゴルの一部」と認識し，ウリヤンハイを人民党の勢力範囲内に含めることを主張していたのである。シュミャツキーが作成したと思われる1921年8月12日付チチェリン宛文書には，

　　　唯一の解決法だと私が以前から考え，今も考えているのは，ウリヤンハイをモンゴル人民革命党の勢力範囲に含めることである。この党の活動によって，ウリヤンハイ問題に対する我々の最終的な姿勢を決定するために，我々に必要な時間稼ぎができる。この条件のもとにおいて，ウリヤンハイの人々と我々の友好が堅固なものになり，モンゴル人は少なくとも6～8ヶ月間はモンゴルへウリヤンハイを譲渡する問題を緊急の問題にすることはできない，と私は保証する。[149]

という記述がある。ここでは，ウリヤンハイを人民党の勢力範囲内に含めることがウリヤンハイ問題の「唯一の解決法」とされ，この措置がウリヤンハイの人々とソヴィエト・ロシアとの友好を堅固なものにするとされている。この記述の背景には，当時，ウリヤンハイ駐在全権代表官チャグダルジャブに対してウリヤンハイのホショーの人々が外モンゴルに自分たちのホショーを統合するよう要請していたことがあると思われる。[150]

　またこの文書には，モンゴル人は当面の間は外モンゴルへウリヤンハイを譲渡する問題を緊急の問題にはできない，という記述もある。外モンゴルへのウリヤンハイの統合は，将来達成すべき目的として認識されていたと言うことができるだろう。

　このシュミャツキーの主張の背景には，人民党をソヴィエト・ロシアの同盟者とみなす考え方があったようである。[151] 1921年8月12日付チチェリン宛文

書においてシュミャツキーは，

　　1．第1に，我々は，自分たちの民族統一の運命と，また一部には存在するための運命をもソヴィエト・ロシアと結びつける一定の友人を，モンゴル大衆の中に創り出した。

　　2．我々は自分たちのために，解放モンゴルの中に同盟者を創り出した。この同盟者は，わが国の1000ヴェルスター[152]の国境において最ももろい場所，つまりセレンゲ河流域，ジダ，ダルハド・フレー，コシュ・アガチを覆ってくれている[153]。

と記している。この記述を考え合わせると，上述のウリヤンハイ問題に対するシュミャツキーの構想は，ソヴィエト・ロシアの同盟者である人民党の支配下のモンゴルにウリヤンハイを統合することだった，とみなすことができるであろう。

　すでに述べたように，中ソ公式交渉の難航によって，ソヴィエト・ロシアには，対中交渉以外の方法によって極東の国境防衛を確保する措置を講じる必要があった。そして，すでに1919年末にコミンテルンには，対中関係の悪化から生じうる中国からの脅威に対してモンゴルを利用するという発想が存在した[154]。このような状況がシュミャツキーの構想の背景にあったと思われる。

　このシュミャツキーの主張は，ウリヤンハイ問題の解決法としてモスクワのチチェリンに伝達された。1921年6月14日付スミルノフ宛電報においてチチェリンは，

　　「ウリヤンハイ問題」に関する貴殿の結論と分析を伝達するよう，貴殿に切に乞うものである。

　　……モンゴル人民革命党の活動範囲を，将来モンゴルへ統合することが予定されているウリヤンハイへ拡大する必要はあるか？モンゴル共和国のもとにおける自治ウリヤンハイについて宣言を出すことは今必要か[155]？

と述べ，ウリヤンハイにおける人民党の活動と，今後の外モンゴルとウリヤンハイの関係についてスミルノフに照会した。これに対してスミルノフは，チチェリン宛の返答文書において，

　　シベリア局はウリヤンハイ問題をシュミャツキーと協議し，以下の結

論に至った。ウリヤンハイは時が経てばモンゴル共和国に加わらなければならない。このことを宣言する必要はない。[156]

と述べ，シベリア局とシュミャツキーとの協議の結論として，将来の外モンゴルへのウリヤンハイの統合の必要性を伝えた。

このようにシュミャツキーの主張を伝えられていたチチェリンは，1921年10月18日付レーニン宛文書において，

> 友好的なモンゴル人民革命政府［人民政府］は，我々の手中にある非常に大きなカードである。この政府が建設されたことによって，太平洋からカスピ海まで日本の指揮下に統一された反革命戦線を築くという日本の計画は完全に覆された。友好的なモンゴルに覆われたために，広大な長さになるわが国の国境はすっかり安全になった。[157]

と指摘し，人民政府がソヴィエト・ロシアの友好勢力であることをレーニンに主張している。[158] シュミャツキーと同様にチチェリンも外モンゴルをソヴィエト・ロシアの同盟者とみなしていたことから，ウリヤンハイ問題に関してもシュミャツキーの主張を支持していた可能性が高いと思われる。

B．ウリヤンハイの「独立」を維持する方針

以上のようなシュミャツキーの主張がある一方において，先行研究が指摘するとおり，ウリヤンハイの「独立」を目指す主張もソヴィエト・ロシアに存在した。

ウリヤンハイ駐在ロシア共産党中央委員会シベリア局全権代表サフィヤノフ（И. Г. Сафьянов）は，1920年頃からウリヤンハイにおける活動を開始し，1921年7月，ウリヤンハイにおいて共産党組織とウリヤンハイ地方革命委員会の組織に着手した。1921年8月にサフィヤノフは全トヴァ大会を開催し，ウリヤンハイに独立国を建設し，この国がソヴィエト・ロシアの保護下にあることを決議した。一方，1921年7月23～24日にウリヤンハイにおいて開催された第12回ロシア人住民地域大会では，ロシア・ソヴィエト連邦社会主義共和国憲法に基づいた権力を建設し，ロシア人移民が在ウリヤンハイ・ソヴィエト・コロニーの所属であることを表明した。1921年8月25日には全トヴァ大会において，ウリヤンハイ在住ロシア人がソヴィエト・ロシア憲法に基づくロシア人自治労働コロニーに属することが決議された。このように，ウ

リヤンハイではタンヌ・トヴァ人民共和国の形成とロシア人移民機関のソヴィエト化が進められていた[159]。サフィヤノフは赤軍第5軍団とロシア共産党中央委員会シベリア局の委任を受けていた。このことから，シベリア局と赤軍第5軍団は当初はサフィヤノフの行動を支持していたと思われる。

　以上のサフィヤノフの活動は，スミルノフの支持を受けていたようである。1920年10月2日付文書において，ウリヤンハイからの電報に対する返答としてスミルノフは，

　　シベリア局は，ウリヤンハイ地域に関して協議し，以下の結論に達した。

　　ソヴィエト・ロシアはウリヤンハイを強制的にロシアに併合することを企図せず，またそのための何らの行動も取らない。だが，ウリヤンハイ地域はモンゴルと境を接し，モンゴルと中国へ解放思想を伝えるものとして機能することができ，またそうしなければならない。この点において，ウリヤンハイのロシア系住民を利用しなければならない。

　　これに応じて，ソヴィエト権力の法令は，ウリヤンハイ地域の住民に対して強制力を持たない。しかし，ウリヤンハイにソヴィエト型の権力を建設することは，活動の宣伝として極めて望ましい[160]。

と述べ，ソヴィエト・ロシアはウリヤンハイの併合を企図しないが，モンゴルや中国へ解放思想を伝達するためにウリヤンハイを利用することができ，ソヴィエト型の権力をウリヤンハイに建設することが望ましい，と主張しているのである。

　また，先に引用したように，チチェリンが外モンゴルとウリヤンハイの関係について照会した1921年6月14日付電報に対する返答文書において，スミルノフは，シベリア局とシュミャツキーの協議の結論として，将来，外モンゴルへウリヤンハイを統合する必要性を記した。しかし，その一方において，スミルノフはこの文書において以下のようにも述べている。

　　［ウリヤンハイの］ロシア系住民はソヴィエト権力に引きつけられつつある。……モンゴル人に対するウリヤンハイの人々の姿勢は否定的である[161]。

スミルノフは，ソヴィエト政権に対するロシア移民の肯定的態度と，モンゴ

ル人に対するウリヤンハイの人々の否定的態度を伝えることにより，ウリヤンハイに対するソヴィエト・ロシアの影響を強化する可能性と，外モンゴルへのウリヤンハイの統合の否定的側面をチチェリンに示唆したのであろう。このようなスミルノフの姿勢を考慮すると，本項冒頭において引用した1921年3月2日付文書における「モンゴルからのウリヤンハイの分離」の主張は，この文書の作成者の1人であったスミルノフの意見であった可能性があると考えることができるであろう。

　このようなスミルノフやサフィヤノフの行動の背景には，ソヴィエト・ロシアの一部指導層が，モンゴルが中国に取り込まれる際には，ウリヤンハイは「緩衝地帯」として独立した地位を保持すべきである，と考えていたことがあると思われる。スミルノフやサフィヤノフの行動を考えると，この「緩衝地帯」構想は，ウリヤンハイに対するソヴィエト・ロシアの直接の影響の維持を狙ったものだと考えられる。[162]

　中ソ公式交渉の不振により，ソヴィエト・ロシアでは交渉以外の防衛措置を講じる必要があった。この状況下，外モンゴルをめぐる情勢の不安定さも考慮に入れて，ソヴィエト・ロシアの直接の影響を維持するためのウリヤンハイの「独立」が主張されたと考えられる。

3．ウリヤンハイ問題とロシア・モンゴル友好条約締結交渉

　ウリヤンハイ問題に対する姿勢を統一できていないソヴィエト・ロシアは，外モンゴルへのウリヤンハイの統合を主張する人民政府が外モンゴルの政権を担うことになったため，ウリヤンハイ問題に対する姿勢を統一する試みに着手することになる。この動きがやがて条約締結交渉へとつながっていくのである。

A．ソヴィエト・ロシアの対ウリヤンハイ公式宣言──9月9日宣言の成立過程

　前項冒頭において触れたように，人民党の正式な成立に臨んでウリヤンハイ問題に対するソヴィエト・ロシアの姿勢を記した1921年3月2日付文書においては，前項で説明した2つの主張が両方とも記されていた。これは，人民党が外モンゴルの政権を担うまでにはまだ時間があったためであろう。ウ

リヤンハイ問題に対するソヴィエト・ロシアの公式宣言が検討され始めたのは，1921年6月頃であろうと思われる。この動きの背景にあったのは外モンゴルにおける事態の進展であろう。1921年6月には人民党の組織が一定程度整い，キャフタの人民臨時政府がフレーに入って外モンゴルの政権を担う可能性が高まってきた。これに対してソヴィエト・ロシアは，人民党の政権と今後協議することが予想されるウリヤンハイ問題に対する姿勢を明確にしておく必要があったと考えられる。当時のソヴィエト・ロシアにおけるウリヤンハイ問題に対する考え方がよく反映されている史料が，1921年6月17日付ミンスケル宛文書である。この文書にはサインがなく，作成者は不明である。この文書には以下の記述がある。

> ウリヤンハイに関する問題は，今のところ何らかの具体的な声明に結びつける必要はない。なぜなら，我々はまだウリヤンハイとハルハの間の関係がどのような形になるかを知らないからである。しかし，我らがいかなる場合においてもウリヤンハイに対するロシア国家の主権を少しも支持しないことを，原則的に表明することは可能である。ウリヤンハイと他のモンゴルとの間の暫定協定が論点になってはいるが，これはまだ今日的な課題ではない。また，ウリヤンハイにおけるロシア人植民者とモンゴル系住民との間の暫定協定も見出す必要がある。……場合によっては，決してロシアの一部になったことがなく，ニコライⅡ世さえ併合しなかったウリヤンハイに対するロシア国家の権力を支持するいかなる企図も我々は持っていない，と原則的に表明することはできる。また，我々とウリヤンハイとの関係の具体的な形は，より差し迫った諸問題が解決されたときに構築される，と表明することも可能である。[164]

この記述によると，当時，ソヴィエト・ロシアにおいては，ウリヤンハイ問題に関する具体的声明は必要なく，この問題の具体的解決はまだ差し迫っていない，と認識されていた。しかし，その一方で，ソヴィエト・ロシアはいかなる場合にもウリヤンハイに対するソヴィエト・ロシアの主権を支持しない，とする原則的声明を必要な場合に出すことは可能である，とも記されている。ウリヤンハイ問題に関する具体的声明が不必要とされた理由は，この史料の記述から，ウリヤンハイ問題やモンゴル問題の先行きの不透明さで

あったことがうかがわれる。このような先行きの不透明さから、当面は具体的な解決が回避されることになり、ウリヤンハイに対するソヴィエト・ロシアの主権を否定する声明のみが許容されたのであろう。

　上述のとおり、シュミャツキーの考えでは、外モンゴルへのウリヤンハイの統合は将来達成されるべき目的とされていた。この文書に現れたウリヤンハイに対するソヴィエト・ロシアの主権の否定は、この目的につながる最初の一段階とみなすことができるものであろう。先に述べたように、ウリヤンハイの譲渡を望む人民政府側が条約締結交渉のために作成した条約草案において規定したのも、ウリヤンハイに対するソヴィエト・ロシアの不干渉のみであった。ウリヤンハイへのロシアの不干渉、という表現は、外モンゴルへのウリヤンハイの統合に関わるものと考えられるのである。

　その後、上述のとおり、1921年6～7月にモスクワにおいてジャムツァラーノ、ホルローは、チチェリン、カラハンらと協議を行い、1921年7月1日にウリヤンハイ問題を協議した。この時、チチェリンはジャムツァラーノらに対して、ソヴィエト・ロシアはウリヤンハイを自国領土とみなさないことを伝えた。[165] ウリヤンハイに対するソヴィエト・ロシアの主権を否定する声明のみを許容する考えが、実行されたことになる。

　人民政府成立後も、2つの主張の統一とソヴィエト・ロシアの公式宣言が引き続き模索された。シュミャツキーが記したと思われる1921年8月12日付チチェリン宛文書に、

　　ウリヤンハイ問題に関する外務人民委員部の姿勢を具体的に規定することを何とかして促進するよう、再び貴殿に要請することが不可欠であると考える。[166]

とあるように、ウリヤンハイ問題に対する外務人民委員部の姿勢を具体的に規定することが求められていた。人民政府の成立によって、人民政府とのウリヤンハイ問題協議が現実的なものになり、ソヴィエト・ロシアはこの問題に対する公式宣言を準備する必要に迫られていったのであろうと思われる。

　また、1921年9月2日付チチェリン宛文書には、

　　対ウンゲルン戦闘における重点が西モンゴルおよびウリヤンハイ地域へますます移りつつあるという事実によって、ウリヤンハイ問題は一層

強圧的に調整が求められるようになった。^167
と指摘されている。この記述が明確に示すとおり，人民政府成立後，ソヴィエト・ロシアにとって重要な意味を持っていたロシア白軍との戦闘が西モンゴルおよびウリヤンハイに移りつつあり，これによってウリヤンハイ問題の調整が求められるようになっていた。これらの事情によって，ウリヤンハイ問題に対するソヴィエト・ロシアの公式宣言の必要性が高まっていたのである。

このような状況において，上述の2つの主張の統一を目指して，1921年8月16日にノヴォニコラエフスクにおいてシベリア局，シベリア革命委員会，シュミャツキーの間でウリヤンハイ問題に関する協議が行われた。1921年8月22日付シュミャツキー発チチェリン，ドゥホフスキー宛電報に，この協議において決まったことが詳細に記されている。

　2. ……ウリヤンハイをモンゴルに統合することに関する問題は，未決定のままにしておくべきである。……最近モンゴルの代表たちに……［原文ママ］外務人民委員チチェリンが通達したとおり，ソヴィエト・ロシアはウリヤンハイ地域を自らの領土とはみなさず，自らの領土とするいかなる考えもない，ということを2週間以内に通知する必要がある。

　3. ウリヤンハイ地域の一部に以前からロシア系住民が居住する植民地がある。我々はこれをウリヤンハイの人々と同様に具体的事実として考慮する必要がある。そのため，ウリヤンハイの大衆や，その行政機関と協定を締結することと，この地に居住するロシア系住民の文化と生活の権利を守ることについての問題がとりわけ重要である。その際，ウリヤンハイ地域を力ずくで奪い取ることがあってはならない。

　4. ウリヤンハイにあるロシア人植民地は，地方の広範な自治の原則によって，現地の法律に統治されるという基礎に基づいて指揮するべきである。

　5. ウンゲルンと白軍の一部の部隊に対する闘争の重点が西モンゴル，ウリヤンハイ地域に移ったことと関連して，モンゴル人民革命党はウリヤンハイにおいて，安定した政治集団となるウリヤンハイ人民革命党を建設するための活動を早急に開始することが重要である。この党を通じ

て我々の政策を行うべきである。ウリヤンハイ地域は総じてモンゴルの連邦内に入る。……さらに、ウリヤンハイ地域において活動している党［ロシア共産党］の活動家に対する特別指示として、以下のことを伝達するよう決議した。「ウリヤンハイ地域において活動しているソヴィエトおよび党の一部の活動家は、ウリヤンハイ地域における占有地をさらに確固たるものにして拡大しようとする現地のロシア人を支持し、氏族部族による狭い視野で取り決めるという旧帝政政府の政策に基づいていることを、ロシア共産党中央委員会シベリア局は厳しく非難する」[168]。

これらの記述によると、まず、この協議において、ソヴィエト・ロシアがウリヤンハイを自国領土とみなさないことを表明する必要性と、ウリヤンハイに党を組織するために人民党がウリヤンハイで活動を行う必要性が決議されている。また、ウリヤンハイがモンゴルの「連邦」内に入ると記されている。これらの決議は、将来の外モンゴルへのウリヤンハイの統合につながる可能性を残すものであり、シュミャツキーの主張に関連すると考えられるものであろう。

一方、ソヴィエト・ロシアがウリヤンハイの行政機関と交渉を持つことや、ウリヤンハイ在住のロシア系住民の利益を保護することの重要性もこの協議において決議されている。これらの決議においては、ウリヤンハイに対するソヴィエト・ロシアの直接の影響を維持することが重視されている。このことから、これらの決議には上述のウリヤンハイの「独立」を目指す主張が影響していると考えられる。

また、この協議においては、シュミャツキーが目指した外モンゴルへのウリヤンハイの統合は未決定のままにしておくよう決議された。この決議は、外モンゴルへのウリヤンハイの統合を主張するシュミャツキーらが譲歩したことを示すものであろう。また、ソヴィエト・ロシアの活動家がロシア移民の土地を拡張するために取っていた政策に対する非難決議がなされている。実は、サフィヤノフの活動はシュミャツキーの反発を招き、外モンゴルからウリヤンハイを分離する活動とみなされていた[169]。1921年9月1日付のシベリア局発サフィヤノフ宛文書には、

  ロシア共産党中央委員会シベリア局は、ウリヤンハイが自分たちの大

会において国家的独立を宣言し，事実上はソヴィエト・ロシアの庇護下に残った，という電報を貴殿から受領した。
　ロシア共産党中央委員会シベリア局は，見たところ貴殿がウリヤンハイにおいて実行している路線を分かち合ってはいない，ということを指摘する必要がある。ソヴィエト・ロシアの庇護をウリヤンハイに確立することは，大きな政治的誤りであり，我々とモンゴルの関係をすぐさま悪化させる。[170]

と記されている。シベリア局は，ウリヤンハイにおけるサフィヤノフの活動を誤りだとして非難しているのである。さらに，シュミャツキーは，赤軍第5軍団の委任状をサフィヤノフから没収し，彼を召還することを求めた。[171]その結果，サフィヤノフは更迭され，ファリスキー（Ф. Г. Фальский）が派遣されることになった。[172]この一連の経緯は，ウリヤンハイの「独立」を目指す者たちが譲歩した結果であり，上述の非難決議もこの譲歩の一部であろうと考えられる。このように，ノヴォニコラエフスク協議においては，2つの主張の双方が譲歩しつつ，可能な限り自己の主張を決議に盛り込もうとしたのである。

　この会議においては，シュミャツキーも反対意見を受けて譲歩せざるを得なかったようである。だが，1921年9月2日付チチェリン宛文書には，

　これと共に，私は貴殿，貴ゲオルギー・ヴァシリエヴィチ［チチェリン］に，ウリヤンハイ問題の唯一の解決法は，ウリヤンハイをモンゴル人民革命党の勢力範囲内に含めることであると私は考えている，と指摘したことがある。[173]

という以前の主張が再び引用されている。[174]このことから，外モンゴルへのウリヤンハイの統合の主張はなくなったわけではないと考えられる。

　本来，2つの主張を統一してウリヤンハイ問題に対する姿勢を決めるべきであったこの協議において，上述の妥協的な決議が出されたことには，当時の外モンゴルおよび中国をめぐる情勢の不安定さが関わっていると思われる。上述のノヴォニコラエフスク決議には，外モンゴルへのウリヤンハイ統合を未決定のままとしておく理由として，

　モンゴルの国家建設過程がまだ終了していないので，国家的地位およ

び国際的地位がどのような形になるかを知る方法がない。[175]

という記述がある。この記述から，人民政府が今後堅固な政権を作れるか，そして中国に取り込まれることなくソヴィエト・ロシアの同盟者であり続けるか，という問題に対して，当時はまだ回答を明確には見出せなかったことがうかがえる。また，ソヴィエト・ロシア軍の外モンゴル進入によって中ソ公式交渉は一層難航していた。このような不安定な情勢にもかかわらず，ウリヤンハイ問題に対する姿勢を明確にする必要があったため，ノヴォニコラエフスクの決議は，ウリヤンハイ問題に関する2つの主張のそれぞれを取り入れたものになったのであろう。

1921年9月2日付チチェリン宛文書には，

> それゆえ，私は喜んでNo.2612電報における貴殿の提案を利用し，ノヴォニコラエフスクに赴き，そこでロシア共産党中央委員会シベリア局，シベリア革命委員会と共に我々はウリヤンハイ問題に関する共同見解に到達した。これを，この文書に添付したロシア共産党中央委員会シベリア局会議議事録と，私の報告に対するテーゼからご覧ください。[176]

という記述がある。上述のノヴォニコラエフスクの決議は，シベリア局，シベリア革命委員会，シュミャツキーの共通見解としてモスクワのチチェリンに伝えられたのである。この決議が，外務人民委員部の公式宣言作成の参考になったと考えられる。

こうして外務人民委員部は，1921年9月9日にウリヤンハイ大衆に対するロシア・ソヴィエト連邦社会主義共和国の宣言（以下「9月9日宣言」と称する）を発布した。この宣言には，

> ロシア労農政府は，この政府がウリヤンハイ地域を自国領土とは決してみなさず，決して目をつけることはない，と表明する。……ウリヤンハイの一部に昔のロシア植民地があるという事実を考慮して，これら植民大衆の利益の保護について，ウリヤンハイの大衆やウリヤンハイの国家統治の諸機関と関係を持つことを，ロシア政府は不可欠であるとみなしている。だが，いかなる場合においても，ウリヤンハイ地域の強制的占領は認めない。[177]

と記述されている。ソヴィエト・ロシア政府がウリヤンハイを自国領土とみ

なさないことが宣言された一方において，ウリヤンハイにおけるロシア人移民の保護のためにウリヤンハイとの関係を持つことも宣言され，外モンゴルへのウリヤンハイの統合に関する直接的な記述は宣言には盛り込まれなかった[178]。このように，外モンゴルおよび中国をめぐる不安定な情勢によって2つの主張が統一できない状況において，ウリヤンハイに対するソヴィエト・ロシアの主権を否定する声明のみを許容する考えのもとに，双方が譲歩しつつ，宣言に盛り込むことができそうな主張を取り上げて組み込んでいくことによって完成したのが，9月9日宣言だったのである。

B．条約締結交渉におけるウリヤンハイ問題

このような過程の後，ソヴィエト・ロシアは人民政府との条約締結交渉に臨むことになった。条約締結交渉においてウリヤンハイ問題に対するソヴィエト・ロシア側の姿勢が最初に現れたのは第2回会議（10月28日）であった。この会議において「1921年10月28日付ロシア・モンゴル会議の協議におけるロシア代表の回答宣言」[179]（以下「ロシア側回答宣言」と称する）が人民政府側に提示された。これは，第1回会議（10月26日）において人民政府側からソヴィエト・ロシア側に対して提示された「モンゴル代表の宣言」に対して，ソヴィエト・ロシア側が示した回答であった。この宣言では9月9日宣言の内容の再確認が行われた。シュミャツキーは，「ロシア側回答宣言」作成の際に彼がチチェリンと協議したことを，1921年10月28日付チチェリン宛文書に記している。この文書には，「ロシア側回答宣言」におけるウリヤンハイ問題に関する記述について，

> ウリヤンハイ地域に関する条項を少なからず慎重に表現し，この地域に対する主権というモンゴル人の時機外れの要求を完全に円滑にかわす。そして同時に，ソヴィエト・ロシアはこの地域を自らのものとはみなさず，何の目論見も持っていないが，ただロシア人移民が広範な自治の権利を享受するという確信だけは抱いている，という保証をモンゴル人に与える[180]。

と記されている。ウリヤンハイ問題に関しては，「ロシア側回答宣言」の作成目的は9月9日宣言の性質と合致したものだったと言うことができるだろう。

第1章　外モンゴルとソヴィエト・ロシア，コミンテルン

条約締結交渉の公式議事録には，ウリヤンハイ問題協議の記述はない。だが，実際には第3回会議（10月30日）においてウリヤンハイ問題協議が行われていたようである。ロシア側条約草案[181]の第6条[182]には，

> 第6条：ロシア・ソヴィエト政府は，1921年9月9日付ロシア・ソヴィエト連邦社会主義共和国外務人民委員の声明を再び厳かに確認する。すなわち，この声明は，ロシア政府がタンヌ・ウリヤンハイ地域を自国領土とみなさず，ウリヤンハイの完全なる自決を妨げず，ウリヤンハイに何ら目をつけるものではない。
>
> これと共に，ソヴィエト・ロシア政府は，タンヌ・ウリヤンハイ大衆の統治機関との協定のための道を模索するであろう。この協定は，この地域をロシア人が放埓に植民地化することを今後認めない方法に関するものであり，かつてウリヤンハイに対して占領的政策を実施したロシア帝政政府が移住させたロシア人植民者たちの利益を守る方法に関するものである。しかし，この協定は，ソヴィエト政府とウリヤンハイ大衆が事実として，また一定の文化的および経済的な力として考慮している利益を伴うものである[183]。

と規定されている。条文にも明記されているとおり，これらの記述は9月9日宣言と概ね同一であり，第6条は9月9日宣言を条文化したものであったと言うことができるだろう。

また，1921年10月31日付チチェリン宛文書には，

> 昨日，ウリヤンハイ問題に関する条項の協議の際に，モンゴル代表団は，この地域がモンゴル人民政府によって支配されるという指摘を条約に加えるという頑固な要求を示し，ウリヤンハイの人々の自決に関する指摘に対して明確に反対した。その結果，この条項を条約に加えず，この問題に関する貴殿の文書と，代表間で以前に取り交わした宣言に止めることで，我々は合意した[184]。

というウリヤンハイ問題協議の様子が記されている。これらの記述の内，「この問題に関する貴殿（チチェリン）の文書」は9月9日宣言，「代表間で取り交わした宣言」はモンゴル代表の宣言とロシア側回答宣言のことを指していると考えられる。つまり，協議においては人民政府側が人民政府による

ウリヤンハイ支配の規定を条約に盛り込もうとし，ウリヤンハイの自決に反対したが，協議の結果，ウリヤンハイに関する条項を条約に盛り込まず，3つの宣言の内容で妥結することにしたのである。

先行研究の指摘によると，協議においてソヴィエト・ロシアは，ウリヤンハイの自決を尊重し，第三者である中国が関わる問題を条文化することを拒んだ，という面があったようである[185]。また，ソヴィエト・ロシアにおいてウリヤンハイ問題に対する2つの主張が統一されていない状況では，ウリヤンハイ問題に関する具体的な公式文書を出すことが困難であったということも，ソヴィエト・ロシアがウリヤンハイ問題の条文化を拒んだ理由であろう。

また，上述のとおり，外モンゴルへのウリヤンハイの統合を主張しているはずのシュミャツキーが，条約締結交渉においてモンゴル人の「時機外れの要求」を「円滑にかわす」ことを主張している。1921年11月19日付リンチノ，オフチン宛文書においてシュミャツキーは，

> 国際情勢に関して，まさに今後，人民政府の堅固な権力が確立され，ウリヤンハイが中国人の手に陥る危惧のない状態でリスクなくウリヤンハイを譲渡しうる国家としてモンゴルの国際的地位が規定されるまではこのような「譲渡」に関して健全な判断に基づいているとは言えない[186]。

と述べ，現状において外モンゴルに対してウリヤンハイを譲渡することは現実的ではないとして，リンチノの説得に努めている。上述のとおり，シュミャツキーはこの時点では反対意見を受けて譲歩していた。またシュミャツキーが自分の主張を押し通せるほどには，当時のモンゴルをめぐる情勢は明確ではなかった。このため，条約締結交渉においては，シュミャツキーも外モンゴルへのウリヤンハイの統合という人民政府側の主張を回避せざるを得なくなり，このような論理を用いてリンチノを説得したと考えられる。

このように，ソヴィエト・ロシア側は，2つの主張が完全には統一されない状況において，ウリヤンハイ問題の条文化を回避し，ウリヤンハイに対するソヴィエト・ロシアの主権の否定を表明することで条約締結交渉を乗り切るために，9月9日宣言に基づいて交渉を進めたのである。

条約締結交渉に至るまでのウリヤンハイ問題に対するソヴィエト・ロシアの姿勢は，ソヴィエト・ロシアに危険をもたらしうる極東情勢とそれに関わ

る中ソ公式交渉の停滞，外モンゴル情勢の先行きの不透明さの影響を受け，2つの主張の間でバランスが取られながら形成されていったのである。人民政府が成立して間もない1921年後半には，ソヴィエト・ロシアはウリヤンハイ併合の姿勢を必ずしも確立していたわけではなかった。

　これら2つの主張は，ソヴィエト・ロシアの人々が人民政府成立直後の外モンゴルをどう判断していたかによって分かれたものであったと言うことができるだろう。外モンゴルをソヴィエト・ロシアにとって確たる同盟者と考えることができるか否か，という問題に対する判断が分かれ，2つの主張につながっていったのである。

　このようなソヴィエト・ロシア側の事情を考慮に入れると，前節において論じた条約締結交渉におけるソヴィエト・ロシア側の主張は，このような不安定な中国情勢および外モンゴル情勢に鑑みて，せめて外モンゴルにおける一定の利益を確保し，国家の安全を保障する措置を外モンゴルにおいて取るためのものであったと考えることができるであろう。

第4節　極東諸民族大会と外モンゴル

　本節のテーマは，人民政府成立直後，コミンテルンが外モンゴルをどう捉え，いかに位置づけようとしていたか，という問題である。このテーマにおいて重要な役割を演じるのが，1922年1～2月にコミンテルンが極東各地の代表を招集して開催した極東諸民族大会である[187]。この大会は，人民政府成立後，コミンテルンが外モンゴルに対する姿勢を公的に明確にした場であった。このような極東諸民族大会におけるモンゴル問題協議を考察することは，コミンテルンが人民政府成立後の外モンゴルをどう位置づけたか，そしてこれに対して人民政府側がいかに対応したか，というモンゴル近現代史上の重要問題の解明に寄与するものである。

　このような極東諸民族大会の重要性にもかかわらず，従来の研究においてこの大会と外モンゴルの関係が充分に検討されてきたとは言い難い。極東諸民族大会に関する研究の多くは，大会の概要や，大会と日本，朝鮮，中国との関係を論じたものである[188]。これに対して，大会と外モンゴルの関係を論じ

た研究は少ない。ホワイティングは，大会において，モンゴルの独立に反対する中国国民党に対してコミンテルン執行委員会委員長ジノヴィエフ（Г. Е. Зиновьев）が批判し，中国国民党代表がこの批判を否定する発言をし，この発言に対してジノヴィエフが賛同した，という一連の議論を指摘した。山極の研究と，ウィルバーとホウの研究でも，これらジノヴィエフの発言や議論が指摘されている[189]。ホワイティングはまた，ジノヴィエフ報告と共に大会の中核となったサファロフ（Г. И. Сафаров）の報告に外モンゴルに関する言及がないこと，サファロフが，モンゴルは自分の報告の範囲外の問題である，と述べたことも論じた[190]。一方，バーバルは大会の報告を引用し，中国が世界革命に加わればコミンテルンはモンゴルを中国に返還しようとしていた，と論じた[191]。大会におけるモンゴル代表の報告に関しては，ホワイティング，ダシダワー，ソルキンの研究があるが，報告の内容の一部や概要の紹介に止まっている[192]。

　従来の研究における第1の問題点は史料である。先行研究においては刊行史料集が用いられてきた。だが，近年の公文書の開放によって，開放された公文書史料を用いて検討をさらに一歩進め，この協議をより詳細に解明できるようになった。第2の問題は，大会におけるモンゴル代表の報告に対して詳細な検討がなされておらず，その意義が不明確なことである。

　これらの先行研究の問題点に鑑み，本節においては，極東諸民族大会におけるモンゴル問題の協議とモンゴル代表の報告を，公文書に基づいて検討する。そして，これによって先行研究に対して新たな見解を提示し，人民政府成立直後における外モンゴルに対するコミンテルンの姿勢を解明する。

　従来，大会研究の史料には，英語版議事録（FCTFE），ロシア語版報告集（ПСРОДВ），ドイツ語版報告集（EKKROFO）が用いられてきた[194]。英語版議事録は大会における報告や議論を収めたものである。ロシア語版およびドイツ語版報告集は大会報告を収めたものである。これに対し，本書においてはРГАСПИ所蔵のロシア語議事録を主に用いる[195]。この議事録には，大会におけるモンゴル代表の挨拶のモンゴル語原文なども収められており，従来の刊行史料集よりも本来の大会議事録の形を残すものであると考えられる。

第1章　外モンゴルとソヴィエト・ロシア，コミンテルン　79

1．極東諸民族大会の概要

　1920年7〜8月のコミンテルン第2回大会においては，共産主義世界革命と植民地革命の関係が規定され，「民族・植民地問題のテーゼ」が採択された[196]。その後，1920年9月にバクーで開催された東方諸民族大会においては，近東地域の問題が主な対象になった。そして，これと同様の大会を極東についても開催することが計画された[197]。1920年10月4日付シュミャツキー発スミルノフ，ゴンチャロフ宛電報には，

　　　コミンテルンとの協議の結果，広範な活動と広い緒組織を結成するために，東方に関する活動を特別極東書記局に集中し，バクーの会議のような極東諸民族の大会の招集が決議された[198]。

と記されている。極東における活動が極東書記局に集中されていく過程において，活動や諸機関を整備するために，極東諸民族大会の開催が必要とされたのである。

　だが，シベリア出兵やロシア白軍との戦いなどの問題がまだ収まっていない1920〜1921年初頭においては，極東に関する大会を実際に開催できる状況にはなかったようであり，大会がすぐに開催されたわけではなかった。

　1921年6〜7月に開催されたコミンテルン第3回大会においても，アジア，東方問題に関する進展はほぼなかった[199]。この状況に大きな変化を与えたのが，ワシントン会議[200]が開催されるという情報であった。この情報を受けたコミンテルンは，極東に関する大会をワシントン会議と同時期に開催することを決定したのである[201]。1921年8月26日付コミンテルン執行委員会小ビューロー[202]の議事録の，

　　　協議事項：ワシントン会議について。

　　　決議事項：61．ワシントン会議が対象とする問題に関する東方諸民族の会議を，イルクーツクにおいて11月11日に開催するよう指定する[203]。

という記述から，極東諸民族大会の開催がワシントン会議と関連する形で決定されたと考えることができる。ここでは，極東諸民族大会は1921年11月11日に開催される，と決定されている。だが実際には，イルクーツクにおいては予備会議のみが開催され，本会議は1922年1月にモスクワで開催されることになった。大会準備が遅れたこと，遠隔地の参加者が到着できなかったこ

となどが，この変更の原因であったようである。[204]

　極東諸民族大会は1922年1月21日に開催され，2月2日に閉会した。大会は合計12回の会議で構成されており，ジノヴィエフ報告，ジノヴィエフ報告に関する討論や各国の報告，サファロフ報告，サファロフ報告に関する討論,[205] 決議，という過程をたどった。[206]

　極東諸民族大会においてコミンテルンが目指したものは，ワシントン会議に対抗する国際会議の開催，極東諸民族の革命運動との関係の構築，共産主義運動と民族解放運動の連携の強化などであった。[207]　また，ソヴィエト・ロシアにとってもこの大会は重要であった。当時国際的承認を得ていなかったソヴィエト・ロシアは，シベリア出兵や中東鉄道問題など，ソヴィエト・ロシアの利害に関わる議題を協議するワシントン会議に招かれなかったため，これに対抗する必要があった。[208]　また，極東諸民族大会を通じて社会主義の種を播くことによって列強をかく乱することも，ソヴィエト・ロシアは狙っていたようである。[209]

　従来の研究においては，大会準備を推進したのはヴォイチンスキー（Г. Н. Войтинский）[210]，シュミャツキーらであったことが指摘されている。[211]　大会準備に関わった人員に関して，先に引用した1921年8月26日のコミンテルン執行委員会小ビューローの会議の決議は，以下のように続いている。

　　そして，この会議［極東諸民族大会］の招集をトリリッセルとシュミャツキーに委任する。[212]

この記述によると当初，大会の招集はコミンテルン執行委員会東方局局長トリリッセルとシュミャツキーに委任されたのである。大会の具体的な準備に関しては，1921年10月25日付コミンテルン全権副代表発ラコシ（M. Ракоши）[213]，トリリッセルら宛文書に以下の興味深い記述が見られる。[214]　この記述は，極東書記局モンゴル・チベット課の活動に関する記述である。

　　モンゴル・チベット課：東方諸民族大会［極東諸民族大会］に関する資料を準備しているところである。モンゴルに関するワシントン会議についてのテーゼは準備した。[215]

大会において用いる資料の準備には，極東書記局が直接関与していたのである。

第1章　外モンゴルとソヴィエト・ロシア，コミンテルン　　81

極東諸民族大会の参加者の構成については，大会参加資格審査委員会が数字を提示している。1922年1月19日に大会参加資格審査委員会が開かれた。議決権を有する参加者は朝鮮52，中国37，日本13，モンゴル14，ブリヤート（モンゴルと共に1部門を形成）8，ジャワ諸島1，カルムイク2人であった。審議権を有する者は，インド2，日本3，ヤクート3，ブリヤートとソヴィエト・ロシアと極東共和国4，中国5人であった。また東洋勤労者共産主義大学の代表2，在モスクワ朝鮮人学生代表2人にも議決権が与えられた。[216]これら参加者の内，極東諸民族大会のモンゴル問題協議において重要な役割を果たしたのは，モンゴル代表団と中国代表団である。

極東諸民族大会から発布された「極東諸民族に対する極東の共産主義・革命組織の第1回大会の宣言」の記述によれば，モンゴル代表団は，人民党の代表とモンゴル革命青年同盟（以下「青年同盟」と称する[217]）の代表で構成されていた。[218]人民党代表については，1921年11月21日付人民党中央委員会発行のモンゴル代表団証明書に，デンデブ（dindub）[219]，ロソル（losul）[220]，A. ダンザン（danzan）[221]らの名がある。また，資格審査委員会の名簿には青年同盟の代表としてボヤンネメフ（buyannemekü）[223]らの名が見られる。大会においては，デンデブ，A. ダンザン，ボヤンネメフが報告や発言を行った。A. ダンザンとデンデブは議長団にも選出された。

中国代表団は，コミンテルンの委任を受けた中国共産党によって組織された。[224]代表団団長は張 国燾(ちょうこくとう)[225]であり，中国共産党代表を兼任していた。中国代表団には中国共産党，各地の団体の代表，学生連合会や自由職業者の代表，そして中国国民党の代表が加わっていた。[226]

コミンテルンとソヴィエト・ロシアは，すでに1920年頃には中国国民党に興味を寄せ始めていた。中国代表団に中国国民党代表を加えたのも，コミンテルンの指示によるものであった。これに関連して，1921年12月2日付シュ[227]ミャツキーとドゥホフスキーの対話記録には，以下のやり取りが記録されている。

　　ドゥホフスキー：極東諸民族大会に関して照会した私の電報を受け取ったかどうか，ご連絡ください。回答を待っています。
　　シュミャツキー：貴殿が私の情報を受け取っておらず，大会がすでに

開催されたという意見を提示したことに，私は大いに驚いている。大会は，外務人民委員部と申し合わせたように，1月15日以前に開催されるだろう。

　ここには，南方の全権代表［中国国民党代表］がいる。彼は，公的な関係ではなくとも，半公式的で合法的な関係を築くことを期待しているであろう。[228]

シュミャツキーは，中国国民党代表がソヴィエト・ロシア，コミンテルンとの関係を築くことを望んでいる，と指摘している。極東諸民族大会においては，中国国民党とソヴィエト・ロシア，コミンテルンが関係を構築することが望まれていたのである。この記述に現れる「南方の全権代表」について，極東諸民族大会の議事録には，中国国民党代表 Tao という人物が頻繁に登場する。この Tao が張　秋白（ちょうしゅうはく）であることは，先行研究ですでに指摘されている。[229] 張国燾は自身の回想録において，張秋白は安徽省の国民党員だが，全権が委任されておらず，孫文を代表して約束を結ぶことは許されていなかった，と述べている。[230] だが，張秋白に対する孫文の全権委任状の発行は先行研究によって確認されており，全権が委任されていたと判断できる。[231]

2．極東諸民族大会におけるモンゴル問題協議

　極東諸民族大会において，モンゴル問題に関する協議は，大会の中核をなしたジノヴィエフ報告とサファロフ報告に関連して行われた。そのため，ここではジノヴィエフ報告とサファロフ報告に関連するモンゴル問題協議を検討し，コミンテルンが外モンゴルに対していかなる姿勢を取っていたかを考察したい。

A．ジノヴィエフ報告をめぐる討論

　ジノヴィエフ報告は1月23日の第2会議において行われた。この長大な報告の内，外モンゴルに関する部分は，「モンゴル問題に関しても，ワシントン会議では話し合うことを忘れてしまった」というワシントン会議批判で始まっている。そして，これと対比される形で，外モンゴルへのソヴィエト・ロシアの関与が，弱小民族への援助という面から正当化された。続いて，外モンゴルは中国に返還されるべきであるという意見は，日本に買収された中

国の政治家の一部が中国とモンゴルの革命家を仲違いさせるために言い出したことである，と述べ，以下のように主張した．

　もし，たとえば南方の革命中国の活動家の中に，空論的にモンゴル問題に対応して，モンゴルを中国の領域に返還しなければならない，という問題を提起してしまうかもしれない人々が見つかってしまったとしたら，これは極度に遺憾なことでありうる，と私には思われる．私が思うに，モンゴル問題の最終的な解決が到来するのは，中国自身が今置かれている抑圧のくびきから自らを解放し，中国自身が帝国主義外国の軍隊を自らの領域から追い出し，中国において革命が堅固に勝利し，中国において解放の最初の段階が達成され，中国の運命が自分たち大衆の手の中にあると中国が言える時なのである．まさにそのとき，モンゴル問題は新たな展望に置かれることになりうるのである．華南の革命家たちが帝国主義者たちに対して目一杯奔走している間，華南の革命家たち自身がいつの日にも帝国主義者たちの犠牲に陥りうる間，内戦が続いている間，中国が南北のみならず幾多の領域的区分に引き裂かれている間，最終的に中国では依然として外国帝国主義の意志が支配している間は，まだあらゆる方面から敵に包囲されている華南の革命家たちに対して我々はこう言うだろう．もし現在華南の革命家の中の空論家の誰かが，中国自身の大衆の状況にかかわらず，今モンゴルが返還されるように要求するならば，これは最大の間違い，間違い以上のものであるかもしれない．[232]

バーバルはこの記述を，中国が世界革命に加わればコミンテルンは外モンゴルを中国に返還しようとしていた，と理解している．[233] ジノヴィエフ報告に表れたこの問題解決後の領土返還の論理は，実は前節において詳述したロシア・モンゴル友好条約締結交渉におけるウリヤンハイ問題協議にも見られたものである．すでに論じたように，シュミャツキーは外モンゴルへのウリヤンハイ譲渡に肯定的であったが，ソヴィエト・ロシアにはウリヤンハイ譲渡に否定的な人々もいたため，条約にはウリヤンハイ譲渡が記されなかった．このため，前節においても引用したように，シュミャツキーはリンチノに対して「人民政府の堅固な権力が確立され，ウリヤンハイが中国人の手に陥る危惧のない状態でリスクなくウリヤンハイを譲渡しうる国家としてモンゴル

の国際的地位が規定されるまではこのような『譲渡』に関して健全な判断に基づいているとは言えない」と述べて説得し，人民政府のウリヤンハイ譲渡要求を回避しようと努めたのである。この事例から考えると，ジノヴィエフ報告にみられる問題解決後の領土返還論は，相手側の主張の回避を主目的としており，将来の返還を保証するわけではないとみなす余地があろう。コミンテルンが中国への外モンゴル返還を約束したとは捉えられないのである。

　このジノヴィエフの発言に対して中国国民党代表Taoが反論した。Taoは，1月24日午前の大会第4会議において，中国へのモンゴル返還を望む意見が中国国民党内にある，というジノヴィエフの指摘に対して，

　　こんなことがありうるとは私は思わない。同志ジノヴィエフがどんな情報源を用いたのか，私は知らない。しかし，同志ジノヴィエフが間違った，と私は思いたい。なぜなら，私はこんなことを耳にしたことがないからである。[235]

と反論した。これに加えて，1月25日晩の大会第7会議においてもTaoは，

　　同志ジノヴィエフは，国民党がモンゴル独立に反対していると指摘した。しかし，私は中国にいた時，この問題を国民党および政府の重要人物と協議したが，彼らの内の誰もがモンゴル独立に対して反対を述べたことがない。おそらく，演説者［ジノヴィエフ］には，モンゴル独立に敵意を抱く見解や傾向が南方政府や国民党の中に存在する，ということに関する何らかの情報があるのだろう。しかし，いずれにせよ，私のもとにはそのような情報はない。[236]

と述べている。これらのTaoの発言は，中国国民党および南方政府の重要人物がモンゴル独立に反対していることを否定するものである。だが，ここで注目されるのは，「私」という語が繰り返し登場していることである。つまり，ここでTaoは中国国民党や南方政府の公式見解を述べたのではなく，あくまで個人の見解を述べたに過ぎないのである。

　これらのTaoの発言に対して，ジノヴィエフは1月25日晩の大会第7会議において，自分たちが得た情報が不充分であったことを認め，

　　我々は，現在革命モンゴルが独立して存在することが不可欠であることを中国代表がよく自覚している，という意味において，中国代表団代

表による公式声明を最大の喜びをもって特記する。[237]

と述べた。ここでは，個人的見解でしかない Tao の発言が，ジノヴィエフによって中国代表団代表の「公式」声明にされ，会議議事録に「特記」された。モンゴル問題に関するジノヴィエフと Tao の議論は，モンゴル独立に関する Tao の個人的発言をジノヴィエフが意図的に中国代表団代表の公式声明に変えた過程だったと言うことができるだろう。

　実は，刊行史料においては，上述のジノヴィエフの発言は，「我々は中国代表団の代表によってなされた声明を，彼らが現在の時点で革命モンゴルの独立的存在の必要性を認めたという点において，大きな喜びをもって注目する」[238]と記述されている。「特記」のような強い表現は取られず，「公式」という語も存在しない。そのため，従来の研究においては，このジノヴィエフの発言の真意を解明することができなかったのである。

　上述のとおり，当時ソヴィエト・ロシアは，中ソ公式交渉を進める一方，交渉に依らない極東防衛の措置も図る必要があった。このための措置としてコミンテルンは，自らの援助によって成立した外モンゴルの独立を確保し，外モンゴルを自らの側に取り込もうとしたと考えられる。そこで，コミンテルン主催の国際大会において，外モンゴル独立の公式承認の言質を中国国民党から取ろうとしたのであろう。また，ソヴィエト・ロシアとコミンテルンが，中国国民党との関係強化の際に，中国国民党の見解を確認しておきたかった問題の1つがモンゴル問題であった。そのためコミンテルン側は，この問題に対して納得できる回答を国民党から無理にでも引き出そうとしたとも考えられよう。これらが，大会におけるモンゴル問題協議に対するコミンテルン指導層の目的だったと考えられる。

B．サファロフの発言

　すでに従来の研究において指摘されたとおり，サファロフ報告自体にはモンゴル問題に関する記述はない。一方，サファロフ報告に対して，1月27日午前の大会第9会議において Tao が，

　　同志サファロフは報告においてモンゴルに関する問題を何も補足しなかった。サファロフはすべての国々に触れたが，モンゴルについては何も述べなかった。[239]

と，モンゴル問題に関するサファロフの発言を暗に喚起するような指摘を行っている。

このTaoの発言に対して，1月27日晩の大会第10会議においてサファロフは，

> モンゴルに関するコミンテルンの計画は，今政権の座にある民族解放勢力を支持することにある。この勢力の代表は人民革命党を代表してこの大会に出席している。[240]

と回答した。ここでサファロフは，コミンテルンの対モンゴル方針として，人民党に対する支持をTaoに対して表明したのである。サファロフのこの発言は，外モンゴルをコミンテルンの側に取り込むために，民族解放運動との連携の強化という大会の目的を利用して，民族解放勢力とされる人民党をコミンテルンが支持すべき対象と位置づけようとするコミンテルンの意図を示すものである，と言えるであろう。

3．極東諸民族大会におけるモンゴル代表の報告

A．報告の内容

極東諸民族大会においては，各地から参加した代表たちが，各地の報告を行っている。モンゴル代表もまた，「モンゴルとその解放のための闘い」と題された報告を行っている。この報告は，1922年1月25日午前の大会第6会議においてデンデブによってなされた。この報告はロシア語議事録や各刊行史料集に掲載されている。[241] 本書においてはロシア語議事録所収の報告を主に使用する。[242]

モンゴル代表の報告は，モンゴルの歴史の叙述で始まっている。この叙述においては，中国，ロシア帝国，ロシア白軍，日本をモンゴルにとっての国外の敵として，また王公，仏教勢力などをモンゴルにとっての国内の敵として位置づけ，清代以降のモンゴルに対する抑圧が論じられている。そして，人民党と人民政府が，ソヴィエト・ロシアとの友情のもとに外モンゴルを解放し，大衆を支える政権を作りつつあることが強調されている。

その後，この報告においては，人民党の性質が説明されている。それによると，人民党は，共産主義でも社会主義でもなく，内外の敵からのモンゴル

の解放と，産業，教育の発展を目指す急進的民主主義政党，と位置づけられている。そして，今後モンゴルは国際プロレタリア運動との連携に向かうが，この運動をモンゴルの特権階級の優良勢力も志向しつつある，と説明されている。この報告においては，外モンゴルの王公，仏教勢力などへの批判がなされた一方において，この勢力への肯定的評価も併せて述べられているのである。

報告の末尾には，大会の課題として，民族革命勢力間の関係の構築，民族革命勢力とプロレタリア運動との関係の構築，帝国主義による攻撃からの防衛と各国内団結のために統一された指揮の中心を組織することが挙げられている。[243]

これらの内容から，モンゴル代表の報告は，中国，日本，ロシア帝国，モンゴルの支配勢力とモンゴル大衆との対立関係と，モンゴルとソヴィエト・ロシアの友好を強調し，民族解放運動とプロレタリア運動の連携の強化という大会の目的に沿って，社会主義でも共産主義でもない人民党が統治する外モンゴルとコミンテルンとの結びつきを強化する性質を持っているとみなすことが可能であろう。

B．報告の作成者について

РГАСПИにはモンゴル代表の報告が複数所蔵されているが，その中に，

> この論文はモンゴル人民革命党代表ヤポン・ダンザン［А. ダンザン］の筆によるものである。[244]

と記述されたものがあることから[245]，報告の作成にはА. ダンザンが関与したと考えられる。

だが，А. ダンザンが単独でモンゴル代表の報告を作成したとみなすのは早計であろう。なぜなら，先に触れたように，1921年10月25日付ラコシ，トリリッセル等宛文書には，モンゴル関係の大会資料は極東書記局モンゴル・チベット課によって準備された，という記述があり，モンゴル代表の報告にも極東書記局の関与があったことがうかがわれるためである。

この1921年10月25日付文書には，モンゴル・チベット課が「モンゴルに関するワシントン会議のテーゼ」を作成したことが明記されている。「モンゴルに関するワシントン会議のテーゼ」は，清代以降のモンゴルの抑圧された

状況を論じ、ワシントン会議はモンゴルの状況を改善できないことを主張したものである。「モンゴルに関するワシントン会議のテーゼ」の記述の内、清代にモンゴルに対する中国の影響が強まった頃から、人民党による外モンゴル解放の頃までの記述の内容は[246]、モンゴル代表の報告の記述とおおむね同一である。極東書記局モンゴル・チベット課が作成したこのテーゼと記述が共通することから考えると、モンゴル代表の報告の作成にも、極東書記局モンゴル・チベット課が関与したと考えるべきであろう。

さらに、大会における決議文「ワシントン会議の結果と極東情勢」のモンゴルに関する部分には[247]、この「モンゴルに関するワシントン会議のテーゼ」の一部がほぼそのまま引用されている。このことから考えると、「モンゴルに関するワシントン会議のテーゼ」は、外モンゴルに対する当時のコミンテルンの見解を表しているとみなすことが可能であろう。このテーゼと共通した内容を持つモンゴル代表の報告もまた、コミンテルンの見解が反映されたものであったと考えられる。先に示したモンゴル代表の報告の性質は、外モンゴルをコミンテルンの側に取り込もうとするコミンテルン側の姿勢が反映された結果、生じたものだったのであろう。

また、ブリヤート・モンゴル人活動家たちの見解も、モンゴル代表の報告に反映されたと考えられる。というのは、モンゴル代表の報告の内容が『モンゴリン・ウネン』の内容に大変近いためである。『モンゴリン・ウネン』は、外モンゴル大衆に向けて発行された新聞である。1～3号は1920年11～12月に、4～6号は1921年3～4月に発行された。発行元は、1～3号は東方諸民族部モンゴル・チベット課、4～6号は極東書記局モンゴル・チベット課であった[248]。ソヴィエト・ロシアとコミンテルンが本格的に外モンゴルに関与し始め、人民党が活動を進めていた時期に発行された新聞である[249]。二木の研究によると、『モンゴリン・ウネン』執筆にはS.ダンザンやボヤンネメフが関わったほか、ブリヤート・モンゴル人が執筆に大きな役割を果たし、リンチノも執筆に関わった可能性が高いようである[250]。

モンゴル代表の報告に見えるモンゴル内外の敵については、『モンゴリン・ウネン』第1号の「モンゴル国の発展について」や第2号の「モンゴル国にはいかなる政治が必要か」、第3号の「モンゴル国よ、警戒せよ」、第4

号の「モンゴル国の現状と人民党の果たすべき事柄について」,第 5 号の「モンゴル国の人民政権の成立について」などの記事に,中国,日本,ロシア白軍がモンゴルを抑圧し,モンゴル王公,仏教勢力が大衆のための政治を行わなかったことが記されている。また,ソヴィエト・ロシアとモンゴルの友好については,第 1 号の「外モンゴル人民党代表からモンゴル大衆への声明」と「諸ニュース」などにこの友好の必要性や,ロシア国内のモンゴル系諸族がソヴィエト政権のもとに自治や独立を享受していることが記されている。また, 1 〜 3 号と 5 号にはソヴィエト・ロシアの成功を宣伝する記事が掲載された。王公,仏教勢力などへの肯定的評価に関しては,第 5 号の「外モンゴル大衆へのモンゴル人民党の宣言書」に,人民党に入党してモンゴル民族のために尽くすことを望む者は上層の者でも仏教僧でも受け入れる,という記述がある。

このように,『モンゴリン・ウネン』の内容は,モンゴル代表の報告の内容と非常に似ているのである。すなわち,『モンゴリン・ウネン』に見えるリンチノらブリヤート・モンゴル人活動家たちの見解が,モンゴル代表の報告にも反映されたと言えるであろう。

リンチノが執筆した論文にも,モンゴル代表の報告と共通する部分が多く見受けられる。1920 年 8 月の「モンゴルにおける政治状況について」では,外モンゴル自治廃止を推進した中国と外モンゴルの王公,仏教勢力のつながり,中国など諸外国によるモンゴルへの抑圧,王公,仏教勢力による支配がモンゴル大衆には有害であったこと,モンゴルにとってソヴィエト・ロシアは重要であること,王公と仏教勢力の中にも人民党の協力者がいたことなどが論じられている。また,「モンゴルにおける革命の展望」では,中国によるモンゴル抑圧に王公,仏教勢力が関係したことや,王公と仏教勢力による大衆の抑圧が論じられた。その一方で,この論文では,仏教勢力などのグループの中の善良な人々が人民党に加わって大衆のために尽力することになる,と論じられている。王公,仏教勢力などの一部が人民党に加わって活動することをなかば認めるこのような記述はリンチノの論文によく見られる。リンチノは外モンゴルの現状に鑑み,王公,仏教勢力との協力に肯定的だったと考えられる。そして,リンチノは,王公,仏教勢力との一定の協力が外モン

ゴルの現状に合致していることをソヴィエト・ロシアとコミンテルンに認めてもらえるよう，論文で主張を繰り返していたのである。

このような記述がモンゴル代表の報告にも反映された。これは，共産主義運動と民族解放運動の連携の強化というコミンテルンの当時の風潮を利用して，王公，仏教勢力も人民政府および人民党の活動に関与する外モンゴルの現状をコミンテルンに認めてもらう，という意図が働いたためであると考えられる。上述のコミンテルン側の意向と，このようなモンゴル側の意向が重なって，モンゴル代表の報告が作成されたのである。

本章の結論

本章においては，ロシア・モンゴル友好条約締結交渉と極東諸民族大会を主題として，人民政府成立当初の外モンゴルとソヴィエト・ロシア，コミンテルンの関係を分析した。

人民政府側が当初ソヴィエト・ロシアに求めていたのは，自力で外モンゴルを統治できる体制作りへの支援であった。そのために，人民政府はソヴィエト・ロシアに対して旧条約の破棄と新条約の締結を求めたのである。また，リンチノら人民政府の一部指導層が外モンゴルにおける望ましい政治形態とみなしていた王公，仏教勢力との一定の協力という外モンゴルの現状をコミンテルンが容認するよう，人民党は極東諸民族大会を通じて訴えていた。

これに対して，外モンゴルに対するソヴィエト・ロシアの姿勢は，東北アジアにおけるソヴィエト国家の防衛という目的に基づいて形成されていた。ここで大きな影響を与えていたのが，中ソ公式交渉の停滞であった。ソヴィエト・ロシアは，ソヴィエト国境の安全を保障する外モンゴル駐屯ソヴィエト・ロシア軍のために，東北アジアにおけるソヴィエト国家の安全保障を求めた中ソ公式交渉が難航する，という状況に直面した。だが，外モンゴル情勢と中国情勢の先行きの不安定さのために，外モンゴルに対する姿勢を明確に規定できずにいた。この状況下において，ソヴィエト・ロシアは，外モンゴルにおける自国の影響の最低限の確保を図ろうとしたのである。また，このソヴィエト・ロシアの姿勢に合わせてコミンテルンも，国際的な会議の席

上において，外モンゴルの支持を強く主張した。

このような状況は，外モンゴルの情勢が不安定であるために醸成されたものであると言うことができよう。やがてソヴィエト・ロシア，コミンテルンが外モンゴル情勢に対する認識を明確に定めていくにつれて，このような過渡期の状況から，外モンゴルに対する方針を明確に持つ状態に移行していくことになるのである。

註

1 ユ 2007 p.36。
2 シベリア革命委員会は，ロシア革命以降の内戦と外国の干渉戦争の時期において運営されたシベリアのソヴィエト権力の臨時機構の1つである。ロシア革命の際に設立された革命軍事委員会をモデルとしている。革命委員会は，敵対勢力から解放されたばかりの地域や前線地帯などに設置され，軍事，政治を統括する機関であった。地方革命委員会はその周辺地域の中心として機能した。
3 以上の1920〜1921年初頭のシベリアにおけるソヴィエト・ロシア，ロシア共産党，コミンテルンの活動については，ユ 2007, pp.3-76, 山内 2007を参照した。
4 РГАСПИ Ф.495-ОП.154-Д.21-Л.81。
5 ロシア共産党中央委員会極東局，同シベリア局などにおいて活動した人物。
6 ブルトマンは東方諸民族部部長を務めたが，1920年11月に没した。
7 ソヴィエト・ロシア外務人民委員部シベリア・極東全権副代表などを務めた人物。
8 この日に東方諸民族部の会議が行われ，部の名称や構成が決議された（1920年7月27日東方諸民族部会議議事録：РГАСПИ, Ф.495-ОП.154-Д.7-Л.2)。
9 ロシアの公文書においては，人民党はしばしば「モンゴル人民革命党」と表記される。実際に人民党がモンゴル人民革命党に改名したのは1925年である。
10 УТА, Ф.445-Д.1-Х/Н.3-ХХ.18-20；РГАСПИ, Ф.495-ОП.152-Д.3-ЛЛ.25-26。
11 1920年11月18日付東方諸民族部メンバーのМ. Н. ブロンシュテイン発シベリア革命委員会管理課課長シュミャツキー宛文書（РГАСПИ, Ф.495-ОП.154-Д.34-Л.135）。
12 シベリア革命委員会委員長。
13 これに関しては本章第4節を参照されたい。
14 РГАСПИ, Ф.495-ОП.154-Д.21-Л.41。

15 コミンテルン執行委員会のコベツキー（М. В. Кобецкий）のことであろう。
16 РГАСПИ, Ф.372-ОП.1-Д.60-Л.72.
17 РГАСПИ, Ф.495-ОП.154-Д.105-Л.7.
18 РГАСПИ, Ф.495-ОП.154-Д.105-Л.8.
19 この電報の記述によると，当時シベリア外交代表部の解体が進められ，東方における活動に関するシベリア外交代表部の資料が極東書記局に引き継がれつつあった（1921年3月11日受領シュミャツキー発チチェリン宛電報：РГАСПИ, Ф.495-ОП.154-Д.105-Л.10)。
20 РГАСПИ, Ф.495-ОП.154-Д.105-Л.10.
21 東方諸民族部モンゴル・チベット課課長，モンゴル駐在極東書記局代表を務めた人物。
22 リンチノの偽名である。
23 キャフタの1地区。
24 ダムバドルジは，人民党の活動に早くから関わったモンゴル人の活動家である。人民党中央委員会委員長に選出され，1923年にペトログラードに留学した。1924年以降政権の中心にあったが，1928年に失脚した。
25 АВПРФ, Ф.0111-ОП.2-ПАП.103-Д.28-Л.154.
26 АВПРФ, Ф.0111-ОП.2-ПАП.103-Д.28-Л.157.
27 НТА, Ф.4-Д.1-X/Н.1-ХХ.22-23.
28 『中国革命』, pp.61-62；ВКНДК, p.23；王 1963, p.69。
29 王 1963, p.126；李 1996, p.67；薛 2009, p.44。
30 李 1996, p.76。
31 王 1963, pp.158-159,209；薛 2009, p.46。
32 李 1996, pp.55-57；『中国革命』, pp.70-73；王 1963, pp.61-71；薛 2009, pp.36-39。
33 『中国革命』, pp.70-71；Капица 1958, p.51；王 1963, p.61；李 1996, p.55。
34 ソヴィエト・ロシア外務人民副委員を務め，1923年9月以降，北京においてソ連全権代表として中ソ公式交渉に携わった。ソヴィエト外交，とりわけソヴィエトの対東アジア外交において重要な役割を担った人物である。
35 王 1963, pp.64-65；『中国革命』, p.71。
36 王 1963, p.71；李 1996, p.93；薛 2009, p.40。
37 СКО, p.52.
38 王 1963, p.67；『中国革命』, p.72；李 1996, p.92。
39 王 1963, p.162。
40 РГАСПИ, Ф.495-ОП.154-Д.105-Л.65.
41 Лузянин 2003, pp.102-103.
42 王 1963, pp.160-161。
43 李 1996, p.84；王 1963, pp.174-175,178-179。

44 王 1963, pp.180-182。
45 李 1996, pp.86-89；王 1963, p.185-213。
46 李 1996, pp.87-88；王 1963, pp.190-198。
47 王 1963, pp.193-195。
48 李 1996, pp.87-89；王 1963, pp.195-201。
49 橘 2004, pp.34-37。
50 ゴチトスキー，ダシェピロフという名でも史料に現れるブリヤート・モンゴル人の活動家。東方諸民族部モンゴル・チベット課に所属し，早くから人民党の活動に関わった。人民政府成立後は，人民党中央委員会メンバー，人民政府財務省長官などを務め，相互援助組合の活動に深く関わった。
51 ДВПСР, pp.168-170.
52 КМ, p.31.
53 РГАСПИ, Ф.495-ОП.154-Д.100-ЛЛ.140-140об.
54 橘 2004, pp.52-54。
55 マグサルジャブ・ホルツは，ボグド・ハーン政権下において，内務省の文書起草官を務め，清朝時代の法律をモンゴル語に訳し，法務において活躍した。20世紀初頭の外モンゴルの政治に直接関与した経験を基に，後に『モンゴル国新史』を著した。
56 外モンゴルにおける仏教勢力の有力者。ボグド・ハーン政権時代には西モンゴルにおいて活躍し，ウンゲルンの勢力下で再興された外モンゴル自治政府では首相，内務大臣の任に就き，人民政府ではボドーの辞任後に首相を務めた。1923年に没した。
57 ハタンバートル・マグサルジャブは，王公の有力者の１人である。ボグド・ハーン政権において内務，軍務において活躍し，1921年２月にウンゲルンの影響下に再興された外モンゴル自治政府においては軍務大臣，モンゴル軍司令官を務めた。人民政府においては，スフバートルの後に軍務大臣を務め，人民党中央委員会のメンバーにも選出された。
58 シルニンダムディンは，ボグド・ハーン政権において法務副大臣，ボグド・ハーンの侍臣を務めた人物である。また，ロシア帝国との交渉やキャフタ三国協定の締結にも関わった。
59 Мөнхцэцэг 2002, p.37；Лузянин 2003, p.118.
60 条約文書（ГХТА Ф.2-Д.1-Х/Н.1）は，モンゴル，ロシア双方の言語で作成された。モンゴル語の題名は「ロシア・モンゴル二者間の友好関係設立に関してソヴィエト・ロシア国政府とモンゴル人民政府が協議して決定した条約（orus mongɣul qoyar qoɣurumdaki nayiramdul-un barildulɣ_a bayiɣulqu-yin tuqai jöblel-ün jasaɣ-tu orus ulus-un jasaɣ-un ɣajar ba mongɣul-un arad-un jasaɣ-un ɣajar-un kelelčen toɣtaɣaɣsan ger_e bičig）」，ロシア語の題名は「ロシア・モンゴル間の友好関係設立に関するロシア社会主義連邦ソヴィエト共和国政府とモ

ンゴル人民政府間の協定（Соглашение между правительством Российской социалистической федеративной советской республики и Народным правительством Монголии об установлении дружественных отношений между Россией и Монголией）」である。本書においては「ロシア・モンゴル友好条約」と表記する。

61　ロシア・モンゴル友好条約の締結は，モンゴル近現代史における重大事件であるため，従来の研究の多くがこの事件に言及している。ここに示した条約締結交渉の内容を指摘する研究として，バトバヤル・シャラフー 1998, МАХНТТ, МТТОХХЗ, Баабар 1996, Лхамсүрэн 1995, Жамсран 1997, Мөнхцэцэг 2002, Хулан 2001, ХЗМ, Дамдинсүрэн 2001, Ширэндэв 1999, Лузянин 1995, Лузянин 2003, Рощин 1999, Рощин 2001, Лонжид/Батсайхан 1995, Barkmann 1999, Дашдаваа 2003, Саввин 1930, БНМАУТЗ, 東亜研究所 1943, 王 1963, 小川 1930, 齋藤 1931, Eudin/North 1957, Tan 1932, 後藤 1938, 坂本 1974などを挙げることができる。

62　本書においては，1911年以降，外モンゴルと中華民国，ロシア帝国の間において締結された条約，協定のことを「旧条約」と表記する。

63　МШТ, p.224。

64　中見 1994, pp.98-100など。この協定における「モンゴル」という語には，内モンゴル統合の可能性を保持しておきたいボグド・ハーン政権の思惑と，日本，中国との関係をも考慮していたロシア帝国の思惑が込められていた（橘 2006）。

65　МШТ, p.43；『蒙古年鑑』, p.391。

66　МШТ, pp.44-47；『蒙古年鑑』, pp.391-394。

67　1913年に中華民国とロシア帝国の協議の結果出された露中宣言は，外モンゴルが中華民国の一部であることと，外モンゴルの自治を規定し，自治の範囲を定めたものである（МШТ, pp.51-54）。

68　中見 1994, pp.100-101。

69　Батсайхан 1999, pp.503-509,538-545。

70　S. ダンザンのこと。

71　本書において用いた「モンゴル代表の宣言」は，НТА, Ф.12-Д.1-Х/Н.213-ХХ.55-62,19-20のロシア語版を用いた。ДӨ 91-4には「モンゴル代表の宣言」のモンゴル語版が掲載されている（ДӨ 91-4, pp.33-36）が，出典が不明である。

　なお，この文書には題名がない。条約締結交渉の議事録においては「モンゴル政府の宣言」，「モンゴル代表の宣言」と表記されている。そのため，本書においては「モンゴル代表の宣言」と表記する。

72　Рощин 2001, pp.74-75；Рощин 1999, pp.44-45；Лхамсүрэн 1995, pp.36-37；Лонжид/Батсайхан 1995, pp.11-13；Мөнхцэцэг 2002, p.37；Баабар 1996, pp.

273-274 など。

73　НТА, Ф.12-Д.1-X/Н.213-X.57.
74　当時ロシア人はフレーをウルガと呼んでいた。
75　НТА, Ф.12-Д.1-X/Н.213-X.58.
76　タンヌ・ウリヤンハイは，現在のロシア連邦トヴァ共和国に相当する地域である。この地域は，現在のモンゴル国の北西，つまりフブスグル・アイマグの西，ザブハン・アイマグおよびオブス・アイマグの北に国境を接して位置している。
77　当時のモンゴル社会の基盤をなした行政単位。「旗」と訳される。
78　モンゴルにおける行政単位の1つであり，ホショーより小さい単位である。
79　複数のホショーからなるモンゴルの行政単位。「盟」，「部」と訳される。
80　НТА, Ф.12-Д.1-X/Н.213-X.58.
81　НТА, Ф.12-Д.1-X/Н.213-X.60.
82　НТА, Ф.12-Д.1-X/Н.213-X.60.
83　НТА, Ф.12-Д.1-X/Н.213-XX.60-61.
84　НТА, Ф.12-Д.1-X/Н.213-X.61.
85　НТА, Ф.12-Д.1-X/Н.213-X.61.
86　НТА, Ф.12-Д.1-X/Н.213-XX.55-56.
87　1913年にボグド・ハーン政権とロシア帝国政府間で締結されたコシュ・アガチ－ホブド間の電報線敷設協定では，この電報線をロシアが敷設して自由に使用することや，この電報線と競合する他の電報線を敷設しないことなどが規定されている（МШТ, pp.50-51）。
88　本書においては，ГХТА, Ф.2-X/Н.29-b-XX.57-59に所蔵されている条約草案の文書を用いた。人民政府側作成条約草案はДӨ 92-1 にも掲載された（pp.35-36）が，出典が不明である。文書の正式な題名は「ロシア・ソヴィエト連邦社会主義共和国政府とモンゴル人民政府間の条約」である。草案であることを明示するため，本書では「人民政府側作成条約草案」と表記する。
89　Лонжид/Батсайхан 1995, p.13；Рощин 2001, p.76.
90　ГХТА, Ф.2-X/Н.29-b-X.57.
91　ГХТА, Ф.2-X/Н.29-b-X.57.
92　ГХТА, Ф.2-X/Н.29-b-X.57.
93　ГХТА, Ф.2-X/Н.29-b-X.58.
94　ГХТА, Ф.2-X/Н.29-b-X.58.
95　ГХТА, Ф.2-X/Н.29-b-X.58.
96　ГХТА, Ф.2-X/Н.29-b-X.58.
97　ГХТА, Ф.2-X/Н.29-b-X.58.
98　ГХТА, Ф.2-X/Н.29-b-X.59.
99　ГХТА, Ф.2-X/Н.29-b-XX.58-59.

100 ГХТА, Ф.2-X/Н.29-b-X.59.
101 ГХТА, Ф.2-X/Н.29-b-X.59.
102 ГХТА, Ф.2-X/Н.29-b-X.59.
103 Лонжид/Батсайхан 1995, pp.14-15；Рощин 2001, pp.74-81；Лузянин 2003, pp.116-121.
104 Бат-Очир 1999b, pp.135-137；Жамсран 1997, p.141.
105 ツェレンドルジはボグド・ハーン政権の外務省において官僚，大臣を務め，旧条約の締結にも関与した。人民政府成立後もボドーの辞任後に外務大臣を務め，後に首相の座に就いた重要な政治家である。
106 Бат-Очир 1999b, pp.138-139.
107 エルデネ・バトハーン（erdeni batuqan）はブリヤート・モンゴル人である。1921年3月1～3日のモンゴル人民党第1回大会に参加し，人民臨時政府において書記を務めた。条約締結交渉においては通訳官を務めた。また，文化活動にも関わり，人民教育省の長官，大臣になった。
108 НТА, Ф.4-Д.1-X/Н.27-X.45；ГХТА, Ф.2-Ш.29-6-X.40.
109 人民政府外務省官僚。後にモスクワ駐在人民政府全権代表を務めた。
110 外モンゴルに戻った後にS. ダンザンが人民政府に提出した報告にこのように記されている（ГХТА, Ф.2-Д.2-X/Н.21-ХХ.45-46）。
111 シュミャツキーは，中国との関係を考慮して条約締結に否定的だったソヴィエト・ロシア指導層の説得に努めた。チチェリンは彼に協力し，条約締結のためにレーニンの説得も行った（Лузянин 1995, pp.76-77；Лузянин 2003, pp.118-119；Рощин 2001, pp.70-74）。
112 НТА, Ф.12-Д.1-X/Н.213-ХХ.1-18, 21-23, 42-54；ГХТА, Ф.2-Д.2-X/Н. 1024-ХХ.62-73；Ф.2-Д.2-X/Н.67-ХХ.219-224；Ф.2-Д.2-X/Н.79-ХХ.115-122；Ф.2-Д.2-X/Н.29-ХХ.147-163； Ф.2-Д.2-X/Н.24-ХХ.89-92．議事録にはロシア語版とモンゴル語版がある。これら議事録は，協議中に人民政府，ソヴィエト・ロシア双方が記録したものを協議終了後に双方が内容を確認したうえで承認したものであり，条約に添付された公式文書の1つである。本書においては，ロシア語議事録はНТА, Ф.12-Д.1-X/Н.213-ХХ.1-18, 21-23, 42-54，モンゴル語議事録はГХТА, Ф.2-Д.2-X/Н.1024-ХХ.62-73， Ф.2-Д.2-X/Н.67-ХХ. 219-224， Ф.2-Д.2-X/Н.79-ХХ.115-122， Ф.2-Д.2-X/Н.29-ХХ.147-163， Ф.2-Д.2-X/Н.24-ХХ.89-92を使用した。引用の際は主にモンゴル語版を使用し，モンゴル語版とロシア語版で意味に差がある場合には注記する。
113 ГХТА, Ф.2-Д.2-X/Н.29-X.155. このS. ダンザンの発言はロシア語議事録においては，

> 我々は，裁判の審理にいずれかの国――ロシアとモンゴル――の外交代表が同席することに，何ら反対するものではない。しかし，我々は第三国を少々懸念している。第三国に関する条約のこの条項を我々が認め

てしまうと，これに基づいてわが国と他国の間に数多くの混乱が起こりうる（НТА, Ф.12-Д.1-Х/Н.213-Х.47）．

と記述されており，中国に関する直接の言及が見られない．だが，ロシア語議事録においても，このS. ダンザンの発言の後のドゥホフスキーの発言に，つまり，我々がロシア，モンゴル間の協定にこの条項を加えてしまうと，あなた方はこの項目を中国との協定に加えることになってしまう，というところにモンゴル代表の反対は結びついている．我らのこの条約と，あなた方の将来の中国との協定に，どんな関係があるのか（НТА, Ф.12-Д.1-Х/Н.213-Х.48）．

とあることから，人民政府側が中華民国などとの関係を考慮してこの問題を協議していたと考えてよかろう．

114　ГХТА, Ф.2-Д.2-Х/Н.29-ХХ.157-158. ロシア語議事録においてもおおむね同様の内容である（НТА, Ф.12-Д.1-Х/Н.213-ХХ.49-50）．

115　ГХТА, Ф.2-Д.2-Х/Н.29-ХХ.159-160. ロシア語議事録の記述（НТА, Ф.12-Д.1-Х/Н.213-Х.51）もこれと同様である．

116　ГХТА, Ф.2-Д.2-Х/Н.29-Х.161. このS. ダンザンの発言はロシア語議事録においては，

あらゆる国家的特権は政府間条約によって規定される．条約は廃止されたので，当然，モンゴルの地にいるロシア国籍の者は，何らの特権も享受しない．この条項は余分である（НТА, Ф.12-Д.1-Х/Н.213-Х.52）．

と記されている．若干の表現の違いはあるが，内容はモンゴル語議事録とおおむね同様であると言える．

117　ГХТА, Ф.2-Д.2-Х/Н.29-Х.162. ロシア語議事録においてはこのS. ダンザンの発言は，

現在，何らかのものを借りるという人々に関しては，利権を与えるか与えないかはモンゴル政府の主権のもとにある（НТА, Ф.12-Д.1-Х/Н.213-Х.53）．

となっている．

118　ГХТА, Ф.2-Д.2-Х/Н.29-Х.163; НТА, Ф.12-Д.1-Х/Н.213-Х.53.

119　ГХТА, Ф.2-Д.2-Х/Н.79-Х.118. ロシア語議事録もおおむね同じ表現である（НТА, Ф.12-Д.1-Х/Н.213-Х.15）．

120　ГХТА, Ф.2-Д.1-Х/Н.1.

121　ГХТА, Ф.2-Д.1-Х/Н.1.

122　ГХТА, Ф.2-Д.2-Х/Н.29-Х.148. ロシア語議事録（НТА, Ф.12-Д.1-Х/Н.213-ХХ.42-43）も同様の記述である．

123　ГХТА, Ф.2-Х/Н.24-Х.26; РГАСПИ, Ф.495-ОП.152-Д.9-Л.60. 文書には署名がないが，内容からシュミャツキーが作成した文書であると思われる．前日までの協議で決議された条約の諸条項に関して報告し，説明した文書であ

る。
124 ГХТА, Ф.2-Д.2-X/H.29-X.149. ロシア語議事録においても同様である（НТА, Ф.12-Д.1-X/H.213-X.43）。
125 ГХТА, Ф.2-Д.2-X/H.29-X.150. ロシア語議事録の記述においても同様である（НТА, Ф.12-Д.1-X/H.213-X.44）。
126 ГХТА, Ф.2-X/H.24-X.26；РГАСПИ, Ф.495-ОП.152-Д,.9-Л.60.
127 ГХТА, Ф.2-Д.1-X/H.1. ロシア語議事録では「最恵国」だが、モンゴル語議事録では「友好厚く親密な国」である。これはロシア語の最恵国наиболее благоприятствуемая странаを直訳したものであろう。
128 ГХТА, Ф.2-Д.2-X/H.29-X.151；НТА, Ф.12-Д.1-X/H.213-XX.44-45.
129 ГХТА, Ф.2-Д.1-X/H.1.
130 ГХТА, Ф.2-Д.2-X/H.29-X.152；НТА, Ф.12-Д.1-X/H.213-X.45. ロシア語議事録では「モンゴル側草案と我々のものとの違いは、我々がправо благоприятствованияについて条件を付けたことである」となっている。право благоприятствованияは、「最」に当たる語が抜けているが、「最恵国の権利」を意味する言葉であると思われる。
131 ГХТА, Ф.2-Д.1-X/H.1.
132 先行研究においても、条約条文に最恵国待遇の条項があることが指摘された（Elleman 1993, p.545；Murphy 1966, p.74）。だが、条項の存在のみが指摘されただけであり、交渉の過程などについては触れられていない。
133 ГХТА, Ф.2-X/H.24-X.23；РГАСПИ, Ф.495-ОП.152-Д.9-Л.50.
134 ГХТА, Ф.2-X/H.24-X.27；РГАСПИ, Ф.495-ОП.152-Д.9-Л.61.
135 КМ, p.41.
136 モンゴル革命青年同盟のこと。これについては本章の註*217*を参照。
137 ГХТА, Ф.2-X/H.24-X.41；РГАСПИ, Ф.495-ОП.152-Д.9-Л.80. この文書には署名がないが、内容からシュミャツキーの文書であると思われる。条約締結に対する評価や今後の活動に関する指示が書かれた文書である。
138 ГХЯА, Ф.2-Д.2-X/H.79-XX.120-122；НТА, Ф.12-Д.1-X/H.213-XX.16-18；Рощин 2001 p.76.
139 Рощин 2001, pp.75-77；Лузянин 2003, pp.113-114,120-121；Шурхуу 2001, pp.104-109；バトバヤル・シャラフー 1998, pp.62-72；Москаленко 2004, pp.78-83,89-92；Whiting 1968, pp.171-172；Баавар 1996, pp.269-275；樊 2004, pp.250-262；ОДМУУ, pp.96-98；Barkmann 1999, pp.231-233；矢野 1928, p.455。
140 КМ, p.17.
141 この役職は、タンヌ・ウリヤンハイなどにおいて人民党および政府の政策を宣伝し、兵を招集してロシア白軍との戦闘に備えることを職務としていた。また、将来の外モンゴルへのウリヤンハイの統合に備えて、地方行政組

織をウリヤンハイに建設する目的も持っていた（Пурэв 2001, pp.29-31）。
142 早くから人民党の活動に加わり，人民臨時政府の初代首相を務めた人物。その後，人民政府ウリヤンハイ駐在全権代表官，ボグド・ハーン侍臣を務めた。だが，ボドーの粛清事件（第2章参照）に連座し，ボドーと共に政権を去り，粛清された。
143 Бат-Очир 1999b, pp.135-137；Жамсран 1997, p.141.
144 Лузянин 2003, p.113.
145 УТА, Ф.445-Д.1-Х/Н.20-Х.10；РГАСПИ, Ф.495-ОП.152-Д.9-Л.73.
146 ДВПСР, pp.208-209. なお，ДВПСР所収のウリヤンハイ関係史料の一部は陳 2003において中国語訳されている。
147 この「彼」については，この文書においては「冒険主義者」としか記されていない。だが，シュミャツキーがウリヤンハイ問題に関連して「冒険主義者」として問題視していた人物として，後述するИ. Г. サフィヤノフがいた。おそらく，この「彼」もサフィヤノフであろうと思われる。
148 РГАСПИ, Ф.495-ОП.154-Д.83-ЛЛ.5-6.
149 РГАСПИ, Ф.495-ОП.154-Д.97-Л.27.
150 たとえば，共戴11年6月11日（1921年7月15日）に，ウリヤンハイのソソルバラム，ホヴァらから，人民政府全権代表官宛に要請文書が出されている（РГАСПИ, Ф.495-ОП.154-Д.97-ЛЛ.29-30）。
151 Рощин 1999, p.37；Лузянин 2003, p.115；生駒 2007, p.321。
152 1ヴェルスターは，1.067kmである。
153 РГАСПИ, Ф.495-ОП.152-Д.9-Л.12；ГХТА, Ф.2-Х/Н.24-Х.4；КМ, p.38.
154 Лузянин 2003, pp.102-103.
155 ДВПСР, p.273.
156 ДВПСР, p.274.
157 УТА, Ф.445-Д.1-Х/Н.18-Х.1；РГАСПИ, Ф.495-ОП.152-Д.9-Л.40.
158 Рощин 1999, p.43；Лузянин 2003, p.119；Москаленко 2004, pp.89-90.
159 Аранчын 1982, pp.89-91；バトバヤル・シャラフー 1998, pp.65-67；ИТ, pp.74-83。
160 ДВПСР, p.143.
161 ДВПСР, p.274.
162 Лузянин 2003, p.114. ルジャニンは，外務人民委員部にこのように考える者がいた，と指摘している。
163 ミンスケルは，当時のソヴィエト・ロシアおよびコミンテルンの文書に，「コミンテルン全権副代表」，「外務人民委員部副代表」として現れる人物である。
164 АВПРФ, Ф.0111-ОП.2-ПАП.104-Д.36-ЛЛ.2-3.
165 Лузянин 2003, p.113.

166　РГАСПИ, Ф.495-ОП.154-Д.97-Л.27.
167　РГАСПИ, Ф.495-ОП.154-Д.97-Л.55. 文書の作者はシュミャツキーだと思われる。
168　МББ, p.96.
169　РГАСПИ, Ф.495-ОП.154-Д.105-Л.92；バトバヤル・シャラフー 1998, p.66。
170　ДВПСР, p.304.
171　1921年9月2日付チチェリン宛文書（РГАСПИ, Ф.495-ОП.154-Д.97-Л.55）。
172　РГАСПИ, Ф.495-ОП.154-Д.105-Л.92；バトバヤル・シャラフー 1998, p.66。
173　РГАСПИ, Ф.495-ОП.154-Д.97-Л.55.
174　この文書には署名がないが，内容からシュミャツキー自身が書いた可能性が高いと判断される。
175　МББ, p.96.
176　РГАСПИ, Ф.495-ОП.154-Д.97-Л.55. 文書の作者はシュミャツキーであると思われる。
177　АВПРФ, Ф.0111-ОП.2-ПАП.102-Д.25-Л.57.
178　バトバヤル・シャラフー 1998, pp.66-67；Шурхуу 2001, p.108。
179　НТА, Ф.12-Д.1-Х/Н.213-ХХ.33,39-40.
180　ГХТА, Ф.2-Х/Н.24-ХХ.21-22 ； РГАСПИ, Ф.495-ОП.152-Д.9-ЛЛ.48-49. 文書の作者はおそらくシュミャツキーであると推測される。
181　1921年10月31日付チチェリン宛文書に「昨日，ウリヤンハイ問題に関する条項の協議の際に」（РГАСПИ, Ф.495-ОП.152-Д.9-Л.59）とあり，10月30日に協議が行われたことがわかる。
182　上述したように，条約締結交渉は，人民政府作成条約草案を基にして，ソヴィエト・ロシア側が対案を示すことによって進められていった。この対案が，ソヴィエト・ロシア側作成条約草案である。人民政府側に対するソヴィエト・ロシア側の要求は条約締結交渉議事録に明確に記されており，ソヴィエト・ロシア側作成条約草案の内容はこれとほぼ同一のものである。
183　ГХТА, Ф.2-Д.6-Х.2. 原文書はソ連外交政策文書館Ф.111-ОП.2-ПОР.16-ПАП.102にある。
184　РГАСПИ, Ф.495-ОП.152-Д.9-Л.59. 文書には署名がないが，おそらくシュミャツキーのものであると思われる。
185　バトバヤル・シャラフー 1998, pp.69-70。
186　ГХТА, Ф.2-Х/Н.24-Х.34；РГАСПИ, Ф.495-ОП.152-Д.9-Л.73. 文書の作者はシュミャツキーだと思われる。
187　大会の正式名称は，「極東の共産主義・革命組織の第1回大会」または「極東勤労者大会」である（山極 1966, p.17；辻野 1968, p.201）。ソルキンは10以上の大会名称が存在することを指摘している（Соркин 1960, p.77）。従

来，この大会は極東諸民族大会と呼ばれることが多い。そのため，本書もこれに倣う。
188 犬丸 1965, pp.20-25；Carr 1966, pp.516-522；波多野 1961, p.42；向 1985, p.68；山極 1966；楊 1994；長田 2003；吉岡 1965, pp.304-308；犬丸 1961, pp.24-29；辻野 1968；Wilbur/How 1989, pp.30-32；Панцов 2001, pp.86-87；Мамаева 1999, pp.26-31など。
189 Whiting 1968, pp.78-82；山極 1969, pp.78-82；Wilbur/How 1989, p.31。
190 サファロフは，コミンテルン東方局の活動に関わり，1922年6月に東方局局長に正式に任命された人物である。コミンテルン東方局は，コミンテルン第3回大会以降活動を本格化させ，1921年末〜1922年初に正式に成立した（структура, pp.47-48）。
191 Whiting 1968, pp.83-84.
192 Баабар 1996, pp.323-324.
193 Дашдаваа 2003, pp.82-83；Соркин 1960, p.83；Whiting 1968, p.81.
194 この史料集の日本語訳が『大会議事録』である。
195 РГАСПИ, Ф.495-ОП.154-Д157/158. ГАРФ, Ф.Р130-ОП.6-Д.903-ЛЛ.1-117もロシア語議事録だが，内容の一部が欠けている。
196 山極 1969, p.71；辻野 1968, p.202；長田 2003, pp.4-5。
197 山極 1969, p.72；山極 1966, p.21；辻野 1968, p.202；Whiting 1968, p.77。
198 РГАСПИ, Ф.495-ОП.154-Д.21-Л.41.
199 山極 1969, p.72。
200 ワシントン会議は日米英仏等9ヶ国によって1921年11月〜1922年2月に開催された。海軍軍備制限，極東・太平洋問題を協議するための会議であり，中東鉄道問題やシベリア出兵問題なども議題に挙がった（服部 1999, pp.3-23など）。
201 山極 1969, p.72；山極 1966, p.21；辻野 1968, pp.202-203；長田 2003, p.7；Whiting 1968, p.77。
202 小ビュロー（小局）は執行委員会に属し，執行委員会の決定の執行と，各国共産党との連絡を司った。
203 РГАСПИ, Ф.495-ОП.18-Д.37-Л.41.
204 山極 1969, p.72；山極 1966, p.22；辻野 1968, p.203；長田 2003, pp.8-9；Whiting 1968, p.78。
205 第12会議のみペトログラードで開催された。
206 山極 1969, p.76；辻野 1968, p.212。
207 山極 1966, p.17；山極 1969, p.90；辻野 1968, pp.201-202；Wilbur/How 1989, p.31；犬丸 1965, p.23；犬丸 1961, p.24；Соркин 1960, p.76。
208 Whiting 1968, p.77.
209 長田 2003, p.34。

210 ロシア共産党中央委員会極東局外国課課長などを務めた後，コミンテルン執行委員会東方局極東課課長を務めた人物。
211 山極 1966, p.22。
212 РГАСПИ, Ф.495-ОП.18-Д.37-Л.41.
213 おそらくミンスケルであろう。
214 ハンガリー人の活動家。当時コミンテルン執行委員会書記であった。
215 РГАСПИ, Ф.495-ОП.154-Д.122-Л.21.
216 FCTFE, p.237；『大会議事録』, p.316；山極 1966, pp.24-25；辻野 1968, pp.203-204；長田 2003, pp.15-20。
217 1921年8月に発足した外モンゴルの青年政治組織。共産主義青年インターナショナルの代表が常駐していた。特に，モンゴル駐在共産主義青年インターナショナル代表A. Г. スタルコフが外モンゴルにおけるソ連，コミンテルンの活動を指導するようになると，青年同盟は人民党と並ぶ強い政治力を発揮するようになった。スタルコフと青年同盟については第4章と第5章を参照されたい。
218 FCTFE, p.234；『大会議事録』, p.312；ПСРОДВ, p.6；EKKROFO, p.139。
219 デンデブは，人民党成立当時から活動に関与し，人民党中央委員会副委員長を務めた人物である。
220 ロソルは，1920年夏にロシアに赴いた人民党代表の1人であり，人民政府成立後も党活動に尽力した。
221 S. ダンザンとは別人物。A. ダンザンはヤポン・ダンザンという別名を持つ活動家であり，後に人民党中央委員会委員長を務めた。
222 НТА, Ф.4-Д.1-Х/Н.7-ХХ.15-16.
223 РГАСПИ, Ф.495-ОП.154-Д.167-ЛЛ.33-34об. ボヤンネメフは外モンゴルの青年活動家であり，人民臨時政府の時代に人民党に加わった。その後，青年同盟の発足に尽力し，青年同盟の中心的メンバーとして活躍した。また，作家としても能力を発揮した。
224 中国代表団に関しては山極 1969や楊 1994に詳しい。
225 張国燾は，当時中国共産党組織部部長だった人物である（山極 1969, p.73）。
226 山極 1969, pp.73-74。
227 Мамаева 1999, pp.20-31.
228 ВКНДК, p.65.
229 山極 1969, pp.79-80；Wilbur/How 1989, p.31など。
230 山極 1969, p.94；回想録1, p.78；回想録2, p.74。
231 楊 1994, pp.279-280。
232 РГАСПИ, Ф.495-ОП.154-Д.157-ЛЛ.58,66-67；ГАРФ, Ф.Р130-ОП.6-Д.903-ЛЛ.37-38,45-46；FCTFE, pp.26,31-32；ПСРОДВ, pp.13,19-20；EKKROFO, pp.

22,28-29；『大会議事録』, pp.53-54,60-61。
233　Баабар 1996, pp.323-324.
234　ГХТА, Ф.2-Х/Н.24-Х.34；РГАСПИ, Ф.495-ОП.152-Д.9-Л.73.
235　РГАСПИ, Ф.495-ОП.154-Д.157-Л.123；FCTFE, p.61；『大会議事録』, p.97。
236　РГАСПИ, Ф.495-ОП.154-Д.158-Л.19；FCTFE, p.149；『大会議事録』, p.202。
237　РГАСПИ, Ф.495-ОП.154-Д.158-Л.22.
238　FCTFE, pp.151-152；『大会議事録』, p.206。
239　РГАСПИ, Ф.495-ОП.154-Д.158-Л.83；FCTFE, p.184；『大会議事録』, p.248。
240　РГАСПИ, Ф.495-ОП.154-Д.158-Л.109；FCTFE, p.196；『大会議事録』, p.263。
241　極東諸民族大会のロシア語議事録においては，РГАСПИ, Ф.495-ОП.154-Д.157-ЛЛ.172-186がモンゴル代表の報告である。ほかにもРГАСПИ, Ф.495-ОП.152-Д.15-ЛЛ.67-83などにもこの報告が保管されている。またKM, pp.46-56には，この報告をロシア語からモンゴル語に訳出したものが掲載されている。
242　FCTFE, pp.99-110；『大会議事録』, pp.143-156；ПСРОДВ, pp.229-238。またEKKROFO, pp.106-111に報告の要約が掲載された。
243　РГАСПИ, Ф.495-ОП.154-Д.157-ЛЛ.172-186.
244　РГАСПИ, Ф.495-ОП.152-Д.15-Л.67.
245　ПСРОДВでも，モンゴル代表の報告はヤポン・ダンザン（A. ダンザンの別名）が作成したことになっている。
246　РГАСПИ, Ф.495-ОП.152-Д.15-ЛЛ.97-102.
247　FCTFE, pp.212-213；『大会議事録』, pp.284-285；ПСРОДВ, pp.72-73；EKKROFO, pp.120-121。これは，モンゴルに対する日本の搾取，ウンゲルン，張作霖らを介した日本のモンゴル進出，ソヴィエト・ロシアとの協力のもとにモンゴル人がこれらを撃破したことなどを論じたものである。
248　二木 2000, pp.19-20；HTA, Ф.1-T.1-Х/Н.36。
249　『モンゴリン・ウネン』については二木 2000やЗаяатуев 1962に詳しい。
250　二木 2000, pp.28-29。
251　2号以外はHTA, Ф.1-T.1-Х/Н.36, 2号の記事はMYC, pp.23-27。
252　HTA, Ф.1-T.1-Х/Н.36.
253　2号以外はHTA, Ф.1-T.1-Х/Н.36, 2号の記事はMYC, pp.34-35。
254　HTA, Ф.1-T.1-Х/Н.36。この宣言書は，1921年3月の人民党建設のための大会（人民党第1回大会）において「大衆へのモンゴル人民党の宣言書」という名で発表されたものである。人民党の綱領とみなされることもあった。この宣言書は，ジャムツァラーノが起草し，極東書記局幹部会の検討を経た

ものである（1921年3月3日付「コミンテルン副代表」発マクステネク，ジャムツァラーノ，ツェデンイシ宛電報：АВПРФ, Ф.0111-ОП.2-ПАП.103-Д.28-Л.68)。
255　Ринчино, pp.27-34.
256　Ринчино, pp.46-53. この論文は1924年に執筆されたようである。

第2章
ボドーの粛清事件と外モンゴルの政治情勢の変化

　第1章において論じたように，人民政府が成立した直後においては，外モンゴルに対するソヴィエト・ロシア，コミンテルンの姿勢は，先行きの見えないモンゴル情勢および中国情勢のため，必ずしも一定したものにはなっていなかった。しかし，ソヴィエト・ロシアにとって外モンゴルの現状が次第に明確になってくるにつれて，ソヴィエト・ロシアは外モンゴルに対する姿勢を定めていくことになる。その大きな契機となった政治的事件が，1922年に外モンゴルにおいて発生したボドーの粛清事件である。この事件は，人民党の結成に尽力し，人民党および人民政府において重要な役割を果たしていたボドーが1922年1月に政府の要職を辞任し，同年8月に逮捕，粛清された事件である。

　人民政府成立以後相次いだ有力政治家の失脚・粛清事件は，モンゴル近現代史の大きな特徴を構成する現象である。これらの失脚・粛清事件は，単に外モンゴルの政治家一個人が粛清されただけに止まるものではなく，当時の外モンゴルの状況を顕著に反映し，外モンゴルの政治情勢そのものを大きく変化させる歴史的転換点となる現象であった。それゆえ，失脚・粛清事件を解明することは，モンゴル近現代史研究において極めて大きな意義を持つのである。

　人民党，人民政府において重要な役割を担っていた人物の粛清事件であったため，ボドーの粛清事件に関しては以前から数多くの研究が行われてきた。

にもかかわらず，20世紀の外モンゴルにおいて発生した数々の粛清事件と同様に，ボドーの粛清事件に関しても，現在においてもなお不明な部分が多く残っている。

モンゴルおよびロシアにおいて公文書が公開される以前の研究においては，ボドーらがソヴィエト・ロシアと外モンゴルの友好を破壊し，人民党と人民政府を解体することを目的として「反革命騒乱」を起こしたことがボドーらの粛清につながった，と長らくみなされてきた[2]。しかし，この時期の研究はソ連およびモンゴル人民共和国における「公式的歴史」の影響を少なからず受けており，この結論も，「公式的歴史」に基づいてボドーらを機械的に「反革命」扱いしただけに過ぎないものである。また，この時期の研究は，実証性に大きく欠けるものであり，ボドーの粛清事件の実情や，この事件が外モンゴルの政治情勢に与えた影響などを解明できているとは言い難い。

その後，ロシアとモンゴルにおいて公文書が開放されると，これらを用いた研究が行われ始めた。このような最近の研究においては，人民党の指導者であったボドーとS. ダンザンが国のあり方をめぐって対立したことが，ボドーの粛清事件の主たる原因とされている[3]。また，リンチノがボドーの排除に対して一定の役割を演じ，事件に関与したことが推測されている[4]。これら近年の研究においては，ボドーの粛清事件をモンゴル人政治家同士の闘争と位置づける傾向が強いと言うことができるであろう。

これら先行研究においては，ボドーの粛清事件がモンゴル人政治家間の関係という狭い枠組みの中にのみ位置づけられており，そのためにソヴィエト・ロシア，コミンテルンとこの事件の関係が解明されていないことが最大の問題点となっている。従来の研究においては，ソヴィエト・ロシア，コミンテルンとボドーの粛清事件の関係は推測に止まっており，その実態はいまだに解明されていない[5]。

ボドーの粛清事件は，ソヴィエト・ロシア，コミンテルンの支援を受けて1921年7月に成立した人民政府において，初めて発生した政治的粛清事件である。この事件が，当時の外モンゴルの政治情勢に大きな影響を及ぼしていたソヴィエト・ロシア，コミンテルンと無関係だったとは考え難い。むしろ，ソヴィエト・ロシア，コミンテルンは，ボドーの粛清事件の根幹に関わって

いたとさえ想定されるのである。従来の研究がボドーの粛清事件とソヴィエト・ロシア，コミンテルンの関係を充分に考察してこなかったことが，この事件の実情とその政治的意義がいまだに解明されていないことにつながっている，と筆者は考えている。

　ソヴィエト・ロシア，コミンテルンとボドーの粛清事件の関係を考察することは，この事件の実情を解明するために重要であるだけではなく，従来の研究においては充分に解明されていない人民政府成立後の外モンゴルの政治情勢の一端を解明することにも大きく寄与するはずである。中国情勢を念頭に置いて外モンゴルに対する姿勢を決定していたソヴィエト・ロシアとの関係からボドーの粛清事件を分析することによって，モンゴル近現代史研究のみならず，東アジアに対するソヴィエト・ロシアの政策の一端も解明できるはずである。

　本章においては，筆者が収集したモンゴルおよびロシアの公文書史料を用いて，ソヴィエト・ロシア，コミンテルンとボドーの粛清事件の関係を検討し，ボドーの粛清事件の実情と，この事件が人民政府成立後の外モンゴルの政治情勢に及ぼした影響を考察する。

　このため，まず，ソヴィエト・ロシアおよびコミンテルンとボドーの関係を分析する。次に，ボドーの辞任の過程とソヴィエト・ロシア，コミンテルンの関係を考察する。そして，辞任後のボドーらがどのような活動を行い，それをソヴィエト・ロシア，コミンテルンのエージェントがどう捉えていたかを検討する。最後に，ボドーの粛清事件が当時の外モンゴルの政治情勢にいかなる影響を与えたかを考察する。これらの考察を通じて，第1章において論じた外モンゴルに対するソヴィエト・ロシア，コミンテルンの姿勢や，当時の人民政府の政権のあり方がボドーの粛清事件を通じてどう変化したかを明らかにすることを試みる。

第1節　ボドーの辞任とソヴィエト・ロシア，コミンテルン

1．ボドーの経歴と粛清事件

　ボドーの粛清事件を論じる前に，ボドーの経歴について触れておきたい。

1910年代末，外モンゴル自治の廃止に反対する運動に多くのモンゴル人が関わった。ボドーは，この運動に早くから身を投じた活動家の１人であった。

　ボドーは1885年に生まれ，幼い頃に仏教僧として教育を受けた。その後，フレーのロシア帝国領事館の通訳学校で教師を務め，その傍ら，当時モンゴルで発行されていた『ニースレル・フレー新聞（neyislel küriyen-ü sonin bičig）』，『シン・トリ（sin_e toli kemekü bičig）』などの新聞の発行に携わった。ボドーは仏教僧としての知識を身につけただけではなく，モンゴル語，満洲語を学び，ロシアから来たブリヤート・モンゴル人と接し，彼らを通じて西洋の状況を知ることができた。そのため，ボドーは外モンゴルの現状に疑問を抱き，社会批評を発表し，旧弊を廃して新たな事物を学ぶことを世に問うたのである。たとえば，ボドーが『ニースレル・フレー新聞』第７号（共戴５年９月17日，ロシア暦1915年10月２日付）に掲載した批評は，モンゴルにおける教育の普及を強く訴えたものであった。外モンゴル自治が廃止されると，彼はチョイバルサン（čoyibalsang），チャグダルジャブらと共に，自治の復興を目指すグループ，いわゆる「領事館丘派」を組織した。

　同じ頃に，外モンゴル自治の復興を目指すもう１つのグループを組織したのがS. ダンザンであった。S. ダンザンはボグド・ハーン政権の財務省官吏を務めていた人物である。S. ダンザンも外モンゴル自治の廃止を契機にスフバートル，ドグソム（doγsum）らと共に活動を始め，やがて１つのグループを形成した。このグループは外モンゴル自治政府の官吏を中心に形成され，「東フレー派」と呼ばれた。外モンゴル自治の復興という共通の目的を持ったボドー等のグループとS. ダンザンらのグループは次第に関係を持ち，人民党を結成したのである。

　1920年夏に援助要請のためにボドーを含む人民党代表がソヴィエト・ロシアに派遣され，人民党はソヴィエト・ロシアと関係を樹立した。その後，ボドーはフレーに戻ってウンゲルンらの動向を調査する活動に従事した。他方，S. ダンザンはモスクワにおいてソヴィエト・ロシアとの援助要請交渉を行った。1921年３月13日に人民臨時政府が建設されると，ボドーはフレーを去って人民臨時政府に帰還し，人民臨時政府の首相に就任し，外務にも携わった。

1921年7月に成立した人民政府には，人民党のみならず，王公，仏教勢力，ソヴィエト・ロシアおよびコミンテルンのエージェント，ブリヤート・モンゴル人などが関与していた。この人民政府において，ボドーは首相と外務大臣という重要な2つの役職を兼任していた。この頃の人民政府の外務は，主としてソヴィエト・ロシアとの関係に向けられていたため，ボドーはソヴィエト・ロシアとの関係に関わる公務にも従事した。[13]一方，S. ダンザンは財務大臣，人民党中央委員会委員長を務めた。第1章において述べたように，S. ダンザンは1921年11月5日のロシア・モンゴル友好条約の締結にも尽力した。ボドー，S. ダンザンの両者とも，人民党および人民政府の重役に就き，指導者としての役割を果たしていたのである。

　ボドーの粛清事件が発生した頃，外モンゴルは以上のような状況にあった。近年の研究においては，人民党が結成された当初から，ボドーとS. ダンザンの間には，モンゴル人国家の建設とそのあり方に関する考え方に差があった，と考えられている。S. ダンザンはボグド・ハーンを戴く制限君主制の廃止と共和政体への移行を主張し，ボドーは共和政体を望むものの現状に鑑みて当面は制限君主制の存続を望んだ，と先行研究においては位置づけられている。そして，両者の闘争の結果，ボドーは敗北し，S. ダンザンはボドーの逮捕に大きな役割を果たした，と従来の研究においては説明されてきた。[14]1922年1月7日にボドーは首相，外務大臣を辞任した。この時，チャグダルジャブ，トグトホ・グン (toγtaqu)，ダー・ラマ・ポンツァグドルジらが同時に政権を去った。[15]その後，1922年8月2～3日にかけての深夜にボドーらは逮捕され，8月31日に粛清された。

2．ボドーとソヴィエト・ロシア，コミンテルン

　1922年1月のボドーの辞任の実態を解明するためには，ソヴィエト・ロシア，コミンテルンとボドーの関係という観点からこの辞任を改めて捉え直すことが必要となるだろう。そこで，本項においては，ボドーとソヴィエト・ロシア，コミンテルンの関係がいかなるものであったかを分析し，ボドーの辞任に至る一連の過程を公文書史料に基づいて検討する。

A．ボドーに対するソヴィエト・ロシア，コミンテルンのエージェントの評価

　ボドーとソヴィエト・ロシア，コミンテルンの関係を解明するためには，当時外モンゴルに関与していた東方諸民族部およびその後身である極東書記局とボドーの関係についてまず検討する必要があるだろう。

　東方諸民族部が，ソヴィエト・ロシア，コミンテルンの影響を外モンゴルへ拡大することを目指し，外モンゴル自治の復興運動を，モンゴル社会内部の階層間の分化に転換しようとしていたことについては，すでに第1章において述べた。東方諸民族部はこの目的を実現するために，人民党代表の中からこの目的と課題に合う人々を選んで緊密な関係を築こうとしていた。東方諸民族部のこの姿勢は，1920年8月に援助要請のためにソヴィエト・ロシアを訪れた人民党の代表に対して早速示されることになった。人民党代表がイルクーツクに到着して数日後，ゴンチャロフ，ブルトマン，ガポンが人民党代表に会って今後の活動や党の内情などに関して協議を行った。この協議の議事録には「代表たちのもう一方のメンバー」，「代表たちのもう一方の人々」という語が散見される。[16] つまり，この時に東方諸民族部は，人民党の代表全員と会って正式な協議を行う前に，自分たちの目的と合致しそうな人民党代表とのみ面会し，人民党の内情や援助の内容などについて尋ねていたのである。これに関して，1920年8月に人民党代表と東方諸民族部の間で行われた一連の援助要請交渉の結果について，ガポンがスミルノフに伝達した1920年8月26日付書簡には，

　　我々と党に関してできる限り緊密な関係を築くことを望んでいる人民革命グループの代表とのみ我々が行った協議を，貴殿にはこれらの議事録の1つ［この書簡には，人民党代表と東方諸民族部の間で行われた複数の協議の議事録が添付されたようである］からご覧頂きたい。[17]

という記述があり，人民党と称されているグループの中に，「人民革命グループ」と，それ以外の人々が存在したことがうかがわれる。この「人民革命グループ」に関してこの書簡には，

　　モンゴルの民主化された大衆を組織する，という我々の考えは，［人民党の］すべての代表が望んでいることではなく，人民革命グループの

代表だけがそう望んでいるのは明らかである[18]。

と記されている。この書簡において「人民革命グループ」と表現された人民党代表が，東方諸民族部の方針と合うと判断された人民党メンバーだったのであろう。

　東方諸民族部は，「人民革命グループ」と緊密な関係を築く過程において，ボドーを重視し，自分たちの活動にボドーを組み込もうとするようになる。ボドーは，イルクーツクに到着して間もない1920年8月20日に，東方諸民族部モンゴル・チベット課参事会組織会議にチョイバルサンと共に参加している[19]。また，1920年11月13日付ジノヴィエフ宛スミルノフの書簡には，

　　極東諸国に対するコミンテルン書記局（在チタ）の人員構成を11人で構成することを提案する。……4．ボドー（モンゴル人民革命党代表，すでにイルクーツクの［東方諸民族］部において活動している[20]）

という記述がある。人民党を代表してコミンテルンの書記局（後の極東書記局）を構成するメンバーとして，ボドーの名が挙げられているのである。また，1920年12月4日付ロシア共産党中央委員会シベリア局の報告メモにも以下の記述がある。

　　イルクーツクに（あるいは極東局の指示によればチタに）極東のすべての国々における実践的活動を指導する書記局が存在している。……モンゴル課には，ボリソフ（この地域と言語を知っており，モンゴルの知識人の間で権威がある。完全な共産主義者ではなくとも，ソヴィエト体制に完全に従順である）がおり，ボドーが，書記局においてモンゴルと人民革命党を代表している[21]。

この報告メモにおいても，極東書記局においてモンゴルと人民党を代表する立場の人間としてボドーの名が挙げられている。1920年12月21日付コミンテルン執行委員会宛 M. H. ブロンシュテイン[22]，M. M. アブラムソン[23]の報告書には，

　Ⅲ．モンゴル課
　　課の組織
　　　モンゴル・チベット課は，モンゴルからボリソフ（現在の課長）が帰還した際に，8月末に組織された。ボリソフは，シベリア外交代表部に

よってモンゴルの政治情勢の調査のために派遣されていたのである。同時に，モンゴルから，民族解放とモンゴルの自治のための闘いでソヴィエト・ロシアから支援を受けるために，ソヴィエト政府に対するモンゴル大衆の代表が到着した。……現在，課には構成員として，以下のような最も有名なモンゴル・ブリヤートの社会的および政治的活動家たちがいる。……7．ボドー。ウルガ通訳学校のモンゴル語教師。8．チョイバルサン。9．スフバートル。10．チャグダルジャブなど。[24]

と記されており，人民党メンバーの内，ボドー等はモンゴル・チベット課の実際の構成員として表記されている。ボドーを東方諸民族部モンゴル・チベット課に加えたことについて，コミンテルン国際関係課宛の機密電報には，[25][26]

> モンゴル課には，モンゴル人民革命党代表が加わっている。……モンゴル人民革命党代表——ボドーが加わることによって，モンゴルでは書記局［後の極東書記局のこと］に権威が付加される。[27]

と記されている。モンゴル・チベット課に，実際の外モンゴルの人間を関わらせることによって，課の活動に権威を付加しようとしたのであろうと考えられる。このようにボドーは，東方諸民族部からモンゴル・チベット課の構成員として認識されていたのである。

　このようなボドーを活用しようとする姿勢は，東方諸民族部が極東書記局に改組された後においても継続されたと考えられる。なぜなら，シュミャツキーがボドーを重視し，活用しようとしていたからである。ボドーに対するシュミャツキーの高い評価は，リンチノに対する彼の助言に表れている。[28]この助言は，1921年10月15日付シュミャツキー発リンチノ宛書簡に以下のように記されている。

> あなたが必然的な進路に沿って党と人民政府の公式方針を指導する際に，人民革命党の左派——ヤポン・ダンザン［A. ダンザン］とボドーを忘れることなく，さらに深めることによって，この「左派」から，人民革命党を現在の力関係に引きつけているところからさらに先へと進むことのできる「創造的」人材を作り出すことを，私は確信している。[30][29]

シュミャツキーはボドーを外モンゴルにおける「左派」，「創造的人材」とみなして評価し，外モンゴルにおいて活用しようとしていたのである。また，

1922年7月8日付でオフチンがカラハンに送った報告書の内，1921年秋頃のことを記述した部分に，以下の記述がある。

  ボドー――彼は最初の将来の共産主義者である，という意見が，シュミャツキーの中にはできあがっていた[31]。

この記述は，シュミャツキーがボドーを外モンゴルの「最初の将来の共産主義者」と位置づけ，評価していたことを示すものである。

このように，少なくとも1921年秋頃までは，外モンゴルにおける活動に従事したソヴィエト・ロシア，コミンテルンの機関におけるボドーの評価は，決して否定的なものではなく，むしろ肯定的なものでさえあったと考えられるのである。

 B．ソヴィエト・ロシア，コミンテルンのエージェントの過剰干渉問題

 以上のように，ボドーに対するソヴィエト・ロシア，コミンテルンの機関の評価は，決して悪いものではなかった。しかし，こういった高い評価とは裏腹に，ボドー自身は，外モンゴルにおけるソヴィエト・ロシアおよびコミンテルンのエージェントの活動に対して反発し始めるのである。その大きな原因となったのが，人民（臨時）政府，人民党に対するソヴィエト・ロシア，コミンテルンのエージェントの過剰干渉問題であった。ボドーの辞任の過程を分析する前に，先行研究において論じられていないこの問題がいかなるものであったかを確認しておく必要がある。

 先に述べたように，すでに人民臨時政府において，人民党，人民臨時政府の活動にコミンテルンのエージェントが関わり，エージェントの増派さえ要請されていた。しかし，人民党，人民臨時政府のモンゴル人たちは，党，政府の活動にコミンテルンのエージェントが直接関与するこの状況を，肯定的に見ていたわけではなかったようである。共戴11年3月11日（1921年4月19日）の人民臨時政府会議の議事録には，

  モンゴル人民［臨時］政府の各省において公務を執行しているコミンテルンの官吏が，モンゴル政府の指導層の内政，財政などの事柄に干渉しようと欲張っている様子が観察された。そこでコミンテルンの官吏たちがそれぞれ協議し，このような官吏を引き上げる，と決定した[32]。この件を注視するに，各省およびその中の部課で処理する公務を職員や課毎

第2章　ボドーの粛清事件と外モンゴルの政治情勢の変化　115

に分配したり，各省部課の長が課された公務を管轄処理したりすることに関して決まった規則がない。そして，各省の官吏と，内政や財政などの内務に参加して助けてくれているコミンテルンの官吏が，課せられた公務を規定して分割しなかった。そのため合理不合理を問わず，ある省の官吏が，別の省が処理するささいな案件に関わり，公務執行の際に互いに混乱を引き起こし，双方が衝突するということが起こり，国の大事に障害となった。[33]

という決議が記録されている。人民臨時政府におけるコミンテルンのエージェントの活動が人民臨時政府側の指導層に「干渉」とみなされ，エージェントの送還が決議されていたのである。この決議に関して，この会議においては，人民臨時政府の各省庁には各職員の職掌や権限，職員の配置に関する法律がなく，コミンテルンのエージェントが規則に基づいて公務を分配することができないため，ある省において活動するエージェントが他の省の職務に干渉して混乱が起きたことが指摘されている。また，この会議の別の議事録[34]には，

　　第2項：コミンテルンが我らの政府［人民臨時政府］のあらゆる内政に関与するために課毎に配置した官吏を召還する件を協議した。
　　1．政府各省部課，大臣，その他多くの官吏が従うべき特別な規則が定められていないために，他の者が遂行している公務に監査のために関与したことが，政府の活動に少なからぬ支障を来している。
　　2．我らの政府の指導層とコミンテルンの支部［極東書記局か，極東書記局モンゴル・チベット課のことであろう］の指導層の間の考えが，互いに合わなくなった。[35]

と記されており，人民臨時政府側とコミンテルン側に何らかの考え方の差異が生じたため，このような問題が生じたようである。

このように，人民臨時政府で活動していたコミンテルンのエージェントは，人民党，人民臨時政府の活動に過度に干渉したことによって，人民臨時政府指導層と衝突し，摩擦を引き起こしていたのである。

このコミンテルンのエージェントの送還の決定に関して，1921年4月15日付でコミンテルンのエージェント数人がモンゴルの首相宛に出した文書に，[36]

以下の興味深い記述がある。

> 我らコミンテルンの数人の官吏が，モンゴル人民臨時政府の内政，財政の多くの事柄に干渉しようと欲張ったことが観察された。そこで我らコミンテルンの内部で協議し，公務を遂行する数人の官吏が，今後衝突が起こって活動に支障が出ないようにすることを望み，協議した。そして，自分たちの役人を引き揚げるよう決定した。最初に，ゴチトスキーを引き揚げるよう決定した。[37]

ここで引き揚げることが決定されたゴチトスキーとは，極東書記局モンゴル・チベット課のブリヤート・モンゴル人活動家ツェデンイシのことである。つまり，人民臨時政府に所属する外モンゴルの人々が，コミンテルン所属のブリヤート・モンゴル人活動家も，政府に過剰干渉するコミンテルンのエージェントに含めていたことを，この文書の記述は示しているのである。

この問題に対して上述の共戴11年3月11日（1921年4月19日）の人民臨時政府の会議議事録には，

> ［人民臨時］政府指導層とコミンテルンの官吏の全5人を選出し，全権委員会を設立し，政府指導層，各部の長，官吏が従って事務を処理する規則を作成する。そして2日間のうちに作成した規則を政府，コミンテルンの双方が共同協議で承認する，と決議した。この委員会は，国の大小の多くの事務をどう行っているかを監査する権限を持ち，政府指導層，部，課の長，官吏が事務を処理する際に規則に従っているかどうかを監査する。そして，各省が行うことを指導して区別し，誰がどの公務に加わるべきかを見て任命する。また課された公務から更迭したり，期限を設けたり，永久に暇を出したりする。これらのことをすべてこの委員会が司る，と決議した。[38]

とある。人民臨時政府高官とコミンテルンのエージェントから委員を選出し，国家活動の進展具合や官吏の活動の合法性を審査する全権委員会を設立し，この委員会に人民臨時政府の臨時規則を作成させることが決議されたのである。

この決議に関連して，共戴11年3月11日（1921年4月19日）の人民臨時政府会議において，

特別委員会を選出して政府の臨時規則を策定させ，協議するべきである。そのため，特別委員会のメンバーに，首相ボドー，中央委員会委員長ダンザン [S. ダンザン]，全軍司令官スフバートル，ベグゼエフ [ジャムツァラーノ] をそれぞれ任命した。この問題の委員会は，上述した規則を2日間で策定し，政府会議に承認させるよう決議した。[39]

という決議が出ている。ボドーは，政府の臨時規則策定のための特別委員会の委員に選出されており，コミンテルンのエージェントの過剰干渉問題にすでにこの時から深く関わっていたことになる。

C．ボドーの辞任の経緯

すでに述べたとおり，ボドーの辞任の過程について，従来の研究においては，1921年12月末〜1922年1月初頭におけるボドーとS. ダンザンの争いにのみ焦点が集中してきた。このため，ボドーの辞任の経緯およびその理由が不明確になってしまったのである。

先行研究においてボドーの辞任の経緯がこのような限定的な視点からしか考察されていないのは，史料不足によるところが大きいと思われる。先行研究においては1921年末〜1922年初頭におけるボドーとS. ダンザンの闘争に関する人民党，人民政府の会議の議事録しか用いられていない。しかし，筆者がこれらの史料を検討したところ，そこから得られる情報は限定されたものであり，ボドーの辞任の経緯と理由を解明できるほど充分な情報が読み取れるものではないことがわかった。

これに対して，当時オフチンが作成した報告書には，ボドーの辞任の経緯に関する重要な記述が数多く含まれている。1921年秋以降，シュミャツキーはロシア・モンゴル友好条約締結交渉や極東諸民族大会開催の準備などのために外モンゴルに滞在することができず，外モンゴルの政権内部に深く関与できなくなっていた。この状況のもとで，シュミャツキーと共に外モンゴルにおけるソヴィエト・ロシア，コミンテルンの活動を指導していたオフチンがより大きな政治的重要性を持ち始めていた。このため，当時の外モンゴルの政治情勢を検討する際に，オフチンの報告書は重要な意義を持つのである。

オフチンは，1922年7月8日付でカラハンに宛てて外モンゴルの現状に関する報告書を書いている。この報告書には，ボドーの辞任の経緯，ボドーの

辞任後の外モンゴルの政治情勢，人民政府の状況などについて極めて詳細な記述が見られる。

この報告書においてオフチンは，ボドーの辞任の経緯を1921年秋頃から，以下のように書き始めている。

　　ちょうどこの時［1921年9月頃］，ウルガへシュミャツキーが来た。彼は，わが国のエージェントたち，特に軍人に関する政権指導層の訴えに応じ，モンゴルからの余剰部隊の撤退と，もうすでに配置されてしまっているわが国の何人かのエージェントの送り出しに関して，一連の措置を取った。……特記しておかなければならないのは，当時，党の指導者たち，一方ではダンザン［S. ダンザン］とスフバートル，他方ではボドーの間に，対立が存在していたことである。ボドーは，ダンザンとスフバートルがあたかもボグド・ハーンの宮廷と協同しようとしているかのようであり，党においても政府においても全体的な活動で右翼的方針が行われている，と訴えた。このボドー自身は，彼自身の革命的性質によって抜きん出ようとしていた。……これに基づいて，シュミャツキーは，一時的にダンザンとスフバートルを排除するためにあらゆる努力を注ぎ，彼らをわが国と条約を締結するための代表団に任命することができた。ボドーは，彼に必要な状況を手に入れ，唯一の党および政府のリーダーとして残り，党にも政権にもいた二次的な人々に熱狂的に働きかけ始めた。彼は，その時までに強固になっていた青年同盟に取り入ることに大いに成功した。青年同盟は，ウルガのみならず，地方でも，大量のメンバーをすでに抱えていたのである。ボドーは，大多数が任命された任務に決定的に合致していなかったロシア顧問に反対するキャンペーンを促進していた。これらすべての事柄に付け加わったのは，活動的なウンゲルン軍残党に対するわが国の掃討行動である。[40]

これらの記述によると，1921年秋にシュミャツキーがフレーに来た際に取った措置の1つが，すでに配置済みのロシアのエージェントの送還であった。先に述べたソヴィエト・ロシア，コミンテルンのエージェントの問題が，1921年秋においても存在し，シュミャツキーが措置を取らなければならなかった状況にあったのである。また，ここには，当時人民党内において S. ダ

ンザン，スフバートルと，ボドーとの間に対立が存在したことが記されている。S. ダンザンとスフバートルがロシア・モンゴル友好条約締結交渉のための代表団に任命された理由の1つには，ボドーと彼らが対立しており，シュミャツキーがボドーの政敵である彼らを一時的に外モンゴルから排除したかった，という事情もあったようである。

これによってボドーは政府，党の唯一のリーダーとして外モンゴルに残ることになった。だが，この時ボドーは，人民党および人民政府内の「二次的な人々」と青年同盟に訴えかけ，本来の任務とは異なる活動を行っているソヴィエト・ロシアのエージェントと，ソヴィエト・ロシアによるウンゲルン軍残党掃討作戦を批判するキャンペーンを強行したのである。

このように，この報告書においてオフチンは，後にボドーが辞任することになる一連の過程の発端は，ボドーとS. ダンザンの対立というよりも，S. ダンザンらのモスクワ派遣後にボドーがソヴィエト・ロシアのエージェントとソヴィエト・ロシア軍に対する批判を行ったことであった，と位置づけているのである。

この時のボドーの活動について，人民政府法務大臣のマグサルジャブ・ホルツは『モンゴル国新史』において，

　　この年，政府首相のボドーがモンゴルの内情を修正しようと努め，一部においてやや早急に先鋭化してしまい，大衆の心を騒がせてしまった。また一部においては正しく行動したが，昔の専制的なやり方のせいで不適切なことが起こってしまった。そのため，ボグド・ハーンと政府の間の関係を明確にした宣誓協定[41]を取り決めた。また，一部には，首相ボドーが本当に間違った方法を取り，過ちが生じた。さらに，ある事柄を変革して混乱を起こそうと焦って扇動したこと等，いくつかの事件が起こったことを以下に端的に述べる。

　　1. 凡そ人が，絹等の華美なもの，金，真珠等の過度に高価なものを用いることは，財産を浪費し，債務に関わってしまうことであるため，禁止した。この際に，いかなる人も絹の衣服をこれ以上追加して作ってはならず，婦人の髪を翼状に整えたり，真珠や下げ飾りを用いたりすることを即禁止した。……これについて多くの人々は大いに好まず，嘆き，

批判した。……人民党の一部の人々は、このことを実行するのは時期尚早であるため、一時的に昔のままにして頂きたい、と提案した。これを政府会議において協議し、何よりもまず大衆の批判を一掃することに努めるために、これを認めた。ただ過度に高価な絹などのものを再び国内に持ち込むことを制限する政策によって、関税率を上げて定めた。……

 2. モンゴルにおいて凡そ儀礼を催行する際には、デール[42]、中国式のフレム[43]を着て、権力を示す花翎[44]を付ける。これはすべて、滅亡した清朝の儀礼を模倣した余計な損失を伴うことである。そのため、政府会議において協議し、各省の大臣、官吏等の国家の側の公務従事者に、あらゆる儀礼に短いフレム、粗末なデールを用いさせ、花翎を付けることをすべて止めさせることにした。また、ボグドの従者、管財僧等の仏教側の公務僧、侍臣たちは、ボグド・ハーンの恩恵に従うこととし、下級官吏僧はそれぞれの望むままにするように、と決定した。ボグド・ハーンにこの決定を奏上して承認させた。その後、儀礼服と花翎を減らしてしまうと多くの者に災難となるので、昔のまま行うように、という勅令が下った、として内務省がそのまま公表した。この問題を、政府会議のメンバー、党、同盟［青年同盟］の幹部たちが共同で協議し、以下のように決議した。

 儀礼服を止めるよう変革することは、政府会議において決議され、勅令によってすでに承認された。だが、これを再び無効にすることになったことで、人民制限政府の法に違反し、人民政府の目的を破壊することになった。そのため、儀礼服について最初に定めたとおりに執り行う。だが、内務省が、勅令による承認が二重に行われたことを認識しながら、政府に伝えて協議させず、そのまま二重に布告したことは、不適切である。そのため、自ら監査し、これ以後人民制限政府の基盤となる法に従っていく規則を、特別委員会を結成して決議させるよう決定した[45]。

と記している。この時期にボドーが、このような高価な装飾品の使用禁止、儀礼服の禁止、弁髪の禁止といった政策を実行しようとし、混乱を招いたことは、一部の先行研究においても指摘されている[46]。上に引用したオフチンの報告書においては、この時のボドーの活動が青年同盟と関係があった、と指

摘されていた。これについては,『モンゴル革命青年同盟史関係史料』(ЗӨТ)[47]に以下の記述がある。

> ［ボドーは］ある日，同盟の臨時委員会委員長［チョイバルサンのことであろう］を家に呼び，「同盟の全メンバーを明日9時に集めて会議を行うように」と命令した。するとその委員長は，幹部たちに伝えずにそのまま会議を招集した。次の日の朝に起きて幹部たちが中央委員会に来ると，前から多くのメンバーたちが，婦人の髪を切りに行こう，とやって来るのを見た。誰が会議を招集したのかを尋ねると，大臣ボドーが来て，婦人の髪は無駄になるということを宣伝し，また青年たち［青年同盟メンバー］はただちにこれをなくすべきである，と言った。……昼になると，委員会の婦人たち，尼僧，一般大衆は皆，青年同盟をひどく悪く言い，罵った。このため，青年たちの名声は下がり，他人にやや悪く見られるようになった。また，これ以前にこの同盟のメンバーが弁髪を解くことが多く見受けられ，また他人の弁髪を切ることも見られた。
>
> この後，内務省が特別委員会を設け，頂子，花翎[48]，斑のデール等を昔のままに用いさせるかどうかを協議した。これについて，同盟の臨時中央委員会から代表が参加した。またこの委員会には，軍において公務を行っていた同盟のメンバーが参加した。頂子，花翎等を使用しないとして同盟の代表，メンバーたちが1グループになり，大臣ラムジャブ[49]等の人々は，個人的に用いればよい，として，互いの考えに差ができて2つのグループになった。だが，多数であったため，元のまま頂子，花翎を用いると言う人々が勝利したのである[50]。

上に言及したこの時期のボドーの活動には，青年同盟が関わっていたと見てよいと思われる[51]。『モンゴル革命青年同盟史関係史料』には，ボドーが自分の活動に青年同盟を関与させたのは，「青年たちが極めて強力であることを知り，その力を下げたり，名声を汚したりする[52]」ため，と記述されている[53]。しかし，当時，ボドーは青年同盟において尊敬の念を集めていたことが先行研究において明らかになっている[54]。また，当時の青年同盟の会議議事録にも，ボドーが青年同盟において尊敬されていたことを示唆する記述がある[55]。これらのことから，ボドーが意図的に青年同盟の名声を汚すためにこのような活

動を行ったとは考え難い。

　この時のボドーの活動について，ロシア側の史料である「青年同盟と人民党（日記と回想の抜粋）56」にも，

> 1921年11月末，首相ボドーは，［青年］同盟と共に扇動活動を始めた。ボドーは，同盟のメンバーの中において信用を得たおかげで，女性の髪飾りを強制的に外させるために同盟をウルガの往来に駆り出すことに成功した。57

とあり，ボドーが青年同盟メンバーの信用を得ており，自分の活動に青年同盟を利用していたことが記されている。

　ただ，このようなボドーの活動が，いかなる意味において，上に引用したオフチンの報告書に記述されている「ロシア顧問に反対するキャンペーン」となっていたのかは，今のところ判然としない。おそらく，上述した活動に関連して，ボドーが何らかの形で「ロシア顧問に反対するキャンペーン」を行っていたと推測される。

　1921年12月になると，ボドーは人民政府および人民党の会議においてソヴィエト・ロシアのエージェントの過剰干渉問題を公的に取り上げ始める。上述の1922年7月8日付オフチン報告書には，1921年12月15日の人民政府会議においてこの問題を取り上げたことについて，以下のように記されている。

> この問題［ウンゲルンの残党に対するソヴィエト・ロシア軍の掃討作戦］はあらかじめボドーと同意し，活動がすでに行われたのに，ボドーは首相として，1921年12月15日の政府協議において，あたかもロシア人が作り出し，モンゴルの内政に干渉しているかのような無秩序の問題を取り上げたのである（この際に，主にロシア人によるウンゲルン徒党の掃討活動をほのめかしていた）。この協議には政府顧問リンチノが出席していた。彼はこの事情に通じており，この問題を本質的に解明した。彼の出席のおかげで，ボドーは，ロシア人に対する不適当な言いがかりに全体的な賛成を得られず，問題を握り潰さざるを得なかった。58

この1921年12月15日の人民政府会議に関しては，管見の限り，人民政府側の議事録が見当たらないため，オフチン報告書のこの記述は大変重要である。この報告書の記述によると，この会議にはリンチノが出席したため，ボドー

第2章　ボドーの粛清事件と外モンゴルの政治情勢の変化　　123

は賛成を得られず，問題を取り下げざるを得なくなった。このことから，ソヴィエト・ロシアのエージェントの過剰干渉問題において，ボドーとリンチノは立場を異にしていたと考えることができる。先に述べたように，ロシアのエージェントの過剰干渉問題では，ブリヤート・モンゴル人活動家も人民臨時政府に不当に干渉する存在とみなされていた。リンチノもそのようなブリヤート・モンゴル人活動家の1人であったため，この問題においてボドーに反対する立場を取ったのであろう。

ボドーの辞任に対するソヴィエト・ロシアのエージェントの過剰干渉問題の影響を解明する際に大きな意義を持つのが，この会議の後に開催された1921年12月18日の人民党中央委員会会議である。ボドーはこの会議において自らの辞任を申請する文書を提出した。この辞任申請書には，以下の記述が見られる。

> 私は元来重要な公務を行ったことがなく，ただ取るに足らない教師や書記の公職に就いた程度であった。また生来外国の学校で学んだことはなく，外国の詳細な知識を知らないのみならず，聞いたこともない。さらに侵略的であることや，権限が自他のどちらにあるかを区別できないほど貧しい知識の持ち主である。だが，世界の国際秩序が移り変わる現在この時に，人民政府を初めて建設する考えを起こして以来，大業に模索しながら努めてきた。そして，外モンゴルを中国の支配から切り離して確立したのを見届けた。そのため，現在，知識なく，病を得た我が身を職務から解放し，心を休ませ養生させるような生活を与えてくれるよう希望し，このため請願する[59]。

ボドーは，この文書において自身の辞任を申請する理由として，自分が，「侵略的であることや権限が自他のどちらにあるかを区別できないほど貧しい知識の持ち主」であることと，病気になったことを挙げている。この不可解な記述だけでは，ボドーの辞任申請の理由は判然としない。

このボドーの記述に関して，共戴11年11月19日（1921年12月18日）の人民党中央委員会会議の議事録には，

> 1. 首相ボドーが暇を与えるよう申し出てきたことに関して協議した。首相の職務を放棄しようとしたことの中に，国内外の人々が侵略的であ

るとか，権限が自他のどちらの側にあるのかが完全にはわからないといったこと等で，職務を放棄しようと通知したことがあった。この程度のことで暇を与えるということは，否決して後回しとした。だが事情がこのようであるならば，難点を修正して混乱を取り除き，改善して処置すべき職務の中に含まれる事件である。そのため，職務を従来どおり申しつけ，処置することとする。他の省庁において公務を執っているロシア人のうち，KasučuとČükeükekü［両方ともロシア人エージェントの名前だと思われる］等の件を，特別委員会の官吏を選出して項目毎に処置し，処置どおりに実行するよう決議した。これに対して，ロシア代表オフチンの提案した意見は，「モンゴル人民政府がもし真正の顧問を用いたいならば，ソヴィエト政府に要請し，その人にコミンテルンの承認を与えて用いることとする。もしその承認を与えて用いていた人が誤謬を犯した場合は，ロシア国代表が負う」である。このように決議し，会議を終えた。[60]

という決議が記されている。この史料の記述によると，この会議においては，不可解なボドーの記述に関連して，本来の任務とは異なる「他の省庁」の公務に関わっているロシア人エージェントの問題が協議され，オフチンがコミンテルンの顧問に関する発言をしている。これらのことから明らかなように，ボドーの辞任申請に関連して協議されたのは，ソヴィエト・ロシアのエージェントの過剰干渉問題であった。ボドーが辞任申請書に記した「侵略的であることや権限が自他のどちらにあるか」という記述は，ソヴィエト・ロシアのエージェントが人民政府，人民党に深く関与し，本来の権限を超えて干渉してくることを指すものだったのであろう。[61]

この会議に関しては，上述の1922年7月8日付オフチン報告書にも，以下の詳細な記述がある。

　　12月18日にも，この問題をボドーは党中央委員会会議に再び持ち出した。彼は退職申請を提出し，その理由として，病を患っている状況にあることと，ロシア人と働くことが不可能であることを挙げた。この党中央委員会会議には私も出席した。モンゴル人に対するロシア人の悪い態度はまさにどこに表れているのか，という私の問いに対して，ボドーは

冗長な演説の中でこう表明した。ソヴィエト・ロシアは以前の帝政ロシアと何も変わらない。それは，ウリヤンハイに対する政策や地方における活動から明らかであり，あたかも白軍であるかのようにかこつけて信頼できる人々やボドーの知人を逮捕している[62]，などである。彼が持ち込んでいたすべての事実は，何の根拠もないので，私は拒否した。その際，私はこう表明した。政府代表および党のリーダーである者がかくも侮辱的なことを個人に対してのみならずソヴィエト政府に対しても言うことができてしまい，その言ったことを実際の事実によって証明できないなら，我々にはこれ以上対話することなどなく，私は，私を召還してくれるよう電報を即座に出す，と。かくも決定的な問題提起に対して，ボドーは明らかに準備ができておらず，譲歩し始めた。彼は申請も退職も取り下げた。こうして，作り上げられた扇動工作に対応し，醸成されつつあった危機を一時的に解体することに成功した。この党会議において，委員会の設置，という私の提案が採択された。この委員会は，ロシア人顧問の構成を点検し，任務と合っていない者たちを私の指揮下に転任するためのものである。しかし，結局この決議は紙上のものに止まった。[63]

ここには，上に引用した人民党中央委員会の議事録よりも，12月18日の会議の様子が詳細に記されている。この報告書には，ロシアのエージェントに対する批判のためにボドーが自らの辞任を申請し，このボドーに対してオフチンが対抗する姿勢を示したことが明確に記されている。シュミャツキーと異なり，ソヴィエト・ロシア，コミンテルンに対するボドーの批判的態度に直面したオフチンは，ボドーに反発する姿勢を取ったのであろう。上述の人民党の議事録には，協議の結果ボドーの辞任申請を否決した，と記されていた。これに対してこのオフチン報告書には，オフチンの強硬な姿勢に対してボドーは自ら辞任申請を取り下げざるを得なくなった，と記述されている。おそらく，ボドーは本当に自らの辞任を望んだのではなく，辞職の申請を武器にしてオフチンから譲歩を引き出し，ロシア職員の過剰干渉問題の解決を図った，と考えるのが妥当であろう。事実，名目だけのものとは言え，この問題に関する特別委員会を設けさせることには成功している。

12月18日の会議の後の状況について，この1922年7月8日付オフチンの報

告書には，以下の記述が見られる。

　12月25日，我が国と条約を締結した後，モスクワからモンゴル代表団が帰ってきた。代表団は，成功裡に条約を締結したという印象のもとに，非常に良い雰囲気で戻ってきた。この事実を利用するために措置が取られ，容易に成功した。ボドーは間もなく，我々に対するあらゆる人身攻撃を戻ってきた代表団に移し，このことが最終的な彼の失墜をもたらすことにつながった。ダンザン［S. ダンザン］とスフバートルが率いる代表団は事の本質を知り，ボドーに対して激しく反対する方針を取った。ボドーもまた彼の更迭の準備を感じ取り，あたかもダンザンとスフバートルがモンゴル共和国建設を目指す新党を結成したかのような噂を広めて，ダンザンとスフバートルに対するさまざまな扇動工作を考え出した。そしてボドーは有害な勢力たる彼らを独力で鎮圧することに決めたのである。本年［1922年］1月6日，ボドーの計画に従って，彼の同志チョイバルサンとチャグダルジャブが警備隊と共にダンザンの居室に現れ，彼を逮捕し，抵抗したことにしてそれにかこつけて殺害するはずであった。同時にボドーは，秩序と現体制の護持のために［S. ダンザンの］殺害後に青年同盟を利用するために青年同盟に適切な準備をすることに関して，個人的に措置を取った。しかし，ボドーの行動にためらいがあったおかげで，彼の計画は即座に暴かれ，あらゆる必要な措置が取られた。1月7日の党中央委員会会議においてボドーは職務から更迭され，新内閣が組織された。

これらの記述によると，条約締結交渉代表団の帰国後に生じたボドーとS. ダンザンの対立は，ソヴィエト・ロシア批判の一環としてボドーが，ソヴィエト・ロシアとの良い関係の構築に成功した代表団に対する批判を行ったために生じたようである。つまりこのボドーの行動は，単なるS. ダンザン批判ではなく，ソヴィエト・ロシア批判の活動でもあったと捉えるべきであろう。報告書の記述によると，この時，ボドーらの活動は過激になり，S. ダンザンらの暗殺も計画されている。これについては，『モンゴル革命青年同盟史関係史料』，バドラフの『党が右翼日和見主義者たちと闘った，成功した大闘争の経験』，スタルコフの「モンゴル革命青年同盟に関する報告」に

も，ボドーがS. ダンザンの暗殺を計画し，青年同盟を利用していたことが同様に記されている[66]。このため，このボドーらの行動が青年同盟に与えた影響は大きく，スタルコフの「モンゴル革命青年同盟に関する報告」には，

> この状況からの出口が[青年同盟の]新たな中央委員会の設立であった程，状況は危機的になった[67]。

と記されている。青年同盟は，ボドーらの活動に協力してしまったために，新たな中央委員会を設立して組織を刷新する必要さえあったのであろう。

このように状況が悪化していった結果，ボドーらは，実質的には更迭され，政権を去ることになったのであろう。このボドーの辞任の経緯から，最終的にボドーが辞任することになった1921年末～1922年初頭の一連の事件の根底には，外モンゴルにおけるソヴィエト・ロシア，コミンテルンの活動に対するボドーの反感が強固に存在したことが明確に見受けられる。このようなボドーの「反ソヴィエト・ロシア」的な姿勢に対してオフチンが強く反発した。そしてこの問題がS. ダンザンとボドーの関係に拡大することで事態が進展し，ボドーの辞任につながった，という構図を描くことが可能であろう。従来の研究が指摘したボドーとS. ダンザンの闘争が，1922年1月にボドーが辞任する直接の契機になったことは確かなようである。しかし，その背景に，ソヴィエト・ロシア，コミンテルンに対するボドーの反発があったことは，看過できない重要な事実である。

先に述べたように，当時，ソヴィエト・ロシアは国境防衛のために外モンゴルを利用することを考えていた。だがその外モンゴルにおいて，ソヴィエト・ロシア，コミンテルンのエージェントが高く評価したはずのボドーが「反ソヴィエト・ロシア」的性格の強い活動を起こしたことは，ソヴィエト・ロシアとコミンテルンにとって大きなショックだったはずである。また，ボドーの行動は，第1章において言及した，極東の安全保障を外モンゴルにおいて実現するというソヴィエト・ロシア，コミンテルンの構想にとって障害になりうるものであったはずである。そのため，これに対して早急に対策を取るために，オフチンらはボドーの活動に対して，ボドーを辞任させるという断固たる処置を取ったのであろう。

ボドーの辞任に対するシュミャツキーの態度は不明である。だが，1922年

1月には,リンチノ,オフチン,S. ダンザンなどの人民政府に関わる多くの高官がボドーに反対する姿勢を示し,またボドーの活動がソヴィエト・ロシアとコミンテルンに反対するものだったため,シュミャツキーもボドーを擁護しきれなかったと考えられる。またシュミャツキーはロシア・モンゴル友好条約締結交渉や極東諸民族大会開催準備などに奔走しており,この問題に深く関われなかったとも考えられる。ボドーを支持していたシュミャツキーが外モンゴルに効果的に関与できなかったことが,ボドー辞任の一因になったとも想定される[68]。

第2節　辞任後のボドーの活動と外モンゴルの政治情勢

本節においては,辞任後のボドーらの活動と,彼らに対してオフチンがいかなる考えを抱いていたかを検討し,ボドーらの粛清過程とソヴィエト・ロシア,コミンテルンとの関係を考察する。また,オフチンの報告書に基づいて,ボドーらの活動が人民政府の政権のあり方や,外モンゴルに対するソヴィエト・ロシア,コミンテルンの姿勢に与えた変化を考察し,ボドーの粛清事件の政治的意義を解明する。これらの論証を通じて,1921～1922年にわたって発生したボドーの粛清事件が外モンゴルの政治情勢にいかなる影響を及ぼしたかを明らかにすることを試みたい。

1．オフチンの報告書に見るボドーらの活動

ボドーの辞任以降,1922年夏のボドーらの逮捕に至る過程に関して,従来の研究においてはボドーの逮捕に対するS. ダンザンやリンチノの役割が指摘されてきた[69]。しかし,これらの記述は断片的なものであり,辞任後のボドーの活動を解明できているとは言い難い。また,従来の研究においては,ボドーらの逮捕,粛清の過程に対するソヴィエト・ロシア,コミンテルンの関与については推測の域を出ておらず,その詳細は明らかになっていない[70]。またボドーらの粛清の理由とされたダムビジャンツァン(dambijangčang)[71],アメリカ,中国と結託した政府転覆活動という罪状がどのように形成されていったかもわかっていない[72]。ボドーらの逮捕の過程は,先行研究においては

ほとんど明らかにされていないと言わざるを得ないのである。

　辞任後のボドーらの活動を解明することを困難にしているのは，この時のボドーらの活動があくまで地下活動であり，ボドー自身は公式の記録を残していない，という事実である。彼ら自身の手による史料を用いて事件を解明することは不可能である。そのため，人民党，人民政府側の文書，そしてソヴィエト・ロシア，コミンテルンの調査資料が重要な意義を持つことになる。

　この内，オフチンの報告書が辞任後のボドーの活動に関して重要な情報を提供してくれる。実は，1922年1月に，シュミャツキーのイラン派遣が決議され[73]，シュミャツキーは外モンゴルから離れることになる。この後，外モンゴルにおけるソヴィエト・ロシアの活動を指揮したのがオフチンであった[74]。また，リンチノの記述によると，オフチンは外モンゴルにおけるコミンテルンの活動も指揮していた可能性が高い[75]。このため，辞任後のボドーらの活動に対するオフチンの認識は，当時の外モンゴルの状況や，ボドーらの活動に対するソヴィエト・ロシア，コミンテルンの姿勢を分析する際に非常に大きな役割を果たすことになるのである。

　1922年4月29日付カラハン宛オフチン報告書には，ボドーらの活動に関して，

> 政治的状況についていくらか述べたい。……政治的状況が堅固で安定していると言えるにはほど遠い。私が数日前受け取った以下の情報を考慮に入れればましてそうである。その情報とは，前外務大臣ボドーとボグド・ハーン前侍臣チャグダルジャブ，3ヶ月前内務大臣の職から罷免されたダー・ラマ［ポンツァグドルジ］が，アメリカ領事ソコビンがここに滞在している間に，彼と3回会談を持った，というものである。この3人はソコビンに援助を示してくれるよう訴え，こう言った。「モンゴル人は，中国の抑圧と，突然現れたウンゲルンの愚かな活動のもとに悩み苦しんで，ソヴィエト・ロシアに援助を要請せざるを得なくなった。そして，ソヴィエト・ロシアはモンゴル人を助けてくれた。だが，今やモンゴル人は，この援助が自分たちには非常に高くついたものであり，ロシア人はモンゴル人に生きることを許さず，モンゴル人の活動に干渉

している，などと確信しているようである。それゆえ，モンゴル人はアメリカ人に援助を乞い，不安の鎮静のためにアメリカ軍を派遣してくれるよう要請している」云々，と。[76]

という記述が見られる。ここでは，ボドー，チャグダルジャブ，ダー・ラマ・ポンツァグドルジが，アメリカ合衆国張家口駐在領事ソコビン（S. Sokobin）[77]と会談し，外モンゴルに対するソヴィエト・ロシアの干渉を訴え，アメリカに援助を要請した，とされている。ここで重要なのは，オフチンがこの報告書においてボドーらの活動の問題点として指摘しているのがアメリカとの関係のみである，ということである。先に述べたように，ボドーらが粛清される際には，ダムビジャンツァンや中国との関係が問題視されることになる。しかし，この報告書の記述から判断すると，1922年4月末にオフチンが問題視したのは，ソコビンとの接触と，アメリカへの援助要請のみだったのである。[78]

この報告書の約2ヶ月後に出された1922年7月8日付のカラハン宛報告書においても，オフチンはボドーらの活動について以下のように記述している。

こうしてボドーの冒険的行為は終わった［ボドーらが辞任したことを指す］。ボドーや彼の一連の仲間，内務大臣ダー・ラマ［ポンツァグドルジ］，侍臣チャグダルジャブ，副司令官チョイバルサン，法務副大臣らの代理の問題が我々の前に持ち上がった。外的状況のため，このような人材の選出に非常に慎重である必要があった。なぜなら，親中国グループがまだ完全には解明されていなかったからである。またその他，破綻したグループ［ボドーらのグループ］が緊密な関係をウルガの仏教僧やボグドの宮廷と結んでいたことを考慮する必要があった。彼らとの関係もまた，現在のモンゴルの現実において先鋭化させてはならないものであった。……現在，「打倒された」ボドーは自分の仲間たちと共に，失った権力の獲得のための新しい方法の探求に着手した。ボドー解任の2日目，ウルガにアメリカ領事ソコビンが来た。彼に対して，破綻した大臣たちが援助を訴えた。……しかし，事実，最近のウルガへのソコビンの来訪の際に，ソコビンは定期的にボドーと会っていたのである。……このグループの熱に浮かされたような活動のみが確立された。つまり，

さまざまな扇動的な噂の流布，人民革命政府に敵対する勢力の結集など。……日本の陰謀を証明する以下の別の事実がある。近頃，満洲里からボドーのもとへ来た2人の急使を拘留した。この事実は，以下のことを考える基盤を与えてくれる。つまり，ボドーは自分の仲間と共に，アメリカ人からは何も得られず，日本に請願したのである。……ハルハにおいても，現在，ボドーが自分の仲間たちと共に広く活動を展開し，ボドーが間もなく（遅くとも秋には）権力の座に戻る，という噂を広げ，ボグド・ハーンと緊密な関係を維持している。……［ボグド・ハーンの］宮廷徒党が必要な方向を向くのは明らかであり，そこに反動的な仏教僧たちが加わった。今のところ，王公たちがそちらに向かうということは確立していないが，疑いなく，王公の個々人はこのグループと関係している。……しかし，こういう情報がある。それは，変革が起こった際には現在の大臣の何人かは無条件に自分たちの側に入ってくる，と人民政府に反対するグループは確信している，というものである。[79]

ここには，ボドーらが仏教勢力やボグド・ハーンと緊密な関係を結び，仲間と共に権力獲得の方法を模索し，ソコビンと会い，扇動工作や反人民政府勢力の結集を行った，と記述されている。また，ボドーがアメリカのみならず日本にも援助を要請したことを懸念する記述も見られる。これらの記述から，オフチンが，ボドーらは仏教勢力，ボグド・ハーン，アメリカ，日本と関係を結んでいる，と考え，外モンゴルには人民政府に敵対する勢力がボドーら以外にも広く存在する，と想定していたことを読み取ることができるであろう。

　反人民政府勢力と王公，仏教勢力に関するオフチンの認識について，この1922年7月8日付カラハン宛オフチン報告書に重要な記述がある。この報告書においてオフチンは，1910年代の外モンゴルにおける一連の政治的事件について概観する際に，

　　1911年に，ロシア帝国のエージェントの陰謀と，中国の粗野な植民地政策に対する広範なモンゴル大衆に共通した憎しみのおかげで，ハルハの人々は，モンゴルの自立をスローガンとする蜂起を起こした。この活動を指導したのは，モンゴルの宗教の主「ホトクト」である。ロシアの

エージェントが中国の影響から外モンゴルの大半の主要人物を切り離すことができず，彼らを全国家的運動に統合することができなかったにもかかわらず，とにかく，この運動はうまくいった。……モンゴル人の原始的な性質と，このようなモンゴル人に対するロシア商人の公然たる収奪は以下の状況を招いてしまった。つまり，ロシアにおいて帝政が終了するまでに，自治ハルハにおいて，中国を志向する王公と高位仏教僧の一定のグループがすでに存在するようになったのである。ロシアにおいて，帝政，コルチャク一派，セミョノフ一派，各地方に昔から居住していたロシア人のさまざまな傾向……が崩壊したことによって，王公と仏教僧の親中国グループはさらに一層拡大した。[80]

と述べている。この記述から，外モンゴルの王公，仏教勢力の中に，かつてのロシア帝国のエージェントでさえも切り離すことができなかった「親中国」派がいる，とオフチンがみなしていたことがわかる。この報告書の別の箇所には，

　　本年［1921年］9月，ほぼすべての王公，高位仏教僧，人民革命党および政府のメンバーが参加したいわゆる「モンゴル社会会議」[81]において，王公の代表たちは現行の体制に対して直接的かつ公然と反対を表明し，こう言った。人民革命政府のグループは赤色派の援助を願うことはできたが，何のためにこのグループは赤色派に提示された統治形式を採用したのか云々，と。[82]

と記されている。オフチンは，王公の「反人民政府，反ソヴィエト・ロシア」的な性格を指摘しているのである。また，先に引用した1922年7月8日付オフチン発カラハン宛報告書においても「親中国グループ」という語が見られる。これらのことから，オフチンは，ソヴィエト・ロシアを支持しない王公と仏教勢力内の「親中国派」が存在することを想定し，彼らがボドーらの活動に関わっていた，という認識を築きつつあった，とみなすことが可能であろう。

　オフチンはこのような認識に基づいて，1922年8月2〜3日にかけての深夜にボドーらの逮捕に踏みきったと考えられる。ボドーらの逮捕に対するオフチンの関与は，一部の先行研究においてわずかに言及されているのみであ[83]

り，詳細はよくわかっていない。1922年8月29日付東シベリア軍管区特別課課長宛内防局顧問ソロキン（A. Сорокин）の報告書にはボドーらの逮捕の経緯について，以下のように詳細に記されている。[84][85]

　なお，ここで述べておかなければならないのは，8月3日の逮捕の第1のイニシアチブが誰に帰するかを見出すことはできない，ということである。しかしながら，この問題に関してモンゴル軍の革命軍事評議会［外モンゴルの全軍評議会］に対する精力的な助言に関わったのは，外務人民委員部代表のオフチンと，第5クバン騎兵師団分隊隊長ギリマンであった。[86]

　……［原文ママ］こうして，私とギリマンがウルガに到着すると共に，ギリマンはモンゴルに関する現在の諸事件の過程に私を加えることなく，深夜2時に，私は欠席していたが，外務人民委員部代表のオフチンのところで協議が行われた。この協議において彼らは，あたかも「久しく成熟していたかのような，モンゴル政府転覆を謀る軍事組織」の逮捕と，「武装蜂起を起こすことを目的として300〜600人を数える組織である」軍事組織のリーダーたちの逮捕，そして「軍事ロシア人の組織のリーダー」の逮捕に対して緊急措置を取るという問題を共同で決定した。

　この協議において問題は最終的に決定され，逮捕に該当する人々の名簿が，モンゴル軍革命軍事評議会に提示するために作成された。

　「どういうことだ」という私の問いに対して，ギリマンから，「措置を取るのは今をおいて他にない」という回答を受け取った。他には何の説明も続かなかった。

　このような回答を受け取り，私は完全に確信した。事態は明らかに極めて深刻であり，猶予ならないものである，と。明らかに，モンゴル軍革命軍事評議会もそう理解した。

　革命軍事評議会は作戦実行に同意し，その後で夜間作戦の準備計画を作成することになった。そして，突発的な軍事衝突，1ヶ所への部隊の集結，軍事作戦行動が起こった場合の計画，部隊の撤退に関するさまざまな可能性について，整然と問題を協議した。総じて，軍事的に決定的な瞬間において考えられることとして，すべてが考慮された。

8月3日の夜に40人に達する人々が逮捕された。逮捕されたのは，前首相ボドー，侍臣チャグダルジャブ，王公のデンデブ，トグトホ・グン，ツェベーン・テルグーン（čeveng terigün），ダー・ラマ・ポンツァグドルジらである。これらの者と他の14人が，モンゴル政府転覆の軍事組織に数え入れられる。15人の中国人とチベット人が，ロシアの方針に拠るモンゴル政府を転覆するために先頭となる軍事組織に数え入れられている[87]。
この記述によると，オフチンは，ボドーらの逮捕に関して積極的な役割を果たしていた人物の1人であった。そして，彼が参加した会議において，政府転覆を謀る人々の逮捕が決議され，逮捕者名簿が作成された。これに基づき，リンチノが議長を務める全軍評議会が逮捕作戦の具体的な計画を作成し，実行したのである。上述のとおり，ボドーらの逮捕にはS.ダンザンやリンチノが大きな役割を果たした，と従来指摘されてきた。だが，実際には，オフチンらが逮捕に積極的な役割を果たし，リンチノが議長を務める全軍評議会がこれに協力した，と考えるべきであろう。
　また，引用したこのソロキンの報告書には，「モンゴル政府転覆を謀る軍事組織」あるいは「モンゴル人組織」，「300〜600人を数える組織である軍事組織」あるいは「中国人とチベット人の組織」，「ロシア人の組織」という3種の組織が逮捕の対象とされている[88]。この内，「モンゴル政府転覆を謀る軍事組織」あるいは「モンゴル人組織」は，上に引用したソロキンの報告書の末尾に明記されているように，ボドーらを指している。「中国人とチベット人の組織」は，この報告書の記述によると，外モンゴルにおいて武器を購入してチベットに輸送しようと図ったサジ・ラマ（saji lama）の事件を指しているようである[89]。「ロシア人の組織」は，ロシア人商人のボグダノフ，ボロニン，ズブキン，ミャチコフらの組織のようであるが，ソロキン自身は，この組織の「いかなる積極的活動の発露も明らかにならなかった」[90]と記しており，このグループの活動は不明である。
　このソロキンの報告書の記述においては，「中国人とチベット人の組織」および「ロシア人の組織」と，ボドーらの活動の関係について具体的な記述が全くないため，これら3グループの間にどのような関係があったかは判然としない。だが，上に引用したソロキン報告書の記述からは，オフチンらが

これら3グループを1つの問題として対処している様子が見受けられる。このことから，オフチンらは，ボドーらがこれらのグループと関係を築いていたと認識していた，と考えてよいと思われる。

2．供述書に見るボドーらの活動

上述の1922年8月29日付ソロキンの報告書の別の箇所には，

> 我ら内防局が［ボドーらの］逮捕を実行した後，責任者，関係者らを見極めて明らかにするための活動に着手するよう指令が言い渡された。[91]

とある。内防局の関与のもとに，ボドーらの逮捕が行われた後，事件の究明活動の開始が指示された。ボドーらの尋問を担当したのはソロキンであった。このボドーらに対する尋問結果には，辞任後のボドーらの活動に関する貴重な情報が数多く含まれている。

1922年8月29日付ソロキン報告書には，尋問開始当初，内防局局長バルダンドルジ（baldangdorji）[92]がソロキンに対して以下の要請をしていたことが記されている。

> バルダンドルジが私に与えたこの口頭資料は，以下の内容からなっていた。「アメリカ領事［ソコビン］とどのような対談を行ったのか，誰が参加したか，誰が何を言ったか，参加者はどのような意図を持っていたかを尋問するように」。それだけである。[93]

ソロキンのこの記述によれば，尋問開始に当たってバルダンドルジは，主としてボドーらとアメリカとの関係に興味を持っていたことになる。だが，実際の尋問においては，ボドーらとアメリカの関係のみならず，さまざまな事柄が調査された。この尋問に関しては，モンゴルの文書館に大量の調書が保管されており，そこから尋問の内容を知ることができる。

1922年8月5日の尋問調書には，以下の記述がある。

> 現在の政府について［ボドーが］言うには：当初から私は人民党を支えた人間である。現在の政府は人民党と思想を一にしているため，この政府が無くなれば私にとっても悪いことである。このため，この政府に衷心から信頼を寄せている。
>
> ［ソロキンの］質問：ボドー，貴殿は衷心からこの政府に信頼を寄せて

いるなら，どうして現在の政府を転覆しようと共謀し，政権を奪おうとしたのか。

回答：私は，現在の政府を転覆して権力を奪おうという考えを示したことはない。他人とこのようなことを共謀したこともない。

質問：我々のところにははっきりした情報がある。トグトホ・グンの家において，これに関することをチャグダルジャブ，デンデブ・グンの傍らで話し，さらにアメリカ領事［ソコビン］と協議した。

回答：私は，地方に行くためにマイハン[94]を求めてトグトホ・グンの家にある時寄ったことがある。だが彼はマイハンをくれなかったため，彼のところで食事をして帰った。それ以降，旧暦1月下旬にトグトホ・グンの家に行くと，彼は酔っていて外へ出ると言っていた。私は馬乳酒を飲み，新年の贈り物としてもらったハダグ[95]を持って帰宅した。それ以降，彼らの家に行く時には，別用があったために行かなかった。近くを通って寄ったことがある。アメリカ領事と総じて会ったことはない。デンデブ・グンを全く知らない。チャグダルジャブとは会っていた……。

質問：これらの会った人々と政治について話し合ったことはあるか。

回答：ない。

……質問：ダー・ラマ［ポンツァグドルジ］とどんなことを話し合ったのか。

回答：全く話し合ったことはない。ただ，一度，ダー・ラマは私の先生なので，彼の家にアーロール[96]を持って行った。

質問：中国と友好関係を結ぶことについて話し合ったか。

回答：誰と話し合ったかは忘れた。単に，中国とモンゴルの間には戦争は起こらない，ということについて話し合った。中国は，今，モンゴルと戦争することを考えていない。……

……質問：チョイバルサンが東部に行ってそこから満洲里に行くことについて，話し合わなかったか。

回答：チョイバルサンがわが家に来て一晩泊まっていった。彼が言うには，公務から暇をもらって故郷に帰り，満洲里，ハイラルに行く，とのことであった。それに対して私が言った言葉は，我ら人民党を最初に

興した 7 人は，その方向へ行ってはならない，と。すると，チョイバルサンは何も言わなかった。
　……質問：満洲里と連絡があるか。どんな人がこの間を往来しているのか。
　回答：現在，満洲里と何らの連絡もない。以前新聞をもらっていただけである。
　質問：中国国境への道を行く文書を与えたか，与えなかったか。
　回答：与えなかった。
　……質問：ツェベーン・テルグーンと何度会って話し合ったか。
　回答：昨年夏人民政府が成立して以降は，一度会った。[97]

この尋問調書においては，ボドーは，アメリカ領事との面会を否定し，満洲里とハイラルに赴くチョイバルサンの計画に反対し，中国との関係構築も否定し，人民政府に対する信頼の意を表明している。翌 8 月 6 日の尋問においても，ボドーは，かけられた容疑に対して否定的な態度を貫いている。[98]
　だが，その後で提出されたボドーの自己申告書には，これらとは異なる記述が見られる。

　　チャグダルジャブが来て「西方のダムビジャンツァンのところへは，ボドー，あなたが一人で行くように」と語った。「何のために行くのか」と尋ねたところ，ダムビジャンツァンは西のアイマグにおいて友好関係を持っており，西のアイマグを動かせば，現政府に動揺が走り，ロシアおよびブリヤートの支配から解放されるだろう。また，ウリヤスタイには，ハタン・バートル・ワンが現政府に知られずに保管した1000人分の武器がある……。[99]……またチャグダルジャブが「トグトホ・グンがあなたにこの件に関して人を送ってきたか」と尋ねてきたので，私は「人は来ていない」と言った。その次の日，私はダー・ラマ［ポンツァグドルジ］に面会したところ，ダー・ラマは私に「トグトホ・グン，チャグダルジャブの両者があなたを西方のダムビジャンツァンのところに送ると言っていた。あなたのところには人が送られてきましたか」と尋ねた。……私はチャグダルジャブに，ダムビジャンツァンのところに行け，と言ったが，病気で行けない，と言われた。……

さらに［ボドーが］申告するには，最後に私はチャグダルジャブに「ダムビジャンツァンは中国側の人間ではないのか。そのため中国は彼に援助を行うであろうか」と尋ねたところ，チャグダルジャブはこう言った「ダムビジャンツァンの背後に中国軍がいるので，援助できるだろう」。また最後にチャグダルジャブは「大盛魁という商社経由で南方へ書簡を送る」と言っていた。また「……ソノムダルジャーの商社経由で南方に書簡を送って関係を持つことを考えている……」と私に言ってきた。[101]

ここには，ボドーを西モンゴルに派遣する計画をチャグダルジャブがボドーに提案したことが記されている。この計画の目的は2つあった。1つは，ロシアとブリヤートの支配から外モンゴルを解放するためにダムビジャンツァンと手を結び，西のアイマグで騒乱を起こして人民政府を動揺させるためである。もう1つは，ハタンバートル・マグサルジャブが密かにウリヤスタイに保管している1000人分の武器を入手するためであった。またこの申告書には，この件にはポンツァグドルジ，トグトホ・グン，チャグダルジャブが関係し，チャグダルジャブがダムビジャンツァンを通じて中国との関係を築くことを提案した，とも記されている。また，チャグダルジャブが大盛魁などを通じて書簡を北京に届けて中国との関係を樹立することを考えた，という記述も見られる。この問題に関してボドーはこの自己申告書において，

　　　中国に人を派遣したかどうかはわからない。彼［ソノムダルジャーの
　　　商社のツォグトという人物］が最後にチャグダルジャブに，ボグド・ハー
　　　ンが中国を嫌っていることを教えた。[102]

と述べている。中国に人を派遣する計画は，ボグド・ハーンが中国を嫌っていたため，不首尾に終わったか，実行されなかった，ということをボドーの発言は意図していると考えられる。

　ボドーらとダムビジャンツァンや中国との関係については，先に引用したオフチンの報告書や，尋問に対するバルダンドルジの要請には見られない。また，上述のとおり，8月5日の尋問では，ボドーは中国との関係構築を否定していた。これらのことから，この問題に関する詳細な内容は，尋問開始後にボドーらの申告から具体的に構築されていった可能性もあるだろう。中

国やダムビジャンツァンとの関係樹立をチャグダルジャブが主張したことはボドーの別の自己申告書にも記されている。この申告書には,

> ボグド・ハーンもまた私にこう知らせた。政権をロシア人の手に渡さずにモンゴル人が自ら権力を掌握することを考慮しておくように,と。このような理由のため,私はチャグダルジャブを侍臣の任に就けた。このため,私はリンチノといくらか揉めて対立した。[103]

とあり,チャグダルジャブの侍臣就任の理由と,それに関するボドーとリンチノの対立が記されている。

1922年8月11日には,ボドーとチャグダルジャブを同席させて尋問が行われた。この尋問は,ボドーらの活動に関して特に重要な情報を提供してくれる。この時の尋問調書には,以下のようなやり取りの記述が見られる。

> ボドーに質問:あなたが地方から帰ってきた際に,チャグダルジャブがあなたに,ダムビジャンツァンと関係を結ぶために西方へ行け,と言ったのか。
>
> ボドーの言葉:言ったのは事実です。
>
> チャグダルジャブに質問:あなたがこのようにボドーに言ったことは,事実か。
>
> チャグダルジャブの言葉:言ったのは事実です。
>
> ボドーに質問:西のアイマグを動かして,こちらへ来させてロシアとブリヤートの支配から離れることができる,とチャグダルジャブがあなたに言ったのは事実か。
>
> ボドーの言葉:言ったのは事実です。
>
> チャグダルジャブに質問:こう言ったというのは事実か。
>
> チャグダルジャブの回答:私はロシアとブリヤートから分かれるとは言っていない。ただ中国と関係を築き,旧自治政府を建設しようと言ったのは事実だ。
>
> ……ボドーに:実際,西方へあなたは自分で行くと言ったのか,それともチャグダルジャブがあなたを行かせると言ったのか。
>
> ボドーの回答:チャグダルジャブが私を送ると言った。
>
> チャグダルジャブが言う:私は送ると言っていない。ボドーが自分で

行くと言ったのだ。

　ボドーに質問：チャグダルジャブが，大盛魁経由で中国と関係と構築すると言ったことをあなたは知っていたか。

　ボドーの回答：事実です。チャグダルジャブが私に言った。

　チャグダルジャブに質問：あなたがこのことを言ったのは，事実ですか。

　チャグダルジャブの回答：いいえ。私は大盛魁という商社を知らない。

　ボドーに質問：あなたは，このチャグダルジャブの大盛魁を経由するということを誰から知ったのか。

　ボドーの回答：チャグダルジャブは私にこう言った「ジャルハンズ・ホトクトかダー・ラマ［ポンツァグドルジ］のどちらか忘れたが，その2人のうちの1人が，大盛魁経由で中国と関係を結ぶことができると言っていた」。これに対して大盛魁とは誰なのかとチャグダルジャブに聞いたところ，商業の長だ，と言った。

　チャグダルジャブに，本当か，と尋ねたところ，

　チャグダルジャブ：本当だ。ジャルハンズがそう言っていた。

　チャグダルジャブに，ジャルハンズと何を協議したのか言え，と言ったところチャグダルジャブが言うには：ジャルハンズ・ホトクトが，大盛魁経由で中国と自治政府について協議できる，と言っていたのは事実である。

　いつのことだとチャグダルジャブに尋ねると：今夏だ，と言った。

　……ボドーに質問：ダムビジャンツァンの支配下に入った西方のホショーを唆して扇動するために，ここから多数の兵を派遣するべきである。なぜならここから大軍で出発して裏切り，西方に入るからだ。こんなことを考えたのか。誰がこんなことをあなたに言ったのか。

　ボドーの回答：この言葉は，チャグダルジャブが私に言った。

　チャグダルジャブに，本当にボドーにそう言ったのか，と尋ねると，

　チャグダルジャブの回答：違う。ボドーがそう私に言ったのだ。

　どちらが嘘を供述したのだ，と尋ねたところ，

　ボドー：私は真実を供述した。ただチャグダルジャブも言っていたの

だ。……

　　チャグダルジャブの回答：もし私が言ったとしても，トグトホ・グン
　の言葉として言ったのだ。[104]

この調書においては，ダムビジャンツァンとの関係樹立のためにボドーを西方に派遣するようチャグダルジャブが主張したことを，ボドー，チャグダルジャブの双方が肯定している。その理由をチャグダルジャブは，中国との関係樹立と外モンゴル自治政府の再興，と述べている。

　また，ジャルハンズ・ホトクトが大盛魁を仲介として中国との関係樹立を図ることを考えていた，とチャグダルジャブは供述している。先に引用したボドーの自己申告書にも，ハタンバートル・マグサルジャブとボグド・ハーンがボドーらと関係を持っていたことが記されていた。ボドーらの申告や発言には，外モンゴルの王公，仏教勢力の有力者とボドーらの間に関係があったことが示唆されているのである。

　このボドーとチャグダルジャブの同席尋問調書において興味深いのは，ボドーとチャグダルジャブが反ソヴィエト・ロシア，反人民政府的な発言や謀議があったことを認めながら，自分の発言であったことを否定しようとする態度を取り続けていることである。このことから，ダムビジャンツァンや中国との関係樹立に関するボドーらの計画は，その発案者は不明であるが，実際に存在した，と考えられるのである。

　早い段階からオフチンらが問題視していたボドーらとアメリカとの関係に関しては，トグトホ・グンの供述書に以下の記述がある。

　　本年旧暦1月1日犯罪者トグトホはアメリカ領事を自分の家に招き，こう言った。「貴大国から我らモンゴル人が援助を求めて年月が経ちました。……いまや赤党の軍がモンゴルの地におり，人民に大きな苦しみを与えています。そのため，貴国に頼り，協約を結んで安寧に暮らすことを大いに望んでいます」。[105]

また，ダー・ラマ・ポンツァグドルジの供述書にも，

　　本年旧暦1月に，トグトホ・グンと会った際に彼が言うには「トグトホ，チャグダルジャブ，ラムジャブ・グンは，アメリカ領事から援助を要請し，赤軍を追い出し，自治を再興し，権力を獲得する，と協議

した」[106]。

とある。これら2つの供述書においては，1922年旧暦1月にトグトホ・グンがソコビンと会い，ソヴィエト・ロシア軍排除のためのアメリカの援助を要請した，という点で一致していると見ることができる。しかし，以前からオフチンが主張していた，ボド自身がソコビンと面会した，という記述は，供述書には見られない。

　これらの尋問の結果を受けて，1922年8月29日付東シベリア軍管区特別課課長宛報告書において，ソロキンはボドらの活動について，

　　ボドとチャグダルジャブは現在の人民政府に対する彼らの側からの不満に関して，互いに協議を行っていた。これらの協議の原因は，かくも高いポストから彼らは追い出されて無職になってしまった，ということであった（言っておかなければならないのは，モンゴル人にとって，政府の公務を失うことは——死より悪いことである）。このボドとチャグダルジャブの在宅協議は3～4ヶ月ほど続けて行われた。その際，以下のことが必要であろうとか，以下のことが邪魔されないようにしよう云々といったような問題を協議していた。つまり，ダムビジャンツァン（僭称者。西方で活動している）と関係を結ぶこと。我々［ボドら］の内の誰かをダムビジャンツァンのところに行かせるのがいいこと。商社を通じて中国との関係を樹立すること。公務から追われた我々は，ロシア人とブリヤートの指示に基づいて活動しているこの人民政府に堪えられない，ということ。仏教僧の統治を復興したほうが良いこと，など。反革命謀議はこのような言葉によって行われた。陰謀やこの政府の転覆の計画は，彼らの頭の中において成熟したのみであり，積極的な活動や試みは何ら見つからなかった。王公デンデブ，ダー・ラマ，トグトホ・グン，ツェベーン・テルグーンは職を失い，モンゴル人民政府に対するボドとチャグダルジャブの嫌悪の態度を知り，彼らとその企図に同情し，同様に計画したが，ほんの少しの積極的行為もなかった。総じて明らかになったのは，協議，企図，ロシア人とブリヤートへの憎悪，実際にこれらすべての企図を何とかして実現する要望であるが，積極的行動は何も見つからなかった[107]。

第2章　ボドーの粛清事件と外モンゴルの政治情勢の変化　　143

と記した。ソロキンは、ボドーらはダムビジャンツァンや中国との関係樹立を狙い、ロシア人とブリヤート・モンゴル人の指示に基づいて活動する人民政府を容認できないため、仏教僧による統治の復興を企図した、と考える一方において、彼らの実際の積極的行動を見出すことはできなかった、と結論づけたのである。

ボドーらが日本、中国、アメリカと関係したことを示す日本、中国の史料は、管見の限りでは見当たらない。また、ソコビンが1922年にフレーを訪れたのは事実だが、彼がボドーらと関係したことを示す史料はないようである。[108] ボドーらの行動を、計画のみで実行されなかった、としたソロキンの判断は、おおむね事実と合致するものであったと考えてよかろう。

ボドーらが1922年8月31日に粛清されたのは、ボドーたちの行動が反ソヴィエト・ロシア、反人民政府の性格を強く帯びており、オフチンらがボドーらの排除を目指したためだと推測される。先に述べたように、外モンゴルにおいて「反ソヴィエト・ロシア」的性格の強い活動が行われたことは、極東における国家防衛の観点からソヴィエト・ロシアにとっても重大な意味を持っていた。ボドーが人民政府を去った後もさらに活動を続けたために、オフチンらはボドーらの粛清を決意したのであろう。

3．ソヴィエト・ロシアの対外モンゴル方針の変化

従来の研究においては、ボドーらの活動が当時の外モンゴルの政治情勢に対していかなる影響を与えたかが論じられていない。実は、ボドーらの活動が引き金となり、外モンゴルにおけるソヴィエト・ロシアの活動方針と外モンゴルの政権のあり方に大きな変化が起こっていた。本項においては、オフチンの報告書に基づいて、外モンゴルの政治情勢に対するボドーらの活動の影響を検討し、モンゴル近現代史においてボドーの粛清事件が持つ意義を考察する。

ボドーらが人民政府を去った後、彼らの代わりにジャルハンズ・ホトクト、ツェレンドルジ、セツェン・ハン・ナワーンネレン（navangneren）[109]などの王公、仏教勢力の有力者を政府要職に加えた新政権が設立された。ジャルハンズの首相就任は、1922年1月15日の人民党中央委員会第18会議において決定

された。また1922年2月4日の人民党中央委員会第1会議において，更迭された[110]ダー・ラマ・ポンツァグドルジの代わりにナワーンネレンが内務大臣に就任することが決定した[111]。ツェレンドルジは，外務大臣の職と首相正式代理を務めることになった。この新政権に対するオフチンの認識について，1922年7月8日付カラハン宛オフチン報告書に以下の重要な記述がある。

　これらすべての敵グループ［ボドーら］を麻痺させるために，今後起こりうる外的の侵入から全国家的統一[112]を保障できる，より堅固な中央集権機関を建設する必要があった。これに関して，新政府のメンバーに，ツェレンドルジ，ジャルハンズ・ホトクト，ハタン・バートル・ワン，セツェン・ハンらが寄せ集められた。

　……今のところ，政府メンバーには我々にとって信用できる味方が加わっている——スフバートル，ツェレンドルジ，ダンザン［S. ダンザン］。ここで指摘しておかなければならないのは，彼らの内の最後の者つまりダンザンもまた次第に堕落し，投機に夢中になった。ダンザンは，自らの立場を個人的な儲けに利用し，許容しうるあらゆる範囲を踏み越え始めている。彼を排除することになるということが起こりうるだろう。ジャルハンズ・ホトクトに関しては，こう予測する根拠がある。日本が侵入してくる際にはジャルハンズは宮廷に対する反抗者になり，人民政府を支持する，と。……大臣たちの構成はこのようであり，とにかく今のところは我々の側に移った，と我々は期待することができる[113]。

先に述べたように，ジャルハンズ・ホトクトとハタンバートル・マグサルジャブは，ボドーらの活動との関係が指摘された人物である[114]。にもかかわらず，これらの王公，仏教勢力の有力者が人民政府の閣僚に加わったのは，ボドーらのような「敵グループ」から「全国家的統一」を保障するための措置だったのである。オフチンは，ボドーらの活動がもたらす影響に対抗するために，王公，仏教勢力の有力者を大臣に就けることで，ソヴィエト・ロシアを支持しない「親中国派」の多い王公，仏教勢力を納得させ，人民政府の当面の安定を確保しようとしたのであろう。

　また，この政権の成立は，オフチンの考えにのみ基づくのではなく，当時人民政府，人民党を指導し，ボドーに反対の立場を取った人々の意思でもあ

ったとみなすべきであろう。人民政府において強い政治的影響力を発揮したリンチノは，このような政権のあり方を望ましいものだと考えていた。第1章においても触れたように，彼は，王公，仏教勢力を批判する一方において，王公，仏教勢力の有力者との一定の協力関係を築くことが外モンゴルの政権の発展につながる，と考えていたのである。[115]

　このリンチノの考え方が強く反映されたのが，1922年11月5日から12月5日に開催されたコミンテルン第4回大会におけるモンゴル代表の報告である。この報告は，人民党がボドーらの活動を乗り越え，モンゴルの現状が現政権にとって大変有利であることをコミンテルンに対して主張したものである。[116]この報告には，ボドーの粛清事件について以下の記述がある。

　　　ボドーに関する経緯［ボドーの粛清事件のこと］は，［人民］党にとって最も危険で深刻な試練であった。しかし，この状況を党は立派に切り抜けたのである。この過程は，別の面においては，党内の中級プチブルジョア勢力のあらゆる不安定さと冒険主義を示し，また国家の安定性と，王公と宗教勢力のいくつかの進歩的民族主義グループの誠実さを示した。これらグループは，すべてのこの全くのメキシコ的冒険主義事件において，政府と党の側にいることが明らかになったのである。……党粛正を実行し，国家的活動に進歩的王公，仏教勢力の善良な人々を引き込んだ。[117]

この報告の別の箇所においては，王公の「進歩的民族主義グループ」について以下のように規定されている。

　　　進歩的民族主義者の大規模なグループ（約30％）は，新機構を完全に支持しており，国家機関において活動し，党に加入したり，封建諸侯としての特権を拒否したりしている。[118]

これらの記述には，ボドーの粛清事件後の人民政府の新政権における王公，仏教勢力の有力者の関与が肯定的に評価されていることが反映されている。

　この文書の末尾には，A. ダンザン，S. ダンザン，リンチノらのサインがあり，モンゴル人民党中央委員会印が押されている。新たに政権に加わった王公，仏教勢力の有力者であるジャルハンズなどを除けば，ボドーらの活動に反対する立場を取って人民党，人民政府を指導したのは彼らだったと推測される。

これに対して、オフチンにとっては、この新政権の樹立は一時的な措置でしかなかった可能性が高い。オフチンは、王公と仏教勢力に譲歩した政権を認める一方において、今までの方針と人員を刷新し、ソヴィエト・ロシアのエージェントを増派して人民党の組織を強化しようとしていたのである。これに関して、1922年4月29日付オフチン発カラハン宛報告書に以下の記述が見られる。

　　　現在の政府の構成は今のところ疑いなく堅固であり、個々の望ましからぬ勢力の除去が不可欠な場合に対して我々は完全な可能性を持っている。最も大きな欠点は、事実上わが国の顧問という名目のもとにモンゴル人が採用した多種多様な人々が、任務に全く適していなかったことである。……この問題に関してはすでに何十回も私はシュミャツキーに提案したことがあったが、しかし完全に無駄であった。より堅固な状況の確立のために必要不可欠な政治路線を取れる可能性は存在しない。なぜなら、我々にとって不適当な職員を背後に残しておくことは、我々の政策の根本を破壊することを意味するからである。……私のこのメモの結びに、我々の一般的方針の改正が不可欠であると指摘しておく。特に、我々の職員の構成を刷新することが不可欠である。[119]

オフチンは、現在の政権における最大の欠点を、ソヴィエト・ロシアのエージェントが任務に全く適していなかったことであると指摘している。そして、一般的方針とエージェントの構成の刷新を要求しているのである。特に、以前この問題をシュミャツキーに訴えたが顧みられなかった、とオフチンが主張していることが注目される。つまり、この問題は、シュミャツキーが外モンゴルにおけるソヴィエト・ロシア、コミンテルンの活動に深く関与していた頃には問題とみなされず、方針の刷新を主張するオフチンが初めて問題視したものであると考えられるのである。シュミャツキーが設置したエージェントや対モンゴル方針を、オフチンは変更するよう望んだのであろう。

　さらに1922年7月8日付カラハン宛報告書においてもオフチンは、

　　　他の数々の問題の中から、人民革命党の状況を特記することにする。……党員は現在約1000人を数えるけれども、党が強化された際に党の統制下に陥ることをおそれる党指導者たちの怠業は、党列の強化に向けら

> れたあらゆる作業を麻痺させている。……このような党指導者たちの態度の結果，もちろん，どのような政治活動も党によって行われていない。それゆえ，上述の党員の量に何らの意義をも付け加えてはならない。ここでもう1つ大きな災難は，この活動に真剣に携わることができたであろう自由で適切な職員が，我々のところには1人もいなかったことである。……結びとして言っておかなければならないのは，モンゴルにおける我々のすべての活動にとって，大きな欠陥は，我々の原則的な一般方針がないことである。なぜなら，現在行われている方針は，オフチンの個人的な責任とリスクにおいて行われているからである。……これに際して，職員が完全にいないことを考慮に入れることになる。すべての業務が2，3人に課せられており，残りの人員はよくても何らの利益をもたらすことなく，悪い場合には害しかもたらさない。一度ならず私は請願したのに，その要請は空しい言葉に終わった。こうしてほぼ1年が過ぎてしまい，状況はすべて昔のままである。[120]

と記している。オフチンは，人民党指導層が党組織の強化活動を怠っていることと，この活動に関わることのできるエージェントがいないことを指摘し，一般方針がないことと職員の不足を指摘した。先に述べたように，ソヴィエト・ロシアのエージェントの多くが任務に適していなかったため，有能な数人のエージェントに職務が集中する状況にあったのであろう。

　すでに第1章において論じたように，人民政府成立直後，ソヴィエト・ロシア，コミンテルンにおいては，外モンゴルに対して2つの姿勢が取られていた。この内，人民党と人民政府をソヴィエト・ロシアの確実な同盟者と位置づけ，人民党と人民政府を援助し，これを通じてソヴィエト・ロシアの影響を外モンゴルに拡大する，という姿勢を取ったのがシュミャツキーであった。そのため，彼はリンチノとの提携を重視し，ボドーらモンゴル人の活用を考慮し，人民党，人民政府の側からロシアのエージェントを削減するよう要請された際には，それに応じて調整を行ったのである。これに対してオフチンは，「反ソヴィエト・ロシア」勢力が存在する外モンゴルの現状を受けて，シュミャツキーとは異なる方針を取ったと思われる。そのため，彼は，外モンゴルにおける「反ソヴィエト・ロシア」勢力が日本や中国と結託して

いるとみなし，方針の異なるシュミャツキーが設けた人員と方針の変更を求め，外モンゴルにソヴィエト・ロシアのエージェントを増派して，「反ソヴィエト・ロシア」勢力を排除できる人民党，人民政府を建設しようとしたのであろう。[121]

このように，ボドーらの活動に対してオフチンらは，人民政府の安定のために王公，仏教勢力を政権の要職に加えることによって，外モンゴルにおける「反ソヴィエト・ロシア」の傾向を抑制しようと図ったのである。これは，安全保障上の問題から外モンゴルの安定を望んでいたソヴィエト・ロシアにとっても当面は必要な措置であったと考えられる。

また，オフチンは，以前の方針の転換と人民党，人民政府に対するソヴィエト・ロシアのより直接的な関与を主張し始めた。ボドーらの活動に対する措置を取ったことによって，ソヴィエト・ロシアを支持しない「親中国派」とオフチンがみなしていた王公と仏教勢力の有力者が要職を務める政権が，結果的に形成されてしまった。第1章において触れたように，人民政府は成立当初から王公，仏教勢力の一定の影響を受けていた。しかし，ボドーの粛清事件が発生した結果，人民政府閣僚に王公，仏教勢力の有力者が何人も登用され，彼らが人民政府の運営に直接関与することになったのである。ここに，王公，仏教勢力が大臣としてより直接に影響を及ぼす政権が，人民政府に成立したのである。意図せざるこの結果に対して，人民党をソヴィエト・ロシアの直接の関与によって強化し，外モンゴルにおける人民党とソヴィエト・ロシアの影響力を強化することが，ソヴィエト・ロシアとコミンテルンにおいて必要とされ始めたのである。

王公，仏教勢力が直接関与する政権はこれ以後も続くことになる。コミンテルンがこの状況の打開を具体的に図るのは，1923年の人民党第2回大会においてである。[122] ボドーらの粛清後もこのような政権が続くことをソヴィエト・ロシアおよびコミンテルンが容認した第1の理由は，外モンゴルにおいてボドーらの粛清後も不安定な情勢が続いたことであろう。1923年初頭にはツェレンピル事件が発生している。この事件は，人民政府法務省の書記を務めていたツェレンピル（čeringpil）が，人民政府とソヴィエト・ロシア，コミンテルンによる外モンゴル支配に反発し，王公，仏教勢力と協力して，政

府転覆のための援助を要請する文書を日本に届けた，という事件である[123]。王公と仏教勢力が関与する「反ソヴィエト・ロシア，反人民政府」事件が発生していることから，ソヴィエト・ロシア，コミンテルンは，王公と仏教勢力の有力者が関与する政権を「全国家的統一」のためにひとまず維持し，情勢の安定を図らざるを得なかったと推測される。

　王公，仏教勢力が直接関与する政権が続いた第2の理由は，人民政府の中にこのような政権を望む者がいたためであろう。上述のとおり，人民政府内において重要な立場にいたリンチノらは王公，仏教勢力の有力者との一定の協力に賛同していた。このことが，この政権を存続させる一因になったと考えられる。

本章の結論

　ボドーの粛清事件は，従来の研究において指摘されたモンゴル人活動家同士の闘争のみに止まる事件ではなく，当時の外モンゴルの政権の様相と，外モンゴルに対するソヴィエト・ロシア，コミンテルンの方針をも変えることになる重要な政治的事件であった。

　ボドーの粛清事件後に人民党，人民政府を指導していくことになるリンチノ，A.ダンザンなどのモンゴル人政治家は，ボドーのような政権に批判的な者が党，政府外の「反人民政府，反ソヴィエト」勢力と容易に結びつく現状に鑑み，こういった勢力にも強い影響力を持つ王公，仏教勢力の有力者との「連立政権」を組織することによって，国家経営を推進する方針を取った。とりわけリンチノは，このような政権のあり方を外モンゴルにとって望ましいものであると考えていた。

　これに対して，ソヴィエト・ロシアとコミンテルンにとってボドーらの活動は，極東における安全保障にとって重要な位置を占める外モンゴルの不安定化を招くものであった。加えて，ボドーらを政権から排除した後に外モンゴルに成立した新政権は，「親中反ソ」と判断された王公，仏教勢力が要職を務めるものであり，ソヴィエト・ロシアの本来の要望に合わないものであった。だが，ソヴィエト・ロシア，コミンテルンは，外モンゴルの情勢の安

定を図るべく，この「連立政権」をひとまず認めざるを得なかったのである。

このソヴィエト・ロシア，コミンテルンの姿勢と，先に述べたリンチノらの姿勢は大きく異なるものである。人民政府における「連立政権」に対する両者の姿勢の違いは，本書において論じていくように，この後の外モンゴルの政治情勢に大きく影響していくことになる。

このような政治情勢の大きな変化をもたらしたという点において，ボドーの粛清事件は，人民政府成立以後モンゴル人民共和国成立に至る外モンゴルの政治的過程における一大転換点だったと位置づけることが可能であろう。

註

1 本書においては，ボドーらが，外モンゴルに対するソヴィエト・ロシア，コミンテルンの関与に反対する活動を行い，政府の要職を辞任し，逮捕，粛清された一連の過程を「ボドーの粛清事件」と称する。

2 БНМАУТ3, pp.201-202；坂本 1952, pp.54-55；Bawden 1968, pp.254-255；Rupen 1964, p.192；Цапкин 1948, p.44など。

3 Бат-Очир 1991, pp.24,31-33,47-48,50-51；Буруутнууд, pp.12-19,26-27；Баабар 1996, pp.281-282,285-286；Даш 1990, pp.21,34-36；Пүрэв 2001, pp.37-43；Dashpurev/Soni 1992, pp.10-24；Sandag/Kendall 2000, pp.31,53；二木 1995, p.249；Рощин 1999, pp.58-60；Barkmann 1999, pp.217-219；Дамдинжав 2006, pp.17-19,21；МУТ5, p.146；ИМ, pp.70-71；Ширэндэв 1999, pp.352-353；МТХ, pp.230-232；Батсайхан 2007, pp.181-186；Жабаева/Цэцэгмаа 2006, pp.242-245など。

4 Бат-Очир 1991, pp.31-33,48,50-51；Буруутнууд, p.26；Баабар 1996, pp.279, 285-286；Пүрэв 2001, pp.37-43；Баттогтох 1991, pp.75-82；Dashpurev/Soni 1992, pp.10-24；Sandag/Kendall 2000, pp.31,35；二木 1995, p.249；Рощин 1999, p.58；Barkmann 1999, pp.217-219；МУТ5, p.146，Даш 1990, p.36；Эрдэнэбаяр 2000, pp.175-176；МТХ, pp.230-232,238-249；Батсайхан 2007, pp.181-186など。

5 Бат-Очир 1999a, pp.337,341-343；Баттогтох 1991, pp.75-82；Баабар 1996, p.286；Буруутнууд, p.26；Рощин 1999, p.59；遠藤 1944, p.11；Rupen 1979, p.30；小貫 1993, pp.198-200；劉 2001, pp.60-61；Пүрэв 2001, pp.36-43；矢野 1928, p.456；Дамдинжав 2006, pp.20-21；Tang 1959, pp.386-387；藍 2000, p.475；Sandag/Kendall 2000, pp.29-36；Dashpurev/Soni 1992, pp.10-24；МТХ, pp.245-249など。

6 たとえば，『シン・トリ』，『ニースレル・フレー新聞』の発行には，ジャ

ムツァラーノが関与していた。ボドーはこれらの新聞の発行を通じて，ジャムツァラーノと接触したと思われる。

7 Бат-Очир 1991, pp.3-6.
8 Бодоо, pp.7-10.
9 ボドーらと共に人民党の活動に早くから関わった活動家の１人。1920年夏に援助要請のためにロシアに赴いた人民党代表の１人である。人民政府成立後には青年同盟中央委員会委員長，S. ダンザンの粛清（第５章参照）後には全軍司令官などを務めた。1930年代に外モンゴルの政権を掌握し，И. В. スターリンの指示のもとに外モンゴルにおいて大粛清を行った。
10 Бат-Очир 1991, pp.7-9.
11 人民臨時政府の初代首相はチャグダルジャブである。彼は1921年４月16日まで首相を務めた（Пүрэв 2001, pp.23-26）。その後，ボドーが首相に就任した。
12 Бат-Очир 1991, p.34.
13 Бат-Очир 1991, pp.34-35.
14 Бат-Очир 1991, pp.14-16,20-24；Даш 1990, pp.21,34-36；Dashpurev/Soni 1992, pp.10-24；Рощин 1999, pp.58-59.
15 ボグド・ハーン政権において内務省副大臣を務め，人民政府では内務大臣を務めた仏教勢力の有力者。ボドーの辞任と同時期の1922年初頭に内務大臣を更迭された。彼の更迭を決定した人民党中央委員会第１会議（1922年２月４日）の議事録によると，更迭の理由は，内務省から出したボグド・ハーンへの奏上に際してポンツァグドルジが扇動的に宣布したため，とされている（YTA, Ф.1-Д.1-Х/Н.82-Х.33）。これについて1922年２月８日の人民政府第２会議議事録において，ポンツァグドルジが奏上の方法を今までどおりとするボグド・ハーンの勅令を「事前に政府に通知して協議させることなく，そのまま専制的なやり方で命じた」（YTA Ф.1-Д.7-Х/Н.4-ХХ.4- 5）と指摘されている。ポンツァグドルジが，人民政府に通知することなく，ボグド・ハーンの勅令を施行したことが問題視されたと考えられる。これらのポンツァグドルジの活動が，後述するボドーらが行おうとしていた高価な装飾品の使用の禁止などの政策に関連するものであることを指摘する研究もある（ЗЭТ, p.47）。
16 KM, pp.10-13.
17 KM, p.18.
18 KM, p.19.
19 1920年８月20日ロシア共産党シベリア局東方諸民族部モンゴル・チベット課参事会組織会議議事録（РГАСПИ, Ф.495-ОП.154-Д.7-Л.10）。
20 ДВПСР, p.155. この文書は，今後極東に設置されることが予定されている極東書記局について，その現況をモスクワに報告したものである。

21　ДВПСР, p.176. 書簡の末尾にはゴンチャロフの名が記されている。
22　東方諸民族部メンバーの1人。
23　当時、東方諸民族部中国課課長を務めていた人物。
24　РГАСПИ, Ф.495-ОП.154-Д.27-ЛЛ.42-43.
25　国際関係課は、コミンテルン執行委員会と各地の共産党との連絡を司る組織である（структура, pp.25-26）。
26　この電報（РГАСПИ, Ф.495-ОП.154-Д.32-ЛЛ.4-4об）には、サインと日付が存在しない。だが、電報内の「10月23日付の貴殿の第176電報に対して」という記述から、この電報は少なくとも1920年10月23日以降に作成されたと判断できる。また、この電報と同一の内容の文書がРГАСПИ, Ф.495-ОП.154-Д.32-Л.35に所蔵されているが、この文書にはスミルノフのサインがある。このことから、この電報の作成にはスミルノフが関わっていると考えられる。
27　РГАСПИ, Ф.495-ОП.154-Д.32-Л.4.
28　Рощин 1999, p.90.
29　当時のロシアの文書には、モンゴル人政治家を評価して「右派」、「左派」と分類するものが多く見受けられる。だが、この分類は、各政治家の実際の思想的傾向を正確に示したものとは言い難い。本書において利用した数多くの文書においても、同じ人物が同時期に右派とされたり、左派とされたりしている。むしろ、文書の作成者が、自分の考えに合う者を「左派」、自分の考えに合わない者を「右派」と記す傾向の方が強いと思われる。
　　たとえば、この文書において「左派」と表現されたヤポン・ダンザン（А. ダンザン）は、1923年にА. Г. スタルコフが記した文書においては、「右派」と表現されている（РГАСПИ, Ф.495-ОП.152-Д.19-ЛЛ.9-10）。このスタルコフの文書とほぼ同時期にリンチノが書いた文書においては、А. ダンザンは「左派」とされている（Ринчино, p.153）。当時、А. ダンザンはスタルコフに反対してリンチノに同調していた（詳細は第4章を参照されたい）ため、このような差が生じたのだと思われる。スタルコフについては、第4章、第5章を参照されたい。
30　YTA, Ф.445-Д.1-Х/Н.20-Х.4；РГАСПИ, Ф.495-ОП.152-Д.9-Л.29об.
31　АВПРФ, Ф.0111-ОП.4-ПАП.105а-Д.1-Л.121.
32　この決定は、この4月19日の会議においてなされたのではなく、これ以前の会議においてなされたものであり、この問題を討議するためにこの議事録に改めて記載されたものである。
33　НТА, Ф.4-Д.1-Х/Н.1-ХХ.22-23.
34　この会議の議事録は、НТАとYTAにそれぞれ保管されている。2つの議事録はほとんど同じ内容だが、若干の記述の差異が見受けられる。
35　YTA, Ф.1-Д.1-Х/Н.2-ХХ.39-40.

36 当時の人民臨時政府首相はチャグダルジャブである。
37 HTA, Ц.1-Д.1-X/H.3-X.29. 文書の差出人はボリソフ，ベグゼエフ（ジャムツァラーノ），ゴチトスキー，ダンチノフ，ワンチコフ，テムゲー，ジャムバロンであり，皆極東書記局のメンバーである。
38 HTA, Ф.4-Д.1-X/H.1-XX.23-24.
39 YTA, Ф.1-Д.1-X/H.2-XX.40-41. この委員会が作成した規則は1921年4月23日の人民臨時政府会議において承認され，即日施行された。この規則と思われる文書がYTA, Ф.1-Д.1-X/H.13-X.1にあるが，途中で切れており，コミンテルンのエージェントの権限に関する明確な規定は見当たらない。
40 АВПРФ, Ф.0111-ОП.4-ПАП.105а-Д.1-Л.121.
41 宣誓協定は，人民政府とボグド・ハーンの関係を規定した協定であり，ボグド・ハーンを，宗教のみを支配して政治に対しては権力を持たない制限君主と位置づけたものである（МШТ, pp.237-238；ХЗМ, p.49；МУТ5, p.133など）。
42 モンゴル人の代表的な衣服。
43 デールの上に着用する袖付きの服。
44 身分を示す羽根飾り。
45 МШТ, pp.236-237. 1932年にバドラフが書いた『党が右翼日和見主義者たちと闘った，成功した大闘争の経験』においても，これと同様の記述がある（Бадрах, pp.33-35）。バドラフ（badaraqu）は，西モンゴルのドゥルベドの出身である。彼は1924年に人民党中央委員会メンバーになり，後に政権に深く関わっていくことになる。彼が著述したこの文献は，モンゴル人民共和国において強制的な共産主義化が推し進められた1928～1932年のいわゆる「極左偏向時代」において，政権の中枢にいたバドラフが，「右翼日和見主義者」を糾弾するために，人民（革命）党が「右翼日和見主義者」と行った闘争について書いたものである。そのため，この文献には強力なイデオロギー的制約がかけられている。その一方で，現在においてはすでに散逸した文書等も用いられており，貴重な情報を提供してくれる面もある。この文献においては，共戴11年10月6日の人民政府会議において，女性の髪飾り使用の禁止と，弁髪の禁止が決議された，とされている（Бадрах, pp.33-34）。
46 Бат-Очир 1991, p.31；Баабар 1996, p.279など。
47 この史料集は，オイドブとツェツェンビリグトが1926年に出版したものである。オイドブはジャダムバ，ツェツェンビリグトはボヤンネメフだとされている（ЗЭТ, p.3；二木 1995, p.256）。当事者の記録であり，当時の外モンゴルの政治情勢に関する重要な記述が数多く含まれている。ジャダムバについては，第3章を参照されたい。
48 帽子の先に付ける飾り石のこと。その人の身分を表す。
49 ラムジャブ（lamujab）は人民政府内務省副大臣である。

50 ЗЭТ, p.12.
51 スタルコフが記した「モンゴル革命青年同盟に関する報告」にも，ボドーがチョイバルサンを通じて青年同盟に弁髪を禁止する問題を提議したことが記されている（РГАСПИ, Ф.495-ОП.152 -Д.13-Л.18）。
52 ЗЭТ, pp.11-12.
53 バドラフもこれと同様の解釈をしている（Бадрах, pp.33-34）。
54 Бат-Очир 1991, pp.29-33など。
55 1921年8月27日の青年同盟幹部会会議において，人民党中央委員会のメンバー1人を青年同盟に常駐させることが協議され，「党の指導者，政府の長」としてボドーを招聘することが決議されている（РГАСПИ, Ф.533-ОП.10-Д.2102-Л.8）。このことは，青年同盟におけるボドーの名声の高さを示唆するものであろう。
56 この史料は1924年11月1日付の『モンゴル駐在ソ連全権代表部報告』No.19-20の一部である。史料には署名が無いが，その前文においてこの史料がスタルコフによって書かれたことが記されている（РГАСПИ, Ф.495-ОП.152-Д.20-Л.169）。
57 РГАСПИ, Ф.495-ОП.152-Д.20-Л.173.
58 АВПРФ, Ф.0111-ОП.4-ПАП.105а-Д.1-Л.121.
59 НТА, Ф.4-Д.1-Х/Н.18-Х.59 ; Бодоо, p.112.
60 НТА, Ф.4-Д.1-Х/Н.1-Х.66.
61 1932年のバドラフの著作『党が右翼日和見主義者たちと闘った，成功した大闘争の経験』にも，このことが簡略に記されている。バドラフは，この特別委員会に S. ダンザン，ジャムツァラーノらが選出されたと記している（Бадрах, pp.30,35-36）。また，バドラフは，各省庁のロシア人エージェントの数を減らし，ロシア人エージェントにはモンゴル人の質問に説明をして良い考えを提案する権利があるが，自分の考えを論議して正当化する権利はない，という決定をこの委員会が作成した，とも記している（Бадрах, p.36）。
62 バドラフは，註61に示した S. ダンザン，ジャムツァラーノらの特別委員会がこの問題について，モンゴルに長年居住しているロシア人をむやみに逮捕するのを止め，逮捕した者は解放し，ロシアにもモンゴルにも無害な白系ロシア人は害を加えずに住まわせておくべきである，という決定を作成した，と記している（Бадрах, p.36）。
63 АВПРФ, Ф.0111-ОП.4-ПАП.105а-Д.1-ЛЛ.121-121об.
64 別の史料（ГХТА, Ф.2-Д.2-Х/Н.21-ХХ.45-46）には，条約締結交渉のためにモスクワに赴いた S. ダンザンらは1921年12月19日にフレーに戻った，とある。いずれにせよ18日の会議の後で戻ったのは確かであろう。
65 АВПРФ, Ф.0111-ОП.4-ПАП.105а-Д.1-Л.121об.
66 ЗЭТ, p.13 ; Бадрах, pp.31-32 ; РГАСПИ, Ф.495-ОП.152-Д.13-ЛЛ.22-25.

67 РГАСПИ, Ф.495-ОП.152-Д.13-Л.26.
68 ただし，従来の研究においても指摘されているように，1922年2月にシュミャツキーは，ボドーをモスクワ駐在人民政府全権代表としてモスクワに派遣するよう要請している（ЗЭТ, p.54など）。このことから，シュミャツキーがボドーを支持する姿勢を維持していた可能性はある。だが，後述するように，シュミャツキーは1922年1月にイラン駐在全権副代表に任命され，外モンゴルにおけるソヴィエト・ロシア，コミンテルンの活動を以前のように指導することができなくなっていた。そのため，ボドーに対するシュミャツキーの支持がボドーらの状況を改善するには至らなかったと考えられる。
69 Даш 1990, p.36；Дамдинжав 2006, pp.21-22；Рощин 1999, pp.59-60など。
70 Дамдинжав 2006, p.21；Рощин 1999, p.59.
71 ダムビジャンツァンは西モンゴルで勢力を維持していた。対ロシア白軍戦闘において人民党とソヴィエト・ロシアは彼を味方に引き入れようとしたが，やがて対立した。
72 Буруутнууд, p.26；Rupen 1964, p.192；Рощин 1999, pp.59-60など。
73 1922年1月17日に開かれたロシア共産党中央委員会政治局会議において，シュミャツキーを「ペルシア駐在全権副代表」に任命することが決議された（РГАСПИ, Ф.17-ОП.3-Д.253-Л.3）。その後，1923年3月22日のロシア共産党中央委員会政治局の会議において，シュミャツキーをペルシア駐在全権代表に任命するソ連外務人民委員部幹部会の提案が承認された（РГАСПИ, Ф.17-ОП.3-Д.342-Л.6）。
74 ロシチンの指摘によると，オフチンは，多くの任務を抱えてフレーに常駐できなかったシュミャツキーの職務を事実上遂行していた（Рощин 2002a, p.105）。
75 リンチノは1924年9月17日付の論文「モンゴルにおける最近の出来事に関して。人民党と青年同盟」において，オフチンを「元コミンテルン極東書記局代表」と表現している（Ринчино, p.95）。
76 АВПРФ, Ф.0111-ОП.4-ПАП.105а-Д.6-Л.66.
77 ソコビンの活動については，Campi 1991；Болд 2008, pp.120-136に詳しいが，辞任後のボドーらの活動との関係に関する言及はない。
78 なお，ボドーらとアメリカの関係について，一部の先行研究においては，ソヴィエト・ロシア側が1921年8月のボドーらとソコビンの面会を問題視し，それがボドーの粛清につながった，と論じられている（Баттогтох 1991, pp.74-75；Баабар 1996, p.285；Лонжид 2004, pp.212-214）。しかし，1921年8月にボドーは人民政府首相としてソコビンとあくまで公的に会談しており，これを粛清の理由とするのは極めて不自然である。また，そのようなことを指摘する記述は，ソヴィエト・ロシア，コミンテルンの史料には，管見の限りにおいては見られない。ソヴィエト・ロシア側が問題視したのは，辞任後の

ボドーらとソコビンの密会疑惑だと考えるべきであろう。
79　АВПРФ, Ф.0111-ОП.4-ПАП.105а-Д.1-ЛЛ.121об-123.
80　АВПРФ, Ф.0111-ОП.4-ПАП.105а-Д.1-Л.120.
81　1921年10月末に開催された臨時国会（ulus-un tür čaγ-un qural）のことであろう。外モンゴルのさまざまな社会階層の代表を招集した会議だが、審議機関でしかなく、政策を決議できる権限を持っていなかった（Дашдаваа 2003, pp.62-63；ХЗМ, p.48；Ширэндэв 1999, pp.323-324など）。
82　АВПРФ, Ф.0111-ОП.4-ПАП.105а-Д.1-ЛЛ.120об-121.
83　Дамдинжав 2006, p.21.
84　特別課は、防諜活動と国境防衛に従事するソヴィエト・ロシアの機関である。1920年秋に赤軍第5軍団特別課が解体され、1921年に、ノヴォニコラエフスクとイルクーツクの非常委員会に各々所属する西シベリア軍管区特別課と東シベリア軍管区特別課が成立した。1921年8月以後、東シベリア軍管区特別課を率いていたのはベルマン（М. Д. Берман）であった（Тепляков 2007, p.67）。
85　内防局は、1922年7月に正式に設置された外モンゴルの国内防衛と防諜を担う機関であり、日本や中国の諜報機関と結びついた「反革命陰謀」の取り締まりを目的とした（Бат-Очир 1999а, pp.342-343）。ソロキンはソヴィエト・ロシアから派遣された顧問である。
86　この文書をドゥホフスキーに伝達した1922年9月3日付のモンゴル駐在ソヴィエト・ロシア全権代表部の文書においては、ギリマン（Гильман）の役職は「第5騎兵旅団付属特別課課長」となっている（АВПРФ, Ф.0111-ОП.4-ПАП.105а-Д.1-Л.78）。
87　АВПРФ, Ф.0111-ОП.4-ПАП.105а-Д.1-Л.79.
88　かぎ括弧内の語は、いずれもこのソロキンの報告書において用いられた表記（АВПРФ, Ф.0111-ОП.4-ПАП.105а-Д.1-ЛЛ.79-79об）である。
89　АВПРФ, Ф.0111-ОП.4-ПАП.105а-Д.1-Л.79об. サジ・ラマの事件は、人民政府の転覆を狙ってサジ・ラマがボグド・ハーンらと手を組んで蜂起を興そうとしたものであると従来説明されてきた（БНМАУТ3, pp.180-181など）。その一方において、この事件は、チベットから派遣されたダライ・ラマの代表に反対するための冤罪であったと指摘する研究もある（Баттогтох 1991, pp.68-72）。スタルコフの「モンゴル革命青年同盟に関する報告」には、この事件の阻止には青年同盟が実質的に関与したことが記されている（РГАСПИ, Ф.495-ОП.152-Д.13-Л.19）。
90　АВПРФ, Ф.0111-ОП.4-ПАП.105а-Д.1-Л.79об.
91　АВПРФ, Ф.0111-ОП.4-ПАП.105а-Д.1-Л.79.
92　人民政府軍務省において活動し、内防局設立にも尽力した人物。
93　АВПРФ, Ф.0111-ОП.4-ПАП.105а-Д.1-Л.79об.

94 ゲルより小型のモンゴルの移動式簡易住居。
95 モンゴルにおいて，贈り物を差し出したりする際などに使用される聖なる布。
96 モンゴルの乳製品の一種。硬質チーズ。
97 НТА, Ц.6-Д.1-Х/Н.11-Х.4；Бодоо, pp.119-121.
98 НТА, Ц.6-Д.1-Х/Н.11-Х.5；Бодоо, pp.121-122.
99 ハタンバートル・マグサルジャブのこと。
100 帰化城（現在のフフホト）に本拠を置く山西商人の貿易商社。モンゴルにおける辺境貿易を担っていた旅蒙商の1つである（廬・劉 1995, pp. 38-40；Санждорж 1963, pp.23-24）。
101 НТА, Ц.6-Д.1-Х/Н.11-Х.5；Бодоо, pp.122-123.
102 НТА, Ц.6-Д.1-Х/Н.11-Х.5；Бодоо, p.124.
103 НТА, Ц.6-Д.1-Х/Н.11-Х.5；Бодоо, p.124.
104 НТА, Ц.6-Д.1-Х/Н.11-ХХ.12-13；Бодоо, pp.127-130.
105 НТА, Ц.6-Д.1-Х/Н.14-ХХ.11-12.
106 НТА, Ц.6-Д.1-Х/Н.13-Х.5.
107 АВПРФ, Ф.0111-ОП.4-ПАП.105а-Д.1-Л.79об.
108 Campi 1991, pp.89-92には，フレーにおけるソコビンの活動について述べられているが，ボドーとの関係があった，とは記されていない。
109 王公の有力者の1人。ハルハ4ハンの1つ，セツェン・ハンの称号を持つ。ボグド・ハーン政権においては総務省参事大臣，法務省大臣を務め，人民政府においては内務大臣を務めた。当時，内務省は行政，経済，教育などの広範な業務を司る執行機関であったため（Бат-Очир 2001, p.52），ナワーンネレンの影響力も強かったと思われる。
110 НТА, Ф.4-Д.1-Х/Н.1-Х.73.
111 УТА, Ф.1-Д.1-Х/Н.82-Х.33.
112 原文は，общенациональное об′единение である。
113 АВПРФ, Ф.0111-ОП.4-ПАП.105а-Д.1-ЛЛ.121об-123.
114 1922年4月29日付カラハン宛報告書においても，オフチンは，ハタンバートルのことを「いくらかボドーの影響を受け」ている，と記述している（АВПРФ, Ф.0111-ОП.4-ПАП.105а-Д.6-Л.61）。
115 ВБД 1, p.124；二木 1995, p.249；Жабаева/Цэцэгмаа 2006, pp.237-239。リンチノは，1920年8月の論文「モンゴルにおける政治状況について」において，

　　［人民党を結成した民主的風潮の人々が］モンゴルの政治的解放の擁護者として，またこの観点から上級聖俗封建グループをありうる同調者，同盟者として評価した（Ринчино, p.30）。

と記述した。また，すでに第1章において論じたように，リンチノが関わっ

た可能性がある極東諸民族大会のモンゴル代表の報告にも，

　　これ［国際プロレタリア運動］に対して我ら人民党のみならず……わが国の特権と資産を持った階級のうち理性的で思慮深い勢力も引きつけられている。わが党は，勤労大衆の他にも，彼らからの支援を，一定程度享受しているのである（РГАСПИ, Ф.495-ОП.154-Д.157-Л.185）。

と記されている。1924年にリンチノが書いたと思われる論文「モンゴルにおける革命の展望」にも，

　　官吏層と僧侶層に関しては，これらの勢力に対して党は重大な注意を向けなければならないが，これらの勢力は党活動において二次的な意義を演じているはずであり，ましてこれらのグループを代表する者の中でもより善良な者たちは，自ら党に入り，大衆，勤労大衆に信用と真実を奉仕提供するのである（Ринчино, p.51）。

という記述がある。リンチノは，一貫して王公，仏教勢力との一定の協力が人民政府にとって重要であることを主張し続けていたのである。

116　РГАСПИ, Ф.495-ОП.152-Д.16-ЛЛ.27-40；Ринчино, pp.53-65.
117　РГАСПИ, Ф.495-ОП.152-Д.16-Л.33；Ринчино, p.59.
118　РГАСПИ, Ф.495-ОП.152-Д.16-Л.36；Ринчино, p.61.
119　АВПРФ, Ф.0111-ОП.4-ПАП.105а-Д.6-ЛЛ.66-67.
120　АВПРФ, Ф.0111-ОП.4-ПАП.105а-Д.1-Л.123об.
121　オフチンがシュミャツキーの方針に反対する姿勢を示していたことを端的に表している事例として，モスクワ駐在人民政府全権代表の選出問題を挙げることができる。この問題に関して，オフチンは，1922年4月29日付カラハン宛報告書において以下のように述べている。

　　すでに貴殿もご存じのとおり，モンゴルの全権代表の派遣問題は非常に面倒な性格を持つものであった。最初に，同志シュミャツキーの合意を得た幾人もの候補者たちを素通しすることは，充分簡単に済んだ。たとえば，候補者ボドーは，病気のふりをして公式にこのポストを拒否した。……その後続いた候補者はハタン・バートル・ワンであったが，彼は，いくらかボドーの影響を受け，またいくらか行くことを望まず，また行くことを拒否した。この後，人民革命党中央委員会は，即座に以下の3人の候補者を提案した。1／チョイバルサン。……ボドーの右腕であり，彼の全策動への関与者である……2／ジャダムバ。彼もまたボドーの冒険的行動への間接的な関与者であり，ボドーのおかげで財務省副大臣になった。……3／ソンドイ［songdui］……彼はジャダムバが参加していた青年同盟のグループの参加者であった。……この三者から，政府は不可欠な公使を選出せねばならなかった。このような問題提案の後，このような候補者たちは我々には受け入れ難いということを，当局指導層に理解させることが不可欠となった。我々の申告は考慮に入れられる

ことになり，最後に，外務大臣ツェレンドルジの提案に従ってダワーが任命された（АВПРФ, Ф.0111-ОП.4-ПАП.105а-Д.6-ЛЛ.61-62）。

オフチンは，モスクワ駐在人民政府全権代表の選出において，シュミャツキーの合意を得た候補者を採用しないよう措置を取っていたのである。この点において，シュミャツキーの方針および人選に対するオフチンの姿勢を垣間見ることができるであろう。

共戴12年閏1月26日（1922年3月23日）の政府第12会議の議事録には，オフチンが，ジャダムバとソンドイがモスクワ駐在人民政府代表と参事官の任に就くことに反対し，人選をやり直すよう人民政府に指示したことが記されている（УТА, Ф.1-Д.7-Х/Н.4-ХХ.41-42）。

122　これについては第4章を参照されたい。

123　Баттогтох 1991, pp.88-93；Батсайхан 2006, pp.39-47；МШТ, pp.248-250. ツェレンピル事件に連座した人々の供述書を見ると，事件の発端はすでに1922年春から夏にかけての時期に築かれていたようである（Батсайхан 2006, pp.61-81）。これは，辞任後のボドーらが活動を行っていた時期と重なる。そのため，ツェレンピルとボドーらの間に関係があった可能性はあるが，彼らの関係を直接示す史料は現時点では発見されていない。

この事件に関与した人々の供述書には，マンズシリ・ラマ（マンズシリ・ホトクト）の名が散見される。マンズシリ・ラマはこの事件において大きな役割を果たしていたと思われる（Батсайхан 2006, pp.44-47）。マンズシリ・ラマについては，第4章を参照されたい。

第Ⅱ部 モンゴル近現代史における1923年

スフバートル像

従来のモンゴル近現代史研究においては，「モンゴル人民革命」の結果人民政府が誕生した1921年，ボドーの粛清事件が発生した1922年，中ソ協定の締結や S. ダンザンらの粛清事件などを経てモンゴル人民共和国が成立した1924年と比べ，1923年には特別な意義が与えられていない。この年は，近現代史上の単なる一通過点としてしか評価されていないのである。
　しかし，筆者が外モンゴルとソ連，コミンテルンの関係から外モンゴルの政治情勢の変遷を検討したところ，先行研究によるこの評価が妥当なものであるとは言い難いことが明らかになってきた。1922年のボドーの粛清事件を通じて外モンゴルに醸成された政治情勢に大きな変化を与え，S. ダンザンらの粛清事件に代表される1924年夏の政変の原因を生み出した事件が，1923年の外モンゴルにおいて起こっていた。そして，その背後にあったのは，中ソ公式交渉のモンゴル問題協議におけるソ連の姿勢の変化であった。先行研究は，モンゴル近現代史において1923年の情勢が持つこのような重要性を完全に見落としてきたために，モンゴル人民共和国成立に至る外モンゴルの政治情勢の変化を正しく捉えることができなかったのであろう。
　第Ⅱ部においては，ボドーの粛清事件後の外モンゴルの政治情勢と，人民政府とソ連，コミンテルンの関係が，1923年夏の人民党第2回大会を契機として大きく変化し，この変化が1924年夏の外モンゴルにおける政変につながることを論証する。また，この変化の背景にあった中ソ公式交渉におけるソ連の譲歩と外モンゴルに対する影響についても考察し，1923年の外モンゴルをめぐる国際関係の変化を論じる。これらの考察を通じて，モンゴル近現代史において1923年の政治情勢が持つ重要性を解明することを試みたい。

第**3**章

1923年の人民政府・ソ連間の交渉と中ソ公式交渉

　1923年の外モンゴルの政治情勢の大きな変化の背景として，1923年に中ソ公式交渉において起こった変化と，この変化が外モンゴルにおけるソ連，コミンテルンの活動に及ぼした影響について把握しておく必要があるだろう。

　1923年9月，カラハンがソ連全権代表として北京に派遣され，中ソ公式交渉を担当することになった。このカラハンの派遣がそれまでのソヴィエトの外交代表の派遣と大きく異なっていたのは，カラハンの派遣以降，停滞していた中ソ公式交渉が進み始めた点である。カラハンによる交渉は，1924年5月31日の中ソ協定の締結という形で結実することになる。そして，交渉が進展した要因の1つが，モンゴル問題協議におけるソ連の譲歩だったのである。

　中ソ公式交渉におけるモンゴル問題協議は，20世紀初頭の中ソ関係に関する先行研究の多くが言及した重要な研究課題である。これら従来の研究においては，中ソ公式交渉の進展のために中華民国側の主張を受け入れ，外モンゴルを中華民国に引き渡そうとするソ連の姿勢がクローズアップされてきた。

　従来の研究が描いてきた構図をまとめると，以下のようになる。当初，ソヴィエトは中華民国に対して，自軍の外モンゴル撤退を一貫して拒み続けていた。これに対して中華民国側は外モンゴルからのソヴィエト軍撤退を強硬に主張し，交渉が停滞した[1]。だが，カラハンが北京に着任した後，ソ連側は外モンゴルからのソ連軍の撤退と外モンゴルに対する中華民国の主権を受け入れることで中華民国側に譲歩して，交渉を進展させようと図った[2]。このソ

163

連の譲歩に対して人民政府が抗議し，外モンゴルの独立を中華民国に対して主張する訴えをソ連に提示した。これに対してソ連は，中華民国の主権下においても国家運営は可能であると主張し，外モンゴル自治を受け入れるよう人民政府を説得した[3]。このようなモンゴル問題におけるソ連の譲歩の結果，中ソ協定が締結された[4]。このソ連の譲歩について，カラハンの前任者ヨッフェ（А. А. Иоффе）[5]がすでに外モンゴルを中華民国に引き渡す姿勢を示したことを指摘する研究もある[6]。

　以上のように，先行研究においては，カラハンの交渉開始後，外モンゴル自治を受け入れるソ連の姿勢が一貫していたものとして描かれている。だが，この構図は，先行研究がモンゴル問題を検討する際に中ソ関係にのみ視点が集中してしまったために形成されたものであろうと思われる。詳細は第4章において論じるが，1923年の外モンゴルにおいては，ソ連，コミンテルンは外モンゴルに対する関与を緩めるどころか，むしろ自分たちに有利な状況を作り出すための新たな活動に着手してさえいた。ソ連，コミンテルンが単に中華民国の要求を受け入れて外モンゴルを手放すつもりだったとは考え難いのである。

　また，従来の研究においては，中華民国に対して譲歩する際にソ連が外モンゴルに対して取った行動については，ソ連が外モンゴル自治の受け入れを人民政府に説得したことしか指摘されていない。外モンゴルに対して大きな影響を及ぼしうるモンゴル問題における譲歩に際して，ソ連がカラハンの中ソ公式交渉開始後にのみ人民政府に働きかけていたと考えるのは，非常に不自然である。むしろ，何らかの前準備が外モンゴルにおいて行われたことが想定されるのである。

　これらの疑問に対して筆者は，先行研究の示した構図とは異なる実態を本章において示すことを試みたい。実は，ソ連は中華民国に対して名目上の譲歩をする一方において，外モンゴルにおける影響力を確保し，外モンゴルが中華民国に取り込まれないようにするための準備を，カラハンの交渉開始前から行おうとしていた。このことが顕著に反映されたのが，1923年4～7月に行われた人民政府とソ連の交渉であった。従来の研究においては，この交渉は全く注目されず，1923年中頃にリンチノとジャダムバ（jiddamba）[7]がモ

スクワにおいて軍事と商業に関する交渉を行った，と指摘されただけである[8]。交渉の実態や，交渉が外モンゴルに対して及ぼした影響などについては一切解明されていない。

そこで，本章においては，筆者が収集した公文書史料などをもとにして，1923年の人民政府とソ連の交渉を検討する。まず，人民政府の当時の状況と，中ソ公式交渉におけるソ連の譲歩の実情について確認し，人民政府とソ連の交渉の内容を検討する。そして，この交渉の内容と過程が，外モンゴル，中華民国に対するソ連の姿勢と密接に関わっていたことを，交渉に見られるいくつかの問題点の分析を通じて考察する。これらの過程を通じて，当時の外モンゴル，中華民国に対するソ連の姿勢がいかなるものであり，ソ連がこの姿勢に基づいて外モンゴルにどう関与したのかを解明する。

第1節 中ソ公式交渉におけるソ連の譲歩

本節においては，人民政府とソ連の交渉を検討する前に，中ソ公式交渉におけるソ連の譲歩がどのようなものであったのかを，まず確認しておくことにする。

1．中ソ公式交渉の展開

すでに第1章において述べたように，中ソ間の交渉は1920年に極東共和国代表ユーリンを介して始まったが，ウンゲルン討伐後も外モンゴルに駐屯し続けるソヴィエト・ロシア軍と，外モンゴルに対する中華民国の主権をめぐるモンゴル問題などによって停滞した。その後，1921年12月にパイケス（A. K. Пайкес）[9]がソヴィエト・ロシア公式代表として北京に赴くことによって，中ソ間の公式の直接交渉がようやく始まった。だが，モンゴル問題をめぐる中ソ両者の姿勢に基本的な変化はなかった。パイケスはモンゴル問題協議には外モンゴルの代表も加えるよう主張していたが，交渉は難航した[10]。

1922年8月，パイケスに代わってヨッフェが中ソ公式交渉を担当した。彼は1922年8月12日に北京に到着した[11]。当時，ソヴィエト・ロシアとコミンテルンは，中華民国北京政府を相手とする公式交渉を推進する一方において，

影響力のある孫文と呉佩孚(ごはいふ)にも接近していた。[12] ヨッフェもまた，北京到着以降，呉佩孚や孫文宛に書簡を出している。1922年8月19日付呉佩孚宛書簡においてヨッフェは，

　　これまで，貴殿もご存じのとおり，私は西ヨーロッパにおける外交に従事してきた。それゆえ私は極東についてよく知らない。貴殿が私に賢明なる助言をくださるよう，期待している。……私が自分の主たる目的と考えているのは，我ら双方の共和国の間にかくも自然な友好的相互関係を樹立することである。……

　　しかし，にもかかわらず，私は自ら，衷心からこう確信している。ロシアとの交渉は，中国の利益に極めて合致するものである，と。第1に，中国とロシアの間に幾多の未解決問題がある。これらの問題の解決はまさに中国自身に利害があり，ソヴィエト・ロシアにははるかに少ない利益しかない。第2に，今や，この時期を逃せば，中国は不利な状況に陥りうる時期なのである。

　　……私が賢明な貴殿に注意を払って頂きたい第2の問題は，モンゴル問題である。……ロシアは，戦略的な考えに基づいてモンゴルへ自軍をやむなく進入させることになった。ロシアが現在までモンゴルに部隊を駐屯させておくことを余儀なくされたのは，以下の理由による。第1に，中国は，自領内に白軍徒党とそのリーダーが存在することを甘受している。これら白軍徒党とそのリーダーは，わが軍がモンゴルから撤退した後に，極東共和国の背面に対する新たな攻勢のためにモンゴルへ容易に移って来ることができる。このような状況にある内は，もし中国が，自領内においてロシアと極東共和国に敵対するいかなる勢力の組織も認めない義務を条約において負い，我々に適切な保証を与えるならば，そのときには我々はその意味で確実であると感じるであろう。第2に，モンゴルからのわが軍の撤退は，現在，張作霖がモンゴルを即座に占領してしまうことを意味している。これは，我々にとっても中国にとっても等しく利益にならない。……

　　かくして，この問題に関して極めて望ましいのは，1つには，我々に対する非難がすべて間違っていて不公平であることを中国世論に説明す

ることであり，もう1つには，やはり，ソヴィエト・ロシアといち早く条約を締結することである。

結局，細々とした問題に関しても，我らの間で条約を締結することが極めて重要である。[13]

と記し，中ソ公式交渉を進めて中ソ間において条約を締結することや，ソヴィエト・ロシア軍が外モンゴルに駐屯していることが，ソヴィエト・ロシアにとってだけではなく，中華民国にとっても有益なことであると説き，引用した部分の冒頭にあるように，呉佩孚の支援を求めた。ヨッフェは，孫文に対しても同様の姿勢を取った。1922年8月22日付ヨッフェ発孫文宛書簡には，

私は貴殿にこの書簡を書いているが，これは……いくつかの具体的問題を貴殿に説明するためである。……

世界帝国主義が大いに興味を抱いているのは，我らの干渉のおかげでいまだに彼らの影響下にない中国の唯一の領土，つまりモンゴルをその影響下に従わせることと，帝国主義的だと非難することによってモンゴル問題における我らの信用を貶めることである。

中国政府はなぜかこの釣り竿に引っかかっており，すべての対話は，いつ我々がわが軍をモンゴルから引き揚げるか，という問題から始まる。これと同時に，中国政府自らも，モンゴルからのわが軍撤退のキャンペーンを組織するのである。

しかしながら，国際関係を理解している者皆には明白なのだが，我々は政治的にも経済的にもモンゴルに定着することを考えていない。一方，我々が現在の混沌とした時期において自軍を撤退させた場合，モンゴルに堅固に定着してしまうのが日本帝国主義である。それゆえ，わが軍のモンゴルからの撤退は，中国の利益にならないのである。貴殿は私に賛同するであろうか。……

……しかしながら，個人的に私が確信しているのは，中国は，交渉に入るのがあまりにも遅いと，非常に多くの面において負けを蒙るであろう。なぜなら，日本との交渉を我々はこれ以上延期できないからである。

同時に，中国は我々との交渉に興味を持たなければならない。……

もし貴殿が私に同意してくださるなら，ロシアと中国の交渉を早急に

始めることに対して，多分，貴殿は自身の影響力を発揮してくれること
だろう。[14]

と記されている。この書簡においてもヨッフェは，ソヴィエト・ロシア軍の
外モンゴル駐屯と中ソ公式交渉の開始は中国側にも利益があると主張し，孫
文に対して，交渉開始に影響力を発揮するよう望んでいる。ヨッフェは，現
時点における外モンゴルからのソヴィエト・ロシア軍の撤退は中国にとって
も無益であることを，これ以後の呉佩孚宛書簡においても繰り返し主張して
いる。[15]

　中ソ公式交渉のモンゴル問題協議におけるソヴィエト・ロシアの立場を理
解するようヨッフェが孫文と呉佩孚に強く求めていたことからも垣間見える
ように，ヨッフェが交渉を担当するようになっても，中ソ公式交渉，とりわ
けモンゴル問題協議は難航し続けていた。1922年8月24日のロシア共産党中
央委員会政治局の会議において，中華民国とのモンゴル問題協議に関するヨ
ッフェへの指示について以下の決定が出されている。

　　ヨッフェに以下のことを指示する。モンゴルからの軍撤退に関するい
　　かなる約束も現時点においては受け入れられない。モンゴル問題は，ロ
　　シアと中国の交渉と総合的に関連させることによってのみ提起されうる
　　のであり，極東における地位の総合的強化のために利用されなければな
　　らない。[16]

モスクワがヨッフェに対して指示した交渉方針は，外モンゴルからのソヴィ
エト・ロシア軍の撤退を約束せず，モンゴル問題を極東におけるソヴィエ
ト・ロシアの地位の強化のために交渉において極力利用することであった。
これに基づき，ヨッフェも，当初はソヴィエト・ロシア軍の外モンゴル駐屯
の正当性を主張していた。[17]この一方において，中華民国側はソヴィエト軍撤
退を交渉の前提条件としていたため，[18]交渉は以前のように難航したのである。
当時の中ソ公式交渉に関して，1922年10月17日付チチェリン宛電報において
ヨッフェは，

　　顧[維鈞][19]は依然として細かいことに対してまで激しい敵対的路線を
　　取っている。10月10日，中国革命記念日に，外交部総長は白軍系人士を
　　皆招待したが，私は招待されなかった。……モンゴルの利用は続いてい

る。……それでもこう思っている。近い内にウェリントン・クーをやっつけることができる，と。彼以外の他の中国人外交官には，彼より善良な者などいない。なぜなら，この分野の中国人は皆何らかの帝国主義列強の影響下に完全にあるのだから[20]。

と述べている。ヨッフェは，外交部総長顧維鈞などの中華民国側の外交官僚は，一般にソヴィエト・ロシアに対して敵対的態度を示しており，その背後にはソヴィエト・ロシアを認めない列強がいる可能性がある，と判断していたのである。

このような状況下，交渉の進展を図って，ヨッフェは中華民国に対する譲歩姿勢をモスクワに提示するようになった[21]。1922年11月1日付チチェリン宛書簡においてヨッフェは，

　　私がまさしく恐れているのは，ロシア，中華民国，モンゴルの三者協議というわが国の要求が大衆に悪い印象を起こしてしまうことである。……私はモンゴルにおける状況を知らないが，全モンゴルがわが国の味方であるかどうか，非常に疑わしい[22]。

と記している。ヨッフェは，この書簡においてモンゴル問題協議に外モンゴルの代表も加えるという従来のソヴィエト・ロシアの主張に疑問を呈し，外モンゴルがソヴィエト・ロシアの味方であるかどうかについても疑いの目を向けている。彼のこのような姿勢は，1922年11月7，8日付ヨッフェ発チチェリン宛電報の以下の記述にも見出すことができる。

　　情報通が認めているのだが，外モンゴル全体でもモンゴル人は非常に少なく，大半は中国人である。モンゴル人とブリヤート人の相互関係は醜悪そのものであるが，我々はモンゴル人のためにブリヤート人を支持しているのである。これがすべて間違っていて，モンゴルの全200万の人口が我々の味方であり，中国に敵対していると仮定しても，そのときにはチチェリンの態度は原則的には正しいが，戦術的には間違っている。もちろん，我々は大人口に対抗する少数民族を支持する。しかし，モンゴル人の戦いが何の反響も呼ばず，中国人の戦いが全世界において大規模な共鳴を呼ぶとすると，世界に何の意義も持たない200万のモンゴル人のせいで，かくも大きな役割を演じている4億の中国人との関係とす

べてを損なうことになりはしないだろうか[23]。
　この記述に明らかなように、ヨッフェは、モンゴル人のための活動の妥当性に対する疑念を表明し、外モンゴルを犠牲にして中華民国に譲歩して交渉を推進しようとする姿勢を示し始めていたのである。
　しかし、ここで認識しておかなければならないのは、この考えはあくまでヨッフェ個人のものであり、これによってソヴィエト中央までが即座に中華民国に対する譲歩を考え始めたわけではなかった、ということである。このことを明確に示すのが、1923年1月20日付トロツキー（Л. Д. Троцкий）発ヨッフェ宛書簡の以下の記述である。

　　私が考慮していない事情があるのかもしれない。だが、私の全体的な印象はやはり以下のとおりである。貴殿は中国問題に対する政治局の政策を正しく評価していない。……

　　……貴殿は中国の困窮に非常に固執し過ぎている。しかし、私には思い出される。ソヴィエト・ロシアが中国に4000万ルーブルだか4000万ドルだかの借款を提供することを、貴殿が何とかして遠回しに提案したことを。この時、こんな慎重な条件が付いていた。「我々がこんな借款を与えられるかどうか、私は知らない」と。親愛なるアドルフ・アブラモヴィチ［ヨッフェの名前と父称］、貴殿に以下のことを思い起こさせて頂きたい。ロシアとて非常に貧しいのだ[24]。

元来、ヨッフェは自治さえも認めずに外モンゴルを中華民国に渡し、中東鉄道を中華民国に無補償で返還することを主張していた[25]。この書簡の記述によると、このようなヨッフェの姿勢は、当初ロシア共産党中央にとって、中央の政策を理解しない中国贔屓と映っていた可能性が高いのである。
　1923年1月以降、ヨッフェは対中交渉よりも日本、孫文との交渉に主に携わったため、中ソ公式交渉に進展は見られなかった。元来、ヨッフェには当初から中ソ公式交渉のみならず対日交渉も課されていた。ヨッフェは1922年9月に長春において、日本軍のシベリアからの撤兵問題と極東共和国の位置づけなどを日本と協議した（長春会議）が、交渉は決裂していた。その後、日本では後藤新平がヨッフェとの会談に積極的な姿勢を示し、1923年2月にヨッフェを日本に招いた。この時ヨッフェは日本において、日本への北樺太

の売却および利権譲渡問題，尼港事件に対するソ連の謝罪問題などについて協議した。[26] 一方，孫文との交渉においては，外モンゴルからのソヴィエト軍の早期撤退を求めない，とする共同声明が出された。[27] また，当時，ヨッフェは病気を患っており，このことが中ソ公式交渉の停滞の一因にもなっていた。[28]

1923年9月2日，ヨッフェの後任としてカラハンがソ連全権代表として北京に到着した。カラハンとの交渉における中華民国側代表は，王正廷であった。[29] カラハンは，「外モンゴルは中国の一部であり，ロシア白軍の活動が収まり次第，外モンゴルからのソ連軍撤退を交渉で調整しなければならない」と表明したことにも表れているように，モンゴル問題に関して譲歩する姿勢を中国に示し始めたのである。[30] 交渉における変化は，中華民国側にも起こっていた。たとえば，北京の政権に対して強い影響力を持つようになった呉佩孚が，対張作霖の手段として，中ソ交渉を重視する態度を次第に取り始めていた。また，諸外国がソ連を承認し始めており，中華民国がソ連を承認することに対するさまざまな抵抗が弱まりつつあった。[31] このような状況のもと，中ソ間で協定の締結が本格的に模索され始めたのである。こうして，まず1924年3月14日に協定に対する仮調印が行われた。だが，列強の圧力などから，北京政府はこの協定の正式な承認を拒否し，王正廷を解任した。これに対し，孫文，呉佩孚，カラハンなどの各方面から批判が殺到し，北京政府も協定を正式に承認せざるを得なくなった。その結果，1924年5月31日にカラハンと中華民国外交総長顧維鈞の間において中ソ協定が締結された。[32] この協定の第5条においては，

> 第5条：ソ連政府は，外モンゴルが中華民国を構成する一部であることを承認し，外モンゴルに対する中華民国の主権を尊重する。
>
> ソ連政府は，外モンゴルからのソ連全軍の引き揚げ，これらの軍の引き揚げ期限，国境安全の利害のために取られる措置の問題が会議においてまとまったらすぐに，本協定の第2条[33]に示されているように，外モンゴルからのソ連全軍の完全な引き揚げを実行する。[34]

と規定されている。この第5条において，ソ連は外モンゴルに対する中華民国の主権を認め，ソ連軍の外モンゴルからの撤退を受け入れたのである。[35]

先行研究の指摘によると，北京政府と蒙蔵院は，1924年3月の協定仮調印

を受けて，外モンゴルの奪回と内モンゴルの宣撫を目的として，3～7月にかけて蒙事会議を開催した。会議には，蒙蔵院の関係者や内モンゴルの王公らが参加した。会議においては，蒙蔵院側が，内モンゴル各盟に対して外モンゴル奪回のための軍の派遣を要請した。これに対して当初，内モンゴル側は難色を示した。だが，数度の会議を経て，内モンゴル各盟が準備する軍の一部を外モンゴル奪回に充てるなどの外モンゴル奪回策が策定され，会議において決定された。だが，1924年5月の中ソ協定締結後に，ソ連軍は即座に外モンゴルから撤兵したわけではなかったため，この奪回策は不首尾に終わったのである。[36][37]

2．ソ連の譲歩と人民政府

　以上に述べた中ソ公式交渉におけるソ連の譲歩は，当時ソ連が人民政府に示していた姿勢にも反映した。このことは，中華民国の主権下の外モンゴル自治をめぐる人民政府とソヴィエトのやり取りに明確に表れた。

　ヨッフェが中ソ公式交渉を行っていた頃，海外の新聞各紙において，中華民国主権下の外モンゴル自治を規定する協議が中ソ公式交渉において行われた，という報道が掲載された。政府成立後，モンゴルの独立を目指していた人民政府にとって，中華民国の主権下の外モンゴル自治はすでに受け入れられないものになっていた。そのため，人民政府側はこの事態を懸念し，共戴12年10月11日（1922年11月30日）付人民政府外務省発人民政府，各省，人民党中央委員会宛文書に，

> 　本10月11日［共戴暦］，西暦11月30日，ソヴィエト・ロシア国からニースレル・フレーに駐在する全権代表リュバルスキー[38]に送った文書には，以下のように記してある。……最近，外国の新聞各紙に以下のような言葉が出ている。ソヴィエト・ロシア国の代表が北京に到着し，モンゴル国の自立を中国政府と仲裁して協議する際に，以前の三国協定［キャフタ三国協定］に基づいて自治権を行使させる，と提案した，と。これは，案ずるに，わがモンゴル国に自ら支配する全権を行使させることを望まず，ソヴィエト・ロシアと人民政府のモンゴル2国の政府，および双方の大衆を離間しようとした狭隘な勢力が，無駄に作り上げて広めた虚言

であることは，確実である。とは言え，現在，わがモンゴル大衆が大い
に批判しているため，これを貴代表［リュバルスキー］に通達する。こ
の文書を受領したら，事情を調査し，関係各所へ伝達し，事実はこうで
はない，ということを新聞各紙に掲載して広め，多くの者の疑いを晴ら
し，またどう決定したかを回答されたい[39]。

とあるように，人民政府外務大臣ツェレンドルジがリュバルスキーにこの報
道の真偽を照会した。これに対するソ連側の回答は，共戴12年12月15日
（1923年2月1日）付人民政府外務省発人民政府各省および人民党中央委員会
宛文書に記されている。以下の引用は，モンゴル駐在ソ連全権代表部が人民
政府外務省に提示した回答である。この電報は，人民政府外務省がこのソ連
側の回答を人民政府各省，人民党中央委員会に通達したものである。

中国駐在全権代表同志 A. A. ヨッフェは病気になってかなり経ってい
る。だから，この間中国政府と直接会って相互交渉したことはない。こ
のため，双方の協議で同志ヨッフェがこう言った，などと新聞に出たこ
とは，新聞社の人間の意思で作り出したただの噂であろう[40]。

このソ連の回答は，外モンゴル自治に関する協議の存在そのものを否定し，
人民政府の懸念を払拭する内容であるとみなすことができる。この回答が出
された1923年2月頃までは，ソ連は中ソ公式交渉において従来の姿勢を堅持
し，外モンゴル自治を受け入れて交渉を進展させる方針をまだ取っていなか
ったと判断できる。

だが，カラハンの交渉が開始されると，ソ連はこれと全く異なる姿勢を示
し始める。共戴13年9月20日（1923年10月29日）付モスクワ駐在人民政府全
権代表ダワー発人民政府外務省宛電報には，

ソヴィエト社会主義共和国連邦外務省［外務人民委員部］官僚ドゥホ
フスキーが，同省大臣［外務人民委員］の名前において，わが部［モ
スクワ駐在人民政府全権代表部］の参事官代理デムベレルに，本18日に以下
のように伝達してきた。大使カラハンが中国の代表王［正廷］と面会し，
外モンゴルが自治権を中国の制限的支配と共に受け入れることで協議を
開始することを承認するだろうか，と言ったところ，王代表は，中国は
モンゴルに自治権を認めることになる，と言った。このため，中国とモ

第3章　1923年の人民政府・ソ連間の交渉と中ソ公式交渉　173

> ンゴルの各代表が北京に集まり，双方の問題を協議することになった。ロシア国は，モンゴル，中国間において仲介をする以外，[中国とモンゴルの]会議に同席しない。中国政府は，モンゴルの地にロシア赤軍がいる時には協議を始めることはできない，と大使カラハンに通達した。これに対して，この大使カラハンは，このことを中国，モンゴル双方の会議において協議して取り決めるべきである，という回答を与えた。これを中国は受け入れることになった。[41]

とある。記述に見える「中国の制限的支配」という語は，外モンゴルに対する中華民国の主権を表現した語であると思われる。この電報によって，外モンゴルに対する中華民国の主権と外モンゴル自治を受け入れることでソ連と中華民国が交渉を再開すること，中華民国と外モンゴルの間で交渉が行われることになったこと，中華民国と外モンゴルの交渉においてソ連は双方の仲介以外の役割を果たさないこと，ソ連軍の外モンゴル撤退の協議を外モンゴルと中国の交渉において行うことが，ソ連側から人民政府に伝達されたのである。ソ連軍の外モンゴル撤退に関しては，この電報の別の箇所に，

> モンゴルからロシア軍をもし出すことになったら，この軍を，自ら志願してモンゴル軍に加わった兵士として秘密裡にモンゴル軍に加えることができるであろう，とドゥホフスキーが述べた。[42]

とあり，外モンゴルからのソ連軍の撤退に対する対策をドゥホフスキーが提示していたことが記されている。

だが，ドゥホフスキーの言葉に人民政府は納得せず，ソ連に抗議して対中要求5箇条をソ連に提示した。[43] この対中要求5箇条は，1924年夏の人民党第3回大会における外務省報告において，[44]

> わが人民政府は，中国と早くから友好を結んで双方の大衆をそれぞれ安寧に生活させることを望んでいる。だが，ただ中国政府が，
> 1. わがモンゴル国が全権独立国となったことを承認する，
> 2. わがモンゴルの損失を受けた物を完全に補償する，[45]
> 3. 内盟[内モンゴルの各盟のこと]などのモンゴル族に自治権をそれぞれ授与する，
> 4. ロシア国の代表を[外モンゴルと中国の]会議に証明者として同席さ

せ，協議させる．
　5. この［外モンゴルと中国の］交渉をフレーにおいて開催するならば，わが政府は直ちに全権代表を任命し，交渉を始めることを認める，
とソヴィエト連邦政府に次々と伝達した[46]．

と記されている．つまり，中華民国と外モンゴルの交渉に際して，人民政府が中華民国に対して要求することを5箇条にまとめたものだったのである．

　この人民政府の対中要求5箇条は，ソ連側にとって受け入れ難いものであった．このため，ソ連側は，人民政府の要求に対する否定的姿勢を明確に示し始める．ダワーは，そのようなドゥホフスキーの発言を，共戴13年10月11日（1923年11月18日）受領人民政府外務省宛電報によって人民政府に伝えている．

　　モンゴル国に中国の官吏と軍を置かない，外国にモンゴルから大使や代表を置く，条約を締結する，これら4箇条［原文ママ］を中国政府が承認すれば，わがロシア国は，中国とモンゴルの間で仲介役を果たし，モンゴルを，中国の主権という名目下における全権自治とするよう中国と協議を間もなく開催するであろう，としている．だが，現在モンゴルから来た5箇条をわが省［外務人民委員部］はあらかじめ承知していなかった．さらに，この考えで中国と協議を開始するのは困難なようである．大使カラハンは王［正廷］に，モンゴルは自治を受け入れるであろう，と言った[47]．

ドゥホフスキーは，中華民国が一定の条件を受け入れれば中華民国主権下の外モンゴル自治を受け入れて交渉を始めるというソ連の姿勢と，モンゴルの独立を明記した人民政府の対中要求5箇条に対する否定的態度をはっきり示したのである．

　この後，チチェリンもダワーに対してソ連側の姿勢を伝えている．このチチェリンの発言は，共戴13年10月19日（1923年11月27日）受領ダワー発人民政府外務省宛電報に以下のように記されている．

　　モンゴル政府からこの度通知してきた5箇条の考えは正しいが，ロシア，モンゴル両者の間においてこのような考えを伝えてはいけないであろう．わが国が4億の中国との友好を望むことは非常に重要なの

第3章　1923年の人民政府・ソ連間の交渉と中ソ公式交渉　175

である。さらに，この5箇条に基づいて現在中国と交渉を行うと言うならば，中国は全く受け入れず，このことはさらに遅延してしまうであろう。……ブルガリアはトルコの主権下［原文ママ］にあったが，諸外国と交際して友好を深める大権を持っていた。また，現在チベットも，このように中国の主権下から出てはいないものの，中国に支配されず，外国と交際している。だから，モンゴル国は，中国の名目ばかりの主権を受け入れて，チベットやブルガリアのように状況を安定させるべきであろう。[48]

チチェリンは，中華民国に対して名目上の譲歩をすることで中ソ公式交渉をまとめることがソ連にとって極めて重要であることを人民政府側に説明し，理解を求めたのである。[49]

これらドゥホフスキー，チチェリンの発言によると，ソ連は，外モンゴルに対する中華民国の主権が認められて外モンゴルに自治が適用されても，外交を行う権限を外モンゴルに残し，外モンゴルに中華民国の官吏と軍隊を置かない，という条件を中華民国に対して提示している。上に引用した電報において，外モンゴルに対する中華民国の主権は「制限的支配」と表現されていた。また，チチェリンの発言には「中国の名目ばかりの主権」という語が見える。以上のことから，ソ連は，外モンゴルに対する中華民国の主権を，実質的には制限された名目上だけのものにしようとしていることがうかがわれる。

これと同様に，ソ連は，自軍の外モンゴル撤退も名目上だけのものにしようとしていた。先に言及したように，ソ連軍撤退の必要性に迫られたソ連側は，ソ連軍兵士を志願兵という形で外モンゴルの軍に編入する計画を考え出していた。これについて1923年10月21日付カラハン宛書簡においてチチェリンは，

　　モンゴル軍に志願兵を加える計画は，ウルガにおいてさらに協議されなければならない。なぜなら，総司令官の回答がいくらかお茶を濁すようなものであるためである。[50] この計画の実現可能性は，モンゴル政府に対するわが国の影響次第である。[51]

と述べた。チチェリンは，人民政府に対するソ連の影響力を強めることによ

って、この計画を人民政府側に認めさせることが必要である、と主張したのであろう。

これらの状況から考えると、中ソ公式交渉のモンゴル問題におけるソ連の譲歩は、あくまでも名目上のものに過ぎず、実際には、ソ連は、中華民国の主権を骨抜きにするかのような措置を人民政府に対して取ろうとしていた、と考えるのが妥当であろう。1924年1月頃に外モンゴルに到着したモンゴル駐在ソ連全権代表A. H. ヴァシリエフの以下の言葉には、このようなソ連の認識が強く表れている。

> だが、以下のことを強調しておくのが一層重要であろう。……「独立」と「自治」――これは絶対的な概念ではなく、法律上の概念、外形の概念であり、内容ではない。本質的には「独立」と何ら変わらない「自治」は、完全にありうることである。そしてその逆もまた然りである。
>
> そう、たとえば、中国である。この国は形式上においては完全に独立国、主権国である。だが、事実上は、この国の外交政策のみならず国内政策、さらには財務関係の施策までもが、協商国の代表の統制と破廉恥な干渉を受けている。そして、チチェリンが古典的な例として、1919年にトルコ帝国の公式の宗主権［原文ママ］のもとにあったブルガリアを引き合いに出したのは、完全に正しい。つまり、この時ほど、ブルガリアが独立していたことはなかったのである。

詳細は第4章において論じるが、1923年当時、ソ連、コミンテルンは、人民党を自分たちの目的に合うように組織し、その人民党が外モンゴルを統治する体制をより強固に構築することを目指す活動を進めようとしていた。このような外モンゴルにおけるソ連、コミンテルンの実際の活動を考慮すると、ソ連が外モンゴルを中華民国に本当に譲渡しようとしていたと単純にみなすのは正しくないと思われる。ソ連は、中華民国に対しては中ソ公式交渉をまとめるために名目上の譲歩姿勢を示し、外モンゴルにおいては人民党による支配を確立することによって、影響力の確保を狙った、というのが実情であったと思われる。1923年に中ソ公式交渉のモンゴル問題協議に関して生じたソ連の姿勢の変化は、それ以前までは中華民国に対してソヴィエト軍の外モ

ンゴル撤退を単に拒み続けてきただけであったものが，以上のような二面的な姿勢を取るようになった，というものであったと考えられる。

このような中において，人民政府は次第に中国の民族主義勢力との関係にも本格的に目を向け始め，1924年初頭にA.ダンザンを中国に派遣した。彼の主目的は広東を訪れて中国国民党第1回大会に参加することであったが，その一方において北京なども訪れ，馮玉祥(ふうぎょくしょう)などの中国の要人と面会した。[54]
A.ダンザンの中国派遣の目的や，その成果については，現時点においてはなお不明な点が多い。1923年11月27日付ヴォイチンスキー発リンチノ，ユーヂン宛電報には，[55]

> 我々と貴殿の交渉に従って，［中国］国民党と人民革命党の間の思想的コンタクトを設けるために，現在，ヤポン・ダンザン［A.ダンザン］の広東出張を適切であると考える。これについては，国民党も要請していた。チチェリンは，このようなコンタクトが時宜に適していると考えている。電報で返答されたい。[56]

とある。これによると，A.ダンザンの中国派遣の目的は中国国民党との接触であり，チチェリンやヴォイチンスキーといったソ連，コミンテルンの指導層もこれを望んでいたようである。また，1923年12月11日付ユーヂン発電報には，[57]

> ヤポン・ダンザン［A.ダンザン］は，北京への出発に際して，上海，奉天，広東にも訪れ，自分の仕事をカラハンと一致させるよう指示を受けた。リンチノはダンザンが広東へ行くことに反対しなかった。だが，国民党との接触は一時的なものでなければならない。[58]

とあり，A.ダンザンが北京，上海，奉天，広東を訪れる予定であり，当時中国で中ソ公式交渉に当たっていたカラハンと協力して活動を行うことになっていたことが記されている。また，中国国民党との接触があくまで一時的なものであることが指摘されている。これに関連して，1923年12月17日付『モンゴル駐在ソ連全権代表部報告』No.5の「さらにヤポン・ダンザンの中国出発について」という記事には以下のように記されている。この記事は，モンゴル駐在ソ連全権代表部の職員が，人民党の高官と対談して聞いた話を文章にしたものである。

かくして，ヤポン・ダンザンの出張は，個人的で非公式的な性格を帯
びている。そして彼自身も，何らの公式の全権も持っていない。……
　彼の目的はまた，モンゴルの状況に関して，中国の政府および社会の
諸グループに関する情報を客観的に収集することである[59]。

これによると，A. ダンザンの中国派遣は，非公式のものであり，モンゴル
問題に関する中国の政治勢力の姿勢に関する情報を集めるためのものである，
と人民党，人民政府において認識されていた可能性がある。

第2節　1923年の人民政府とソ連の交渉

1．交渉の内容

　先に述べたように，人民政府は成立以降国家統治の基盤整備に邁進してい
た。その中には，当然，軍事も含まれていた。すでに1922年5月にチョイバ
ルサンとフヴァ（B. A. Хува）[60]がモスクワに赴き，ドゥホフスキー，カラハ
ンらと軍事に関する交渉を行った。この時，武器の購入，中国と外モンゴル
の間に戦争が起こった場合にソヴィエト・ロシアが取るべき姿勢，その際の
ソヴィエト・ロシアの軍派遣，ソヴィエト・ロシア軍が派遣された際に外モ
ンゴルの軍はソヴィエト・ロシア軍の指揮下に入らないこと，などが協議さ
れた。この協議は1922年7月中旬まで続いたが，購入する武器の価格を定め
る交渉が難航して失敗していた[61]。

　当時の外モンゴルの軍備の状況については不明な点が多いが，リンチノが
1924年11月のモンゴル人民共和国第1回国会における全軍評議会報告におい
て簡潔に述べている。

　　1922年の丸1年で，連隊の組織が国境地帯でもウルガでも行われてい
　るが，これらすべては科学的アプローチもなく，ざっと行われていたも
　のである。軍はいまだに軍備と糧秣の補給がひどく，俸給はしばしば遅
　延している。正しく組織された軍事単位がいまだに存在しないように，
　まあまあの条件の家屋もない。しっかりと養成された教官は大変少ない。
　人の登録がないのみならず武器の登録さえなく，その一方で軍には国庫
　から大量の資金が出ている[62]。

このリンチノの発言によれば，1922年の人民政府の軍の状況は大変にひどく，正規軍が充分に組織されていると言えない状況にさえあった。当時の人民政府にとって軍の整備は大きな課題だったと言うことができるだろう。

人民政府が1923年にソ連との交渉に臨むことになった一因は，この点にあったようである。上に引用したリンチノのモンゴル人民共和国第1回国会における全軍評議会報告は，以下のように続いている。

> 政府は1923年4月に，武器譲渡と新しくて熟練した教官の招聘を課題として，軍事評議会議長［リンチノ］をソ連に派遣している。ウルガへの新たな教官の到着と共に軍事官庁の活動は，徐々に整い始めたのである。11月に，指揮官，政治活動員，教官の大会が招集され，そこで全軍の貧窮が明らかになった。定員と予算が設けられ，モンゴル人民軍の計画的再編が始まっているのである。[63]

この記述によると，1923年の人民政府とソ連の交渉は，武器と教官の確保を目的として行われたのである。

人民政府においては，1922年12月の全軍評議会会議において，武器購入などの協議のためにリンチノらをモスクワに派遣することが決議された。[64] 共戴12年12月13日（1923年1月29日）付人民政府発外務省宛のリンチノのモスクワ派遣任命書には，交渉の目的が，

> 軍事およびモンゴルとロシア2国間の商業等の重要な公務[65]

と記されている。

現存している公文書によると，まず1923年4月にイルクーツクにおいて交渉の事前協議が行われたことがうかがわれる。[66] その後，リンチノがモスクワに到着した4月23日から7月末まで交渉が行われた。交渉には，人民政府側からはリンチノと，当時モスクワに駐在していたジャダムバが参加した。ソ連側からは，カラハン，ドゥホフスキーら外務人民委員部官僚や軍関係者が交渉に関わった。

交渉においては軍事をはじめとしてさまざまな議題が協議された。共戴13年3月16日（1923年5月1日）付リンチノ，ジャダムバ発ツェレンドルジ宛電報には，経済問題に関してソ連外務人民委員部東方課課長と協議した内容[67]について以下の記述がある。

銀行，商業，電報の協定をただちに遂行する。金鉱は，ロシア，モンゴル，アメリカが共同で開発すべきである，とのことであった[68]。

これによると，1921年末からソヴィエトと人民政府の間で協議されていた商業，産業に関する問題の具体化が求められたようである。この内，銀行に関しては，人民政府とソ連の交渉を経て，1923年7月12日のロシア共産党中央委員会政治局第16会議において以下の決議が出された。

　　ロシア・モンゴル銀行について。
　　ロシア・モンゴル銀行を至急建設することが重要であることを承認する。そして，この銀行の規約の適切な草案を1週間以内に作成し，人民委員会議に承認を受けるために持ち込む。さらに，ロシアの持ち分が10万ルーブル金貨以上にならないように計算し，規約上の資本およびそれを支払う期間を明らかにするよう，財務委員会に委任する[69]。

銀行開設はすでに以前から協議されてきたが[70]，ここにおいてようやくその具体化が始まったのである。これに関連して，外モンゴルに派遣する財政顧問の人選について1923年8月2日のロシア共産党中央委員会政治局第21会議において協議されている[71]。

また，交渉開始時に外モンゴルの対中安全保障に関するやり取りがあった。共戴13年3月16日（1923年5月1日）付リンチノ，ジャダムバ発ツェレンドルジ宛電報には，

　　東方課課長[72]と協議した。モンゴルは恐れる必要はない，戦争になればロシア国が庇護する。……［19］21年の友好条約に，もし中国が戦争を起こしたらロシア国が軍隊で援助する，ということについて追加して定めるべきである，と提示した。これをご承認ください[73]。

という「ソ連外務人民委員部東方課課長」とリンチノの協議の結果が記されている。ソ連側は，戦時にはロシアが外モンゴルを保護することをリンチノらに伝え，リンチノらは，中国による攻撃の際にはソ連軍が援助するという条項をロシア・モンゴル友好条約に加えるようソ連側に提案したのである。

この交渉に関する人民政府，ソ連の双方の文書においては，軍事関係の記述が多く見られる。このことから，交渉においては軍事に関する協議が最も重視されたと考えられる。軍事については，人民政府の武器購入要求と，人

民政府へのソ連の軍顧問の派遣が協議された。

　交渉開始当初における軍事に関する協議の様子について、共戴13年3月16日（1923年5月1日）付リンチノ、ジャダムバ発ツェレンドルジ宛電報には、

　　　武器が譲渡される様子はないが努力はしてみる[74]。

という「ソ連外務人民委員部東方課課長[75]」の発言が記されている。交渉開始時には、軍事に関する交渉が成功する可能性は低いと思われていたのである。だが1923年5月16日のロシア共産党中央委員会政治局第5会議において、

　　3．モンゴルについて
　　モンゴル人の要求を満たすことが必要であると原則的に承認する。
　　現在、3000人分の軍装を代金引換で支給する。
　　新モンゴル軍建設の問題に関しては同志ヨッフェとシベリア司令部に照会する[76]。

という決議が出され、軍事物資の購入という人民政府の要求が原則的に承認されたのである。共戴13年4月2日（1923年5月17日）付リンチノ、ジャダムバ発外務省宛電報には、

　　　カラハンと軍事評議会副議長[77]は、我々の協議する諸事項と、武器に関する事柄はうまくいきそうであると言った[78]。

という記述があり、ソ連側から、交渉が進展しそうであることがリンチノらに伝えられたのである。

　この後、武器の購入量と価格の協議が行われた。共戴13年5月6日（1923年6月20日）付リンチノ、ジャダムバ発人民政府外務省宛電報には、

　　　550万金貨分[79]の武器を代金直払いで譲渡してくれる、とのことである。
　　　この際、利子を何年間かで払うように努めるつもりである[80]。

とあり、リンチノらは「550万金貨分」という大量の武器の購入を進めていた。ソ連側の資料であるカラハン宛「モンゴル委員会が提起した諸問題の状況に関する通知」（1923年6月14日）にも、

　　　本6月13日、モンゴル人民軍に武器、弾薬、装備品を供給することに関連する諸問題の具体的な決定に関して、軍事官庁および外務人民委員部の代表、モンゴルの軍事・外交使節の初めての会議が行われた。……
　　　リンチノは、支給されるライフルの量を3000人分から少なくとも5000人

分に拡大することに頑固にこだわった。……わが国の軍事官庁がこの要求を満たすことは，現在では，どうあっても不可能である[81]。

と記述されており，リンチノが大量の武器購入に固執していたことがわかる。しかし，このリンチノの要求は受け入れられなかった。その理由の１つは，この史料の記述にもあるように，ソ連にはこのような大量の物資を供給できる能力がなかったためである。もう１つの理由は，人民政府が高額の出費に難色を示したためである。1923年８月23日付人民政府外務省発全軍評議会宛機密文書は，この時の交渉の最終結果をリンチノらが人民政府外務省に伝達してきたものを，全軍評議会に転送したものである。この文書には，武器購入の価格に関して，

　本年５月６日［1923年６月20日］受領のソヴィエト・ロシア国［原文ママ］の首都で重要な公務で招かれた全軍評議会議長，人民政府顧問のエルベグドルジ［リンチノ］が送付した第76電報では，550万金貨の武器を代金直払いで譲り渡してくれる，と言っている。

　これに関して，金額を数年の期間で支払うように努めることを考えている。後でどれくらいの金額を払えるかについて，直ちに電報で回答を寄せられたい，という文章が送られてきた。これに関してわが省［外務省］の大臣［ツェレンドルジ］が，早く処理することを考えて，政府官庁，全軍評議会議長代理，各省大臣たちと直接面会して協議した。現在，財務が豊かではなく，本年の予想収入が支出よりも50万両以上足りないため，現在すぐにいくら支払えるかを予想することが難しい。また，重要な支出が多く，武器だけに莫大な債務を作ってしまうことは拒絶したいことである。そこで，［お金が］足りる分だけ買うことにしてはどうだろうか。だが，これをよく考えて決定されたい，と同月13日［1923年６月26日］に第33電報で送った。その後，同月15日［1923年６月28日］に来た第83電報の中には，ただ［お金が］足りる分だけ武器を買うべきである，とあった。そこで，実際に使用する武器の値段は20万以上であり，ジェッフェルという装甲車と，実際に使用する物の名前と数をロシア字で添付して送った。……現在，本年６月19日［1923年７月31日］に受け取った電報には，実際に使用する武器を200万トゥグルグという値段で[82]

譲り受けることになった。[83]

とある。記述によると，武器の値段と購入量の問題は，リンチノらがモスクワで単独で決めていたのではなく，外モンゴルにいた外務大臣をはじめとする人民政府高官たちと電報を通じて協議した上で決められていたのである。この記述には，リンチノが当初の武器の大量購入を断念し，別案を提示したことが記されている。この史料に見られる「同月15日に来た第83電報」は，共戴13年5月15日（1923年6月28日）付リンチノ，ジャダムバ発人民政府外務省宛電報であると思われる。その原文には，

> さらに，［お金が］足りる分だけの武器を入手すべきである，ということである。実際に使用する武器の値段は，20万金貨程になる。本年終わりまでに実際にどれくらいの代金を払えるか……をはっきり知らせるように。[84]

とあり，「20万金貨」にまで購入価格を下げたことが記されている。1923年7月10日付ドゥホフスキー発ユーヂン宛書簡の，

> ［労農赤軍］補給管理局が提示した物資供給の評価額は，リンチノには非常に高く思われた。……現在，リンチノは，新しい案を提示している。[85]

という記述から，この価格交渉は1923年7月まで続いたことがわかる。このような交渉の結果，共戴13年6月19日（1923年7月31日）付人民政府外務省およびリンチノ発ダンザンら宛電報[86]には，

> 西方のことはうまくいった。……実際に用いられる武器は，200万トゥグルグ分を譲渡してくれることになる。今20万トゥグルグを支払い，陽暦12月に15万トゥグルグを支払う。残りは，モンゴル政府の決定によることになる。全額から，50万トゥグルグを支払った後，全武器をイルクーツクに持ち込んで保管する。輸送費はロシア側が持つ。モンゴル側は，受け取る毎に，代金を支払って受け取る。[87]

とあり，武器の購入総額と支払い方法が決まったのである。

武器購入の協議と並んで行われたのが，軍顧問の派遣に関する協議である。この協議は1923年7月上旬まで行われた。共戴13年5月22日（1923年7月5日）付リンチノ発ツェレンドルジ宛電報にはこの協議について，

顧問に関しての協議は大体終えた。司令部部長には，第5軍団の元軍事委員コシチ［Д. И. Косич］[88]の名を挙げ，他も同様に，知識があってこの事業を完遂しうる者から選んでいる。……ロシアの外務省［外務人民委員部］と軍事評議会が「この決定事項を変えてしまうと，よい顧問は得られない。またモンゴルに喜んで赴く人がおらず，強制的に送ったところで，最良の利益は得られないであろう」と通知してきた。[89]

とあり，7月初頭までには協議がほぼ終了していたことがうかがえる。ソ連側の文書である1923年7月10日付ドゥホフスキー発ユーヂン宛書簡にも，

　　すでに，リンチノと共に総司令部長率いる軍事教官が出発する可能性がある。総司令部長に任命されたのはコシチである。……すでに任命された教官は──騎兵訓練所長，師団指揮官，砲兵教官，機関銃関係教官である。[90]

という記述があり，総司令部長にコシチが任命され，騎兵訓練所長，師団指揮官，砲兵教官，機関銃関係教官が派遣されることになった。1923年7月23日付でソ連外務人民委員部東方課が作成した外モンゴル派遣軍顧問一覧表には，コシチら13人の名が挙げられている。[91]この名簿にいくらか変更が加えられた後，1923年8月25日の全軍評議会の会議において各人に辞令が言い渡され，外モンゴルの軍の各所に配置された。[92]

　このように，この交渉を通じて，ソ連からの武器譲渡と教官派遣が決定され，外モンゴルの軍備と教官をソ連から導入する体制が形成されつつあったのである。

2．交渉の意義

　交渉を通じて国家基盤の整備のためにソ連の援助を確保しようとした人民政府に対して，ソ連は，この交渉の過程において，中ソ公式交渉において譲歩するための措置を取り，外モンゴルにおけるソ連の影響力の確保を図ろうとしていた。本項においては，このソ連の意図を，交渉におけるいくつかの問題点を取り上げて考察したい。

A．ソ連の譲歩とリンチノの言質

　中ソ公式交渉においてソ連が譲歩する前に，外モンゴルに対する中華民国

の主権とソ連軍の外モンゴル撤兵を人民政府に受け入れさせることがソ連には必要だったはずである。この交渉の際に、ソ連側が外モンゴル自治を人民政府に受け入れさせる準備を行おうとした形跡が史料に残っている。先に述べたように、1923年9月以降、ソ連が外モンゴル自治を受け入れることを人民政府に伝えると、人民政府は反発してソ連に対中要求5箇条を提示し、チチェリン、ドゥホフスキーらは自治を受け入れるよう人民政府を説得した。この時、ダワーが以下の情報を共戴13年10月4日（1923年11月12日）受領人民政府外務省宛電報によって伝えている。

> 大使カラハンが中国の代表に、モンゴル国が自治権を受け入れるだろうと述べた。こう述べた理由は、リンチノが今夏この大使カラハンに与えた文書に基づいて述べたのである[93]。

この情報が誰から提供されたかについては、ダワーは記していない。だが、共戴13年10月11日（1923年11月19日）受領ダワー発人民政府外務省宛電報によると、この情報はソ連側から伝えられた可能性が高いと考えられる。この電報には、ダワーとドゥホフスキーの会談の様子が記述されている。この会談においてドゥホフスキーは、外モンゴル自治を人民政府に受け入れさせようとして、人民政府がソ連に提示した対中要求5箇条を非難し、

> リンチノがくれた文書のとおり、モンゴルが自治を受け入れるように、中国との協議を開始することを認めるだろう、という情報をカラハンがわが省［外務人民委員部］に送ってきた[94]。

と述べているのである。リンチノの文書に関する情報は、ソ連側が人民政府に、中華民国の主権下における外モンゴル自治を受け入れさせるために示したものだったのであろう。

このリンチノの文書の原文は発見されていない。だが、当時リンチノは、中華民国内の各民族が連合して形成する自治国家連邦にモンゴル人国家が一構成国として参加すべきである、という考えを示していた[95]。たとえば1925年12月24日付の論文「モンゴル、ソ連、中国」においてリンチノは、

a．モンゴル人民革命党と中国問題

> 明確に、そして正しく理解するため、あらゆる曲解と先入観に囚われた姿勢を捨てて、中国に対するモンゴルの姿勢と中国における諸事件に

関する問題については、事実と文書に基づいて、何よりもまず、モンゴル自身とその人民革命党を理解して解明することにおいて、これらの関係を観察する必要がある。

強調しておかなければならないのは、この理解は決して狭隘な民族主義的なものではなく、常に広範な国際主義的なものである。事実と文書に取り組み、我々は以下のことを見出した。

1. 1921年2月22日、トロイツコサフスク（ソ連領内）におけるモンゴル人民革命党の組織会議において採択された綱領としての宣言においては、第3条と第7条に以下のように記載されている。「中華民国内においては人口が多く、個々の独立した地域と民族が存在することに注意して、党は、これらすべての地域と民族を各自治国家に統一し、これらの間に条約に基づいた連邦としてのつながりを設立することを適切であると考える。そして、モンゴル民族がこの連邦制に加わることを阻む何らの理由も見出さない」（第3条）……。

……

4. 本報告の執筆者［リンチノ］は、1923年の夏、6月30日に、中国トルキスタンにおける非合法革命活動の組織に関して、モンゴル人民革命党中央委員会の名においてコミンテルンと交渉を行った。これは、中国トルキスタンのモンゴル系およびトルコ系ムスリム大衆がモンゴルに対して援助を要請した結果によるものである。本報告の執筆者は、コミンテルンに提示した自分のテーゼに以下のように記述した。「……中国の自由で兄弟的な諸民族の全中国民族連邦共和国の建設……のスローガンのもとにある、中国辺境の少数民族と抑圧された者たちの間の革命的結合と、革命的活動の適切な創立は、世界および中国の革命運動の最も強く求められている課題である」。

と記している。リンチノは、中華民国の各地域、各民族の自治国家連邦にモンゴル人が加わることを拒否しておらず、中国の少数民族に対する革命活動は全中国民族連邦共和国建設をスローガンとして行うべきであることをテーゼとしてコミンテルンに提示したのである。

先に引用した電報におけるカラハンらの発言と、リンチノのこのような姿

勢から，人民政府に自治を受け入れさせて中ソ公式交渉を進展させたいソ連がリンチノから言質を確保した可能性はあったと考えられる。

　B．ソ連の譲歩と武器譲渡の決定

　モンゴル問題における譲歩姿勢をソ連が本格的に取ることを決めた時期を史料上に明確に見出すことは，管見の限りにおいては困難である。だが，1923年5月中旬にソ連がモンゴル問題において譲歩することを本格的に考え始めた，とみなしうる間接的な証拠がこの交渉に存在する。それは，当初難航すると思われていたこの交渉が，1923年5月中旬に突然進展し始めたことである。

　すでに述べたように，交渉開始当初の1923年5月上旬頃にはこの交渉は成功しないと思われていた。リンチノはこの理由を，共戴13年3月10日（1923年4月26日）受領ツェレンドルジ宛電報において，

　　　国際的状況がそれほどよくないため，我々の仕事がうまくいくかどうか難しいようである。[102]

と述べている。リンチノが言うこの「国際的状況」が中華民国，外モンゴル，ソ連の三者の関係を指すことが，交渉終了後のリンチノの記述から読み取ることができる。リンチノは，共戴13年6月19日（1923年7月31日）受領人民政府外務省およびダンザンら宛機密電報において，

　　　中国との交渉開始が近くなったことと，呉佩孚の勢力が強くなっているために，このように武器を得られることに決まったのであろう。よい利益を得られる交渉を始めるというなら，強力な軍を準備せよ，ということであろうか。[103]

と記しているのである。

　リンチノが記述したとおり，当時，中国においては呉佩孚の勢力が拡大していた。1922年に奉天派の張作霖の軍が南下し，直隷派との武力衝突が発生した。この時，直隷派の呉佩孚は張作霖を破り，北京の政権奪取に成功した。呉佩孚は自分に支持を集めるため国会を復興し，曹錕を大総統に就け，急速に華中の諸勢力を統合し始めた。人民政府とソ連の交渉が行われていた頃には，呉佩孚が中国の政治舞台で力を発揮していたのである。[104]

　この呉佩孚に対して，ソ連は接触しつつ警戒もしていた。ソヴィエト・ロ

シアにおいては，呉佩孚の外モンゴル進攻の可能性がすでに1922年の時点で懸念されていたのである。たとえば，1922年8月19日付呉佩孚宛ヨッフェの書簡には，

> 貴殿がモンゴルへ即座に軍を進入させることは，私の意見では，適切ではない。なぜなら……モンゴル問題は，条約によってのみ解決されうるからである。[105]

とあり，ヨッフェが呉佩孚の外モンゴル進軍を牽制している様子が記されている。1922年8月25日付カラハン宛ヨッフェの書簡には，

> 呉佩孚はモンゴル問題に大いに興味を持っている。昨日，呉のところにモンゴル王公がいた。彼らは，モンゴルへ自分たちの軍を進入させるよう呉に要請し，モンゴル大衆が呉の軍を補給するであろう（中国においては，各省が自ら軍を養う）ということを指摘した。呉は良い師団を準備しており，[19]23年春にはモンゴルを占領しようと計算している。[106]

という呉佩孚の外モンゴル占領計画が記されている。この呉佩孚の外モンゴル占領計画について，1922年11月1日付チチェリン宛ヨッフェの電報には，

> 伝達しておく必要があるのは，まさに呉佩孚が，自分の軍によって外モンゴルを[19]23年3月に占領するという自分の企図について私に表明し，この目的のために準備している良好な射撃師団をエッケル[107]に見せたことである。[108]

と記されている。この計画は実現しなかったが，その後も呉佩孚の外モンゴル進攻に対するソヴィエト側の懸念は消えなかったようである。たとえば，1924年9月27日にカラハンがチチェリンに，呉佩孚の勝利は不都合なものであり，彼は張作霖らとの戦いを終えた後に外モンゴルに注意を向ける，と伝えている。[109] ソ連は，呉佩孚が外モンゴルに進軍するという懸念から，人民政府の軍事力強化を必要としたのであろう。

またリンチノの「良い利益を得られる交渉」という表現は，人民政府の軍事力によって利益を出す交渉，つまり中華民国と外モンゴルの交渉を指すと思われる。上述のとおり，すでにパイケスが中ソ公式交渉に従事していた時代からソヴィエト側はモンゴル問題協議には外モンゴル代表も加えるべきだと主張していた。そしてカラハンの交渉が開始されると，ドゥホフスキーは，

中華民国と外モンゴルの間の諸問題はこの両者の交渉において協議される，というチチェリンの言葉を人民政府側に伝えていた。中ソ公式交渉の進展に伴い，外モンゴルの国際的地位を確定する中華民国と外モンゴルの交渉を開催することが想定され始めたのである。カラハンの交渉開始が近づいて中華民国と外モンゴルの交渉が開催される可能性も高まり，この交渉を有利に進めるための軍事力が必要になったため，人民政府に武器が譲渡された，とリンチノは考えたのであろう。

このリンチノの認識がソ連側のカラハンらにも共有されていたことが，1923年10月10日付ドゥホフスキー宛ホチャコフ（М. С. Хотяков）の報告メモに記されている。この文書は，1923年9月以降，ソ連軍の外モンゴル撤兵を前提としてカラハンが対中交渉に臨んだため，この問題に関する外モンゴルの情報をソ連のモンゴル関係調査報告者ホチャコフがソ連外務人民委員部に報告した文書である。この報告書には，

> カラハンは，ウルガからのわが軍部隊の撤退の必要性と，モンゴル問題において中国に応えることの望ましさを見越していた。この彼の提案に関連して，将来の中華民国とモンゴルの交渉に直面して自らの利益を擁護するモンゴルの能力を強化する問題が起こっている。同志カラハンは，この目的のために，モンゴル人民軍をわが国の軍幹部と軍装備で強化することを提案している。これでは不充分である，と認める必要がある。モンゴル軍の軍事能力のみならず，総じてモンゴルの人々の力を強化できそうな，より決定的な措置が不可欠である。[110]

とある。カラハンらも，ソ連軍の外モンゴル撤退に際して，将来における中華民国と外モンゴルの交渉に備えて，外モンゴルの軍事力を強化する必要性を認識していたのである。

1924年1月からモンゴル駐在ソ連全権代表として外モンゴルにおける活動を始めたヴァシリエフもまた，このような考えを持っていた。1924年1月のインタビューの際に彼は，中華民国に対する外モンゴル自治のあり方について，

> 自治の広さと範囲に関する問題は，現実的な力関係にかかっているであろう。モンゴルが軍事，経済，財政，文化に関して強力であればある

ほど，より公正に条件を付けることができるであろう。ここに，あらゆる課題の中心がある[111]。

と述べ，外モンゴルの強化の必要性をモンゴル人に向けて主張しているのである。

　先に述べたとおり，カラハンの交渉開始直後においても中華民国側は，外モンゴルにソ連軍が駐屯している状況下においては中華民国と外モンゴルの交渉は開催できない，と主張していた。まず中ソ公式交渉においてソ連軍の外モンゴル撤退を規定した後に，中華民国と外モンゴルの交渉を開催することを，中華民国側は主張したのである。中華民国が提示したこの条件においては，モンゴル問題においてソ連が譲歩しなければ，中ソ交渉の進展も，中華民国と外モンゴルの交渉の開始も望めないはずである。しかし現状においては，人民政府がソ連軍撤退後に自前の軍事力によって中華民国との交渉を有利に進めることは不可能であった。そもそもソ連軍が撤退すれば，外モンゴルの自力防衛さえ危ういのである。そこでソ連は，カラハンの中ソ交渉開始前に外モンゴルの能力，特に軍を強化するために交渉を進めたのであろう。このことから，人民政府に対する武器譲渡の方針がソ連で決まった5月中旬に，モンゴル問題での譲歩がソ連で本格的に考えられ始めたことがうかがわれるのである。

C．外モンゴルにおけるソ連の影響力の確保

　先に言及した外モンゴルを強化する措置は，実は外モンゴルにおけるソ連の影響力の確保とも結びついていた。

　すでに述べたように，1923年10月10日付ドゥホフスキー宛ホチャコフの報告メモにおいて，ソ連軍の力によってモンゴル軍の強化を行うというカラハンの主張に対してホチャコフは，総じて外モンゴルの力を強化できる措置が必要だと述べた。このホチャコフの報告メモには，外モンゴル強化のための「最重要の措置の1つ」として，

　　ソ連領内に暮らしているモンゴル人と血縁のある民族をモンゴルへ移住させることでなければならない。この問題はモンゴル人によって一度ならず提起され，現在この問題は現実的なものになっている。……モンゴルと血縁があり，ロシア・ソヴィエト文化の影響を受けた民族の人口

がモンゴルで増えることは，モンゴルの人々の文化レベルを押し上げ，国の生産力を発展させ，その自衛能力を高め，同時にソ連の文化的，政治的影響を保証する。[112]

と記されている。ソ連領内のモンゴル系住民を外モンゴルへ移住させることによって，外モンゴルを強化し，外モンゴルにおけるソ連の影響を確保することが考えられていたのである。

ここで考慮しておかなければならないのは，当時，ソ連においては，外モンゴルにおいて他国の影響力が拡大することが懸念され，外モンゴルにおけるソ連の影響を確保することの重要性が主張されていたことである。たとえば，1923年5月5日付カラハン，ドゥホフスキー発ソ連貿易人民委員フルムキン，国立銀行のシェインマン，国内商業委員会のレジャフ宛文書においては，

　　モンゴルは我々にとって緩衝地帯である。そして，日本と，中国においてわがもの顔に振舞っている西洋諸国家の帝国主義的な企てから我らの国境を防衛してくれている。これらの国々は，白軍徒党を組織し，一度ならずロシアに対する進軍を組織しようと試みたのである。

　　それゆえ，モンゴルへの日本等諸国家のあらゆる浸透は，それが経済的なものであっても，経済面だけではなく政治的に我らにとって不利である。[113]

と記されており，外モンゴルへの日欧列強の浸透がソ連にとって不利であることが指摘されている。また1923年5月21日付カラハン宛文書においてドゥホフスキーは，

　　モンゴルにおいて我らの影響を強化することが不可欠であることを示唆しているのは，1つには，モンゴル方面からありうる日本の干渉の脅威からのソ連の防衛である。そしてもう1つには，中国人と日本人の野望から自らの独立を独力で守るモンゴルの力が弱いことである。[114]

と記述し，外モンゴル方面における日本の干渉からソ連を防衛するため，また日本人と中国人の野心に対して外モンゴルが独立を自力で守ることができないほど弱いため，外モンゴルにおけるソ連の影響の強化が不可欠であることを主張した。ソ連におけるこのような考え方の傾向を受けてホチャコフは，

外モンゴルの力を強化する最重要の措置として，ソ連のモンゴル系住民の外モンゴル移住問題を挙げ，この問題が外モンゴルにおけるソ連の影響力の確保に役立つことを指摘したのであろう。

人民政府は以前からブリヤート・モンゴル人の移民問題に取り組んできた。1922年の人民政府の文書には，人民政府の属民となることを望むブリヤート・モンゴル人の請願が幾度か出されたことが記録されている[115]。これを受けて，ソヴィエトと人民政府の間でブリヤート移民に関する問題が幾度か協議された[116]。また，1921～1922年にソヴィエト・ロシアの指示でカルムィクの知識人が外モンゴルを訪れ，人民政府の国家建設を支援していた[117]。この問題は，モンゴル人の民族的つながりと，外モンゴルにおけるソ連の影響力の確保という2つの意義を持つことになったのである。

本章の結論

本章においては，1923年の人民政府とソ連の交渉の検討を通じて，中ソ公式交渉におけるソ連の姿勢の変化を契機として，ソ連が中華民国，外モンゴルに対して取った姿勢と，外モンゴルに対するソ連の関与を解明した。

カラハンの交渉開始後，モンゴル問題に対するソ連の姿勢が変化し，その結果中ソ協定が締結された。この変化は，ソ連軍の外モンゴル撤兵を受け入れない方針を取っていたソ連が，中ソ公式交渉をまとめるために中華民国に対して名目上の譲歩をしつつ，外モンゴルにおける影響力の確保を目指す方針を取るようになった，というものであった。1923年の人民政府とソ連の交渉には，中華民国に対する名目上の譲歩と外モンゴルにおける影響力の確保というソ連の2つの姿勢が顕著に反映されていた。停滞した中ソ交渉を進展させようとする際に，ソ連が中華民国と外モンゴルに対する2つの姿勢を外モンゴルで同時に具体化しようとしたのが，この1923年の人民政府とソ連の交渉だったと言うことができるだろう。

1923年以降の外モンゴルとソ連の関係，外モンゴルの政治情勢を考察する際には，このような状況を考慮に入れることが不可欠なのである。

註

1　Лхамсүрэн 1995, pp.41-42；呂2007, pp.572-574；李 1996, pp.98-105, 143-149；Жамсран 1997, pp.160-164；Leong 1976, pp.200-216；『中国革命』, pp.77-86；金 2001, pp.169-172；Капица 1958, pp.69-95；Pollard 1933, pp.165-172；『中国外交史』, pp.95-97；『中華民国史』4, pp.443-444；坂本 1974, p.29；Whiting 1968, pp.181-207；王 1963, pp.263-302,318-333,379-395など。

2　Лхамсүрэн 1995, pp.43-44；Дамдинсүрэн 2001, p.85；Barkmann 1999, pp.226-228；Бор 1996, pp.18-19；МТТОХХЗ, p.65；Дашдаваа 2003, p. 74；Батбаяр 2006, pp.86-87；呂 2007, pp.574-575；李 1996, pp.107-116,149-150；Жамсран 1997, p.164；Лузянин 2003, p.136；『中国革命』, pp.87-90など。

3　Лхамсүрэн 1995, pp.43-46；Дамдинсүрэн 2001, pp.85-87；Бор 1996, pp.19-20；МТТОХХЗ, pp.65-66；Дашдаваа 2003, pp.74-75；Батбаяр 2006, p.87；МУТ5, pp.149-150；Жамсран 1997, pp.164-165など。

4　Лхамсүрэн 1995, pp.47-48；Дамдинсүрэн 2001, p. 87；Barkmann 1999, pp.228-229；Бор 1996, pp.21-22；МТТОХХЗ, pp.66-67；Дашдаваа 2003, p.76；呂 2007, pp.575-577；李 1996, pp.213-229；Жамсран 1997, p. 165；Лузянин 2003, pp.136-137；『中国革命』, pp.92-97；『中国外交史』, pp.98-103；Leong 1976, pp.260-275など。

5　ドイツ駐在ソヴィエト・ロシア大使などを務め，1922年8月から中ソ公式交渉に携わった人物。

6　Дамдинсүрэн 2001, pp.83-84；Barkmann 1999, pp. 220-226；МТТОХХЗ, pp.64-65；Батбаяр 2006, pp.83-86；МУТ 5, p.149；Рощин 1999, pp.103-104；Лузянин 2003, pp.131-135など。

7　人民政府において外務省通訳官，財務省副大臣などを務めた人物。交渉当時はモスクワ駐在人民政府全権代表部において参事官を務めていた。

8　Рощин 1999, p.100；Barkmann 1999, p.237；ХЗМЦ, p.344；ИСМО, p.49.

9　シベリア革命委員会メンバー等を務め，中国とリトアニアにおいてソヴィエト・ロシア全権代表を務めた人物。

10　『中国革命』, pp.73-75,77-82；李 1996, pp.98-102,143-147；Бор 1996, pp.15-16；Дамдинсүрэн 2001, pp.82-83；МТТОХХЗ, pp.63-64；Whiting 1968, pp.155-180；Батбаяр 2006, pp.82-83；Лхамсүрэн 1995, pp.41-42；Жамсран 1997, pp.160-161；王 1963, pp.105-213,242-305；Лузянин 2003, pp.132-133；『中国外交史』, pp.92-96；Wilbur/How 1989, pp. 22-23；Баабар 1996, pp.320-322；坂本 1974, pp.27-28；呂 2007, pp.570-574；Капица 1958, pp.48-50, 62-79；金 2001, p.169；『北洋軍閥』4, pp.673-674；『中華民国史』4, pp.442-443；Pollard 1933, pp. 165-169；Leong 1976, pp. 198-206；薛 2009, pp.61-65など。

11 李 1996, p.103；薛 2009, p. 65。
12 Лузянин 2003, p.135；Картунова 2000, pp.21-38；Батбаяр 2006, p.85；『中国革命』, pp.81-82；『中華民国史』4, p.443；Wou 1978, pp.227-228。
13 ВКНДК, pp.94-97.
14 ВКНДК, pp.98-101.
15 1922年9月18日以前に出されたヨッフェ発呉佩孚宛書簡，1922年11月18日以前に出されたヨッフェ発呉佩孚宛書簡（ВКНДК, pp.124-126,144-147）。
16 РГАСПИ, Ф.17-ОП.3-Д.309-Л.2.
17 王 1963, pp.311-347,359-395,406-424；『中国革命』, pp.82-85；李 1996, pp.102-105,148-149；Бор 1996, p.32；Whiting 1968, pp.181-207；Жамсран 1997, p.161；『中国外交史』, pp.96-97；Баабар 1996, p.322；Лхамсүрэн 1995, p.42；坂本 1974, p.29；呂 2007, p.574；Капица 1958, pp.84-93；金 2001, pp.169-172；『北洋軍閥』4, pp.674-676；『中華民国史』4, pp.443-444；Pollard 1933, pp.169-176；Barkmann 1999, pp.220-223；Leong 1976, pp.207-219；薛 2009, pp.65-66。
18 たとえば，1922年9月25日付中華民国外交部発ソヴィエト・ロシア代表宛メモにこのことが明記されている（『中俄会議参考文件』, p.201）。
19 1914年に中華民国外交部参事，1915年にアメリカ駐在公使に任命され，1922年以降外交総長を務めた人物。ウェリントン・クーとも呼ばれる。
20 ВКНДК, p.131.
21 『中国革命』, pp.58-59；Лузянин 2003, pp.133-135；Баабар 1996, pp.322-323；Батбаяр 2006, pp.83-84；Barkmann 1999, p.223。
22 ВКНДК, pp.133-134.
23 ВКНДК, p.138.
24 ВКНДК, pp.183-184.
25 Лузянин 2003, p.133；『中国革命』, pp.58-59,67。
26 モロジャコフ 2009, pp.145-167；小林 1985, pp.106-130；原 2004, pp.267-269など。
27 『中国革命』, pp.85-86,106-108；王 1963, pp.442-477；『中国外交史』, pp.96-97；Мамаева 1999, pp.39-53；Дамдинсүрэн 2001, pp.83-84；Лхамсүрэн 1995, p.42；Жамсран 1997, p.163；坂本 1974, p.29；李 1996, pp.149,255-263；Whiting 1968, pp.201-207；呂 2007, p.574；Капица 1958, pp.93-95；金 2001, p.172；『中華民国史』4, p.443；Pollard 1933, pp.176-177；Wou 1978, p.217；Barkmann 1999, pp.224-225。
28 『中国革命』, p.86。
29 1922〜1923年に中華民国外交総長を務め，その後対ソ交渉を担った人物。
30 『中国革命』, pp.87-91；李 1996, pp.115,149-150；Батбаяр 2006, p.86；Рощин 2005, pp.104-105；呂 2007, p.575；Leong 1976, p.261。

31　『中国革命』, pp.88,92；Leong 1976, p.262。
32　中ソ協定の正式名称は，漢語では「中俄解決懸案大綱協定」，ロシア語では「Соглашение об общих принципах для урегулирования вопросов между СССР и Китаем（ソ連，中国間の諸問題調整のための共通原則に関する協定）」である。
33　中ソ協定第2条は，協定締結後1ヶ月以内に，各問題に関する個別協定締結のための会議を開催することを規定した条項である（СКО, pp.82-83）。外モンゴルからのソ連軍の撤退に関しても，この第2条の規定に基づいて，協定締結後に別の会議を設けて具体的な問題を協議することになっていたのである。
34　СКО, p.83.
35　『中国革命』, pp.86-97；Рощин 2005, pp.103-104 ；『中国外交史』, pp.97-104；Дамдинсүрэн 2001, pp.85-88；李 1996, pp.109-116；Бор 1996, p.32；МТТОХХЗ, pp.65-67；Баабар 1996, pp.324-326；Лхамсүрэн 1995, pp.43-48；Жамсран 1997, pp.164-165；Батбаяр 2006, pp.86-88；坂本 1974, pp.30-31；Whiting 1968, pp.208-235；呂 2007, pp.574-577；Капица 1958, pp.100-122；金 2001, pp.173-181；『北洋軍閥』4, pp.676-680；『中華民国史』4, pp.444-445；Pollard 1933, pp.179-193；Wou 1978, pp.228-229；Barkmann 1999, pp.226-229；薛 2009, pp. 80-87。
36　これについては第6章を参照されたい。
37　広川 2010, pp.033-039,046。蒙事会議については広川 2010に詳しい。
38　リュバルスキー（Н. М. Любарский）は，1922～1923年のモンゴル駐在ソヴィエト全権代表である。
39　ГХТА, Х.1-Д.1-Х/Н.55-No.412.
40　ГХТА, Х.1-Д.1-Х/Н.55-No.503；Лхамсүрэн 1995, p.43；Жамсран 1997, p.164；Бор 1996, p.18.
41　ГХТА, Х.1-Д.1-Х/Н.62-5-No.82.
42　ГХТА, Х.1-Д.1-Х/Н.62-5-No.82.
43　Батбаяр 2006, p.87；Бор 1996, p.19；Лхатмсүрэн 1995, p.45；Дашдаваа 2003, p.74.
44　人民党第3回大会は1924年8月4日～9月1日にかけて行われた。この内，外務省報告は8月12日の第8会議においてなされた。報告者は，当時外務大臣の任に就いていたアマルである。人民党第3回大会に関する詳細は，第5章を参照されたい。
45　1919年末の外モンゴル自治廃止以降の混乱において中国軍が外モンゴルにもたらした損失の補償について述べていると思われる。
46　ГХТА, Х.1-Д.1-Х/Н.106.
47　ГХТА, Х.1-Д.1-Х/Н.62-5-No.88；Бор 1996, p.16.

48 ГХТА, Х.1-Д.1-Х/Н.62-5-No.97；Бор 1996, p.20；Лхамсүрэн 1995, pp. 45-46；Жамсран 1997, p.165；Дашдаваа 2003, p.75. 原文では日付が「共戴13年11月」となっているが，文書の内容や西暦表記から10月が正しい。
49 この時の人民政府に対するソ連の説得は，外務人民委員部のチチェリン，ドゥホフスキーがダワーに説得の言葉を伝え，ダワーが電報で人民政府外務省にチチェリンらの言葉を送付することによって行われていた。
50 外モンゴルの軍の総司令官（全軍司令官）を指していると思われる。この書簡が掲載されたПСЧКの註においては，この総司令官をチョイバルサンと推定している（ПСЧК, p.98）。だが，当時全軍司令官を務めていたのはS. ダンザンである。
51 ПСЧК, p.96.
52 この発言は，ヴァシリエフが外モンゴルに1924年1月頃に着任した際に，ジャダムバ，ゲンキン（Генкин, Дадиани）と対談した際のものであり，『モンゴル駐在ソ連全権代表部報告』No.6（1924年2月15日付）に掲載された。
53 РГАСПИ, Ф.495-ОП.152-Д.29-Л.21.
54 Atwood 2002a, pp.172-182.
55 ユーヂン（В. И. Юдин）は，極東共和国モンゴル国境駐在全権代表，モンゴル駐屯ソヴィエト・ロシア軍代表官，モンゴル駐在ソヴィエト全権代表部情報課課長，モンゴル駐在ソ連全権代表部第1書記などを歴任した人物である。
56 РГАСПИ, Ф.495-ОП.152-Д.18-Л.18.
57 電報には宛先が記されていない。おそらく，モスクワのコミンテルンや外務人民委員部などに送られたものであると推測される。
58 РГАСПИ, Ф.495-ОП.152-Д.18-Л.20.
59 РГАСПИ, Ф.495-ОП.152-Д.20-ЛЛ.151-152.
60 1921年9月～1922年9月にモンゴル人民正規軍司令部長，軍務省長官，全軍評議会メンバーを務めた人物。
61 Бат-Очир 1996, pp.24-25；МОЦХА, pp.456-457；Рощин 2005, p.27；Ринчино, pp.184-185.
62 Ринчино, p.86.
63 Ринчино, p.86.
64 МОЦХА, pp.462-463.
65 ГХТА, Х.1-Д.1-Х/Н.104-No.128.
66 1923年4月12日付リンチノ発ツェレンドルジ宛電報に，イルクーツクの協議に関する記述がわずかに見られる（ГХТА, Х.1-Д.1-Х/Н.62-5-No.14）。だが，暗号めいた書き方であるため，協議の内容を解明するのは困難である。
67 東方課，とあるが，おそらくドゥホフスキーのことであろうと思われる。
68 ГХТА, Х.1-Д.1-Х/Н.62-5-No.19.

69 МББ, p.130.
70 1922年5月21日付ドゥホフスキー発カラハン宛の「モンゴル銀行についての会議に関する照会」という文書には，外モンゴルに通商産業銀行を開設する独占的権利を人民政府がロシアに与える，という規定がロシア・モンゴル友好条約の秘密追加条項の第2項にある，と記されている。この文書においてドゥホフスキーは，外モンゴルにおける銀行開設は外モンゴルにおけるソヴィエト・ロシアの影響力を確固たるものとし，影響力が確固たるものになることによって日本，中国からソヴィエト・ロシア，外モンゴルを防衛することができる，と述べている（АВПРФ, Ф.0111-ОП.4-ПАП.105а-Д.6-Л.101）。
71 РГАСПИ, Ф.17-ОП.3-Д.369-Л.3.
72 ドゥホフスキーのことであろう。
73 ГХТА, Х.1-Д.1-Х/Н.62-5-No.19.
74 ГХТА, Х.1-Д.1-Х/Н.62-5-No.19.
75 おそらくドゥホフスキーのことであろう。
76 РГАСПИ, Ф.17-ОП.3-Д.353-Л.1.
77 1918〜1924年に共和国革命軍事評議会副議長を務めたスクリャンスキー（Э. М. Склянский）であろう。
78 ГХТА, Х.1-Д.1-Х/Н.62-5-No.24.
79 この交渉に関するロシア語文書には「ルーブル金貨」という語が見られ（МОЦХА, p.273など），この「金貨」もルーブル金貨を指すと思われる。
80 ГХТА, Х.1-Д.1-Х/Н.62-5-No.43.
81 МОЦХА, p.271.
82 この交渉に関するモンゴル語史料に登場する「トゥグルグ」は，「ルーブル金貨」を指すと推測される。
83 МОЦХА, pp.463-464.
84 ГХТА, Х.1-Д.1-Х/Н.62-5-No.46.
85 МОЦХА, p.273.
86 S. ダンザンだと思われる。
87 ГХТА, Х.1-Д.1-Х/Н.62-5-No.62.
88 外モンゴルにおいて外モンゴルの軍の司令部長を務めた人物。
89 ГХТА, Х.1-Д.1-Х/Н.62-5-No.50.
90 МОЦХА, p.273.
91 МОЦХА, p.275.
92 МОЦХА, p.465.
93 ГХТА, Х.1-Д.1-Х/Н.62-5-No.86.
94 ГХТА, Х.1-Д.1-Х/Н.62-5-No.88.
95 このリンチノの記述は，諸民族が対等の資格で参加する連邦制を目指しており，中華民国へのモンゴルの単純な併合を意味するものではない（二木

1984, pp.115-116)。当時,コミンテルンとソ連の一部においては,将来モンゴルが中国連邦の一員となって自治を享受することを想定する傾向も存在したと言われている(Лузянин 2003, p.114)。リンチノはこのようなソ連とコミンテルンの傾向に合わせて,この考えを表明したのであろう。

96　人民党の組織会議,いわゆる人民党第1回大会が開催されたのは,1921年3月1〜3日である。1921年3月1日は,共戴11年1月22日であり,リンチノは日付をさまざまに混同して記載したと考えられる。また,「ソ連領内」とあるが,当時トロイツコサフスクは極東共和国領であった。

97　1921年3月の人民党組織会議(人民党第1回大会)において採択された「大衆へのモンゴル人民党の宣言書」を指す。中国連邦へのモンゴル人の参加は第3条に見られる(МХТЗ, pp.108-110,143-144)。第7条は,専制を憎み,進歩を望み,大衆の権利を広める中国,ロシアなど外国の党と関係を樹立する,というものである(МХТЗ, pp.112,145)。

98　ロシアの文書においては,新疆は「中国トルキスタン」と表記されることが多い。

99　人民党と新疆の関係については,補論を参照されたい。

100　原語はВсекитайская Народно-Федеративная Республикаである。

101　Ринчино, pp.208-209.

102　ГХТА, Х.1-Д.1-Х/Н.62-5-No.16.

103　ГХТА, Х.1-Д.1-Х/Н.62-5-No.62.

104　『中国革命』, pp.34-36;『北洋軍閥』4, pp.76-143,437-476など。

105　ВКНДК, p.97.

106　ВКНДК, p.102.

107　ВКНДКの指摘によると,А. И. ゲッケル(カフカス方面の軍事などに従事し,ソヴィエトの中国駐在武官を務めた人物)のようである(ВКНДК, p.133)。

108　ВКНДК, p.133.

109　Лузянин 2003, p.149.

110　МОЦХА, p.276.

111　РГАСПИ, Ф.495-ОП.152-Д.29-ЛЛ.21-22.

112　МОЦХА, p.276.

113　ГХТА, Ф.2-Х/Н.5-Х.6. 原文書はソ連外交政策文書館Ф.111-ОП.4-ПОР.6-ПАП.105-aのものである。

114　ГХТА, Ф.2-Х/Н.5-Х.7. 原文書はソ連外交政策文書館Ф.111-ОП.4-ПОР.6-ПАП.105-aのものである。

115　たとえば,1922年10月20日付人民政府第46回会議議事録にはブリヤート・モンゴルのツェレンピルの請願(YTA, Ф.1-Д.1-Х/Н.73-Х.161),1922年7月5日付人民政府財務省発人民政府宛文書にはブリヤート・モンゴルの移

民集団の請願（УТА, Ф.1-Д.1-X/Н.90-XX.106-107），1922年12月21日付人民政外務省北方局発電報にはブリヤート・モンゴルの仏教僧の請願（ГХТА, X.1-Д.1-X/Н.55-No.431）が記されている。
116　ОДМУУ, pp.43-44.
117　ОДМУУ, p.75.

第4章

モンゴル人民党第2回大会と
ソ連,コミンテルン

　第3章において詳述したように,ソ連は,中ソ公式交渉の進展のために,中華民国,外モンゴルに対する姿勢を変え,それに伴って外モンゴルに対する措置を新たに取り始めていた。この事態を背景にして,1923年夏に外モンゴルの政治情勢を大きく変化させる事件が発生した。それが,人民党第2回大会である。

　1990年代以降モンゴルとロシアにおいて公文書史料が開放されてきたにもかかわらず,1921～1924年の外モンゴルの政治情勢にはなお多くの不明な点が残されている。このことの大きな原因として,この時期の政治的事件の多くが解明されていないことを挙げることができるであろう。このような未解明事件の1つが,人民党第2回大会である。従来の研究においては,この大会は軽視されており,大会の概略を述べたり,大会の一部に触れたりする程度に止まっている[1]。

　だが,第2回大会が開催された当時においては,この大会は「第1回大会」であり,人民党初の正式な党大会であった[2],ということを認識しておく必要があろう。初めての党大会が何の重要性も持っていなかったとは考え難い。第2回大会は,従来の研究が見落としてきた重要な政治的意義を持っている可能性が高いのである。この大会が正当に評価されず,その実態が解明されていないために,モンゴル近現代史研究において1923年という年が単なる一通過点としかみなされていない,と筆者は考えている。

従来の研究の問題点は，第1に，大会を考察し，その意義を評価する際に，大会決議しか用いていないことである。本来，党大会の意義を評価するためには，開催理由，開催に至った状況，大会の内容，開催によって生じた変化などを総合的に考慮する必要があるはずであろう。第2に，「モンゴル人の政党である人民党の大会であるため，当然その開催はモンゴル人の意思に拠っている」と機械的にみなす傾向が，従来の研究において普遍的になってしまっていることである。このような単純な思い込みが，結果としてこの大会の本質を曖昧にしてしまっている。第3に，ソ連，コミンテルンと第2回大会の関係についての考察がほとんどなされていないことである。大会開催の経緯とソ連，コミンテルンとの関係についてはロシチンがわずかに触れているのみであり，充分な考察がなされたとは言えない。外モンゴルの政治情勢を決定する重要な要素になっていたソ連，コミンテルンと第2回大会の関係を考察することは，第2回大会の本質を今一度捉え直し，当時の外モンゴルの政治情勢を解明するためには不可欠であろう。

　こういった先行研究の問題点に対して，本章においては，ソ連，コミンテルンとの関係から第2回大会を考察し，第2回大会の政治的意義を解明することを試みる。現在のモンゴル近現代史研究においては，1921～1924年の外モンゴルの政治情勢を，「人民党と青年同盟の対立」と「S. ダンザンとリンチノの対立」の2つの枠組で説明することが多い。これに対して本書は，第2回大会の検討を通じて，先行研究が構築したこの枠組とは異なる当時の外モンゴルの政治情勢の一面を提示することを試みるものである。

　このために，まず1923年にコミンテルンが定めた対外モンゴル方針と，第2回大会開催の経緯を検討する。次に，大会の開催にスタルコフ（А. Г. Старков）が関与したことを論証する。そして，このようなスタルコフの行動が，リンチノとの対立を引き起こしたことを検討する。

第1節　モンゴル人民党第2回大会について

1．ボドーの粛清事件後のコミンテルンの対外モンゴル方針

　すでに第2章において詳述したように，「反ソヴィエト・ロシア，反人民

政府」の性格が強いボドーらの活動に対して，リンチノら人民政府の一部指導層やオフチンらは，「全国家的統一」の維持のために，王公，仏教勢力の有力者を人民政府の閣僚に加えて新政権を建設した。

　シュミャツキーが外モンゴルを去った1922年初頭以降，外モンゴルにおけるソヴィエト・ロシアおよびコミンテルンの活動を指揮していたオフチンは，1922年末に外モンゴルを去った。これ以降，スタルコフが外モンゴルにおけるコミンテルンの活動を指導することになった。スタルコフは，モンゴル駐在ソ連全権代表部のユーヂンや，外モンゴルの軍建設のために派遣されたコシチらと協力して，当時の外モンゴルにおけるソヴィエト，コミンテルンの活動に携わっていくことになるのである。

　人民党の強化を図りながらも，現実には，王公，仏教勢力の有力者を閣僚として採用した政権を樹立する妥協策をオフチンが選択せざるを得なかったことについては，すでに第2章において触れた。このような政権のあり方は，ソヴィエト・ロシアとコミンテルンにとって望ましくないものであったはずである。そのため，この現状の是正が，1923年にソ連，コミンテルンの側から図られ始める。ヴォイチンスキーが作成した「1923年のコミンテルン執行委員会極東課活動計画」のモンゴルの項目には，

> この党〔人民党〕は国においては半政権党である。主としてこの党には，新しい国家機構の調整に関するあらゆる作業が課せられている。党は古い聖俗封建権力（ボグド，仏教僧などの権力）の機構を破壊し，現在モンゴルが置かれている新たな条件に適した新機構を建設することになる。また，これと関連しているのが，この国の完全に遅れた半遊牧の大衆に対する莫大な文化啓蒙活動である。

と記されている。現時点においては政権を完全に掌握しているとは言い難く，王公，仏教勢力と協力して政権を運営している人民党が，王公，仏教勢力を排除して新たな国家機構を整えることをコミンテルン執行委員会極東課は望み，このことを1923年の活動計画として定めていたのである。

　ボドーの粛清事件が発生した1922年夏から時間が経った1923年にコミンテルンがようやくこのような活動を計画した理由の1つは，すでに第2章において述べたように，ボドーの粛清事件の後においても，ツェレンピル事件が

発生するなど，外モンゴルの政治情勢が安定しておらず，ソヴィエト，コミンテルンも人民党と王公，仏教勢力の「連立政権」の存続を暫時認めざるを得なかったためであろう。また，より重要な理由として，第3章において詳述した中ソ公式交渉のモンゴル問題協議におけるソ連の譲歩の影響があった，と筆者は考えている。

すでに論じたとおり，1923年9月以降，カラハンがモンゴル問題において譲歩することによって中ソ公式交渉を進展させる前に，ソ連軍の外モンゴル撤兵と外モンゴルに対する中華民国の主権を承認しても外モンゴルがソ連の勢力下から離れないようにするための措置をソ連は取ろうとしていた。ソ連は人民政府に対する軍事援助を通じて，中ソ公式交渉においてソ連が譲歩した後の情勢に人民政府が対応できるように調整し，また外モンゴルにおけるソ連の影響を確保しようとしていた。こういった措置の一環として，ソ連，コミンテルンは，自分たちの援助によって成立した人民党を強化して新たな国家機構を建設させることによって，「親中反ソ」の傾向があるとみなしていた王公，仏教勢力を政権から排除することを狙ったと考えられるのである。

このように，第2回大会が開催された1923年7月は，ソ連，コミンテルンが外モンゴルの政権からの王公，仏教勢力の排除と人民党の組織強化を強く望んでいた時期だったのである。

2．大会開催の経緯

第2回大会の開催は，人民党においては，共戴13年4月21日（1923年6月4日）の人民党中央委員会全体会議第9回会議において初めて提議された。この会議の議事録には，

> 党の各支部から特別代表を招集して会議を開き，地方やフレーにおけるすべての活動を互いに知り合い，今後党の活動をどう動かしていくべきかということ等をよく調べて決議する。[11]

という党大会開催の理由が記されている。だが，人民党中央委員会においては，大会開催の約1ヶ月前に党大会の開催が突然協議され，大会の開催が何の障害もなく決定された，という点に疑問が生じる。この決定は，初めての党大会の開催を決議したものとしては，唐突で不自然であるという感を拭い

去り得ないものであろう。

　実は，ソヴィエト・ロシア，コミンテルンは，人民党に対して党大会の開催を1922年初頭以降幾度か提起していたが，人民党の政治家たちの多くは一貫して党大会の開催を望まなかった[12]。ソヴィエト側の史料の記述からは，党大会の開催をより強く望んでいたのは人民党側ではなく，実はソヴィエト・ロシア，コミンテルンであったことがうかがわれる。

　たとえば，1922年7月8日付オフチン発カラハン宛報告書には，以下の記述が見られる。

> ［人民党の党員は］現在約1000人を数えるけれども，党が強化された際に党の統制下に陥ることを恐れる党指導者たちの怠業は，党列の強化に向けられたあらゆる作業を麻痺させている。たとえば，中央委員会はいまだに臨時のものであり，党リーダーたちに従順で彼らの指示に従って行動する二流の人々が偶然に任命されることで成立している。そして中央委員会は，中央委員会の改選のほか，党の政治的および組織的路線を再検討する党大会を頑固に望まない[13]。

この記述によると，オフチンは，人民党指導層が党に束縛されることを嫌って党活動と党大会を忌避している，とみなしていた。このオフチンの認識から考えると，そもそも人民党指導層は「党による統治」という政治形態を望んでいなかった可能性さえある。スタルコフもまた，1923年11月24日付で彼が作成した第2回大会に関する報告書「モンゴル人民党第1回大会」（以下「第2回大会報告書」と称する）において，

> かくして，党強化のためには粘り強い活動が必要であるが，［人民党］中央委員会は粘り強くそれをすることを望まない，という堂々めぐりが成立したのである。事実，中央委員会は常に，とりわけコミンテルン第4回大会における報告において，技術的機器（石版印刷所，活版印刷所など）や人的資源がないのでこの活動を始められない，と不平を述べている。だが，これはもちろん，空虚な言い逃れである[14]。

と述べ，人民党指導層が党組織を整備する活動を忌避していたことを指摘している。

　この状況において党大会の開催を主張したのはオフチンであったことが

「第2回大会報告書」に，以下のように記述されている。

> すでに1922年初めに，外務人民委員部およびコミンテルン前全権代表オフチンは，人民党の指導層に対して一度ならず党大会の問題を提起していた。これは，首相兼中央委員会委員長［原文ママ］ボドーの有名な冒険行為の後すぐのことであった。[15]

すでに述べたように，ボドーらの行動を受けてオフチンは，人民政府に王公，仏教勢力の有力者を入れる一方で，コミンテルンからの人員を増派して人民党の組織を強化する必要性を訴えていた。オフチンは，このような考えの一環として，人民党の大会の開催を主張していたのであろう。

コミンテルン第4回大会（1922年11月5日～12月5日）が開催された際には，コミンテルン側から人民党に対して党大会の必要性が主張されていた。ヴォイチンスキーの「1923年のコミンテルン執行委員会極東課活動計画」には，

> コミンテルン執行委員会極東課は，この党［人民党］に，近い内に党大会をモンゴルの首都ウルガにおいて招集するよう提案し，［コミンテルン］第4回大会におけるこの党の代表と共に，この党大会の協議にかけられる一連の問題を検討した。[16]

と記されている。これに関して，「第2回大会報告書」にはより詳細な記述がある。

> 1922年11月，コミンテルン執行委員会極東課のもとにおいて，モンゴル問題に関する会議が開催され，コミンテルン第4回大会の人民党代表団が参加した。人民党代表は，最近の事情を会議に通知し，指示を要請した。会議は，党にとっての基本的課題として，近い内に党大会を開催することを提起した。……
>
> しかし，コミンテルン執行委員会の党大会招集に関する指示は遂行されなかった。［人民党］中央委員会の右派のみならず，左派の代表たちも，この指示に対して否定的な姿勢を取ったのである。私は，リンチノがモスクワに出発するちょっと前に，個人的に彼と党大会について対談することになった。この時，リンチノは私にこう指摘した。「党大会は党には何のためにもならない。なぜなら，議席がまだ労働者に開放されておらず，大会は集会になってしまうためである。モンゴルのような遅

れた国にとっては集会による宣伝活動は役に立たず，モンゴルにとって必要なのは，党内における粘り強く系統立った政治啓蒙活動である」[17]と。ここには，1922年11月に，コミンテルン執行委員会極東課においてモンゴル問題に関する協議が行われ，コミンテルン第4回大会のモンゴル代表ダムバドルジらも参加したことが記されている。この時，コミンテルン執行委員会はダムバドルジに対して党大会の開催を指示した。だがこの指示は，人民党中央委員会右派，左派の双方，つまり人民党中央委員会の広範な反対に遭い，実行されなかった。リンチノもまた，早急な党大会開催に批判的であった。[18]

このような人民党指導層と異なり，スタルコフは，オフチンと同様に，人民党の大会の開催を望んだ。「第2回大会報告書」には，

> かくして，上述の時期［第2回大会開催までの時期］における人民党の現状の基本的性質の輪郭は，1つには，地方の党組織と党中央とのつながりがないことと，前者［地方の党組織］を誰も監督せず，誰も発展に向けて方向づけず放任したことである。そしてもう1つは，党中央委員会内の党争である。[19]
>
> 現状からの出口は，党大会でなければならない。党大会の課題は，当時考えられていたように，党を組織的に整えること，党建設における根本的課題と，当時党が直面していた党の一般的課題を解決することであった。それ以外に考えられていたのは，国家の重要ポストを占めている党の重要メンバーを党活動の指導から排除することによって，中央委員会を健全化することが，大会に突き付けられていた，ということである。[20]

とある。スタルコフは，人民党中央と地方党組織の分離と，人民党中央委員会内の対立という党内の2つの問題を指摘し，これらの問題の解決のために党大会が不可欠である，と主張している。そして，党大会の課題を，党組織の整備と，党の諸課題の解決と想定していたのである。これに加えて，スタルコフは，党中央委員会から国家の重役を排除することを大会の目的としている。これは，人民政府の指導者に王公，仏教勢力の有力者が多いため，彼らを人民党に関与させなくするための対策であろうと考えられる。こういったスタルコフの考え方は，前節で触れたコミンテルン執行委員会極東課の外モンゴルにおける活動計画と重なる部分が多いことが注目される。スタルコ

フの考えは，彼個人のものではなく，コミンテルンの方針に基づいたものと考えるべきであろう。

　1923年になっても，コミンテルンは党大会の開催を人民党に求めていた。これについてロシチンは，第3章において論じた1923年4～7月の人民政府とソ連の交渉のためにモスクワに派遣されたリンチノがコミンテルン職員の意見に同意してモンゴルへ党大会開催を勧める電報を送ったことや，モンゴル人がリンチノの交渉を妨げないよう党大会開催を決定したことを指摘している。この指摘は「第2回大会報告書」の記述に基づいている。この報告書には大会開催の経緯について，

> 党大会開催の問題が再び中央委員会において持ち出されたのは，1923年夏のことであり，これは全くの偶然であった。……この電報［党大会開催を勧めるリンチノの電報］は党の重要メンバーにある印象を与えた。彼らは，党大会に対するリンチノの態度を知っており，リンチノの電報をモスクワの圧力と評価し，リンチノの外交任務を成功裏に実行するためのものであると考えたのである。こうして，党大会招集の問題は，中央委員会において満場一致で決定された。リンチノの電報がモスクワの圧力と解されたことは，中央委員会委員長ヤポン・ダンザンの開会の辞に証明されている。彼は……大会開会の際に，大会はモスクワからの指令によって招集された，と表明したのである。しかし，すぐさま訂正され，彼は自分の失態を揉み消したのである。

と記されている。ここには，人民党指導層が党大会開催の提案を「モスクワの圧力」，「モスクワからの指令」とみなしたことが明記されている。さらに，A. ダンザンが，第2回大会がモスクワの指令によって開催されたことを大会において表明してしまったことも記されている。これらのことから判断すると，第2回大会の開催には「モスクワの圧力」が働いた可能性が高いと思われる。すでに述べたように，人民党と王公，仏教勢力との協力関係を好まず，中ソ公式交渉の進展のために外モンゴルにおける王公，仏教勢力の政治的影響力を削減する必要があったソ連，コミンテルンは，そのための措置として党大会を開催するよう人民党に圧力をかけたのであろう。

3．大会に対するスタルコフの関与

 人民党の大会の開催を強く望むソ連，コミンテルンに対して，党大会に対する人民党指導層の否定的な姿勢は依然として存在していた。「第2回大会報告書」には，

> 党中央委員会は大会の招集に対して，余計なものだが事情のせいで必要に迫られた措置である，という態度を取った，という印象が概してできあがっていた。……党中央委員会は党第1回大会［第2回大会のこと］に対して何ら具体的な課題を提示しなかった。[23]

とある。また，スタルコフが作成したと思われる第2回大会の日誌（以下「第2回大会日誌」と称する）にも，[24]

> ［19］23年7月18日：大会の印象についてジャムツァラーノと対話。……一方その間に，党中央委員会は大会準備に対して何らの注意も割かなかった。青年同盟中央委員会の全権代表たちによる，地方における大会準備に関する活動は，それでもやはり成果を出していた。
>
> 特徴的なのは，ジャムツァラーノ，ヤポン・ダンザンなどのリーダーたちが大会の意義を短期的な方針に結びつけるつもりでいることである。ダムバ［ダムバドルジ］，ボヤンネメフ，党メンバーの若者──大会の代表たち──のグループは，逆に，幾多の決定の実行のために大会を利用しようと考えていた。
>
> 7月20日：ジャムツァラーノと対話。大会の良い決議が中央委員会において紙上のものに止まってしまわないか，ということが危惧されている。私は──なぜそう考えるのか，と尋ねた。彼は，モンゴル人のところでは常にそういうことがありうる，と言った。党指導層は大会に対して真剣な態度を取っていない，ということをどうやら示したかったようである。大会が，余計なもの，押しつけられたものとみなされている。[25]

という記述がある。これらの記述は，党組織の強化や党大会に対する人民党指導層の否定的姿勢が大会開催前はもちろん，大会開催中にも続いていたことを示している。

 上に引用した諸史料の記述からも明らかなように，このような党大会に消極的な人民党指導層の1人が，A. ダンザンであった。すでに言及したよう

に，第2回大会がモスクワからの指令に基づいて招集されたとA. ダンザンが表明したことが「第2回大会報告書」に記されていた。「第2回大会日誌」には，大会に対するA. ダンザンの態度が記されている。

　7月30日：ダムバ［ダムバドルジ］が私に伝達してきた。「……ヤポン・ダンザンは，誰かに急き立てられて，逆に，より早く大会を終えることを急いでいる。動機は――支出が多く――節約しなければならない，というものである。私（つまりダムバ）はヤポン・ダンザンに，中央委員会の状況に関する詳細な報告を大会において行い，この大会において新しい中央委員会とその活動について充分に協議するために，この2年間中央委員会の活動にブレーキをかけていた理由を明らかにするよう提案した。ヤポン・ダンザンは，私［ダムバドルジ］に対する一定の回答を回避した」。

　7月31日：地方に関する報告は，興味深い資料でなくてはならない。指導する必要がある。ヤポン・ダンザンは急いでおり，これらの報告をうやむやにしようとしている。

とある。第2回大会の開催をモスクワの指示によるものと考えて反発していたA. ダンザンは，この大会の早期終結さえ考えていたのである。また，先に述べたように，リンチノも，党大会よりも政治啓蒙活動の方が重要である，とスタルコフに発言していたことから，党大会の開催に否定的な姿勢を取っていたと思われる。

　このような状況下において，党大会の組織に大きな役割を果たしたのは，大会開催に消極的な人民党指導層ではなく，スタルコフであった。上に引用した「第2回大会日誌」においても，大会に消極的な人民党指導層に対して，スタルコフと関係の深いボヤンネメフらが大会において積極的に活動しようとしていたことが記されていた。

　先に言及した1923年6月4日の人民党中央委員会全体会議第9回会議において第2回大会開催が決議された際に，大会における協議事項決定のための特別委員会の設立が決議された。この特別委員会に，スタルコフ，ボヤンネメフ，ジャムツァラーノ，ナムスライ（namsarai），バトオチル（batuvčir）が選出された。第2回大会は，スタルコフが関与したこの特別委員会において

組織された。

　特別委員会における準備活動を経て，1923年7月18日～8月10日に第2回大会が開催された。第2回大会は全15回の会議で構成された。第1回会議（7月18日）において，本来参加すべき65の党支部の130人の内，53の党支部から93人が大会に参加していることが報告され，開会が宣言された。[29]そして，ドルジ（dorǰi）[30]を大会議長に，デジドオソル（deǰidodser）[31]，A. ダンザンを副議長に，ミシグドルジ，ゴムボドルジ，アビルメド，ナツァグドルジ（načuγdorǰi）[32]を書記に選出した。また，議決権を持つメンバーに，ジャムツァラーノ，ダムバドルジ，バヴァーサン（bavasang），スタルコフを選出した。[33]その後，大会規約が承認され，人民政府代表S. ダンザン，青年同盟代表ボヤンネメフ，全軍評議会代表バルダンドルジ，コミンテルン代表スタルコフ，典籍委員会代表ジャミヤン（jamyang），ソ連代表ユーヂン，モンゴル学校代表マグサルジャブ，相互援助組合代表バヴァーサン，ブリヤート・モンゴル会議代表ダシエフ，フレー在住ロシア人労働者同盟代表ミシュホフ，大学代表ゴンジョーン，ペトログラード市高等学校在学中のダムバドルジ，モンゴル・バルガ青年学校代表フーミンタイ[34]が祝辞を述べた。[35]そして，当時開催されていた青年同盟第2回大会に対する党大会からの代表として，ドルジ，オルトナサン，ゴムボジャブ，ツルテムを選出した。

　第2回会議（7月19日）においては，コミンテルン，レーニン，リンチノへの祝辞が送付された。そして，大会の諸決定の原文発行，各代表への公布に対して，ジャムツァラーノ，グルセド（gürüsed）[36]，ジャミヤンスレンを任命した。その後，人民のために尽くした兵士とスフバートルの記念に関するダムバドルジの報告があった。そして，人民党の活動に関する報告と，これからの党の活動に対する4つの提案がボヤンネメフによってなされ，今までに起きた反乱事件に関するA. ダンザンの報告も行われた。

　第3回会議（7月20日）においては，第2回会議のボヤンネメフ報告内の4つの提案に対する協議が行われ，1項目を追加して承認した。そして，人民政府の活動に関するツェレンドルジの報告が行われた。

　第4回会議（7月30日）においては，リンチノ，ジャダムバ，デムベレル，ツェベグ，アルヒンチェエフ[37]からの祝辞が紹介された。そして「大衆へのモ

ンゴル人民党の宣言書の序文」「大衆へのモンゴル人民党の宣言書」の修正に関するジャムツァラーノの報告と，各支部代表の報告が行われた。

第5回会議（7月31日），第6回会議（8月1日）においては，各支部代表の報告が引き続き行われた。

第7回会議（8月2日）においては，入党規則に関するダムバドルジの報告が行われ，入党規則に関する協議と承認が行われた。さらにダムバドルジは，党員費徴収規則，党員規律，党支部規則に関する報告も行い，その協議と承認が行われた。

第8回会議（8月3日）においては，党規則に関するダムバドルジの報告と，その協議と承認が行われた。また，典籍委員会のバトオチルによる，典籍委員会の設置理由と，その活動に関する報告が行われた。

第9回会議（8月4日）においては，各支部代表の報告が行われた。また，第3回会議のツェレンドルジ報告に関する協議が行われた。

第10回会議（8月5日）においては，第3回会議のツェレンドルジ報告の第9～14条までの協議が行われた。また，相互援助組合の成立，その目的，活動に関するツェデンイシの報告が行われた。

党，同盟共同第11回会議[38]（8月6日）においては，地方行政規則，イフ・シャビ規則，国会規則の説明が行われた。また，第9回会議においてツェレンドルジ報告に関して出された地方行政規則に対するスンデブドノイの3つの提案の協議と承認が行われた。また，国会・地方行政組織規則に関する人民党と青年同盟の共同決定がなされた。

第12回会議（8月7日）においては，人民党と青年同盟の共同会議による関税規則の協議が行われた。そして，「財政基本政策」に関するジャムツァラーノ報告が行われた。

第13回会議（8月8日）においては，ツェレンドルジ報告に関する協議が引き続き行われた。また，人民党中央委員会の委員が選出され，党中央委規則が協議された。この会議において，人民党中央委員会執行委員15人（A. ダンザン，ツェレンドルジ，リンチノ，S. ダンザン，ドルジ，ドルジパラム (dorjipalamu)，ダムディン[39] (damdin)，ナツァグドルジ，ボヤンネメフ，ジャムツァラーノ，ダムバドルジ，デジドオソル，ラブダン，ナムジルジャブ，ドガル

(duyar))が選出された。また代理委員に，ロソル，バヴァーサン，ゴムボ，ムンフオチル，ミシグドルジが選出された。執行委員15人の内，代表にA. ダンザン，ダムバドルジ，リンチノ，ツェレンドルジ，S. ダンザン，ナツァグドルジ，ボヤンネメフを選出した。この内，A. ダンザン，ダムバドルジ，ボヤンネメフ，ナツァグドルジを常任とし，S. ダンザン，ツェレンドルジ，リンチノを会議参与とした。

第14回会議（8月9日）においては，相互援助組合改善計画を協議の上，承認した。また，人民党中央委員会委員長にA. ダンザンを選出した。そして，第15回会議（8月10日）において，大会の閉会が宣言されたのである[40]。

この第2回大会の内容のほぼすべてに対して，スタルコフが参加した党大会開催のための特別委員会が関与し，報告の起草者の指定，内容の吟味などを行っていた。たとえば，大会第2回会議において行われた人民党の活動に関するボヤンネメフ報告に関しては，共戴13年4月23日（1923年6月7日）の特別委員会協議議事録に，

    1. モンゴル人民党が最初成立して以降，政治および党内外の状況がどのようであり，どう進められてきたかという歴史を，説明し報告すべきである。この件を作成して持参するよう，ボヤンネメフを任命する[41]。

とある。特別委員会がボヤンネメフに起草を命じたのである。この後，7月14日の特別委員会会議において一部修正を命じられたうえで，ボヤンネメフの報告草案は承認された[42]。この報告は，起草者はボヤンネメフだが，特別委員会による修正や承認が必要だったことから，特別委員会の影響が強いと考えるべきであろう。

大会第3回会議において報告された人民政府の活動に関するツェレンドルジの報告に関しては，1923年6月7日の特別委員会において，

    2. 人民政府成立以降，国家が大衆にとって助けとなることをどれほど達成して政治を行ってきたかなどを明確に報告すべきである。この件を作成して持ってくることに，ツェレンドルジを任命する[43]。

という決議が出され，ツェレンドルジに報告の作成が指示された。ツェレンドルジ報告は，6月30日と7月14日の特別委員会の検討を経て完成した。特に，6月30日の会議では特別委員会が報告の詳細な書き方を指定しており[44]，

実際のツェレンドルジ報告はこれと全く同じ形式を取ったものになった[45]。この報告は，起草者はツェレンドルジであっても，実際には特別委員会の意図が強く及んだものだったのである。

第4回会議において行われたジャムツァラーノの「大衆へのモンゴル人民党の宣言書」に関する報告については，1923年6月7日の特別委員会において，

> 3. 人民党の志向する10箇条［「大衆へのモンゴル人民党の宣言書」のこと］を説明，検討し，修正すること等を決議する。この件をツェベーン・ジャムツァラーノに任せる[46]。

という決議が出されている。その後，6月22日の特別委員会会議において，「大衆へのモンゴル人民党の宣言書」の修正すべき部分が指定され，それをジャムツァラーノが修正し[47]，6月29日の特別委員会会議において承認を受けた[48]。「大衆へのモンゴル人民党の宣言書」の作成者はジャムツァラーノであり，修正者も彼ではある。しかし，修正箇所を指摘し，修正稿に承認を与えたのは，特別委員会だったのである。

人民党の組織に関する報告は，第7回会議，第8回会議においてダムバドルジが行ったが，この報告を作成したのはナムスライであった。1923年6月7日付特別委員会協議議事録には，

> 5. 組織に関することを，以前の状況と，展開させてどう行っていくか等を立案起草して報告すべきである。この件を作成して持参するよう，ナムスライを任命する[49]。

とある。その後，7月14日の特別委員会会議において，ナムスライが作成した原案に修正，追加をしなくてはならないため，ナムスライに加えてスタルコフを任命した[50]。そして，7月18日の特別委員会会議において報告は承認され，さらにA. ダンザン，ダムバドルジを追加任命したのである[51]。

第2回大会第13回会議における人民党中央委員会のメンバーの選出も，特別委員会においてあらかじめ指定されていたことであった。1923年6月7日付特別委員会協議議事録には，

> 6. 党中央委員会の15人のメンバーの人々をこの大会から選任して承認すべきである[52]。

とある。15人という中央委員会の定員は，特別委員会において決められていたのである。このほか，各党支部代表の報告の実行，典籍委員会，相互援助組合に関する報告なども，特別委員会において決定されていた。[53]

人民党第2回大会に対するスタルコフの影響を検討する際には，この大会と同時期の1923年7月18日～8月10日に開催された青年同盟第2回大会も考慮に入れておく必要がある。『モンゴル革命青年同盟史関係史料』にはこの大会の開催について，[54]

　　　全世界共産主義青年インターナショナル第2回大会が開催される時期になったため，モンゴル革命青年［同盟］から全権代表にボヤンネメフを任命した。そのため，ボヤンネメフは，コミンテルンの代表ゾリグト［スタルコフ］と共にモスクワに赴いた。そして，この第2回大会において，モンゴル革命青年［同盟］が当初活動を興して努めたこと，第1回大会を開催して目的や教義を定めたことなどの状況を報告した。さらに，我ら青年がコミンテルンと関係を結び，今後指示やさまざまな援助を望んだため，コミンテルンは我ら青年を真正の革命勢力であると認めた。[55][56]その上，青年同盟第1回大会の決定をすべて承認し，また［人民］党といかに関係を持つかということに対して青年同盟第1回大会の決定を主とせよ，と指示した。また，革命青年同盟があらゆる革命的活動を行う際に財政面で困ることがあれば，コミンテルンが適切に援助する，と決定した……。……こうしてコミンテルンの大会が閉会し，ボヤンネメフ，ゾリグトが帰ってきた。この時，［青年同盟］中央委員会にいた幹部バヴァーサンが党中央委員会と関係を結ぼうと努めていた。そのため，党中央委員会が突然リンチノを協議のために任命し，バヴァーサン，リンチノがこの間に党，同盟の関係8箇条を立案し，2つの中央委員会において承認し，すでに出版しようとしていたところであった。そこでコミンテルン大会に赴いたボヤンネメフ，ゾリグトが到着し，この定められた関係8箇条を具(つぶさ)に見ると，以前の［青年同盟］第1回大会の決定のとおりに定めるようバヴァーサンに与えた指示と全く合わないものであった。そして，コミンテルンの指示からも大きく異なっていたのである。異なっていた条項は何かと言うと，この決定のとおりにするならば，す[57]

べての国家および党の事柄は人民党だけが指導し，青年同盟は数人の青年と共に努める権利があるだけで，政治と党の事柄に直接関与し支援する権利がなくなったようであった。……ゾリグト，ボヤンネメフは，幹部バヴァーサンなどのメンバーを招集して会議を開き，この事情を説明し，さらにこの決定が第1回大会やコミンテルンの指示とかなり異なることを通知した。そして，バヴァーサンが自分勝手に取り決めたことであったため，非難したところ，大いに不満を抱き始めた。……現在，この決定した8箇条の公布を止め，革命青年同盟第2回大会を待って決定しよう，と言って解散したのである。[58]

と記されている。リンチノらが作成した人民党と青年同盟の関係を規定する協定に対してスタルコフ，ボヤンネメフらが反発して協定の公布を拒否し[59]，この問題を青年同盟第2回大会で決定することにしたようである。また，スタルコフとボヤンネメフが青年同盟代表として派遣された1922年秋の共産主義青年インターナショナル第3回大会（史料原文においては「第2回大会」）において，人民党と青年同盟の関係は青年同盟第1回大会における決議に基づくべきである，という指示が共産主義青年インターナショナルからスタルコフに対して出されている[60]。リンチノらが作成した協定はこの指示に合わないものであったため，スタルコフらは強く反発したのであろう。王公，仏教勢力の有力者が関与する外モンゴルの現政権に対して，青年同盟は，スタルコフが外モンゴルにおける活動を進める際の基盤となる組織であった[61]。このことが，青年同盟の独立性が求められた一因になったと想定される。

このような事情のもとに，青年同盟第2回大会は開催された。スタルコフが作成したと思われる青年同盟第2回大会の報告書（以下「青年同盟第2回大会報告書」と称する）には以下の記述が見られる。この報告書は，青年同盟第2回大会の諸決議をまとめたものである。

共産主義青年インターナショナル第3回大会に関する報告

報告を行ったのは，第3回大会同盟代表ボヤンネメフである。彼の報告において強調されたのは，以下の基本事項である。a／共産主義青年インターナショナルの課題，6／後進国における青年革命組織に対するコミンテルン［共産主義青年インターナショナルのことであろう］の姿勢，

в/第3回大会における東方問題，г/モンゴル問題に関する第3回大会と執行委員会の決議。

[青年同盟]第2回大会はボヤンネメフ報告に関して以下の決議を出した。

1. 第3回大会と共産主義青年インターナショナルがわが革命青年同盟に与えた指示は，我らの課題に完全に合致しているとみなされ，確固としてこれを実行に移す。……

人民党との関係

……大会は，長い討論の後，一致して以下の決議を採択した。

「同盟と党の相互関係の性格の問題は第1回大会において決定されたこと，この決定が共産主義青年インターナショナル執行委員会に承認されたこと，中央委員会は大会の認可無くして第1回大会の決議の意味を変える権利を持たないこと，これらに注意して第2回大会は以下のように決議した。1. 党中央委員会と締結した協定を有効とは認めない，2. 第1回大会の決議を有効のまま維持する……」[62]。

この決議に見られるように，青年同盟第2回大会においては，青年同盟に対する共産主義青年インターナショナル第3回大会の指示の適切さが決議され，リンチノら作成の協定が破棄されたのである[63]。

青年同盟の独立性の確保に関連して，地方における組織拡大に関する協議が行われた人民党第2回大会第11回会議が青年同盟大会との共同会議とされ，国会および地方会議の人員選出には人民党のみならず青年同盟も関与することが規定された[64]。人民党第2回大会と同時期に開催された青年同盟第2回大会において，スタルコフの影響力が強い青年同盟の独立性が規定されていたのである。

以上のように，人民党第2回大会の開催に際してさまざまな活動を行ってきたスタルコフは，「第2回大会報告書」において人民党第2回大会の意義を以下のように記述している。

私は大会の意義の評価に関して，以下の諸項目を最も特徴的であると，個人的にみなしている。

1. 大会において，党綱領，党規約，中央委員会の規則が承認された。

別言すれば，大会は人民党を，政治組織として最終的にまとめ上げたのである。

2. 大会の各代表たちは，各大臣つまり人民党メンバーの報告や中央委員会の報告を聞き，その活動を批評し，これら報告に対して決議を行い，全く疑いなく，ある明らかな理解を胸にして大会を後にした。それは，党は，中央委員会だけのものではなく，巨大な組織であり，また国家的活動を指導する意志である，という理解である。たとえば，代表の内の1人は，大会における報告においてこう表明した。「以前，我々は統治されていた。いまや我々，党代表は，自分たちを統治するために初めて党大会に集まったのである」。封建・宗教勢力の強いモンゴルにとっては，これは大きな獲得である。

3. ある代表は，大会においてこう表明した。「我々の各地方においては，依然として王公から抑圧されている。我々がしなければならないことを我々は知らなかった。この大会においては，わが党がどのように活動する必要があるのかが分かった。我々は故郷に帰るに当たって，活動を新たに調整しなおそう」。この声明には，党大会の意義の根本的な点の1つが特記されている。

4. 以前，中央委員会は偶然選ばれた人々からなっていた。こういった人々は誰に選ばれたわけでもなく，単に中央委員会内の最も優勢なグループによって，党の決定に対する自分たちの影響を強化するために，互選によって選ばれただけである。大会は中央委員会を選出し，中央委員会における私的な変更にけりをつけたのである。大会は中央委員会から出世主義者の官吏層グループと王公ハタンバートル・ワン（軍務大臣）を中央委員会から追い出し，左翼を強化した。

中央委員会内の諸グループの関係は，今やより明確にはっきりしたものとなった。そして，彼らの間における意見の不一致は，より明確に姿を現しつつある。このような明確さは，モンゴルにおける今後の革命活動の発展にとって不可欠である。[65]

スタルコフは，大会が人民党を政治組織としてまとめ上げたこと，人民党は国家活動を指導する意志であるという認識と王公支配に対する疑念を党支部

代表たちに植え付けたこと，中央委員会委員を正式な選挙で選出したことを，人民党第2回大会の意義として挙げたのである。スタルコフは第2回大会第1回会議における開会の祝辞においても，

> モンゴル人民党の志向すること［「大衆へのモンゴル人民党の宣言書」のこと］の中においては，政治に関すること，自分たちの党に関することなど，多くが明確になっていない。そのため，実際に党に誠実な同志が集まることもあれば，抵抗する敵対勢力のさまざまな活動が行われることもある。だから，この第1回大会［第2回大会のこと］においては必ずやこの党の志向する事柄を明確によく検討し，修正すべきである。……どの党員に対しても党の監督や規律がしっかりしていればこそ，志向するさまざまなことを遂行し，大衆に対する助けとなるのである。党会議の決定に従わない者や違反者一般は警告して禁止させるか，すぐに追い出すべきである。……人民党は大衆の党であるべきである。……もしこの党に大衆ではない勢力が入ってしまえば，最後には何でも起こりうるのである。[66]

と述べている。以上のことから考えると，人民党を政治組織として整え，国家の活動を指導する組織にすることと，王公，仏教勢力との対立を推進することが，スタルコフが第2回大会に求めた意義だったのであろう。

こういったスタルコフにとって必要であった党大会の意義は，実際に第2回大会の各所に反映されていた。たとえば，第2回会議，第3回会議において行われた人民党の活動に関するボヤンネメフ報告には，

> 政治の大半の権力を，清代からの世襲の王公，活仏，仏教僧たちのグループが占めていた。だが，彼らは国事をよく行わず，次第に，自治政治を行うことができなくなった，として中国に譲渡するなど，国家を公然と売り渡した。そのため，華北の貪欲な者たちが次第に増大し，大量のガミン兵を差し向けた。……[67]
>
> ……このように我らモンゴル人が外国反動から離れようと望んで皆で前進したため，非常にさまざまな思想を持ったグループが存在した。……ある専制的王公，仏教僧たちは自治政府の権力を掌握して中国のガミンたちと友好を結んで国を売った。……彼らのある勢力は，自らの権

力を取り戻し，元のままにモンゴル大衆を支配して暮らす方法を得るために，アメリカと極東の日本などの帝国主義国に援助を求めていった。……

　……大衆の中から誠実さに基づく一部の人々が心を一にして誓いをなし，ここにある人民党の活動を初めて起こした。……アメリカや日本から援助を得れば，それは援助になるどころか，多くのモンゴル大衆と国家をこれら帝国主義諸国の手中に入れてしまう……ということを確実に理解し，現在唯一我々の友人となって義に厚い援助を示してくれるのは，ソヴィエト・ロシアであると確実に理解していた。……

　……ソヴィエト・ロシアと全世界共産党局［コミンテルン］がさまざまな大いに驚くべき援助を示したため，ようやく彼ら数人の同志の目指したことが達成され，人民党が結成された。……

　……こうして……暴虐なガミン兵と日本の手先である狡猾な白軍徒党バロン・ウンゲルンを掃討しようと大兵を進めていくと，大衆は喜び合い助け合った。……

　……中国は……元のままに［外モンゴルを］自らの1省と考えていた。……また，その中国の代表たちを派遣し，モンゴル王公たちと共謀して，王公の手を借りて我らロシア，モンゴルの2国間の友好を壊し，元のまま我らモンゴル人を支配し抑圧する考えを持っていたのである。

　……東方から狡猾な張作霖と日本，白軍の各支軍団もまた我らモンゴル人を外から窺っていた。すると，我らの国の内側にいるこれら専制グループ［王公，仏教勢力］は……外国の反動的な中国，日本，白軍と密かに関係を結び，モンゴル人民政府を次々と打倒しようと努めた。……［これら専制グループはうまくいかなかったので］この党［人民党］の党員の中に入り込み，党活動をどう行っているかをよく理解し，内側から破壊したり，党の名声を汚したりすることに努めた。……

　……わが党はボドーの時の混乱以降，当時の目的をごくわずかに密かに変えた。このことは，国内の専制グループをそれほど憎むことなく，一時的に協調し，時勢に合わせて活動を行うということを考えた，ということである。……

……我らが党はこのように新たな道に入って大衆と専制グループとを連立させて指導する政治を行った。……

　……わが党が専制グループと共に活動するようになって現在1年が経った。そのため，彼らの状況をよく理解した。さらに，このように共同活動を行ったことによる利益と害毒のどちらがどうであったかを批判的に検討し，また時勢を見てこの第1回大会以降この党のすべての大事をどう指導すべきかを計画する必要がある。[68]

と記されている。ここでは，王公，仏教勢力は日本，張作霖などの外国の侵略者と結びついている存在として批判されている。そして，このような勢力と共に活動している現在の人民党の見直しをこの報告は迫っているのである。これは，スタルコフの考えに合致したものであると言えるだろう。

　このボヤンネメフ報告に対する決議には，

　　1. 我らモンゴルの貧しい大衆にとって本当の援助者，盟友たるソヴィエト・ロシアとの友好をさらに堅固なものにする。さらに，我ら2国の友好を破壊することを考え行う反動勢力をすぐに掃討すべきである。

　　2. この党の各支部のメンバーには，古い考えに頑固に基づいて，支配して傲慢になることを重んじ，さまざまな不道理なことを行い，専制グループ側の味方になっているメンバーがいるが，これをすぐに遠ざけて粛正し，真正の大衆勢力の本当の革命的メンバーを加えるべきである。

　　3. 我が党は真正の国家指導党である。そのため，党中央委員会と各支部の活動を取り仕切る党員が活動を行う際には，モンゴル民族，その領域を強固にし，独立全権人民国家を建設することを主要とし，皆で考えを一つにし，一つに協調して動くべきである。

　　4. 政権を直接支配することを考えている間違った考えを持つ者，反動的な専制グループがもし現れれば，我ら大衆の側からこれら反動グループをすぐに一掃し，誠実な大衆勢力を支えるべきである。

　　5. これ以前に，国内騒乱を扇動しようとした者たちを人民政府が一掃したことは，真に正しいことである。そのため，現在，これ以降，再びこのような騒乱を引き起こすならば，すぐに人民政府が以前と同様にその根を断ち掃討することを，人民政府に委任する。また，人民党もこ

れを助け努めていくべきである[69]。

と宣言されている。ここでは,「反動グループ」と袂を分かつことが明記され,人民党が真正の国家指導党であり,モンゴル民族の独立国家建設を目指す党であることが宣言された。

　ボヤンネメフ報告に見られるこの内容は,第2回大会の他の報告にも見られるものである。たとえば,第3回会議においてなされた人民政府の活動に関するツェレンドルジ報告においては,以前は王公,仏教勢力が恣意的に権力を操っていたが,人民政府成立後はそのような状況を改善した,ということが強調されている[70]。また,第4回会議における「人民党の志向する10箇条」の修正の議論においても,第2条の「滅びた自治外モンゴル国家を再び刷新して建設する」から「再び」という語をなくし,王公,仏教勢力の影響が強かった旧自治外モンゴルとの関係を断つ試みが行われている[71]。

　特に,スタルコフが求めた大会の意義が強く反映されているのが,人民党の勢力を地方に波及させる活動であった。第2回大会では,第7回会議以降,人民党および国家の組織に関する決議が次々と出された。上述のとおり,人民党と青年同盟の共同会議とされた第2回大会第11回会議では,国政および地方の会議が開催される際の人民党と青年同盟の地方支部の役割などが規定され,地方における活動は人民党と青年同盟が共同で行うことが決議された。

　第2回大会第7回会議においては,

　　ダムバドルジが,いかに党員を集めてモンゴル人民党を組織していくか,ということに関して作成したものを説明して報告した。これを皆で検討し,批評して協議した。……また,同条[第7条]第4項において,組織課が管轄すべきことを並べた中に,「第6：東の2アイマグに党支部が設置されていないため,これらのアイマグにおいて党の活動が広く拡大していない。そのため,現在,これらアイマグにおいてアイマグの人民党支部を建設することを一層重視し,中央委員会がこれを積極的に行うべきである」という1項を追加する[73]。

という協議が行われ,東部2アイマグ(セツェン・ハン・アイマグ,トゥシェート・ハン・アイマグ)における活動の拡大が決議された。東部2アイマグにおける人民党,青年同盟の活動については,「青年同盟第2回大会報告書」

に,

　　2. 特別な意義を得ているのが，モンゴルの東部地域における組織的および政治的活動である。西部地域において同盟の組織網が充分に密であるのに対し，東方ではそれはたったの4つしかない。同様の状況が党建設にも当てはまる。この状況も偶然のものでは全くない。東方地域において，革命活動は封建勢力の側からの強力な抵抗に遭っている。封建勢力は東方地域においては特に強力である。すべての反革命陰謀は，この地域から人的資源と資金を供給されていた。外国の——日本・張作霖の——反革命がこの地域を通じて活動している。かくして，東方における活動には特別な政治的・戦略的意義が与えられている。[74]

と記されている。外モンゴル東部地域の強力な王公が「反革命陰謀」，つまりソ連や人民政府への反抗に関わっていたという認識と，日本や張作霖の勢力が外モンゴル東部地域を通じて活動しているという認識から，外モンゴル東部地域における活動に特別の意義が与えられたのである。スタルコフは，このような考えに基づき，第2回大会において人民党の組織を確立させ，党組織を地方，とりわけ外モンゴル東部地域に拡大しようとしたのであろう。

　このように，党大会に消極的な人民党指導層に対して，スタルコフが人民党第2回大会開催に対してイニシアチブを発揮し，人民党の組織の整備，人民党が国家を指導する体制作り，王公，仏教勢力との対立推進を図り，同時期に開催された青年同盟第2回大会において青年同盟の独立性を規定していたのである。

第2節　リンチノとスタルコフの対立とS. ダンザン

　本節においては，前節において述べた人民党第2回大会の開催が，外モンゴルの政治情勢を変化させるほどの大きな政治的影響を持つに至った経緯について論じる。そして，1923年という年がモンゴル近現代史上において持つ重要性を明らかにしたい。

1．リンチノとスタルコフの対立の発生

　人民党指導層が党大会に対して消極的な中において大会の開催を強行したスタルコフの姿勢は，人民党指導層の反発を招くことになった。人民党指導層のうち，スタルコフを最も強く批判したのはリンチノであった。第2回大会後の外モンゴルの政治情勢は，この2人の対立を中心に形成されていくことになる。

　党大会に否定的であった人民党指導層の中でも，リンチノは特にスタルコフらの取る姿勢に批判的であったと言うことができる。すでに述べてきたように，スタルコフらが批判していた王公，仏教勢力と人民党との一定程度の協力関係について，リンチノは肯定的であった。このようなリンチノの考え方は，王公，仏教勢力との協力を拒むスタルコフの考えと衝突するものであった。

　スタルコフに対するリンチノの態度は，1924年9月17日付のリンチノの論文「モンゴルにおける最近の出来事に関して。人民党と青年同盟」に最も明確に表れている。この論文の第2節「党の妥協について」においてリンチノは，

　　モンゴル駐在共産主義青年インターナショナル代表スタルコフ，元コミンテルン極東書記局全権代表オフチン，そして彼らと同様のロシア人職員の中の若干の者たちは，地方の諸条件を知らず，モンゴルの社会的および政治的状況に組織的に入って直接関与することができなかった。これらのせいで，またある点では個人的特質のため（スタルコフには，政治的および総合的な教育と経験が不充分であった……），またある点では言葉を知らなかったため，彼らは党の進化を理解しなかったのである。

　　……彼らは，党の中からボドーやそれと同類の人々が現れたという事実には注目したが，そういったタイプの人間に対する党の態度は充分には注目せず，評価もしなかった。また，党の側からこういった者どもを鎮圧したという事実にも注目しなかった。

　　……スタルコフらは，明らかに悪いマルクス主義者であり，以下のことを理解できなかったし，今も理解できずにいる。経済基盤が不安定で，現在の意味で政治的歴史が存在しない国においては，大衆的革命党を2

～3年で何の支障もなく建設してしまうことは不可能なのである、ということを。

　さらにスタルコフと彼と同類の人々は、ボドーらの出現を、わが党の将来に対する自分たちの予測の正当化として大いに喜んで強調した。しかし彼らは、わが党の総合方針に注目することを完全に拒んだ。彼らはそれほどに努めて、また満足をあまり隠すこともなく、我らの戦術的策略を、でたらめに解釈して強調した。すべてにおいて、彼らは聖俗封建勢力とのわが党との妥協を見出していたのである。

　このとおりであったのが、進歩的で、党にとって明白に危険がなく、党に忠実で、同時に無学な大衆の間において人気のあった……王公、上級仏教僧の代表（たとえば、ハタンバートル、セツェン・ハンやジャルハンズ・ホトクト）を国家的活動に引きつけたことであった。……

　我らの反対者たち［スタルコフら］は、旧モンゴル知識人の代表を国家的活動に引きつけたという事実そのものだけを強調した。……

　これらすべてに加える必要があるのは、党の戦術的回り道は、モンゴルにおいて大コミンテルンや我らに友好的なソヴィエト・ロシアを代表する人物（オフチンら）の許可と是認があって行われた、ということである。[75]

と記した。リンチノは、スタルコフらは人民党の進化を理解せず、王公、仏教勢力との妥協を表面的にのみ理解し、外モンゴルの実状には合わない方針を押しつけている、と痛烈に批判し、外モンゴルのような国では2～3年で大衆的革命党を建設するのは不可能である、と指摘したのである。リンチノは、第2回大会においてスタルコフが目指した人民党の早急な組織化と王公、仏教勢力との対立の推進を、外モンゴルの実状に合わないと判断していたのである。

　第3章において詳述したように、リンチノはモスクワにおける交渉に従事していたために、第2回大会に直接参加することはできなかった。しかし、人民政府、人民党においてリンチノのこの姿勢に同調する者は少なくなかったようである。そのような人物の1人として、A. ダンザンを挙げることができるだろう。すでに言及したように、A. ダンザンは人民党第2回大会の

開催に否定的であり、大会開催中も、大会の早期終結さえ考えていたほどであった。当時、A. ダンザンとリンチノが大変親しい関係にあったことを、諸史料から読み取ることが可能である。スタルコフは「第2回大会報告書」に、

> 大会直後、前委員長および大会で再任された中央委員会委員長ヤポン・ダンザン［A. ダンザン］の側から、大会の積極的指導者であったダムバ［ダムバドルジ］、ボヤンネメフらのグループに対する扇動宣伝が始められた。このグループには私［スタルコフ］も数え入れられた。ヤポン・ダンザンや他の多数の重要な党員――党右派の代表たち――は、こう言った。……元来、大会は、党の創立者にして指導者であるリンチノがモスクワから到着するまで待つ必要があった。彼の助言と指摘は、大会の活動の基盤になければならないものだった。[76]

と記しており、A. ダンザンらの人民党の「多数の重要な党員」が、リンチノを人民党の「創立者にして指導者」とみなし、党大会に不可欠な人物だと考えていたことを指摘している。また、リンチノは、「エルベグドルジ・リンチノ。党および政府の数人の活動家の個人性格分析について」という文書においてA. ダンザンについて、

> ヤポン・ダンザン［A. ダンザン］：中央委員会委員長。仏教僧。人民党左翼グループのリーダー。……誠実で深く信念を持った革命家。モンゴルにおいて共産党が誕生すると考えられるとすると、ヤポン・ダンザンは、おそらく、最初の共産主義者の1人になるだろう。いつでもどこでも反対し、誠実で、妥協せず、清廉な人間――すべての民族、国において最初の革命家のタイプ。それがヤポン・ダンザンである。[77]

と述べ、A. ダンザンを高く評価している。このため、リンチノが外モンゴルにいなくとも、A. ダンザンらのリンチノ支持派が第2回大会の際にスタルコフの姿勢に対抗したことが想定されるのである。

A. ダンザンは第2回大会開催前後を通じて人民党中央委員会委員長であり続け、第2回大会におけるダムバドルジ報告「モンゴル人民党を、いかに党員を入党させて組織するかについて」に対して、大会準備のための特別委員会から追加任命を受けた。また、上述のとおり、大会の準備と大会におけ

る諸報告の作成の指導には，スタルコフが加わっていた特別委員会が関与したことが確認できる。これに対し，「モンゴル人民党規則」をはじめとする党の各規則の作成に特別委員会が関わったという史料の記述は，実は見当たらない。これらのことから，A. ダンザンらのリンチノ支持派が自分たちの見解を反映させるための措置を取った可能性が最も高いのは，大会において公表された人民党の諸規則であったと考えられる。

第2回大会第7回会議におけるダムバドルジ報告「モンゴル人民党を，いかに党員を入党させて組織するかについて」には，

 1. 我ら人民党が党員を集めて結成された際には，公示に従って集まり，党を結成したわけではなかった。皆自らの願望によって心を一にして党を結成し，大衆に自由を広く享受させることを望み，種族や出自の区別なく党を結成し，連合したのである。……

 組織課の管轄する事柄

 ……6. わが党の党員の中に，反動的な思想の人間が入り込んでいるため，党中央委員会が粛正を行うよう努めるべきである。また，これ以降，入党する貴族の人々を一般大衆と同様に採用することを制限することにし，また，中央委員会が承認して採用すべきである。[78]

という記述がある。この記述は「反動的思想」の持ち主の入党を規制するものである一方，人民党を「種族や出自の区別なく」結成された党であると位置づけ，王公であっても人民党中央委員会が承認すれば入党できると規定したものでもあると言えるだろう。

モンゴル人民党の規則は，第2回大会第8回会議において，ダムバドルジによって報告された。この規則において，王公，仏教勢力の入党は以下のように規定された。

 第1. 党員となる者について

 ……4. 候補員を事前に試用する期間は，支部の全体集会で周知させ，4〜12ヶ月までの間で決めるべきである。人民は4ヶ月，上級僧，王公は8ヶ月を期間として候補員をやらせるべきである。[79]

この規定に見える「候補者」については，上述のダムバドルジ報告「モンゴル人民党を，いかに党員を入党させて組織するかについて」の第6条に，

はじめに，党員になることを請願してきた者を承認する際に，その正
邪を知るために，一定期間，候補員として採用することにする[80]。
とある。つまり，先に挙げたモンゴル人民党規則第1条第4項は，正式な党
員として採用する前の候補党員の試用期間についての細則である。この記述
によると，候補党員としての期間に一般大衆と2倍の差を付けたという意味
では，王公，仏教勢力の入党制限がされている，と言えるかもしれない。し
かし，王公，仏教勢力の入党が決して禁止されているわけではない，という
ことの方が重要な意味を持つ，と筆者は考えている。党則上においては，王
公でも僧でも，人民党に入党できることになるのである。

第2回大会においては，人民党の組織に関して，ダムバドルジ報告「モン
ゴル人民党を，いかに党員を入党させて組織するかについて」，「モンゴル人
民党支部規則」，「党費徴収規則」，「党規律」，「モンゴル人民党規則」が報告
された。これらの報告において，王公，仏教勢力に関する直接的記述は，実
は以上に引用したもののみである。つまり，第2回大会において規定された
党の諸規則の上では，人民党においては，王公，仏教勢力が活動できる余地
が多く残されたことになるとみなすことが可能なのである。このような規則
を設けることによって，A. ダンザンらはスタルコフらに対して対抗してい
たのであろう。

これに加えて，A. ダンザンは第2回大会終了後にも，スタルコフとその
同調者に反対する活動を行っていたことが，「第2回大会報告書」に記され
ている。

この宣伝［第2回大会を主導したボヤンネメフらに反対するA. ダンザン
の宣伝］は以下の2点を最終目的としていた。1つは，大会［第2回大
会］が［人民党］中央委員会の新メンバー——ボヤンネメフとダムバド
ルジに公正に与えた権威を損ねることであり，もう1つは，そうするこ
とによって彼らの活動が不可能となる条件を作り上げることである。一
方のヤポン・ダンザンと，もう一方のボヤンメネフとダムバドルジの間
の争いは，新中央委員会の活動当初の特質であった。ダムバドルジとボ
ヤンネメフは，中央委員会の宣伝課と組織課を率いている[81]。彼らは，活
動を始めた当初から，自分たちの課の権限に関わる第1回大会［第2回

大会］の決議の遂行に精力的に取りかかったが，中央委員会委員長ヤポン・ダンザン率いる抵抗にすぐにぶつかった。ヤポン・ダンザンがボヤンネメフらに，宣伝課と組織課の自立性を認めず，組織課と宣伝課の全問題は中央委員会委員長の承認はもちろん，中央委員会幹部会全体の承認をもあらかじめ受けなければならない，と表明した。これが意味することは，大会以前の中央委員会に特徴的であった，活動の遅滞と引き延ばしであった。私［スタルコフ］は中央委員会の活動についてヤポン・ダンザンと対談することになった。彼は私に以下の発言をした。モンゴルの条件下においては全問題を合議的に決定することが不可欠であり，宣伝課と組織課が少しでも自立性を備えるならば，課長たちは独裁の非難を浴びることになるだろうし，そうすればモンゴル式に従って課長たちは職を辞する必要があろう。そうならないように，中央委員会幹部会全体に依拠する必要がある，と。この表明は，もちろん，全くの思いつきに過ぎないが，中央委員会委員長の活動方針にとって極めて特徴的なものである。ダムバドルジとボヤンネメフは，少数派であり，ヤポン・ダンザンに譲歩せざるを得なかった。[82]

A. ダンザンは，スタルコフ，ボヤンネメフらに対する反対姿勢を第2回大会後も貫き，大会における決議の遂行を妨げるような活動を取っていたのである。

　これに対して，スタルコフはいかなる対策を取ったのであろうか。実は，彼は「第2回大会報告」において，

　　党第1回大会［第2回大会］から，多くのものを期待することはできなかった。[83]

と記している。スタルコフが，政権からの王公，仏教勢力の排除を第2回大会において実行しようとしたのは，すでに詳述したように事実である。しかし，A. ダンザンらがスタルコフの方針に反対していることを考慮して，スタルコフもまた妥協せざるを得なかったのだと推測される。

　リンチノの帰国後（1923年8月末）[84]，スタルコフとリンチノの直接の対立が本格化することになる。これについて『モンゴル革命青年同盟史関係史料』には，

さらに，党中央委員会の重要メンバーであるリンチノが特別任務でモスクワに赴いてから戻って来ると，中央委員会委員長ダンザン［A. ダンザン］らのメンバーはリンチノに，青年同盟中央委員会委員長ボヤンネメフ，コミンテルンの代表ゾリグト［スタルコフ］ら数人が党大会を勝手に指導してさまざまな決定を出した，と言った。また，以前の2つ［人民党と青年同盟］の中央委員会が取り決めた党と同盟の関係規定を大会は破棄し，ダルバ・バンディダたちを首相に就けることを認めなかった，などと言った。そのため，リンチノは，コミンテルン代表ゾリグトとボヤンネメフがこんな風にしていると軽率に考え，そこから発展してゾリグトをさまざまに誹謗し，あちこちの会議において報告し，また，党が定めた関係規定に違反した，として青年たちを大いに批判的に見るようになった。そのため，党中央委員会委員長のダンザンまでもが青年勢力を些細なことで妨害して反対する姿勢を示していた。[87]

という記述がある。リンチノの帰国後，A. ダンザンらの人民党メンバーがスタルコフ，ボヤンネメフらの活動に対する批判をリンチノに伝えたため，リンチノはスタルコフを非難するようになり，A. ダンザンも青年同盟を批判するようになったのである。

　『モンゴル革命青年同盟史関係史料』のこの記述においては，リンチノとスタルコフが対立した原因の1つに，人民党と青年同盟の関係が挙げられている。1923年9月20日付ユーデン発チチェリン宛文書には，

　　この関係［人民党と青年同盟の関係］の緊張は……ウルガへのリンチノの到着と共にとりわけ急激に明らかになった。[88]

と記されている。両者の関係の問題が先鋭化したのはリンチノの帰国後であり，スタルコフとリンチノの対立の本格化と同時期である。このことから，従来の研究が外モンゴルの政治情勢の重要な要素として指摘してきた人民党と青年同盟の対立には，リンチノとスタルコフの対立が大きく影響していたという一面があったと言えるだろう。

　この対立が深刻なものであったことが，1923年9月20日付チチェリン発スターリン（И. В. Сталин）宛文書の以下の記述からもうかがわれる。

　　ニースレル・フレーにおける人民革命党［人民党］と共産主義青年同

盟［青年同盟］の間の対立が次第に大きくなりつつあることは，わが国の政策の急所である。……党，共産主義青年同盟は共同して活動する代わりに，互いに争い合っている。このことは，モンゴル人民革命政府［人民政府］に対して，極めて有害で悪辣な結果を植え付けうる。……クビャク[89]は，私と話した際に，ニースレル・フレーの状況は本当に先鋭的であることを認めた。[90]

　この記述から，ソ連においても外モンゴルにおけるこの対立が深刻なものであるという認識が確立されつつあったことが見出せる。

　この人民党と青年同盟の関係をめぐるリンチノとスタルコフの闘争の過程について，1923年9月4日付のスタルコフの電報には，以下のように記されている。

　　最近，［人民］党中央委員会の側から［青年］同盟に対するキャンペーンが始まり，これにはリンチノも関与している。8月30日の党中央委員会会議においてリンチノはこう表明した。「私は我々の協定をカラハンとヴォイチンスキー[91]に見せた。彼らはこれを肯定した。共産主義青年インターナショナルが同盟の独立の方針を行うことをどのような形で決定したかをコミンテルン執行委員会は承知しておらず，この方針を行っている共産主義青年インターナショナルの活動家に対して叱責を与えることを約束した。……」。……コミンテルン極東書記局の元活動家としてモンゴル人にとって有名なリンチノの声明は，我々の今後の活動に対する深刻な打撃であり，対同盟闘争におけるリンチノの地位を強化した。これらのことすべてが，全権代表としての私に対するモンゴル人の不信の雰囲気を創り出している。[92]

当時のリンチノにはコミンテルンとの直接のつながりはなかったはずである。しかしリンチノはスタルコフとの対立において，かつて極東書記局において重職を担っていたことなどを利用し，自分こそがソ連，コミンテルンの信任を得ているかのように主張したのである。その結果，スタルコフはモンゴル人指導層の支持を得られなくなった。

　1923年9月14日ユーヂン発チチェリン宛文書には，この時の状況に関するスタルコフの以下の記述が載せられている。

第4章　モンゴル人民党第2回大会とソ連，コミンテルン　231

> [青年] 同盟に対するキャンペーンは，両大会 [人民党第 2 回大会と青年同盟第 2 回大会] の後に始まった。キャンペーンの基本スローガンは以下のとおりである。同盟は党の政治的統制を認めず，政治的組織に変わりつつある。独立した 2 つの組織が存在することで，大衆の誤解を招き，革命活動にブレーキがかかってしまう。リンチノは，自らの昔の協定を擁護し，遂行中の同盟の独立路線に対する叱責を約束したモスクワにこの協定が是認されたと表明している。リンチノの声明は，党の地位を強化し，同盟に対する不信感をもたらしている。

先の史料と同様に，リンチノの声明によってスタルコフらに対する不信感が醸成されたと指摘されている。

また「ソ連とモンゴル。1923 年 9 月」というソ連側のモンゴル関係情報資料には「リンチノの書簡」という項目がある。そこには，

> リンチノは，本年 8 月 30 日付の書簡において，悲しい構図を描いている。リンチノはこの構図をウルガに到着した際に見出した。この構図は，ユーヂンが行った政策の結果であった。ユーヂンと，共産主義青年同盟代表——スタルコフは，政府と党を反ロシア的で反動的であるということで非難していた。その根本は——ロシア人移民の問題と，国家の活動に対する進歩的聖俗封建諸侯勢力の引きつけに関する問題に対する [人民] 政府の方針である。……リンチノは，ユーヂンとスタルコフの召還が妥当であるとみなしている。……リンチノは，呼び起こされた現状の打破のために精力的な措置を取っている。ここでリンチノに助けとなったのは，使節の活動の順調な結果である。この結果が，反動的で反ロシア的だというユーヂンの非難に悩まされてきた政府メンバーにあることを証明してしまった。それは，ユーヂンの方針は外務人民委員部の方針ではなく，地方的で個人的な性質を持つ冒険主義である，ということである。

とある。この記述にある「使節の活動の順調な結果」とは，リンチノがモスクワにおいて行ったソ連との交渉が成功したことを指していると考えられる。リンチノは，自分が関与した対ソ交渉の結果を利用して，自分がソ連の信任を得ているかのような姿勢を示すことによって，スタルコフと共に王公，仏

教勢力と人民政府の協力関係を非難していたユーヂンを批判したのである[98]。ユーヂンに対してリンチノが激しい批判を加えていたことは，1923年9月20日付ユーヂン発チチェリン宛文書にも記されている。

> 9月16日，私［ユーヂン］はリンチノと対談した。リンチノが伝えてきたことは，少なからず私を驚かせた。［人民党］中央委員会右派は党と同盟の軋轢を，スタルコフと青年同盟に対する私の圧力の結果のせいにしている，と言うのである。私はこの疑いに対して決定的に反駁した。なぜなら，これらの対立の原因は，外部からの圧力に起因するのではなく，政治組織としての同盟に対する見解の相違に起因するからである[99]。

すでに述べたとおり，人民党と青年同盟の対立は，人民党第2回大会において顕著に表れたスタルコフの姿勢と，それに対するリンチノらの反発が根底にある。そのため，この対立をすべてユーヂンのみに帰することは難しい。しかし，リンチノらは，ユーヂンの責任も問い，彼に対して批判を浴びせていたのである。こうして，スタルコフと同様に，ユーヂンもまた人民政府指導層の信用を失いつつあった。

このように，リンチノの帰国後に本格化したスタルコフらとリンチノとの対立においては，当初からリンチノが有利になっていたのである。

2．新首相選出問題とS.ダンザン

スタルコフとリンチノの対立において，当初からリンチノが有利であったことは，人民党第2回大会と同時期に発生したジャルハンズ・ホトクト没後の新首相選出問題にも顕著に表れた。先に引用した『モンゴル革命青年同盟史関係史料』の記述においては，リンチノとスタルコフの対立の原因として，「ダルバ・バンディダたちを首相にすることを認めなかった」ことが挙げられていた。これは新首相選出問題を指している。この問題の経緯と結末は，スタルコフとリンチノの対立を色濃く反映したものであった。

この問題に関して，先行研究では，リンチノが王公，仏教勢力との協力を考えてダルバ・バンディダ・ホトクト[100]とマンズシリ・ラマ[101]を推したこと[102]，青年同盟がS.ダンザンを推したこと，最終的にツェレンドルジが首相に任命されたことが指摘されてきた[103]。

第4章　モンゴル人民党第2回大会とソ連，コミンテルン　233

『モンゴル革命青年同盟史関係史料』には，新首相選出問題の発端について，

　この間，[人民]政府首相ジャルハンズ・ホトクトが亡くなり，首相の座に空きができた。この時に，党中央委員会幹部の中からリンチノ以外の人々が，青年同盟中央委員会の幹部たちと共に協議し，今政府首相に誰を就けるかを協議していた。その際に党指導者リンチノは別の用件でモスクワに行っていた。こうして2つの中央委員会が共同協議していたことには，「現在時勢がやや安定してきたため，首相の座にまた仏教僧や王公を利用して選出するか，そうでなければ，人民の政府というものに到達して真正の大衆から選出するか，どちらにするか」を協議していたのである。……現在時勢がかなり落ち着いてきたため，真正の大衆から任命すべきである。この際に，首相になるのに合いそうな2人の人がいる。人民党を最初建設して以降今まで努めてきた人が必要だと言うならば大臣ダンザン[S. ダンザン]がいる。政治に熟練した慎重な人が必要だというならツェレンドルジがいる。こう協議したがよく決めることができなかった。そこでヤポン・ダンザン[A. ダンザン]がこう報告した。「我らの重要人物リンチノがモスクワに行ったため，我々は，道理として，この2人の内どちらにするかについて同志リンチノに考えを尋ねよう」と協議し終え，電報で考えを尋ねた。するとリンチノがこう回答を寄せてきた。「大臣ジャルハンズが亡くなったのは，本当に悲しいことであった。今，大臣にはダルバ・バンディダかマンズシリ・ラマといった人々から就ければいいだろう」と言ってきたのである。こうして，同志リンチノが来るのを待って，再度協議することはなかった。[104]

とある。記述によると，新首相選出の協議においては，王公，仏教勢力からの首相選出を今後も続けるべきかどうかについて議論が起こっている。この問題においては，当初からリンチノとスタルコフの対立において討論の的になっていた王公，仏教勢力と人民党の「連立政権」の是非が問われていたのである。[105]

これ以後のこの問題の展開については，1923年11月20日付の『モンゴル駐在ソ連全権代表部報告』No.4に，

予定されたのは，3人の候補者であった。

1人目として挙げられたのは，ある有名な聖僧の化身の1人，ダルバ・バンディダ・ホトクトである。このゲゲーン（つまり聖者の化身）は，西モンゴルにおいて有名である。……

この候補者を推したのはリンチノである。リンチノは，主としてこういう考えに立脚していた。民主主義的傾向を持っている寺院，貴族勢力の権威ある代表を政府の構成員に入れることは，大部分が進歩的ヨーロッパよりも反動中国の方を向いている聖俗封建諸侯の解体を促進するであろう。

リンチノの視点は，人民党中央委員会と青年同盟のメンバーの大半からの決定的な反対に遭った。青年同盟のメンバーは，政府を，自分たちのメンバー，つまり，先進的であっても貴族ではだめであり，平民出身者，特に政権党のメンバーによって指導する必要性に固執した。

この点で自然と思い浮かんだのが，故首相の代理，外務大臣ツェレンドルジの立候補であった。……事実，この国の右派グループにとって，日和見主義者で「妥協主義者」のツェレンドルジは，他の急進的な傾向を持つ活動家よりも受け入れやすい。……

……しかしさらに，青年同盟が推した別の競争者，元財務大臣で現総司令官ダンザン［S. ダンザン］…… ── 彼は常に人民党中央委員会において右翼を担い，昨日はまだ青年同盟と対立していた ── が，今日は青年同盟によって革命的傾向の代表者として推薦されている。……ちなみに，ダンザンの首相への立候補が拒否されたのは，以下のような考えにもまた基づいていた。それは，「ダンザンが総司令官の座を退いて，しっかりしていて期待はできるがよく知られておらず尊敬はされない青年同盟のメンバー（ドルジパラム）が彼の代わりになるということは，軍務大臣で反動のハタンバートル・ワンの独占的処置に軍を引き渡すことを事実上意味する」というものである。

とにかく，ダルバ・バンディダ・ホトクトの立候補は全会一致で拒否され，首相にはツェレンドルジ老が選出された。[106]

とあり，上述のリンチノの提案に人民党中央委員会と青年同盟のメンバーが

反対し，青年同盟メンバーは S. ダンザンを推したが，最終的にツェレンドルジが選出されたのである。

　この新首相の選出過程について，1923年 9 月20日付 ユーヂン発チチェリン宛文書に重要な記述がある。

　　党と同盟の関係

　　この関係の先鋭化は，ウルガへのリンチノの到着と共に特に急激に現れた。リンチノはヤポン・ダンザン［A. ダンザン］，ツェレンドルジと共に……青年同盟に激しく反対する立場に立った。……その時青年同盟の指導者でもあったボヤンネメフ，ダムバ［ダムバドルジ］，スタルコフが大会［人民党第 2 回大会］において［人民］党中央委員会に選出されたことで，党中央委員会は 2 つの陣営に分かれることになった。……党と［青年］同盟の相互関係の特に顕著な例証になりうるのが，首相位の候補に対する闘争である。……この問題はリンチノの到着まで延期された。……首相選挙は国会召集まで延期されると予想されたが， 9 月12日の党中央委員会会議の直前に，この問題は党中央委員会によって，ウルガにいた党中央委員会全体会議のメンバーを追加した中央委員会幹部会会議にこの問題を提議する，という形で解決されている。……中央委員会会議は……9 月12日晩遅くにスタルコフなしで開催された。スタルコフは探し出せなかったのだ。会議は，以下のリンチノの演説で開かれた。リンチノはこう始めた。ジャルハンズ・ホトクトの死後，ツェレンドルジが首相代理として文書ですべての省，党と同盟の中央委員会に……代わりの者を選出する必要性を訴えた。青年同盟はこれに関して党中央委員会に自らの意見を公式に伝えた。そこではこう明確に表明されている。政府の長のポストは党員の手になければならない，と。明らかに――リンチノは続けた――同盟は現在政府とその顧問としての私を信じていない。……さらにリンチノは連立擁護の話に移り，その実りある成果を証明し，候補ダルバ・バンディダ・ホトクトを推し出した。輝かしいリンチノの回答に対して――ボヤンネメフとダムバは演説した。彼らは，ジャルハンズ・ホトクトの活動（ジャルハンズが，亡くなるずっと以前に壮大な祈祷――党と政府に対する呪いを催した）やハタンバートル・ワンの

活動（ハタンバートルは反政府陰謀に常に参加している），セツェン・ハンの活動（彼は，税を払わないようにするために家畜を隠匿していたのを自分のアイマグで摘発された）を例にして，この連立が何に導くのか，この連立が何を与えうるのかを証明していた。このことが，リンチノとツェレンドルジを怒らせた。ツェレンドルジは，「政府に対するこのような批判に，私は自分に対する不信を見出し，自分を政府の職務から解放するよう要請するであろう」と表明した。リンチノは，連立に対する自分の論拠を貫徹し，ソヴィエト・ロシア［原文ママ］を口実にした。「ソヴィエト・ロシアにおいては，元貴族，帝政の将軍，高級官僚が重責ある職務を担っている。外務人民委員部がリンチノの前でジャルハンズ・ホトクトの代わりの候補の問題を審議したことがあり，ダルバ・バンディダ・ホトクトという結論に達した」と。ボヤンネメフとダムバは再び断固たる演説を行い，たった今行われたツェレンドルジの表明を非難し，リンチノには，ソヴィエト・ロシアに関する彼の口実は根拠がない……と指摘した。……協議の神経過敏な状況によって，双方の陣営は無言の妥協に達せざるを得なくなり，候補ツェレンドルジが第1に置かれることになった。……ツェレンドルジが首相に，その副相にダンザンが総司令官のポストを保ったまま選出された。……中央委員会右派グループは，[107]
外見上の敗北にもかかわらず，自らを負けたとは少しもみなしていない。なぜなら，ツェレンドルジにはモンゴルの封建，宗教勢力に近いところがあり，この勢力とのつながりや彼らの間における権威によって，ジャルハンズに関してモンゴル政府が蒙った損失を補うことが充分に可能だからである。同盟もツェレンドルジを提示し，彼を擁護した。それは，第1に，中央委員会全体の一致は彼の立候補においてのみ，なしうるものだったからである。第2に，同盟は，党員からの首相選出によって，連立の原則的批判に到達できたからである。第3に，同盟は，モンゴルとロシアの相互関係を改善できるほかの人を外務大臣に就けるという一定の目的を追求し，ツェレンドルジを外務大臣のポストから追い払うことを考慮していたためである。[108]

この記述によると，1923年9月12日深夜の人民党中央委員会会議において新

首相選出問題が協議された際に，リンチノらとボヤンネメフらの間において王公，仏教勢力との協力の是非をめぐって激しい討論が行われた。そしてボヤンネメフらの批判がツェレンドルジを怒らせ，ツェレンドルジは辞職するとまで言い出した。やがて妥協が探られるようになり，ツェレンドルジが首相に選出されたのである。

　この会議でリンチノらと対立したボヤンネメフはスタルコフの影響下にあり，彼の指導のもとに第2回大会などにおいて活動した人物である[109]。この会議においてボヤンネメフが示した姿勢は，スタルコフの姿勢でもあったと考えてよかろう[110]。

　この文書の記述によると，ツェレンドルジの新首相選出はリンチノらとボヤンネメフらの妥協の産物であるとは必ずしも言えない側面があることがわかる。引用した史料には，「中央委員会右派グループは，外見上の敗北にもかかわらず，自らを負けたとは少しもみなしていない。なぜなら，ツェレンドルジにはモンゴルの封建，宗教勢力に近いところがあり，この勢力とのつながりや彼らの間における権威によって，ジャルハンズに関してモンゴル政府が蒙った損失を補うことが充分に可能だからである」という記述があることに注目すべきである。この記述によると，選出されたツェレンドルジは王公，仏教勢力と人民政府との協力関係を充分に実現でき，亡くなったジャルハンズの穴を埋めることができる人物だったのである。また史料の記述にあるように，新首相選出のための会議において，王公，仏教勢力との協力関係をめぐってリンチノとボヤンネメフらの間に討論が起きた際に，ツェレンドルジは明らかにボヤンネメフらに反対する姿勢を取った。これらのことから，ツェレンドルジの新首相選出はリンチノらに有利なものだったと考えるべきあろう。

　この新首相選出問題においては，以後の外モンゴルの政治情勢を決定づける重要なことがもう1つ起こっている。それは，青年同盟がS.ダンザンを新首相に推したことと関係がある。先に引用したように，1923年9月20日付ユーヂン発チチェリン宛文書には，青年同盟側は，政府の長のポストは党員の手中にあるべきだという理由からS.ダンザンを新首相に推薦したことが記されていた。

実は，新首相選出問題における青年同盟の S. ダンザン支持の姿勢は，スタルコフの指示に基づくものであった。1924年12月5日付の統一国家政治機構（ОГПУ）極東州全権代表アリポフ（Альпов），統一国家政治機構東方課課長ペテルス（Петерс），統一国家政治機構ブリヤート・モンゴル自治ソヴィエト社会主義共和国支部長アブラモフ（Абрамов）宛ラデツキー（Радецкий），バルダエフ（Балдаев）発「1924年12月1日までのモンゴルの国内状況に関する報告書」には，

> ［ボヤンネメフらが］人民革命党右派を支持し，「封建勢力との闘争においては進歩的力となる，新たに誕生しつつあったモンゴルのブルジョアの代表として，ダンザン［S. ダンザン］を支持する」必要性を，原則的に表明した。この定義は，モンゴル人民軍総司令部司令官コシチ，共産主義青年インターナショナル執行委員会全権代表スタルコフ（ゾリクト）の手によるものであり，モンゴル駐在ソ連全権副代表ユーヂンによって支持された。そして，これらの人々がダンザンを支持しリンチノと対立する……際に，綱領としてのスケジュールとして青年同盟中央委員会に与えられたものだった[112]。

と記されている。スタルコフらは，リンチノとの対立のために，S. ダンザンと手を結ぶ方針を打ち出し，この方針を青年同盟に与えたのである。

　スタルコフらが S. ダンザン支持を考案した理由は，以下の点にあると思われる。上述の1923年9月20日付ユーヂン発チチェリン宛文書にあるとおり，首相のポストを人民党員の手中に収めることを，青年同盟，つまりスタルコフらは考えていた。この考えは，人民党が国家を指導する体制の構築というスタルコフの構想に基づくものであろう。この構想の実現のためにスタルコフらは，人民党において一貫して指導的立場にあった党員である S. ダンザンを首相に推すことを考え出したのであろう。また，上述の「1924年12月1日までのモンゴルの国内状況に関する報告書」の記述にあるとおり，スタルコフらは S. ダンザンを「封建勢力との闘争において進歩的力となるモンゴルのブルジョアの代表」と定義づけていた。スタルコフらは S. ダンザンを，人民党と王公，仏教勢力の対立を推し進めるという目的に適う人物と位置づけていたのである。これら2点に加え，当時 S. ダンザンを「親ロシア派」

第4章　モンゴル人民党第2回大会とソ連，コミンテルン　239

とみなす傾向があったことを指摘しておく必要があろう。従来の研究においては，S. ダンザンをソヴィエトにとって都合の悪い人物として描く傾向がある。[113]しかし，1923年11月20日付の『モンゴル駐在ソ連全権代表部報告』No.4の「首相選出に関して」という記事では，S. ダンザンは「親ロシア派」と表現されている。[114]おそらく，1920年以降のソヴィエト・ロシアとの交渉をまとめてきた経験から，[115]当時 S. ダンザンはこのように評価されることもあったのであろう。このこともまた，スタルコフらが S. ダンザン支持に踏み切った1つの理由となったと思われる。

また，S. ダンザンの側にも，スタルコフらとの協力関係を模索する理由があったようである。「第2回大会報告書」には，

> ［第2回］大会後の状況にとって少なからず特徴的であるのが，新しい［人民党］中央委員会に関するダンザン［S. ダンザン］（全軍司令官，副首相）の活動方針である。ダンザンは，中央委員会を顧みなくなり始め，［中央委員会の］幹部会と全体会議に出席することを頑固に望まなかった。あるいは，ツェレンドルジもまたこの方針を選択したようだが，ツェレンドルジとダンザンの権力闘争によって，反対の方針を取らざるを得なくなった。ツェレンドルジは幹部会と全体会議にきちんと出席し，中央委員会の民主主義的グループに対して党への忠誠をアピールした。ツェレンドルジはその目的を達成した，と言う必要がある。ダンザンが常に欠席したことによって，民主主義者の間にダンザンに対する不満がわき起こった。ツェレンドルジは，逆に，自分の声望を押し上げ始めた。ダンザンは，明らかに，力量を考慮しておらず，譲歩せざるを得なくなった。現在，ダンザンは中央委員会において活動している。[116]

S. ダンザンは，首相の座をめぐるツェレンドルジとの争いなどのために，第2回大会後においては，リンチノや A. ダンザンが主導権を握る人民党中央委員会を顧みない姿勢を取り始めていたのである。このことが，S. ダンザンとスタルコフらの接近をより強く推し進めたと推測される。

チチェリンは1924年9月10日付ヴォイチンスキー宛文書において，「ボヤンネメフとダンザンの対リンチノ同盟」[117]という語を用いている。第5章において詳述するように，S. ダンザンが粛清された1924年夏の人民党第3回大

会まで，S. ダンザンとスタルコフらの連携は続いていくことになるのである。

このように，スタルコフらはリンチノとの対立において，王公，仏教勢力との闘争において有用であり，人民党のメンバーでもあったS. ダンザンを支持し，首相に就けることを狙った。このスタルコフとS. ダンザンのつながりは，1924年のS. ダンザンの粛清まで続くことになる。従来の研究が作り出した「S. ダンザンとリンチノの対立」という構図の背後には，リンチノとスタルコフの対立が存在していたと考えるべきであろう。

本章の結論

本章において論じたように，1923年の人民党第2回大会は，人民党にとっては初めての党大会であったにもかかわらず，ソ連，コミンテルンのイニシアチブのもとに開催されたものであった可能性が極めて濃厚である。中ソ公式交渉進展の必要性を背景として，ソ連，コミンテルンは，「反ソ」的性格の強い王公，仏教勢力が関与する人民政府の現政権の解消を目指したのである。このために要求されたのが人民党の大会であった。これに対して人民党指導層は党大会を望んでいなかった。この状況において，スタルコフが大会の主導的役割を果たした。彼は大会を通じて，人民党の組織を整え，人民党が国家を指導する体制を構築し，王公，仏教勢力との対立を進めようとしていた。

しかし，スタルコフの姿勢は人民党指導層，特にリンチノの強い反発を招いた。この両者の対立においては，リンチノの巧みな立ち回りのために，スタルコフらはモンゴル人指導層の信頼を失ってしまう。同時期に起こった新首相選出問題でも，最終的にはリンチノに有利な決定がなされた。その一方において，スタルコフらは，リンチノとの対立においてS. ダンザンと手を結ぶ方針を考案した。後にS. ダンザンが粛清される大きな原因がここに胚胎したのである。

従来の研究における「人民党と青年同盟の対立」と「S. ダンザンとリンチノの対立」という構図の根本には，王公，仏教勢力と人民党との「連立政

権」に対する評価をめぐるスタルコフらとリンチノらの対立があった。この両者の対立は，王公，仏教勢力の排除と人民党の強化を狙うソ連，コミンテルンと，ソ連，コミンテルンの方針を外モンゴルの現状に合わないと考えるリンチノらの方針の違いに根ざすものであった。

　また，本章において論じた一連の事件から，人民政府におけるリンチノの影響力の強さをうかがうことが可能であろう。ツェレンドルジ，A. ダンザンといった政府，党の要職にある人物が，リンチノとスタルコフの対立においてリンチノを支持した。ツェレンドルジが新首相に選出されたのも，リンチノ側に有利な決定であった。そもそも，ツェレンドルジが就任する前の首相であったジャルハンズ・ホトクトも，リンチノの支持を受けていた仏教勢力の有力者であった。リンチノが支持する人々が党，政府において重役を担うことによって，リンチノ自身の立場も自ずから強力なものになっていたのであろう。

　第2回大会においてソ連，コミンテルンは，自国の利益に合わない外モンゴルの現状を変えるために，王公，仏教勢力の排除と人民党の強化に乗り出した。この点において，第2回大会はそれまでの外モンゴルの政治情勢に対して転換をもたらしたと言えるだろう。また，外モンゴルの実情に合わないソ連，コミンテルンのやり方に対してリンチノら人民政府指導層が反発するという構図が第2回大会を契機に形成され，この構図の中においてS. ダンザンの粛清の原因が生み出された。この点において，第2回大会によって，その後の外モンゴルの政治情勢を決定づける構図が生み出されたと言える。外モンゴルの政治情勢における「転換」と，その後の政治情勢を形成した「構図」が生み出されたところに，人民党第2回大会の大きな政治的意義が存在する。この点において，この大会は，モンゴル近現代史上の一大政治事件として扱われるべきものなのである。

註────

　1 БНМАУТ3, pp.198-200；Ширэндэв 1999, p.351；Рощин 1999, p.101；Дашдаваа 2003, pp.65-67；Цапкин 1948, p.45；Barkmann 1999, p.236；Батсайхан 2007, pp.152-161；МУТ5, pp.140-141など。

2 1924年の人民党第3回大会（開催当時は人民党第2回大会）において，1921年3月1～3日の人民党の組織会議が「人民党第1回大会」とされ，1924年の大会を人民党第3回大会と認定したため，本来の第1回大会が第2回大会に繰り下げられた。本書においては，1921年3月の人民党の組織会議を第1回大会，1923年に開催された党大会を第2回大会，1924年に開催された党大会を第3回大会と表記する。
3 Рощин 1999, p.100.
4 従来の研究においては，人民党と青年同盟の関係は青年同盟の独立性の問題を中心に論じられてきた。人民党も青年同盟も，外モンゴルにおいて強い政治的影響力を発揮する組織であった。そのため，両者の関係のあり方が1921年末以降検討され始め，リンチノらが中心となって双方の関係を規定する協定を作成した。リンチノ案では，国事の指導者は人民党とされ，青年同盟は人民党のもとで「自治」を享受する，と規定された。これに対して，А.Г. スタルコフ，ボヤンネメフ，共産主義青年インターナショナルが反発した。彼らは青年同盟を人民党から独立した組織にすることを望んだのである。1923年6月20日に，共産主義青年インターナショナルはスタルコフと人民党中央委員会に，リンチノ案は受け入れ難い，とする書簡をそれぞれ送付した（АВПРФ, Ф.111-ОП.7-ПАП.2-Д.11-ЛЛ.213-215,216-219）。その後，青年同盟第2回大会において，リンチノ案の破棄と，青年同盟が独立した組織であることの必要性が決議された（Болдбаатар 2003, pp.139-141；Дашдаваа 2003, pp.83-89；Рощин 1999, pp.96-99など）。後にスタルコフが記した史料「青年同盟と人民党（日記と回想録の抜粋）」には，人民党と青年同盟の関係の問題が本格化し始めた1922年に，スタルコフが，青年同盟は独立した組織であるべきであり，人民党の強化に努めるべきであることを，青年同盟のリーダーたちに指示していた様子が記されている（РГАСПИ, Ф.495-ОП.152-Д.20-Л.176）。
5 従来の研究においては，1924年の人民党第3回大会において国家の発展方針をめぐって S. ダンザンとリンチノの間に対立が発生し，S. ダンザンらが弾劾され，粛清された，と論じられてきた。詳細は第5章を参照されたい。
6 こういった従来の立場を取る研究には，たとえば，Баабар 1996, pp.335-342；Дашдаваа 2003, pp.81-104；МУТ5, pp.146-148；Батсайхан 2007, pp.182-197；Лузянин 2003, pp.137-138；ИМ, pp.71-73；Рощин 1999, pp.64-66,88-102；Эрдэнэбаяр 2000, pp.176-177；Цэрэн 2007；Дарьсүрэн 2007；Дамдинжав 2006, pp.24-29；Лонжид/Батсайхан 1995, pp.22-32；Даш 1990, pp.36-43；バトバヤル 2002, pp.38-39；Rupen 1964, pp.193-196；藍 2000, p.475；Sandag/Kendall 2000, pp.53-55；Баттогтох 1991, pp.96-110；Morozova 2002, pp.49-52；ХЗМ, pp.51-52；Barkmann 1999, pp.240,245-246などがある。
7 ゾリグトというモンゴル名も持つ。1921年5月以降，人民（臨時）政府軍

務省教育局顧問を務め，早くから人民党および人民政府の活動に関わってきた。1924年3月末頃までモンゴル駐在共産主義青年インターナショナル全権代表を務め，人民党中央委員会の会議にも参加していた。
8 Рощин, 1999, p.119；二木 1995, p.257。
9 РГАСПИ, Ф.495-ОП.154-Д.194-Л.11.
10 オフチンが外モンゴルにおける「親中派王公，仏教勢力のグループ」の存在を指摘していたことについては，第2章において述べたとおりである。王公，仏教勢力に「親中反ソ」の勢力が存在する，と判断する傾向は，ソヴィエト，コミンテルンにおいてその後も受け継がれたようである。1924年のコミンテルン執行委員会幹部会のモンゴル問題決議においては，外モンゴルの仏教勢力が「中国軍閥と，東方にいたロシア白軍残党の支持を得た」とみなされている（KM, p.64）。1920年代前半において，オフチン個人だけではなく，ソヴィエトとコミンテルンが，外モンゴルの王公，仏教勢力に「親中反ソ」の傾向がある，と位置づけ始めていたのである。
11 HTA, Ф.4-Д.1-X/H.191-X.43. 第2回大会に関しては，MAH2Xという史料集がある。これは，モンゴル人民革命党中央文書館（HTA）所蔵の大会議事録や大会関係文書を1974年に出版したものである。ただし，この史料集に記載されているHTAの史料所蔵番号は旧番号である。現在のHTAにおいては，これとは異なる新番号が付けられている。筆者はこの史料集をもとにして収集した公文書を本書において用いた。そこで，本書においては，MAH2X掲載の史料を用いる際には，史料集の頁数を明示すると共に，筆者が調査したHTAの新所蔵番号も示すことにする。

なお，MAH2Xには1923年6月4日の人民党中央委員会全体会議第9回会議議事録は掲載されていないが，この議事録内の第2回大会開催の決議が転載された人民党支部等宛文書が掲載されている（MAH2X, pp.148-149）。この文書は，MAH2X内においては人民党全体会議第9回会議決議とされているが，文章の内容から人民党支部等宛文書であることが明白である。HTAに保管されている人民党中央委員会発人民党第8支部宛文書は，MAH2Xに掲載されたこの文書とほぼ同一である（HTA, Ф.4-Д.1-X/H.210-XX.14-15）。人民党第2回大会に関しては，MAH2X以外にも，1928年に出版された『モンゴル人民革命党史関係史料集』に掲載されたゲレグセンゲの「党第2回大会について」（gelegsengge）という史料もある。
12 Рощин 1999, p.100.
13 АВПРФ, Ф.0111-ОП.4-ПАП.105а-Д.1-Л.123об.
14 РГАСПИ, Ф.495-ОП.152-Д.19-Л.5.
15 РГАСПИ, Ф.495-ОП.152-Д.19-Л.2.
16 РГАСПИ, Ф.495-ОП.154-Д.194-Л.11.
17 РГАСПИ, Ф.495-ОП.152-Д.19-ЛЛ.4-5.

18　Рощин 1999, p.100.
19　スタルコフは，S. ダンザン一派と A. ダンザン一派の間に対立があった，と記している（РГАСПИ, Ф.495-ОП.152-Д.19-Л.3）。
20　РГАСПИ, Ф.495-ОП.152-Д.19-ЛЛ.3-4.
21　Рощин 1999, p.100.
22　РГАСПИ, Ф.495-ОП.152-Д.19-ЛЛ.5-6.
23　РГАСПИ, Ф.495-ОП.152-Д.19-ЛЛ.6-7.
24　この日誌自体には著者の署名がない。だが，この日誌は「第2回大会報告書」の添付資料の一部であると考えられ，著者は「第2回大会報告書」の著者であるスタルコフだと思われる。
25　РГАСПИ, Ф.495-ОП.152-Д.19-ЛЛ.29-30.
26　РГАСПИ, Ф.495-ОП.152-Д.19-ЛЛ.30-31.
27　1923～1924年に青年同盟中央委員会のメンバーだった人物。党中央委員会の会議にも名が見える。
28　НТА, Ф.4-Д.1-Х/Н.191-Х.43. また，МАН2Х掲載の人民党支部等宛文書にもこれについて記述されている（МАН2Х, p.149；人民党中央委員会発人民党第8支部宛文書（НТА, Ф.4-Д.1-Х/Н.210-Х.15））。
29　第2回大会第1回会議議事録第1項（МАН2Х, pp.11-12；НТА, Ф.2-Д.2-Х/Н.1-Х.2)。

МАН2Хに掲載された第2回大会参加予定支部一覧表（МАН2Х, pp. 156-158）には，番号付支部は64部しか記載されておらず，これに加えて番号なしの支部が3部，未承認支部が5部記されている。この一覧表の原文書であるНТА, Ф.2-Д.2-Х/Н.1-ХХ.16-20においては第65支部の欄が存在するが，空欄である。
30　ザサグト・ハン・アイマグの党委員会代表。
31　内モンゴルのジリム盟バーリンの出身。1911年のモンゴル独立運動の際に外モンゴルへ移ってきた。その後，人民党の活動に関与し，人民政府成立後は軍務省総司令部の書記や軍準備課課長を務めた。
32　人民党，人民政府の活動に加わり，1923年4月から人民党中央委員会書記を務め，人民党中央委員会幹部，青年同盟中央委員会副委員長などを歴任した人物。
33　当時の青年活動家の1人。青年同盟の発足に関わり，青年同盟中央委員会書記などを務める一方，人民党の活動にも関与したが，1924年に S. ダンザンと共に粛清された。
34　フルンボイルの活動家。フーミンタイに関しては補論を参照されたい。
35　1923年7月23日付特別委員会の文書にも，大会において祝辞を述べた人の一覧が掲載されている（НТА, Ф.2-Д.2-Х/Н.4-ХХ.24-25）。
36　青年同盟設立の主唱者の1人。青年同盟創立当時からのメンバーであり，

モスクワ駐在人民政府全権代表部において通訳官，書記などを務めた。
37 ソ連民族問題人民委員部付属ブリヤート代表局書記。
38 当時，青年同盟第2回大会が開催されており，この大会と第2回大会の共同開催の会議が行われた。青年同盟第2回大会については後述する。
39 青年同盟の建設に尽力した人物。ほかにも，全軍評議会，内防局において活動したことがあり，人民党においても活躍した。
40 以上の大会日程は，НТА, Ф.2-Д.2-Х/Н.4；МАН2Хに基づいている。
41 НТА, Ф.2-Д.2-Х/Н.4-Х.6.
42 НТА, Ф.2-Д.2-Х/Н.4-ХХ.18-19；МАН2Х, p.152.
43 НТА, Ф.2-Д.2-Х/Н.4-ХХ.6-7.
44 МАН2Х, pp.152-153；НТА, Ф.2-Д.2-Х/Н.4-ХХ.16-17. この会議において，政府のあり方，地方行政，国会などについて，人民政府成立前後の状況を比較して報告するよう詳細な指示がツェレンドルジに出された。
45 人民政府に関するツェレンドルジの報告（МАН2Х, pp.28-37；НТА, Ф.2-Д.2-Х/Н.1-ХХ.40-46）
46 НТА, Ф.2-Д.2-Х/Н.4-Х.7.
47 НТА, Ф.2-Д.2-Х/Н.4-ХХ.10-11；МАН2Х, p.156.
48 НТА, Ф.2-Д.2-Х/Н.4-Х.18；МАН2Х, p.153.
49 НТА, Ф.2-Д.2-Х/Н.4-Х.7.
50 НТА, Ф.2-Д.2-Х/Н.4-Х.19；МАН2Х, p.152.
51 НТА, Ф.2-Д.2-Х/Н.4-Х.22；МАН2Х, p.151.
52 НТА, Ф.2-Д.2-Х/Н.4-Х.7.
53 「各支部の報告」と「典籍委員会，相互援助組合，学校に関する報告」に関する協議は6月7日（НТА, Ф.2-Д.2-Х/Н.4-ХХ.7-8）に行われた。
54 ЗЭТ, p.59；МХЗЭИХ, p.7.
55 原文には「第2回大会」とある（ЗЭТ, p.19）が，スタルコフが作成したと思われる青年同盟第2回大会に関する報告書の記述（РГАСПИ, Ф.495-ОП.152-Д.19-Л.41）や大会の開催時期などを考慮すると，第3回大会が正しいと思われる。
56 スタルコフは外モンゴルにおけるコミンテルンの活動を指揮していたが，この箇所の「コミンテルン」は，共産主義青年インターナショナルを指しているとも思われる。『モンゴル革命青年同盟史関係史料』においては，共産主義青年インターナショナルを単にコミンテルンと表記している例が散見される。
57 これは，本章註4において記した人民党と青年同盟の関係に関するリンチノ案のことである。
58 ЗЭТ, pp.19-21.
59 これについては本章註4を参照。

60 1922年7月17〜22日に開催された青年同盟第1回大会においては，青年同盟は自分たちの目的や思想を広めるための全権を持ち，大衆の利益になるときのみ人民党，人民政府の指示を受け入れて協力することなどが決議されており（ЗЭТ, pp.17-19,55；スタルコフの「青年同盟と人民党（日記と回想録の抜粋）」（РГАСПИ, Ф.495-ОП.152-Д.20-Л.177））, 人民党，人民政府の統制に対して青年同盟が独立性を維持する組織になることが強調された。

61 青年同盟におけるスタルコフの地位の高さを象徴する出来事が青年同盟第2回大会で起こっている。この大会において，スタルコフとボヤンネメフは青年同盟に対する尽力を賞賛され，このことを大会決議に記載することが議決されたのである（МХЗЭИХ, pp.8-9）。

62 РГАСПИ, Ф.495-ОП.152-Д.19-ЛЛ.41,46-47.

63 モンゴル人民共和国時代に出版された史料集に収められている「モンゴル革命青年の代表の第2回大会から全世界共産主義青年インターナショナルに送った祝電」にも，

　　全世界共産主義青年インターナショナルに送る。本年（7）［原文ママ］月18日，我ら全モンゴル革命青年の第2回大会が開会されたことを伝達する。また，コミンテルン［共産主義青年インターナショナルのことであろう］第3回大会から我ら青年を教導した書簡を第2回大会の決議に追加し，我ら全青年が従うこととする。さらに，わが同盟をメンバーに加えて援助しようと重視してくれたことに信じ，感謝の意に尽きないため，祝電を伝達する（МХЗЭИХ, p.7）。

とあり，共産主義青年インターナショナル第3回大会の指示の適切さを認める姿勢が祝電にも記されている。

64 МАН2Х, pp.129-130；НТА, Ф.2-Д.2-Х/Н.3-ХХ.47-49.

65 РГАСПИ, Ф.495-ОП.152-Д.19-ЛЛ.8-9.

66 МАН2Х, p.15；НТА, Ф.2-Д.2-Х/Н.1-Х.22.「第2回大会日誌」にも，この祝辞の概要が記されている（РГАСПИ, Ф.495-ОП.152-Д.19-ЛЛ.28-29）。

67 ガミンとは「革命」のことである。当時モンゴル人は，辛亥革命の結果誕生した中華民国の軍のことをこのように呼んでいた。

68 МАН2Х, pp.21-25；НТА, Ф.2-Д.2-Х/Н.1-ХХ.29-35.

69 МАН2Х, p.26；НТА, Ф.2-Д.2-Х/Н.1-ХХ.35-36. 正式な題名は「今後時勢に鑑みて行うべきこと」である。この条文は本来4箇条だったが，第3回会議において第5条が追加されて採択された。

70 НТА, Ф.2-Д.2-Х/Н.1-ХХ.40-46.

71 МАН2Х, p.40；НТА, Ф.2-Д.2-Х/Н.2-ХХ.1-2.

72 組織課は，人民党の組織の構築と維持，大会や会合などの運営などを司る課である。

73 МАН2Х, p.101；НТА, Ф.2-Д.2-Х/Н.3-ХХ.1-2. 第2回大会参加予定支部一

覧（МАН2Х, pp.156-158；НТА, Ф.2-Д.2-Х/Н.1-ХХ.16-20）によると，セツェン・ハン・アイマグの党支部は8，トゥシェート・ハン・アイマグの党支部は6である。これに対してサイン・ノヤン・ハン・アイマグの党支部は17，ザサグト・ハン・アイマグの党支部は24である。

74　РГАСПИ, Ф.495-ОП.152-Д.19-ЛЛ.44-45.
75　Ринчино, pp.95-97.
76　РГАСПИ, Ф.495-ОП.152-Д.19-ЛЛ.9-10.
77　Ринчино, p.153.
78　НТА, Ф.2-Д.2-Х/Н.3-ХХ.4-6；МАН2Х, pp.102-105.
79　НТА, Ф.2-Д.2-Х/Н.3-ХХ.17-18；МАН2Х, pp.113-114.
80　НТА, Ф.2-Д.2-Х/Н.3-Х.5；МАН2Х, p.103.
81　宣伝課は，党内外における思想教育，出版などを司る課である。
82　РГАСПИ, Ф.495-ОП.152-Д.19-ЛЛ.10-11.
83　РГАСПИ, Ф.495-ОП.152-Д.19-Л.8.
84　リンチノが外モンゴルに到着した具体的な日時は不明である。だが，リンチノたちが1923年8月20日にモスクワを発つという記録（ГХТА, Х.1-Д.1-Х/Н.62-5-no.63）と，8月30日の人民党中央委員会会議に参加したという記録（РГАСПИ, Ф.495-ОП.152-Д.18-ЛЛ.12-12об）があることから，リンチノの外モンゴル到着は8月末であると考えられる。
85　この「コミンテルン」は，共産主義青年インターナショナルを示している可能性がある。
86　これは，本章註4に示した「リンチノ案」のことである。
87　ЗЭТ, p.23.
88　АВПРФ, Ф.0111-ОП.4-ПАП.107-Д.18-Л.41.
89　クビャク（Н. А. Кубяк）は，ロシア共産党中央委員会極東局書記長である。
90　МББ, pp.132-133.
91　人民党と青年同盟の関係と，リンチノ作成の協定については，本章註4を参照。
92　РГАСПИ, Ф.495-ОП.152-Д.18-Л.12. この電報には宛先が記されていない。だが，電報末尾に「共産主義青年インターナショナルにこの電報を渡してくれるよう要請する」と記されており，共産主義青年インターナショナルにはこの電報が渡ったようである。
93　スタルコフが後に記した「青年同盟と人民党（日記と回想録の抜粋）」には，このキャンペーンがA. ダンザンによって指導されていた，と記されている（РГАСПИ, Ф.495-ОП.152-Д.20-Л.180）。
94　本章註4のリンチノ案のこと。
95　АВПРФ, Ф.0111-ОП.4-ПАП.107-Д.18-Л.48.

96 「国家の活動に対する進歩的聖俗封建諸侯勢力の引きつけに関する問題」
は，リンチノら人民政府指導層が国政において王公，仏教勢力と協力していることを指す表現であろう。

「ロシア人移民の問題」が具体的に指すものを正確に指摘することは困難である。だが，ツェレンドルジの日記には，

[共戴13（1923）年] 2月19日

……また，ロシア政府から，モンゴルに居住するロシア国民に農業用の種を与えるよう情報が来た。農地をそれぞれに指定して与えるように，と言ってきた。これに対して，私は，わがモンゴルの法に違反して全員に土地を与えることはできず，国境周辺にいる者たちを追い帰すよう現在官吏を任命して出発させる，ということを述べた。するとユーヂンは激しく拒絶し，双方から委員会を設けて，まず調査してからその後に協議しよう，と述べた。私は，政府に確認してから回答する，と言った。

28日

私はロシア外交代表部［モンゴル駐在ソ連全権代表部］に赴き，国境周辺に居住するロシア人について，双方から委員会を設立して調査することを，協議して取り決めた。

閏28日

ユーヂンが来て，マンダル［地名であろうと思われる］のロシア人を帰国させることについて激しい討論になった。そこでまた，双方から委員会を設立して調査させるよう計画した（ЕСЦ, p.525）。

と記されており，外モンゴルに居住するロシア人移民をめぐる問題が1923年に生じていたことがわかる。これに加えて，『モンゴル駐在ソ連全権代表部報告』No.3（1923年10月15日付）に掲載された共戴13年6月8日（1923年7月21日）付人民政府外務省発モンゴル駐在ソ連全権代表部宛伝達文書には，ソ連と外モンゴルの境の哨戒所の地におけるロシア人移民の問題の協議が記述されており（РГАСПИ, Ф.495-ОП.152-Д.20-Л.121），『モンゴル駐在ソ連全権代表部報告』No.5（1923年12月17日付）には，ロシア人移民が犯した犯罪を裁く人民政府の裁判の問題が取り上げられている（РГАСПИ, Ф.495-ОП.152-Д.20-ЛЛ.154-162）。「ロシア人移民の問題」は，こういった一連の問題を指していると思われる。

97 АВПРФ, Ф.0111-ОП.4-ПАП.106-Д.12-Л.90.

98 これについてバドラフは，1932年の著作において，

［人民］党，［青年］同盟の間に生じた対立は，同盟が党内部に誠実な左派や革命階級が存在するとは考えず，皆が古く凝り固まった思想の持ち主で封建主義者と1つになった勢力だとして反対していたために，大いに論争になったのである（Бадрах, p.54）。

と記している。バドラフのこの著作は，「右派」とされた人々を糾弾するた

めのものであるため，史料の解釈には充分な注意が必要である。だが，この部分に記された青年同盟が人民党を批判した理由は，スタルコフらが人民党と人民政府を「反動的」として批判していた，という本文中に引用した「ソ連とモンゴル。1923年9月」の「リンチノの書簡」の記述と一致しており，事実に合うと判断できる。バドラフのこの記述からも，人民党と青年同盟の対立と従来呼ばれてきたものの背景に，リンチノらとスタルコフらの対立があったことがうかがわれるのである。

99　АВПРФ, Ф.0111-ОП.4-ПАП.107-Д.18-Л.46.

100　1875年にダルバ・バンディダの化身と認められた。人民政府成立後は財産を自ら国家に返上したという。

101　マンズシリ・ホトクト・ツェレンドルジ（manǰusiri qutuγtu čerindorǰi）。5歳の時にマンズシリ・ラマの化身と認められた。1921年2月に再興された外モンゴル自治政府では、ジャルハンズ・ホトクトの後に首相，内務大臣を務めた。

102　二木 1995, p.249。第2章において触れたように，マンズシリ・ラマはツェレンピル事件において大きな役割を果たしていたと思われる人物である。リンチノは，王公，仏教勢力との一定の協力のもとに人民政府の外モンゴル統治を進めるために，マンズシリ・ラマを首相に推したのだと推測される。

103　Рощин, 1999, p.84；Жабаева/Цэцэгмаа 2006, p. 238.

104　ЗЭТ, p.22.

105　新首相選出問題におけるこの議論に関連してバドラフは，1932年に刊行された著作において，首相候補として S. ダンザンとツェレンドルジの名が挙がったことを「真正の人民，という名目のもとに，密かに新資本主義者と封建的民族主義者たちに国の権利を握らせる，という右派の思想」と判断している（Бадрах, p.51）。だが，これはバドラフが S. ダンザンとツェレンドルジを批判するために作り上げた文言であり，事実による裏づけはない。

106　РГАСПИ, Ф.495-ОП.152-Д.20-ЛЛ.17-19.

107　リンチノらを指す。

108　АВПРФ, Ф.0111-ОП.4-ПАП.107-Д.18-ЛЛ.41-45.

109　たとえば，1924年9月10日付チチェリン発ヴォイチンスキー宛文書において，ボヤンネメフにスタルコフが影響を及ぼしていることが指摘されている（РГАСПИ, Ф.495-ОП.152-Д.23-Л.8)。

110　上述のソ連の情報資料「ソ連とモンゴル。1923年9月」の「リンチノの書簡」では，ユーヂンとスタルコフが人民政府と人民党を，王公，仏教勢力を国家の活動に引きつけていることを理由に反ロシア的，反動的と非難していたことが述べられていた。また，この資料には，ユーヂンとスタルコフのこの政策の結果，ツェレンドルジが自らの辞職を要求するようになり，青年同盟に対する人民党指導層の敵対心が強まったとも記されている（АВПРФ,

Ф.0111-ОП.4-ПАП.106-Д.12-Л.90)。これらは，新首相選出問題においてボヤンネメフらが行った主張やその結果とおおむね一致するものである。

111　ソ連の政治保安機構。ロシア革命後に設立された全ロシア非常委員会（ВЧК）を引き継いで，1922年2月に国家政治機構が誕生し，1923年11月に統一国家政治機構になった（Тепляков 2007, p.182；AB, p.62）。

112　РГАСПИ, Ф.495-ОП.152-Д.28-Л.35.

113　たとえばЛонжид/Батсайхан 1995, pp.21-26；ИМ, pp.71-72；Рощин 1999, pp.62-66など。

114　РГАСПИ, Ф.495-ОП.152-Д.20-Л.19.

115　すでに言及してきたように，S. ダンザンは，1920年夏のソヴィエト・ロシアに対する人民党の援助要請交渉と，1921年10〜11月のロシア・モンゴル友好条約締結交渉に直接関わり，重要な役割を果たした。

116　РГАСПИ, Ф.495-ОП.152-Д.19-Л.11.

117　РГАСПИ, Ф.495-ОП.152-Д.23-Л.8. スタルコフはこれ以前に外モンゴルから引き揚げていたため，こういう表現を取ったと思われる。この協力関係についてバドラフは，「同盟の中から過度に右傾化した事件」と表現している（Бадрах, p.54）。だが，この記述には史料の裏付けがなく，S. ダンザンとボヤンネメフらの協力関係を非難するために作り出したものであると考えるべきであろう。

第Ⅲ部 外モンゴルにおける1924年の政治的変化

スフバートル像碑文

モンゴル近現代史において，1924年は大きな転換の年と位置づけられている。これは，中ソ協定の締結，ボグド・ハーンの崩御，1924年夏の政変，モンゴル駐在コミンテルン執行委員会代表ルィスクロフの到着，モンゴル人民共和国の成立など，外モンゴルの政治情勢に影響する数多くの事件が発生したためである。このような1924年の外モンゴルの政治情勢をモンゴル近現代史上にどう位置づけるか，という問題は，モンゴル近現代史研究における基本的問題の1つであり，重要な意義を有する。

　従来の研究は，1924年がモンゴル近現代史に対して持つ意義を，上に列挙した諸事件を通じて外モンゴルが「非資本主義的発展」に基づく「左傾化」を始めたことや，モンゴル人の民主的な独立国が建設されたことに求めてきた。[1] しかし，この結論には，筆者が本書において今まで論じてきた外モンゴルとソ連，コミンテルンの関係，という視点が充分に考慮されていない。外モンゴルの政治情勢に大きな影響力を持っていたソ連，コミンテルンが，1924年の諸事件にどのように関与したかについて検討することなく，当時の政治情勢を解明することは不可能であろう。

　筆者は，すでに第Ⅱ部において1924年の政治情勢を決定づける要素について論じた。第Ⅲ部においては，第Ⅱ部までの議論を引き継いで，1924年の政治情勢を分析し，1924年夏に発生した政変と，同年11月のモンゴル人民共和国第1回国会という2つの大きな政治的事件を考察し，外モンゴルとソ連，コミンテルンの関係という観点から，1924年の政治情勢を解明することを目指す。

註

1　生駒 1995, pp.265-267；Баабар 1996, pp.328-349；ХЗМ, pp. 51-54；矢野 1928, pp. 465-466；И М, pp. 71-77；Рощин 1999, pp.119-135；二木 1984, pp.103-105；Дашдаваа 2003, pp.93-112；МУТ5, pp.151-155；Батсайхан 2007, pp.187-197；Жабаева/Цэцэгмаа 2006, p.249など。このような見解は，1932年に刊行されたバドラフの著書においてすでに確立している（Бадрах, pp.41-51）。

第5章
外モンゴルにおける1924年夏の政変について

　1924年に外モンゴルにおいて発生した一連の政治事件の中でも，先行研究が最も多く言及する事件の1つが，人民党第3回大会と青年同盟第3回大会において発生した政変である。従来の研究では，この政変はS. ダンザンらが粛清された事件として知られており，S. ダンザンとリンチノが対立し，後者が勝利した結果発生した，と結論づけられてきた。[1]

　S. ダンザンとリンチノの対立を取り上げた先行研究においては，両者の対立の原因が1924年8月に開催された人民党第3回大会にのみ求められ，史料集『モンゴル人民党第3回大会』（МАН3Х）に掲載されている大会議事録が利用されてきた。この議事録には，大会の議長であるS. ダンザンが大会第18会議に欠席したため，会議を開催すべきかどうかを論じていたが，突然S. ダンザンに対する弾劾が始まり，中国商業資本主義との結託という罪状がS. ダンザンに付加され，S. ダンザンらが逮捕，粛清された，という過程が記述されている。従来の研究はこの記述をそのまま利用したのである。[2]

　だが，この議事録の記述に従うならば，1924年8月26日の第18会議で突然S. ダンザンとリンチノの対立が生じ，30日深夜にS. ダンザンが粛清されたことになってしまう。たった4日で人民党の重要な指導者が突然粛清されたとするこの説明は，あまりに不自然であると言わざるを得ない。この説明が妥当でないことは，この説明を是とする従来の研究において，S. ダンザンらの粛清が外モンゴルの政治情勢にいかなる影響を与えたかが明確になって

いないことからもうかがうことができるだろう。『モンゴル人民党第3回大会』所収の大会議事録にのみ基づいて1924年夏の政変を検討すると、むしろこの政変の実情とその意義がますます見えなくなってしまう、という傾向が、1924年夏の政変の研究には存在するのである。そもそも『モンゴル人民党第3回大会』に掲載された大会議事録には、HTAに保管されている公式の決議録以外に、ロシア語刊行物である『モンゴル人民党第3回大会』（Третий с'езд Монгольской Народной Партии：ТСМНП）や、新聞『人民の権利（aradun erke）』などの出版物に掲載された史料が含まれている。これらはあくまで出版物であり、公文書としての性格を持つ正式な党大会議事録ではない。『モンゴル人民党第3回大会』は確かに重要な史料集であり、ここから得られる情報は貴重なものではあるが、この史料集だけで1924年夏の政変を分析するのは困難である。

　1924年夏の政変に関する先行研究のもう1つの大きな問題点は、ソ連およびコミンテルンとの関係が明確になっていないことである。従来の研究において、この政変が外モンゴルの政治情勢に与えた影響が解明されていない大きな理由がここにある、と筆者は考えている。

　すでに第4章において論じたように、外モンゴルに対するコミンテルンの関与とそれに対する一部モンゴル人政治家の反発からリンチノとスタルコフの対立が生じ、これがS.ダンザンとリンチノの対立の原因の1つになっていた。リンチノとスタルコフの対立は、従来の研究が人民党と青年同盟の対立と呼んできたものの根底にあったのである。本章においては、この観点から1924年夏の政変を考察し、リンチノとスタルコフの対立が外モンゴルにもたらした影響を解明し、当時の外モンゴルの政治情勢を論じる。

　この目的のために、まず、この対立が1924年夏まで継続する過程を分析する。次に、1924年夏の人民党と青年同盟の大会におけるこの対立の影響を分析する。限られた史料しか存在しない人民党第3回大会だけではなく、人民党第3回大会終了後に開催された青年同盟第3回大会も合わせて考察の対象とすることによって、1924年の政変の本質をより詳細に分析することが可能になるはずである。また、史料には、『モンゴル人民党第3回大会』だけではなく、ロシアおよびモンゴルの公文書を用いることとする。

第1節　リンチノとスタルコフの対立の展開

　本節においては，1924年夏の政変と，リンチノとスタルコフの対立の関係を論じる前提として，この対立がどのように継続し，1924年夏の人民党第3回大会に至ったかを分析する。

1．リンチノらの活動

　第4章において検討したとおり，1923年の中ソ公式交渉におけるソ連の姿勢の変化を背景として，コミンテルンは人民政府において人民党と王公，仏教勢力の有力者との「連立政権」の解消と，人民党が外モンゴルを統治する体制の構築を計画した。当時，外モンゴルにおけるコミンテルンの活動を指導していたスタルコフは，このようなコミンテルンの計画を具体化するために，1923年7～8月に人民党第2回大会を開催した。しかし，このようなスタルコフの強引な活動は，一部モンゴル人指導層の反感を買うことになった。こうしてリンチノとスタルコフの対立が発生した。この対立においてはリンチノが当初から有利な立場を占め，やがてスタルコフは多くのモンゴル人指導者たちの支持を失っていった。

　その後も，人民党，人民政府と王公，仏教勢力との一定の協力関係を容認するリンチノらは，自分たちの立場の正当性を主張し，スタルコフらとの対立を推進する措置を取り続けた。この時，リンチノらが自分たちの目的のために利用したのが，コミンテルンの大会であった。

　1924年6月17日～7月8日に開催されたコミンテルン第5回大会には，グルセド[3]とナーツォフ[4]が人民党代表として参加した。大会において彼らは，人民党代表の報告をコミンテルンに提出した。この報告の内容には，リンチノらの主張を正当化する表現が多く含まれており，当時の状況に対するリンチノらの姿勢がこの報告に強く反映されていると言うことができる。この報告を作成したのは人民党中央委員会であり，リンチノも関与したと考えてよかろう。

　この報告には，以下の記述がある。

すでに数年，コミンテルンの国際大会において年1回，モンゴル人民党は自らの政治活動と党活動について報告している。そのためこの報告においては，……昨年のモンゴル人民党の活動と現在のこの活動の状況の報告を大会の興味に供することにする。……
　モンゴルの政治的状況
　……その内に，モンゴルの新体制の状況はますます堅固になっている。……新体制内部の敵は無力化され，敵の内部では相互の内紛が絶えず，解体のプロセスが進行している。封建諸侯と宗教勢力との間の対立は……常に深化している。……
　解体のための活動は，それぞれのグループの内部で個々に，党によって行われた。たとえば，最重要の，自由主義的で愛国的な風潮を持った封建諸侯と宗教勢力が，国家的活動に引きつけられた。政府において活動したことと，友好的なソヴィエト・ロシアの政策を知ったことが何人かの重要な王公，仏教僧に作用し，彼らの内の数人が自らの王公としての称号を自発的に拒否したほどであった。……
　Ⅱ．党活動の成果と展望
　数多くの一般政治上の理由から，モンゴルの党は，その主な注意を国家活動に割くことを余儀なくされた。このために［人民党］中央委員会が純粋な党活動に充分に注意を割くことができなかったことは，完全に理解できることである。それゆえ，どんな計画的で系統立った党活動についても語ることができない。……
　同時に，モンゴル革命青年同盟と党の相互関係の問題をめぐって多くの複製を党は解体することになった。党と青年同盟の課題の問題やその相互関係の問題は頭の痛い問題であった。しかし，少し前にこの問題は調整され，党は青年同盟と共に，この2つの組織の相互関係に関する有名な規定を作成した。
　しかし，後に青年同盟は，共産主義青年インターナショナルの指示に基づいて行動し，この協定が無効であると表明し，党とその革命性に対する不信を述べたのである。この革命性は，その限りにおいて［青年同盟は］党と政府を支持するという決まり文句……によって，表明された

ものである。事の本質において，青年同盟は，人民党と競争する新党を結成するという一定の方針を取っていたのである。

　同盟の指導者たちの言葉によれば，彼らの新たな政策の原則すべては，共産主義青年インターナショナルの認可を受けており，スタルコフ（モンゴル駐在共産主義青年インターナショナル代表）の言葉によれば，大コミンテルンの認可さえ受けていた。

　このような事態は，もちろん，決して堪えられないものである。なぜなら，コミンテルン極東書記局が人民党を指導，組織した時にはこう規定したからである。党は，勤労者からなる革命的独裁体制を国で実現する，と。そしてこの規定は現在に至るまで誰によっても廃棄されていないし，3年間完全に実行されている。

　……党は，昔も今も，青年同盟の新政策を，不適当で，貧しいモンゴルの革命力を分割してしまうものであり，すでにコミンテルン極東書記局のもとに設けられた秩序に反するものだとみなしている。

　さらに，共産主義青年インターナショナルは，我らが党に対する不信を決して表明することはできない。……

　……コミンテルン第5回大会は，最も決定的で権力ある形で，この不適切を永遠に終わらせ，モンゴルの真正の革命勢力の結束のために措置を取らなければならない。

　……党も同盟も革命的に結晶したという意味において確立した将来，党と同盟の相互関係は，ソ連や他の諸国における共産党と共産主義青年同盟の相互関係の原則に沿って構成されなければならない。[7]

この報告においては，自由主義的で愛国的な風潮を持った外モンゴルの王公，仏教勢力の最重要の人々が人民政府の活動に関与したことによって，むしろ王公，仏教勢力の解体が進展した，という主張によって，リンチノらが肯定していた王公，仏教勢力の有力者との提携の重要性が説明されている。そして，国家活動を優先したことを理由にして，人民党が党組織の強化活動を推進できなかったことが弁解されている。さらに，人民党と青年同盟の関係について，かつてリンチノが所属していた極東書記局の名前を持ち出して人民党を擁護し，青年同盟，スタルコフ，共産主義青年インターナショナルを批

判している。

　政権からの王公，仏教勢力の排除，人民党の組織の強化，青年同盟を人民党から独立した組織にすることの3点は，すでに述べたとおり，1923年にスタルコフが進めようとした政策であった。つまり，この人民党報告は，スタルコフらの立場を批判して，リンチノらの立場を正当化する意義を持っていると考えることができる。リンチノらは，この報告によってコミンテルンを説得しようと試みたのであろう。

　このようなコミンテルンに対する働きかけの一方において，リンチノらは青年同盟内部に自分たちの味方を作り出す活動にも着手していた。『モンゴル革命青年同盟史関係史料』には，リンチノ，A. ダンザンらの活動について，

　　　　また，青年［同盟］の有能なメンバーをさまざまな方法で引きつけたり分離させたりして，互いに衝突させる状況を発生させていた。

と記されている。リンチノらは，青年同盟のメンバーを味方に引きつけたり，仲違いさせたりする措置を取っていた。この活動は長期間継続して行われていたようである。『モンゴル革命青年同盟史関係史料』には，1924年3〜7月頃に関する記述として，

　　　　党左派の同志たちも，同盟の良いメンバーを引き込んで結びつき，その一方で党大会を公布して右派に対抗して，これを遠ざけようとしていた。

と記されている。これに関連して，『モンゴル革命青年同盟史関係史料』には，

　　　　［青年同盟］中央委員会が1グループ，［フレー］市委員会が率いる多くの同盟員が1グループとなり，互いに非友好的になった。

とある。青年同盟のフレー市委員会は後にS. ダンザンらを粛清する際にリンチノらの味方として活動しており，彼らがリンチノ側に付いた青年同盟のメンバーであったと考えられる。

　上に引用した『モンゴル革命青年同盟史関係史料』には，リンチノらはS. ダンザンらを遠ざけるために，人民党第3回大会を開催した，と記されている。人民党第3回大会は，そもそもリンチノらが当初から対立者を一掃

するために開催しようとしていた面があると考えられるのである。

　これに関連して進められていたのが，人民政府による内防局の政府直轄化である。1924年7月24日の人民党中央委員会幹部会第24会議において，

> ツェレンドルジが，「わが国の内防局は，近年，努めている活動以外に，訴訟等の関係ない事柄に関与したり，理由を秘して人を逮捕拘禁したりするなどして事案を処理した，という批判が総じて途切れることがない。そのため，今後どう改善するかを調査して協議されたい」という提案をしてきた。これを協議し，……政府が直接統括し，規則等を調べて改正するなどして改善すべきである。そのため，政府に送って遂行させるよう決議した。[14]

という決議が出されている。ツェレンドルジの主唱によって，規則を改正して内防局を人民政府に正式に直轄させることが決まったのである。この規則改正はこの後リンチノが議長を務める全軍評議会に任され，全軍評議会は1924年8月21日付で，内防局規則，内防局調査官処理規則，内防局官吏業務管掌規則，地方駐在代表規則，警衛規則などを変更したことを人民政府に伝達した。[15]

　内防局は，S.ダンザンらの粛清に対して大きな役割を果たすことになる。そして第2章において触れたように，内防局は以前のボドーの粛清事件においてボドーらの逮捕と尋問に関与した機関である。内防局の政府直轄化は，リンチノらが，内防局を人民政府に移管することによって自分たちの管轄下に置く準備を整えて政変に備えていた，という一面があったと考えられるのである。

　内防局の政府直轄化が推進された背景には，内防局と関係の深いバルダンドルジとS.ダンザンの間の協力関係があったと思われる。『モンゴル駐在ソ連全権代表部報告』No.19-20（1924年11月1日付）の「青年同盟第3回大会」の末尾には，S.ダンザンらが粛清された後に開催された青年同盟第3回大会において，青年同盟中央委員会組織課にバルダンドルジが加わることが決まったことについて，

> 以前，一時内防局局長を務め，銃殺されたダンザンの支持者であったバルダンドルジが中央委員会に加わったのは，完全に偶然である。[16]

第5章　外モンゴルにおける1924年夏の政変について　　261

と記されている。この記述によると，全軍司令官であったS. ダンザンと内防局局長であったバルダンドルジの間に協力関係があった可能性がある。内防局の政府直轄化には，S. ダンザンと内防局の関係を断つ，という意味もあったと想定される。

このように，リンチノらはスタルコフらとの対立を推し進め，1924年夏の人民党の大会をこの対立の決着の場として捉えていたのである。

2．スタルコフらの活動

このようなリンチノらの活動に対して，スタルコフらも対抗策を講じようとしていた。『モンゴル革命青年同盟史関係史料』には，青年同盟の切り崩しを図るリンチノらに対するスタルコフらの対応について，

> これに対して，ゾリグト［スタルコフ］，ボヤンネメフは，彼らのように対立することを重視せず，ただこう言っていた。「党内の歪曲勢力を粛正して真正の大衆勢力が完全な力を持てば，党と同盟の関係に関することには，自然と危機や対立が完全になくなる。もし党内に多くの階級が存在してしまうなら，政治と党のことを特別全権付きで同盟に支援させ，このように多くの階級が存在するようになった党指導層にゆだねてはならない」，と。このため，党の方から，同盟を非難しようとすることが始まったのである。[17]

と記されている。「大衆勢力」を重視し，それ以外の王公，仏教勢力などの「多くの階級」が存在する人民党を批判する姿勢は，第4章において示したスタルコフの姿勢そのものである。スタルコフは，リンチノとの対立で劣勢であったにもかかわらず，この批判を続けたため，青年同盟に対する人民党の非難を惹起してしまったのである。

スタルコフがリンチノに対抗しうる効果的な措置を取れなかった背景として，当時出されていたモスクワの指示を考慮する必要があるだろう。1923年9月20日付チチェリン発スターリン宛書簡に，この指示が記されている。

> 外務人民委員部とコミンテルン執行委員会が相互に協議したとおり，これらのこと［人民党と青年同盟の対立］に関するすべての問題の解決を，ニースレル・フレーにヴァシリエフ[18]が行くまで延期することになった。[19]

ソ連外務人民委員部とコミンテルン執行委員会においては，人民党と青年同盟の対立に関するすべての問題の解決を，モンゴル駐在ソ連外務人民委員部全権代表ヴァシリエフのフレー到着まで延期することが決定されていたのである。このような決定は，ヴァシリエフがフレーに到着するまでモスクワからスタルコフに対してこの問題の解決に関する充分な指示が出されないことを意味するものであろう。スタルコフが効果的な措置を打ち出すことができなかった理由の1つは，ここにあると考えられる。

　さらに，ヴァシリエフがフレーに到着した後においても，スタルコフらが劣勢である状況を好転させる措置が取られたわけではなかったようであることを指摘しておく必要がある。モンゴル駐在ソ連全権代表部の情報課課長ゲンキン（ダヂアニ）は，1923年12月の電報において，12月末にヴァシリエフがフレーに到着する，と記している[20]。また，『モンゴル駐在ソ連全権代表部報告』No.6には，ヴァシリエフが1924年1月3日に人民政府首相ツェレンドルジに信任状を手交したことが記されている[21]。ヴァシリエフは，1924年1月4日付でチチェリン宛にフレーから電報を出しており，この頃から外モンゴルにおける活動を開始したと見られる。だが，この1924年1月4日付チチェリン宛電報には，人民党と青年同盟の対立に関するリンチノとスタルコフの従来どおりの対立が記されているだけであり，ヴァシリエフの到着後に事態が変化したとは言い難い[22]。また，チチェリンも，1924年2月13日付カラハン宛書簡において，

> 貴殿はヴァシリエフとコンタクトを取っているのであろうか。彼から聞こえてくることは極めて少ない。貴殿はモンゴル国内の進展を監視しているだろうか。……リンチノの人民党と青年同盟の間に，極めて先鋭的な対立があった。ヴァシリエフは，このことを究明しなければならないのに，どういうわけか何も書いていない[23]。

と記しており，外モンゴルに赴いたヴァシリエフからほぼ何の連絡もないことを指摘している。これらのことから，おそらく，ヴァシリエフはすぐには効果的な対策を取ることができず，リンチノとの対立においてスタルコフが劣勢である状況にも変化がなかったと推測される。

　このような状況においても，スタルコフは従来の姿勢を崩さずにいた。

第5章　外モンゴルにおける1924年夏の政変について　　263

1924年2月にモンゴル駐在ソ連全権代表部において開催されたロシア二月革命記念のパーティーにおいてスタルコフは祝辞を読んでいる[24]。この祝辞の中において，スタルコフは，人民政府成立以降の外モンゴルの情勢と，人民党と青年同盟の歩みを評して以下のように述べている。

　　国内の反動は不意の敗北から立ち直り，徒党を組み始めた。武力による圧力が，国外の中国の帝国主義者の側からありうるようになった。一方，国内においては，基盤は未開墾のままであった。大衆は目覚めていなかった。革命は大衆にしかるべく受け入れられてはいなかった。大衆は本能的には変革を理解していなかった。大衆は変革を表面的に理解したのである。

　　これらの困難のために，［人民］党は，コミンテルン第4回大会において報告したように，「その革命的本質の鋭い角を丸める」ことを余儀なくされた[25]。党は戦術上の立場を国内の社会および経済の建設へと変化させた。

　　この新たな立場はすでに2年続いている。2年間，力の相関関係において，大きな諸変化が生じた。我々は，外国の敵が自国内のことにかかりきりになったため，国外については，予想される圧迫が緊急のものであるとは感じていない。国内の反動の力も弱りつつある。とにかく，2年間我々は大衆に対してもいくらかの活動を遂行した。その結果は，革命青年同盟が成長し，党員数の面において人民党が成長した。大衆は目覚め，我々に引きつけられている。

　　ヴァシリエフも述べたように［パーティーにおけるヴァシリエフの祝辞のこと］，この状況によって，我々は活動について真剣に考えざるを得なくなった。革命的建設活動に関する……［一語判読不能］明確に浮き彫りになったプログラムを持つ必要がある。現状を有利に利用する必要がある。我々に向かってくる大衆に拠る必要がある。延期されたままの活動に対して決定的に備える必要がある時期になっているのだ。

　　差し迫った革命的建設活動において，モンゴルの民主主義は統一されていなければならない。人民党も青年同盟も統一戦線であり，双方の本部に承認されて尊重されている統一された指導のもとにこの活動を行わ

なければならない。

　今まで，全く理解しうる客観的理由によって，我々は，人民党と青年同盟の間の関係を時として先鋭化させた。我々は，党と同盟の相互関係の問題の解決に対して多くの力を浪費した。これは，モンゴルの民主主義が形成された期間であった。モンゴルの民主主義は，党が「その革命的本質の鋭い角を丸める」よう努めたまさにその時に形成されたのである。

　しかし，人民党が革命活動に向けて自ら準備しなければならない現在，この活動を党も同盟も，双方によって共通して認められたプログラムに従って，力を合わせて行わなければならない。差し迫った活動に対して私は確信している。相互関係の問題に余地はない，これに終止符を打つ必要がある，と。

　これは，モンゴル社会においてはすでに飛び越えてしまった段階である。これに基づいて，人民党と青年同盟の間の相違はあってはならないし，今後も存在しない。[26]

これらの記述から，ボドーの粛清事件を契機に成立した人民党と王公，仏教勢力との「連立政権」という政権の現状を変える必要がある，というスタルコフの主張には，以前と比べて変化が見られないと判断することができるだろう。

　この後，スタルコフは1924年3月21日付で人民党中央委員会宛に，

　　3年間の仕事の結果強力に表れた疲労，悪化した健康状態，重大で長期間の治療が必要であること，その他数多くの個人的性格の理由のため，3月末に私はロシアへ出国する予定である。それゆえ，貴委員会に，私を中央委員会顧問の職務から解放するよう要請する。[27]

という暇乞いの文書を提出した。このスタルコフの要請は1924年3月22日の人民党中央委員会会議において協議され，1ヶ月分の給料と共に治療のための暇を与える，という形で承認された。[28] こうしてスタルコフはソ連に帰還することになったのである。

　リンチノらとスタルコフらの対立は，リンチノの巧みな措置によってスタルコフが外モンゴルの多くの人間の不信任を買ってしまう一方において，ス

第5章　外モンゴルにおける1924年夏の政変について　　265

タルコフ側は効果的な措置を取ることができず，またその姿勢を変えることもなかった。そのため，対立の状況は変わらず，スタルコフが帰還することになったのであろう。

だが，スタルコフの帰還後も，スタルコフの姿勢を支持するボヤンネメフらがリンチノらとの対立を継続した。このようなボヤンネメフらの対立姿勢が反映されたのが，先に述べたコミンテルン第5回大会における人民党代表の報告である。この報告に関連して，1924年6月29日付グルセド，ナーツォフ発ペトロフ（Ф. Ф. Петров）宛書簡には，以下の興味深い記述が見られる。[29]

> モンゴル人民革命党の活動に関する我々の全体報告に対する追加として，人民革命党とモンゴル革命青年同盟の相互関係の問題に関するモンゴル人民革命党中央委員会の視点を，この文書によって貴殿に通知する。
>
> 以下に引用されている視点と結論は，我々の全体報告に含まれていたが，我々は報告から意識的に削除した。それは，1．この問題を大会に提議するのは適切でないと考えたからであり，2．この視点そのものは我々のものではなく，党中央委員会のものだからである。それゆえ逐語的に伝達する。
>
> 「[先に引用したコミンテルン第5回大会の人民党報告の『同時に，モンゴル革命青年同盟と党の相互関係の問題をめぐって多くの複製……』以降の全文が引用される] ……」
>
> 我々は上述の引用を伝達し，モンゴルの実情を客観的条件に合わせてより公平かつ適切にこの問題を決定するために，コミンテルン執行委員会，共産主義青年インターナショナル執行委員会，モンゴル人民革命党中央委員会，モンゴル革命同盟中央委員会［原文ママ］，外務人民委員部それぞれの代表が参加する特別会議においてこの問題を検討するのがより適切であるとみなしている。[30]

コミンテルン第5回大会の人民党代表グルセドとナーツォフは，人民党報告の一部を，人民党中央委員会の解釈であり，自分たちの解釈ではなく，コミンテルン大会において提示するには適さない，と考え，大会においては公表せず，書簡によってペトロフに直接伝達したのである。[31] 人民党報告の内，彼らが省略した部分は，人民党と青年同盟の対立に関する記述であった。先に

述べたとおり、この部分には、リンチノがスタルコフとの対立において自らの立場の正当性を主張し、スタルコフを批判する意図が含まれていた。

グルセデは青年同盟創立当時からのメンバーであり、青年同盟の人間としてかつてスタルコフと共に活動していた。また、ナーツォフはコミンテルンと関係の深いブリヤート・モンゴル人活動家である。このため、この2人は、スタルコフを批判するリンチノの姿勢が反映された文章をコミンテルン大会において公表することを不適切と考えたのであろう。

ボヤンネメフ自身もまた、リンチノらとの対立を進める措置を取ろうとしていた。スタルコフが外モンゴルを去った後におけるボヤンネメフらの活動について、『モンゴル革命青年同盟史関係史料』には、

> それから間もなく共産主義青年インターナショナル第4回大会が開催される時期になったため、……中央委員会会議でまた同志ボヤンネメフを全権代表に任命した。……
>
> ……それから、コミンテルンの会議に行った同志ボヤンネメフがこの青年同盟の最初の状態と、[人民]党と同盟の関係を現在一体どう決定すべきかを尋ね、これを決定してもらうよう要請した。そこでコミンテルンは、「同盟に、党の活動を支援させ、党大会の際に党の間違った人々を粛正することに努めるべきである。そして党内の間違った人がいなくなって真正の大衆勢力が発展すれば、党と同盟のことはすぐさま一本道となり、危機や対立が拭い去られ、革命勢力の力が大きくなる」と特に決めたのである。そしてこの代表ボヤンネメフはこの決議を受け入れ、そのとおりに行うよう党と同盟の大会において遂行することに努め、また顧問ゾリグト[スタルコフ]を再び連れてくる許可を得て帰ってきたのである。[33]

と記されている。1924年6月15〜25日に開催された共産主義青年インターナショナル第4回大会に青年同盟代表として派遣されたボヤンネメフは、青年同盟と人民党の問題の解決を要請した。[34] これに対して共産主義青年インターナショナルは、人民党の大会において人民党の「間違った人々」を粛正するよう指示したのである。ボヤンネメフはこの決定を受け入れ、人民党と青年同盟のそれぞれの大会においてこの決定を実行することにし、またスタルコ

フを再び連れてくる許可を得て外モンゴルに戻ることになった。ボヤンネメフ，スタルコフらにとっても，人民党第3回大会は，リンチノらを排除して1923年夏から続く対立を終わらせるための場だったのである。

この時，スタルコフ，ボヤンネメフは，リンチノのモスクワ派遣をチチェリンに提案している。この計画について，後の1924年9月10日付チチェリン発ヴォイチンスキー宛文書には，

> ボヤンネメフは，見たところ彼に極めて有害な影響を及ぼしているスタルコフと共に私のところにいた時，リンチノをモスクワのサムピロン[35]のポストに派遣することを提案した。つまり，事実上のリンチノの名誉追放である。私はこれに最も激しく決定的に反対した。彼は同意した様子を見せた。にもかかわらず，彼はウルガでこの馬鹿馬鹿しい提案をした。リンチノに対する彼とダンザンの同盟は，何か不面目なものである。おそらく，ボヤンネメフ自身は，何が起こっているのか把握していない[36]が，彼に影響したのがスタルコフであった。[37]

と記されている。ここには，リンチノのモスクワ派遣をチチェリンに提案したボヤンネメフが，スタルコフの影響下にあることが指摘されている。このことから，この計画はボヤンネメフ個人のみによる発案ではなく，スタルコフの発案でもあると考えられる。

チチェリンが言うように，この計画は実際に人民党の会議において提議されていた。モンゴル国14年7月21日[38]（1924年8月20日）の人民党中央委員会幹部会会議において，モスクワに駐在する代表の選出について協議した際に，

> 第3項：……代表にゲレグセンゲ，参事官にエルベグドルジ［リンチノ］を選出した。[39]

という決議が出されている。リンチノのモスクワ派遣は，実際に人民党中央委員会の会議において決議されていたのである。だが，この計画は実行されず，[40]この時にリンチノがモスクワに派遣されたという事実はない。

ボヤンネメフが共産主義青年インターナショナルの大会に参加する一方において，フレーにおいても事態が進行していた。これについて『モンゴル革命青年同盟史関係史料』には，

> それから中央委員会委員長ボヤンネメフが［モスクワに］行った後，

[青年同盟フレー]市委員会のメンバーがオラーンバートル市[41]のメンバーを登録し，指導してよく努めていた。……右派の元大臣ダンザン[S. ダンザン]が青年同盟中央委員会監査員たちを歪めて取り込み，青年同盟中央委員会のことに再び深く関与し，同盟の力を引き込み，またある党員たちも引き込み，……左派に反対する力を準備していた。また，党左派の同志たちも同盟のよいメンバーを引き込んで結びつき，その一方で党大会を公布して右派に対抗してこれを遠ざけようとしていた。[42]

と記されている。ボヤンネメフが大会に派遣されている間に，S. ダンザンが青年同盟中央委員会監査員を取り込み，青年同盟中央委員会に関与し，左派，つまりリンチノらとの対立に備えていたのである。S. ダンザンとスタルコフらが手を結んでいたことを考慮すると，単にS. ダンザンが青年同盟を一方的に取り込んだだけではなく，スタルコフ，ボヤンネメフらがリンチノらとの対立のために，S. ダンザンとの協力をより強く進めるようになったとも考えるべきであろう。

ボヤンネメフらは，青年同盟フレー支部と内防局の取り込みといった上述のリンチノらの活動に対しても対策を講じていた。1924年12月5日付統一国家政治機構（ОГПУ）極東州全権代表アリポフ，同東方課課長ペテルス，同ブリヤート・モンゴル自治ソヴィエト社会主義共和国支部長アブラモフ宛ラデツキー，バルダエフ発文書「1924年12月1日までのモンゴルの国内状況に関する報告」には，人民党第3回大会直前の外モンゴルの状況について，

かくして，人民革命党第3回大会および人民革命青年同盟第3回大会の時までに，状況は最も先鋭的な性質を取るようになり，何らかの緊張緩和をせざるを得なくなった。このことはまた，以下の原因によっても起こったことである。それは，人民党第3回大会に関してダンザン[S. ダンザン]が引き起こした活動，対立する立場にあった［青年同盟］ウルガ市委員会を青年同盟中央委員会が解散したこと，職員数人を引き揚げることで内防局の活動を混乱させようとするダンザンらの意図などである（内防局に対する妨害は，内防局がダンザンのグループに対抗する資料をリンチノのために取り揃えたことが原因で引き起こされた）。[43]

と記されている。内防局や青年同盟フレー支部に対して，スタルコフ，ボヤ

ンネメフを支持する青年同盟中央委員会とS. ダンザンは，リンチノらに対抗する措置を取っていたのである。この結果，史料の記述にあるように，状況は「最も先鋭的」になったのであろう。

これら一連の対立においてコミンテルンは，スタルコフが外モンゴルを去った後においても，ボヤンネメフらを支持し続けていた。1924年8月11日にコミンテルン執行委員会から出されたモンゴル問題に関する決議は，人民党指導層を批判し，青年同盟の活動を支持する内容であったことが，すでに先行研究において指摘されている。[44]この決議においては，人民党の歴史と，人民党内に「右派」が登場したことが記述された後に，

……6. 現在，モンゴル人民革命党は以下の諸課題に本腰を入れて立ち向かっている。

a. 1921年に始まった民族革命を成功裏に終えることは，党と政府が中国高利貸資本の圧迫と封建，宗教勢力の搾取から労働者大衆を解放する政策を首尾一貫して行う準備があるかどうか，国家行政機関の民主化を行う準備があるかどうかにかかっている，と党は明確に自覚しなければならない。……

в. 勤労勢力の党への徴募，民族独立のための革命的闘争の精神に彼らを教育すること，国の民主化と大衆の経済的解放。これらに向けられた党活動を強化しなければならない。……

г. 革命青年同盟とのいかなる闘争も決定的に破壊すること。青年同盟は大衆に対する活動の分野における大いなる成果により，強力に賞賛される。党強化に向けられた活動，国家建設の民主化，党右派との戦いの問題において同盟と結合すること。革命青年同盟は現在党右派の影響のために，共産主義青年インターナショナルの政治的指導とそのモンゴル駐在代表に直接に従わなければならない。これを党は理解せねばならない。

д. 責任ある国家的ポストに従事している全党員は中央委員会に従うことを厳密に行わなければならない。[45]

と記されている。この決議を通じて，コミンテルンは人民党に対して，政権の民主化，つまり王公，仏教勢力の排除と，人民党が国家を統治する体制作

りを要求している。上述のとおり，これらはすでに1923年からコミンテルンが外モンゴルに対して要求していたものであった。このコミンテルンの要求に基づいてスタルコフが外モンゴルにおいて活動を行い，その結果リンチノとの対立を招いた。実はコミンテルンの姿勢は，リンチノとスタルコフの対立が進展する中において，ほとんど変化していなかったと言えるのである。リンチノらに対するボヤンネメフらの対立姿勢は，このようなコミンテルンの姿勢を背景にしていたことを考慮しておくべきであろう。

第2節　2つの大会
——人民党第3回大会と青年同盟第3回大会

　本節においては，1924年夏の政変の舞台となった人民党第3回大会と青年同盟第3回大会を，リンチノとスタルコフの対立の影響という観点から分析する。これによって，2つの大会がこの対立の強い影響のもとに行われていたことを考察し，1924年夏の政変の実態を解明することを試みる。

1．人民党第3回大会に見るリンチノとスタルコフの対立の影響

　人民党において1924年8月頃に党大会を開催することが決まったのは，1924年5月中旬であった。共戴14年4月13日（1924年5月17日）の人民党中央委員会全体会議第1会議議事録には，

　　党大会を何月何日に公布開催するかを協議し，秋初月1日に開催するよう決議した。[46]

と記されている。共戴14年5月8日（1924年6月10日）人民党中央委員会幹部会議第16会議においては，

　　第4項：宣伝課が，党大会において協議する事柄を，以前のように特別委員会を選出して立案し，便宜を図るよう報告してきたことを協議した。このことは重要であるため，委員会にツェレンドルジ，エルベグドルジ［リンチノ］，ダムバドルジを任命し，委員会開催をダムバドルジに管轄させるよう決議した。[47]

という決議が出された。ここで大会準備委員会の委員に選出された者は，皆スタルコフらと対立している者たちである。人民党第3回大会は反スタルコ

フ派が準備したのである[48]。

これに対してスタルコフ側は，効果的な介入を図ることができなかったと想像される。なぜなら，ボヤンネメフが党大会を通じてリンチノらを排除するというモスクワの指示を受けて外モンゴルに戻るのが，人民党第3回大会の開会後だったためである。これに加えて『モンゴル革命青年同盟史関係史料』には，

> ［青年同盟］中央委員会幹部の内，ナムジルは病気になり，ゴムボジャブ［γombujab］は何重にも公務をかけ持っていたため，あらゆることに力が及ばなくなった[49]。

と記されている。ボヤンネメフが共産主義青年インターナショナル大会に参加するためにフレーを発った後に青年同盟を取りしきっていたナムジル，ゴムボジャブらは効果的に活動することができなかったのである。

人民党第3回大会は，1924年8月4日～9月1日に行われ，全24回の会議で構成されている。

第1会議（8月4日）においては，まず，S. ダンザンが大会議長，ミンジュールスンブが副議長，ドルジパラム，ダムバドルジ，バヴァーサンが書記にそれぞれ選出された。そして，S. ダンザン，リンチノ，ヴァシリエフ，フーミンタイら各人が祝辞を述べた。また，コミンテルンに党大会開催の電報を送ることが決議され，大会規則が取り決められ，監査委員会の選出が行われた。

第2会議（8月5日）においては，国際的状況に関するリンチノの報告と，これに対する討論などが行われた。

第3会議（8月6日）では，人民党中央委員会の活動に関するダムバドルジ報告と討論などが行われた。第4会議（8月7日），第5会議（8月8日）においてもこの討論が続いた。また，第5会議においては，フルンボイル，内モンゴル，ウリヤンハイなどのモンゴル人との関係が決議されている[50]。

第6会議（8月9日）においては，党員加入に関する議論が行われ，内務省に関するL. デンデブ（dingdub）[51]の報告と討論なども行われた。この討論は第7会議（8月11日）においても引き続き行われた。

第8会議（8月12日）においては，女性に関する報告と，外務省に関する

アマル（amur⁵²）の報告，およびこれらの報告に関する討論が行われた。外務省報告に関する討論は，第9会議（8月13日）においても行われた。

第10会議（8月15日）は，軍事に関するS.ダンザンの報告，軍内教育に関するジャダムバの報告と，これらに関する討論が行われた会議であった。第11会議（8月16日）にも，引き続いて討論が行われた。また，第11会議の際にボヤンネメフがモスクワから戻り，祝辞を述べている。

第12会議（8月18日）においても軍事に関する討論が継続されたが，その他にも，財政に関するドルジの報告がなされ，青年同盟員による儀礼が催された。

第13会議（8月19日）においては，前日の財務に関する報告に対する討論が行われた。この討論は，第14会議（8月20日）においても続いた。

第15会議（8月21日）は，法務に関するトゥブシントゥル（tübsingtörü⁵³）の報告と討論に費やされた。

第16会議（8月22日）は，法務に関する報告に対する討論と，人民教育省に関するエルデネ・バトハーンの報告が行われた。教育に関する報告に対する討論は，第17会議（8月23日）において行われた。

第18会議（8月26日）はS.ダンザンらの弾劾の場となった。この会議において，S.ダンザン，バヴァーサン，ドルジパラム，ボヤンネメフの逮捕が決議され，内防局が逮捕を実行することになった。S.ダンザンらの弾劾は第19会議（8月27日）においても続いた。

第20会議（8月28日）には，相互援助組合に関するツェデニイシの報告が行われ，この報告に関して討論がなされた。また，この日の夜の会議において，S.ダンザン，バヴァーサン，ドルジパラム，ボヤンネメフらの弾劾が引き続き行われた。

第21会議（8月29日）においては，国立商工業銀行の業務に関するバトオチル⁵⁴の報告が行われた。

第22会議（8月30日）は，各支部の報告で終始した。第23会議（8月31日）には，大会参加資格監査委員会の報告がなされた。そして，8月30日深夜にS.ダンザンとバヴァーサンが銃殺されたことが報告された。また，人民党中央委員会の選挙が行われた。

第5章　外モンゴルにおける1924年夏の政変について

第24会議（9月1日）は閉会の会議だが，その一方において，リンチノの建議によって，この大会が人民党第3回大会と位置づけられた。[55]

　先に述べたように，大会開催の準備作業において，スタルコフに反対する人々がイニシアチブを握ったため，この大会には，1923年夏以降スタルコフらが取った姿勢に対する批判が随所に込められていた。一例として，大会第3会議においてなされた，人民党中央委員会の活動に関するダムバドルジの報告を挙げることができる。この報告の「党と同盟の関係」という項目は，[56]先に引用したコミンテルン第5回大会における人民党の報告の中の人民党と青年同盟の関係に関する記述と同一である。すでに論じたとおり，人民党代表の報告のこの部分は，リンチノがスタルコフらとの対立における自分たちの正当性をコミンテルンに対して主張しようと試み，グルセドとナーツォフが大会において公表することを故意に避けた箇所である。このようなリンチノらの主張を反映した記述が，人民党第3回大会において，人民党中央委員会の正式な報告として繰り返されたのである。

　このダムバドルジ報告に対して大会第3会議において討論が生じた。『モンゴル人民党第3回大会』所収の議事録にはこの討論が以下のように記載されている。

　　質問：（地方代表）どんな理由で一部の人々は党第2回大会の決定を
　　2〜3人の決定と言っているのか。
　　回答：実のところ昨年の大会は準備がなかった。ヤポン・ダンザンが
　　大会開催を望まず，大会を避けていた。ボヤンネメフは当時青年同盟大
　　会に参加していた。中央委員会候補者の名前を中央委員会が自ら挙げ，
　　大会に提示して承認させた。私［ダムバドルジ］は，私が自ら大会を指
　　導することを拒んではいなかったが，しかし大会を強制してはいなか
　　った。[57]

この討論においては，人民党第2回大会の準備が不充分であり，第2回大会における人民党中央委員会の選挙も不適当であったことが強調され，スタルコフが主導した人民党第2回大会に対する批判がなされている。前年の人民党第2回大会のあり方を批判するこのような発言は，大会第4会議におけるA. ダンザンの以下の発言などにも見られる。

ヤポン・ダンザン：昨年開催した大会［人民党第2回大会］について言えば，大会はすべてのことを軽率な状態で協議し，さまざまな考えや批判が出なかった。あらかじめ準備した事柄を承認したのだ。このような消極的な状態であったため，中央委員会の地方にいたメンバーが皆大会に来て協議したわけではなかった。[58]

　人民党第2回大会を批判するこのような傾向に関連して，この第3回大会においては，1921年3月に行われた人民党の組織会議を人民党第1回大会と位置づける活動も行われていた。第3回大会第3会議における人民党中央委員会の活動に関するダムバドルジ報告には，以下の記述がある。

　さらに，共戴11年1月22日，我らモンゴル人民党を初めて組織した人々は，キャフタ，デード・シベーの地に，周辺のホショーの代表たちを招集し，この党の党員を初めて加入させて集め，大事を協議して興したのである。この後，本14年［旧暦］1月22日で3周年になったため，記念式を行った。そして，この記念式を定期的に行うものとし，毎年この月のこの日に行うよう決議した。[59]

　第2回大会を批判する傾向を考慮すると，ダムバドルジ報告におけるこの記述は，単に人民党の歴史を述べただけではなく，初めての党大会としての人民党第2回大会の重要性を減らそうとしたものであるとも想定される。第3回大会第24会議において，本来「第2回大会」であったこの大会が人民党第3回大会と位置づけられたことは，このような面から考慮されるべきものであろう。

　このようなスタルコフらを批判する傾向は，S. ダンザンらの粛清の直接の契機になった第18会議の議事録により強固に表れている。S. ダンザンに対する弾劾が強まり，批判の矛先がバヴァーサンにも向いた際に，以下の発言があったとされている。

　ダムバドルジ：……ボヤンネメフはスタルコフと一緒になって党，同盟の双方を分裂させるという愚かな政策を行っている。……バヴァーサンはこのような陰謀者の勢力に2回も入り込んだ人物である。……

　……バドラフ：バヴァーサン，ボヤンネメフ，ブリヤートのゴムボジャブ，そしてスタルコフは，皆1つに結びついた人々であり，彼らこそ

第5章　外モンゴルにおける1924年夏の政変について　　275

が同盟を党から遠ざけている[60]。

ダムバドルジ，バドラフは，S. ダンザンやバヴァーサンの弾劾に関連して，ボヤンネメフ，スタルコフらの批判を合わせて行っているのである。

また，第20会議においては，以下のやり取りがあった。

　　元司令官ダンザン［S. ダンザン］などの人々の件を詳細に調査する委員会を選出するため，党第3回大会と政府の共同会議が行われた。

　　昨日選出された委員は青年同盟の活動を監査するために選出されたが[61]，すべてがダンザンと関係があるため，今新しい委員会を選出する必要がある。

　　……

　　エルベグドルジ［リンチノ］：……［S. ダンザンが］私をダムバドルジなどの人々と共に遠ざける努力をしていたのだ。……今やダンザンは私をモンゴルで活動させずに遠ざけることを目指している。……私をモスクワ駐在大使の参事官として派遣し，ここから遠ざける努力を中央委員会に持ち込んだのだ。……どうやら，ダンザンの側の人々は，大会終了前に私をここから離れさせるつもりだったようである[62]。

記述に見えるリンチノのモスクワ派遣は，すでに上述したように，S. ダンザンのみの発案ではなく，スタルコフとボヤンネメフの発案でもあった。人民党第3回大会においては，S. ダンザン，バヴァーサンが粛清される際に，スタルコフ，S. ダンザン，ボヤンネメフ，バヴァーサンらの結びつきが強調され，批判されていたのである。

ここで，この大会が定めたとされる「非資本主義的発展」について述べておく必要があろう。先に述べたように，従来の研究においては，人民党第3回大会は国家を「非資本主義的発展」によって建設していくよう定めた，とみなされる傾向が強い。だが，この大会でそのような方針が決定されたとは必ずしも考えることはできない。大会第3回会議における討論において，リンチノが「非資本主義的発展」に関する発言をした，と従来の研究では指摘している。『モンゴル人民党第3回大会』所収の第3回会議の議事録には，これについて以下のリンチノの発言が記載されている。

　　私は，これに関する考えを，『モンゴル革命の将来の様相』という冊

子で明らかに記した。これを皆様に本日配布するので、ご覧ください。私は、この本で述べた6つの項目の概要を皆様に紹介しよう。……2. モンゴル人民党の最終目的は共産主義である。党は、資本主義的発展の段階を飛び越え、この目的に到達するために前進しているのである。

　この最終目的を設け、この目的を達成する方法を確立する——その前に、モンゴル人民党は、実際にどの階級、力を信じて支えとするのか、という問題を自ら提起すべきである。

　……モンゴル人民党は、コミンテルンの指導に従い、共産主義に進むという最終目的に到達するというなら、生じるかもしれない危険を未然に注意して取り除くことを今から始めるべきである。

　……官吏と僧侶を党は細かく観察しておくべきである。彼らは党の現状に対して第2列の援助を示してくれるが、この2つのグループの最良の人々は党に入り、労働者大衆のために誠実に尽くしてくれるはずである。[63]

ここで注目されるのは、「最終目的」という語が何度も繰り返され、仏教勢力などとの協力が完全には否定されていないことである。リンチノが人民党第3回大会で示した「非資本主義的発展」はあくまで将来の最終目的であり、現状に対する措置としては、王公、仏教勢力との一定の協力関係を承認するものであったと考えるべきであろう。上述の発言の直後にも、リンチノは仏教勢力に関して、仏教勢力への対処を正しく決定できれば「仏教僧の中から革命的な優れた人々が我らの側に入るであろう」[64]と指摘している。

　一方、ボヤンネメフ、スタルコフの側も、第3回大会においてリンチノらに対抗しようとしていた。第3回大会第1会議における青年同盟員ゴムボジャブの祝辞には、

　また、全世界コミンテルン大会の代表として赴いたボヤンネメフたち[65]に、さまざまな事柄をそのまま確認したり助言を受けたりして指導を受けているため、彼らが戻ってきたらこのこと[人民党と青年同盟の対立]を互いに批判、協議し、党と同盟の間のこの些細なことを友好的に改善し、後に考えを一にして発展し合い、政治、大衆のことを指導し育成することを遂行するであろう、と信じるものである。[66]

とある。ボヤンネメフとスタルコフの外モンゴル到着を待ってリンチノとの対決を行うことを想定していたのであろう。

ゴムボジャブは大会第3会議のダムバドルジ報告に対する討論においても，

> ゴムボジャブ：人民党はこの国の指導党であるため，党にさまざまな異分子が侵入した。このため，監査粛正活動を行う必要がある。……党は地方行政組織の選挙をずっと以前からすべきだったのに，この間やったことは何もない。[67]

と述べ，人民党内における監査粛正の必要性を主張している。

S.ダンザンらの粛清には，なおさまざまな原因がある可能性が高い。だが，今まで論じてきたことから考えると，人民党第3回大会において生じた政変の原因には1923年以降続いてきたリンチノとスタルコフの対立があり，この対立がS.ダンザンらの粛清の重要な原因の1つになった，と考えることは可能であろう。

リンチノがS.ダンザンらを粛清し得た背景として，上述のとおり，リンチノらの活動が巧みであったことと，人民党および人民政府指導層の多くがスタルコフらの姿勢に反対したことを挙げることができるだろう。また，S.ダンザンらの粛清が，政治闘争の急激な先鋭化による予期せざる結果であった可能性があることを，特に指摘しておく必要があろう。『モンゴル人民党第3回大会』所収の議事録が示すところによると，大会第18会議におけるS.ダンザンらの弾劾は，青年同盟中央委員会が，リンチノらを支持した青年同盟フレー支部を解体し，新たなフレー支部を組織したことに発端があったようである。この新フレー支部は，内防局のメンバー数人を局から放逐する措置を取った。元のフレー支部はこの措置を無効として認めず，バヴァーサン，ボヤンネメフらを逮捕し，この経緯を説明するために大会第18会議に30人の代表団を派遣した。これを見たS.ダンザンが大会をボイコットしたため，彼に対する弾劾が始まったのである。[68] 人民党第3回大会に至る過程において，青年同盟や内防局をめぐってリンチノらとスタルコフらが激しく対立したことについては，すでに述べたとおりである。このような対立が急激にエスカレートした結果，S.ダンザンらの粛清という事態に達したのであろう。後に，モンゴル駐在コミンテルン執行委員会代表T.ルイスクロフが，[69]

この事件について調査、分析した結果を1924年11月2日付のマヌイリスキー（Д. З. Мануильский）[70]、ヴォイチンスキー宛報告書に記している。そこにも、対立していた双方共にS. ダンザンらの粛清という事態について特に準備していなかった、というルィスクロフの分析が記されているのである。[71]

2．青年同盟第3回大会と対立の終焉

　従来の研究は、外モンゴルにおける1924年夏の政変について、人民党第3回大会のみを注目し、青年同盟第3回大会を軽視してきた。先行研究においては、青年同盟第3回大会で、青年同盟中央委員会旧指導層がS. ダンザンら右派を支持して党と同盟の関係を破壊したことが批判され、青年同盟が人民党の指揮下に入った、と説明されたのみであり[72]、大会の実態は何も明らかになっていない。

　だが、後にルィスクロフは、1924年夏の政変を総括した報告書において、これら2つの大会を、政変の1つの区切りとして捉えている[73]。このことから、青年同盟第3回大会が持つ意義は、人民党第3回大会に劣るものではないと考えるべきである。さらに、青年同盟第3回大会には、リンチノ、ダムバドルジ、ツェレンドルジ、スタルコフ、ボヤンネメフなど、リンチノとスタルコフの対立の中心にいた人々が列席した。スタルコフとリンチノの対立という観点から1924年夏の政変を分析する際には、青年同盟第3回大会は大きな意味を持つのである。

　青年同盟第3回大会に関する史料としては、『モンゴル駐在ソ連全権代表部報告』No.19-20（1924年11月1日）に掲載された「青年同盟第3回大会」[74]（以下「報告版同盟第3回大会議事録」と称する）、ソ連側の報告書である「モンゴル革命青年同盟第3回大会」[75]、その他モンゴル人民共和国時代に出版された史料集がある。本項においては、これらの諸史料をもとにして青年同盟第3回大会を分析し、この大会の意義と1924年夏の政変の本質について考察する。

　青年同盟第3回大会は1924年9月15日～10月1日に開催され、全15回の会議で構成された。「報告版同盟第3回大会議事録」の記述によると、100人近くの人間が参加し、そのうち70～80人が地方出身者であった。[76]

「報告版同盟第3回大会議事録」と「モンゴル革命青年同盟第3回大会」にもとづいて大会の概要を構成すると，以下のようになる。大会第1会議（9月15日）においては，大会議長にナムスライジャブ（namsaraijab），副議長にウルジーホトグとナムスライ，書記にツェレンドルジ，サンダグドルジ，バヤルが各々選出された。また，ハヤンヒャルワー（qayangkirva）^77 らが祝辞を読み，大会名誉メンバーの選出などが行われた。

第2会議（9月16日）においては，ヴァシリエフ，リンチノが祝辞を読み，国際情勢に関するリンチノの報告とその討論が行われた。

第3会議（9月17日）では，人民党第3回大会に関するダムバドルジの報告等などが行われた。

第4会議（9月18日）においては，リンチノの報告に対する決議の作成がナイダンスレン（nayidansürüng）とナムスライに委任され，S.ダンザンの粛清事件に関するリンチノの報告とダムバドルジ報告に対する決議の作成が青年同盟中央委員会に委任された。また，各支部の報告などが行われた。

第5会議（9月19日）では，国際情勢に関するリンチノの報告に対する決議の作り直しがジャダムバとイシドルジ（esidorji）に任され，この決議が即日承認された。

第6会議（9月20日）においては，各支部の報告が行われ，共産主義青年インターナショナル第4回大会に関するスタルコフの報告が行われた。また，人民党第3回大会に関するダムバドルジの報告とS.ダンザンらの粛清事件に関するリンチノの報告に対する決議を作成するための委員会を設けることにし，委員としてナムスライジャブ，ナムスライ，スタルコフ，ジャダムバ，ツェレンドルジ，イシドルジが選出された。

第7会議（9月22日）においては，青年同盟の思想と課題に関するジャムツァラーノの報告がなされ，この報告が小冊子として配布されることになった。また，人民党第3回大会に関するダムバドルジの報告とS.ダンザン事件に関するリンチノの報告に対する決議が承認された。そして，各支部の報告がなされた。

第8会議（9月23日）では，人民政府に関するツェレンドルジの報告と各支部の報告が行われた。

第9会議（9月24日）においては，共和国宣言に関するダムバドルジの報告などがなされた。
　第10会議（9月25日）では，青年同盟メンバーに対する文化的啓蒙活動に関して議論が行われた。
　第11会議（9月27日）においては，青年同盟の旧中央委員会の活動停止が宣言された。
　第12会議（9月28日）では，旧中央委員会に関してボヤンネメフが報告し，自ら誤りを認めた。そして，この件を検討する委員会を設置し，ナムスライジャブ，バヤルサイハン，イシドルジ，ダムバドルジ，ナツァグドルジ，ジャダムバ，ウルジーホトグが選出された。
　第13会議（9月29日）において，現在青年同盟が対応すべき各問題を検討した。
　第14会議（9月30日）では，第12会議におけるボヤンネメフ報告に対する決議が行われた。
　そして，第15会議（10月1日）において，支部の報告に関する討議や，その他各問題に対する議論が行われた。また，中央委員会の選挙が行われ，委員長にはジャダムバが選出された。
　この大会がいかなるものであったかを判断するために，まず大会の準備作業について検討する必要があるだろう。「報告版同盟第3回大会議事録」には，議事録には大会の開催準備について，

> ［青年］同盟指導者たちがいなかったり，異常に忙しかったりした結果，大会の組織面は，特に大会の活動の初めの内は，極めて欠陥に満ちたものになった。事前に準備された報告は存在せず，まさに議事日程そのものさえも大会の活動の過程において作成されていったのである。詳細な議事録は誰も作成せず，このことが，この大会叙述が断片的な性質を持った原因になった。[78]

と記されている。青年同盟第3回大会の準備は極めて杜撰なものであり，この大会自体が急ごしらえのものであったことがうかがわれる。おそらく，今まで青年同盟の指導者であったスタルコフ，ボヤンネメフらが失脚し，大会を指導することが不可能になったために，大会の準備が不充分になったので

あろう。

　かつて指導的役割を果たしていた人々がいなくなった状況下において，青年同盟第3回大会を開催し，指導した人々について，ダムバドルジは第1会議において以下のように発言している。

　　　[青年]同盟の[フレー]市会議は自分たちの仲間から中央委員会を補い，中央委員会は今日活動し，事を大会にこぎつけた[79]。

先に述べたとおり，青年同盟フレー支部は，スタルコフとリンチノの対立においてリンチノ側についた人々である。彼らが青年同盟中央委員会に人員を送り，大会を開催するために活動したのである。

　また「モンゴル革命青年同盟第3回大会」には，9月15日の大会第1会議の記録として，

　　　8．ゴムボジャブが大会名誉メンバーに全権代表ヴァシリエフ，首相ツェレンドルジ，軍事評議会議長エルベグドルジ[リンチノ]，党中央委員会委員長ダムバドルジ，コミンテルン代表ゾリグト[スタルコフ][80]を選出するよう提案した。

　　　提案は受け入れられた[81]。

と記されている。大会の名誉メンバーとして選出された者たちの内，エルベグドルジ（リンチノ），ツェレンドルジ，ダムバドルジは，スタルコフに対立する立場を取った人々である。

　上に列挙したように，大会の報告の内，国際情勢に関するリンチノの報告が第2会議，S．ダンザンの事件に関するリンチノの報告が第4会議[82]，人民党第3回大会に関するダムバドルジの報告が第3会議，そして人民政府の活動に関するツェレンドルジの報告が第8会議において各々報告されている[83]。また，リンチノとダムバドルジの報告に対する決議作成委員会に，ツェレンドルジが選出されている[84]。これらの報告の内，特にリンチノとダムバドルジの報告は大会の基調報告としての意義を持った。以上のことから明らかなように，人民党第3回大会と同様，青年同盟第3回大会に対してもリンチノらが深く関与していたのである。

　このため，大会においてはスタルコフらに対する批判が，人民党第3回大会以上に強力に行われた。「報告版同盟第3回大会議事録」には9月15日の

第1会議においてダムバドルジが,

> 今後の党と同盟の相互関係は最上のものとなり,以前とは全く別のものになるだろう。……古い中央委員会は存在せず,今や全権力は大会自体の手中にあるのだ。[85]

と発言し,今後の人民党と青年同盟の関係の改善と,スタルコフやボヤンネメフが率いた以前の中央委員会がすでに存在しないことを明言した。大会の準備段階においても,このようなスタルコフに対する不信感が極めて強かった。「報告版同盟第3回大会議事録」には,

> 大会で行われたことをよく理解するため,とりわけスタルコフに対する不信の雰囲気,さらに隠しきれそうもない敵意を理解するために,[青年同盟フレー]市委員会メンバーが参加した[青年]同盟旧中央委員会の事前会議で起こった一連の事件を特記しておくのが有効である。
>
> 同盟の3周年記念の日と大会の盛大な開会のために演説しなければならない報告者に関して,……スタルコフはボヤンネメフを推した。これに対する回答として抗議が鳴り響いた。ボヤンネメフは監獄にいる。どうやって彼が報告するというのか。彼は多くのことに関わった。彼は裁かれねばならない。
>
> スタルコフ:なぜボヤンネメフの逮捕が引き起こされたのか。ここでは政治的風潮によるゲームが,陰謀が起こっている。ボヤンネメフはこれらの政治的風潮による闘争の犠牲である。
>
> 市委員会メンバー:彼が逮捕されたのは我々のせいではない。彼が拘束されているのは,同盟に関わることでもない。彼を裁いているのは委員会であり,彼は国家的犯罪を行ったのだ。[86]

という記録が残っている。人民党第3回大会の際に逮捕されたボヤンネメフが青年同盟第3回大会開会のために演説すべきである,と述べたスタルコフに対して激しい非難が寄せられている。先程述べたように,この大会の主導権をリンチノらが握っていたため,このような状況になったのであろう。

9月22日に行われた第7会議においては,第3会議において報告されたダムバドルジ報告と,第4会議において報告されたS.ダンザンらの粛清事件に関するリンチノ報告に対する決議がなされた。これについて「報告版同盟

第3回大会議事録」には,

> 8箇条規約を,人民党第3回大会で持ちだされた変更を加えて実行する。つまり,25歳になった同盟メンバーは完全に党員になる。[87][88]
>
> ダンザン一派に関するリンチノの報告に関しては,以下の決議が採択された。
>
> ダンザンとその手先に関する党第3回大会と政府メンバーの共同委員会の判決を,青年同盟大会は完全に肯定し,地方に帰って出来事について住民に広く通知し,皆に今後注意することをアピールするよう決議する。[89]

と記されている。「モンゴル革命青年同盟第3回大会」の記述にも,

> 党第3回大会の活動に関するダムバドルジの報告と,裏切り者ダンザンの事件に関するエルベグドルジ［リンチノ］の報告に関して,特別委員会が作成した決議草案を検討し,青年同盟第3回大会は以下のように決議した。
>
> ……現在から,力と意欲を人民党と統一し,皆の努力で基本的目的に到達し,以前到達した8箇条の党と同盟の協定を承認すべきである……。
>
> ……裏切り者ダンザンとその支持者の事件に関するエルベグドルジの報告を聞き,同盟第3回大会は以下のように決議した。党第3回大会が政府メンバーと共に,発生したダンザンらの悪事の根絶に関して取った行動を肯定する。[90]

とある。人民党に対する青年同盟の従属を規定した8箇条のリンチノ案[91]が正式に採択され,S. ダンザンらに対する人民党と人民政府の決定を青年同盟大会が肯定することが決議されたのである。

9月28日に行われた第12会議においてはボヤンネメフの報告がなされ,それを契機としてスタルコフ,ボヤンネメフに対する激しい批判が行われた。この時の様子について,「報告版同盟第3回大会議事録」には以下のように記されている。

> ［スタルコフの発言］党と同盟の相互関係に関しては,この問題は今や純粋に歴史上のものであり,今これに従事している時間はない。……今や,いずれにせよ,コミンテルンの指図は,同盟が党左派に対してあら

ゆる支援をするよう述べており，これに関するより詳細な指示はコミンテルン全権代表ルィスクロフが与えてくれる。……ここで粘り強く以下の問題に対する回答を求めている。同盟中央委員会に誤りはあったのか。これは，正しくない問題設定である。誤りは至るところに，誰にでもある。今日の実際的問題……に移ったほうがいい。

ダムバ［ダムバドルジ］：いや，私はスタルコフには賛同しない。古い過去について，必ず話す必要がある。我々は誤りに学ぶのだし，誤りに対して自分たちの活動の総括を行うのだから。ボヤンネメフが自分の誤りを認識したことを，スタルコフは認めている。これは完全に間違っている。ボヤンネメフはバヴァーサンについてだけ話している。今すべてが死んだバヴァーサンになすりつけられている。しかしことはバヴァーサンだけではない。中央委員会の全方針に関している。……同盟中央委員会は事実上左派ではなく党右派を支持した。リンチノではなく，ダンザン［S. ダンザン］を支持した。バヴァーサンの偏向について言われているが，ではなぜこれについて昨年言われなかったのか。なぜ以前同盟はダンザンのあらゆる詐欺行為を目にしながら黙っていたのか。……我々との友好や共同作業に関するあなたの表明を，私は信じない。……

……ダムバと他の代表たちの話の後で，ボヤンネメフが演説した。最近，ボヤンネメフは自分が精神的に打ちのめされたと感じていた。……今回ボヤンネメフは異常に興奮しており，過去の自分の行為を懺悔し，同盟中央委員会によってなされた誤りについて表明し……彼がしたことは，彼がスタルコフと共に行ったのだということについて表明した。……

スタルコフが非難に対する反論を再び演説した。彼が強調したのは，批判された事柄には2つの側面があるということである。つまり，中央委員会の過去の活動に関する歴史的な側面と，もう一方の側面——党と同盟の正常な関係の問題である。誰が正しく，誰が間違っているか。この問題はまだ決まっておらず，この問題は哲学的で，歴史的で，今日の問題ではない。この問題は，ルィスクロフが参加する特別な権威のある委員会に引き渡す必要がある。……

これに対してチョイバルサンと多くのほかの者たちが，こういうふうに反対した。ボヤンネメフ自身が自らの誤りと同盟中央委員会のすべての方針の誤りを自認しているのだから，つまりスタルコフの提案は受け入れられない……，と。[92]

ここには，批判を避けようとするスタルコフと，猛烈な批判を加えようとするダムバドルジ，チョイバルサンらの姿勢が明確に表れている。ダムバドルジは，スタルコフに対する否定的姿勢を示して彼に痛烈な批判を浴びせ，スタルコフ，ボヤンネメフとS. ダンザン，バヴァーサンとの関係を指摘し，糾弾した。チョイバルサンらもスタルコフに対する否定的態度を示した。また，ボヤンネメフは自分の報告において誤りを認め，この誤りがスタルコフと共になされた，と主張したのである。この一連の討論においては，スタルコフ，ボヤンネメフの活動がS. ダンザンたちとの関連から批判され，批判が主としてスタルコフに注がれている。

　スタルコフに対する否定的姿勢と激しい批判は，ボヤンネメフ報告に対する決議にも見出すことができる。上述のとおり，ボヤンネメフ報告に対する決議作成のために，大会議長ナムスライジャブ，バヤルサイハン，イシドルジ，ダムバドルジ，ナツァグドルジ，ジャダムバ，ウルジーホトグが選出された。[93] この委員会がボヤンネメフの報告に対する決議を作成し，9月30日の第14会議において提出した。「報告版同盟第3回大会議事録」にはこの決議が記載されている。

　　1．［人民］党中央委員会に左右両翼が存在することを知って，青年同盟中央委員会の指導層は，左翼を支持しないのみならず，逆に右翼を支持した。……

　　2．同盟中央委員会が共産主義青年インターナショナル第4回大会に提示した報告は，同盟中央委員会全体会議に承認されておらず，中央委員会代表——ボヤンネメフだけの報告である。……

　　3．ダンザン［S. ダンザン］……を候補に推薦したことによって，中央委員会のリーダーたちは，人民党と人民政府を新たなモンゴルの資本主義者たちに手渡すことを望んだ。これは，明らかに我ら革命青年同盟の思想と原則に矛盾している。

……

　　7．革命青年同盟のことをこうも間違って管轄していたことに共産主義青年インターナショナル代表スタルコフが関わっていたことを，共産主義青年インターナショナルに通知するよう，新しい中央委員会に委任する。

　　8．中央委員会前委員長ボヤンネメフは，誠実な革命家であり，非常に有能な人物である。彼が起こした誤りは，人の言いなりになる彼の性格と未熟なせいであった。[94]

この決議は，スタルコフらがS. ダンザンと手を結んだことを批判するものであった。だが，ボヤンネメフに対する批判は軽く，彼が誤りを犯したのは「人の言いなり」になったためである，とされている。これに対して，スタルコフは，青年同盟に対する誤った指導を批判され，その責任を問われている。

　このように，青年同盟第3回大会は，スタルコフとリンチノの対立においてリンチノの立場を支持した人々がスタルコフに対する批判のために開催したものであった。リンチノらがスタルコフとの対立を終結させるため，スタルコフの活動の基盤であった青年同盟を人民党に従属させ，S. ダンザンと協力関係を築いた責任をスタルコフに集中させ，スタルコフを政治的に無力化することを狙ったと推測される。

本章の結論

　スタルコフらとリンチノらの対立は，外モンゴルの政治情勢に大きな影響を与えながら，1924年夏の政変において終結した。モンゴル近現代史上に大きな衝撃を与えたこの政変においては，S. ダンザンが粛清されたことが重要であるだけでなく，彼と共にバヴァーサンが粛清され，ボヤンネメフ，スタルコフが失脚したことが大きな政治的重要性を持ったと捉えるべきであろう。

　スタルコフとリンチノの対立においては，リンチノらが一貫して有利に立ち回っていた。その理由は，今まで論じてきたように，人民政府の多くのモ

ンゴル人政治家がスタルコフの批判にさらされたことで彼に反発したことと，人民政府におけるリンチノの影響力の強さであったと考えられる。

　1923年に始まり，1924年夏の政変によって終了するこの両者の対立の過程は，ソ連，コミンテルン側の干渉に対して，人民党，人民政府の一部指導層が拒絶の意思を示し，それを跳ね返した過程であったとも表現できるだろう。

　従来のモンゴル近現代史研究においては，1924〜1925年を転換期とすることが多い。しかし，1924年に起こった多くの転換の内のいくつかの原因は，実は1923年に発生していた。この転換をもたらした大きな要因の１つが，中ソ公式交渉におけるソ連の姿勢の変化であった。1923〜1924年にわたる外モンゴルの大きな政治的変化が，実は極東の国際情勢に関わるものだったと結論づけることができるだろう。

　また，コミンテルンは，1923年に外モンゴルに対する方針を設定して以降，リンチノとスタルコフの対立が進展していく中において，その方針を変えていなかったことも確認できた。このコミンテルンの姿勢は今後も続き，最終的にはモンゴル人民共和国の成立にも影響することになるのである。

註

1 先行研究では，人民党第3回大会の際にS. ダンザンとリンチノの間に論争が発生し，大会第18会議においてリンチノらが青年同盟フレー支部を利用してS. ダンザンの弾劾を行い，内防局を利用してS. ダンザン，バヴァーサン，ボヤンネメフ，ドルジパラムを逮捕し，前二者を粛清した，とされている（Дашдаваа 2003, pp.92-104；Дамдинжав 2006, pp.24-29；Батсайхан 2007, pp.187-195；ИМ, pp.71-72；Рощин 1999, p.65；Даш 1990, pp.38-40）。この時，S. ダンザンは外モンゴルの資本主義的発展を求め，リンチノは非資本主義的発展を主張した，とされている（ИМ, p.71；Рощин 1999, pp.114-115；Даш 1990, pp.36-38；Жабаева/Цэцэгмаа 2006, pp.245-249）。1932年の著作においてバドラフは，資本主義的発展を目指すS. ダンザンの政策は非資本主義的発展という人民党とコミンテルンの目的に合わないものであったため，S. ダンザンが粛清された，と記している（Бадрах, pp.41-51）。

2 МАНЗХ, pp.156-175.

3 シレン・アラブダノヴィチ・ショイジェロフ（Načuv, Нацов, Сирен Арабданович Шойжелов）。コミンテルンと非常に関係の深いブリヤート・モンゴル人の活動家。彼はコミンテルンのエージェントとして人民党の活動

に早くから関わり，1923年まで西モンゴルに派遣されて活動を行っていた。ホブド地域におけるロシア白軍との戦闘や現地の状況について，ナーツォフは1923年7月7日付で報告書を作成し，ヴォイチンスキーに送っている（РГАСПИ, Ф.495-ОП.152-Д.18-ЛЛ.4-6об）。

4 共戴14年3月18日（1924年4月22日）付人民党中央委員会幹部会会議において人民党代表に選出されたのは，ドルジパラムとグルセドであった（НТА, Ф.4-Д.1-ХН.242-XX.59-60）。しかし，コミンテルン側の名簿によると，人民党代表はグルセドとナーツォフである（РГАСПИ, Ф.492-ОП.1-Д.351-Л.42）。実際の代表もグルセドとナーツォフであり，途中で人選に変更があったと思われる。

5 原文は много копий。何を指しているのかは判然としないが，青年同盟が人民党と同等の組織になっていることを「複製」と表現されたと想定される。
あるいは，1925年1月にリンチノがスターリンとチチェリンに宛てて送った書簡に，「人民革命党の戦術と人民革命党と青年同盟の相互関係に関するいくつかの複製が解体された」（Ринчино2, p.133）という記述がある。この記述から，人民党と青年同盟の関係に関する政策案が作成されては破棄されたことを示している可能性もある。いずれにせよ，この「多くの複製」という語が指すものを具体的に解明することは，現時点においては困難なようである。

6 第4章の註4において触れた「リンチノ案」のことであろう。
7 Ринчино, pp.67-77.
8 Дашдаваа 2003, pp.98-99.
9 ЗЭТ, p.23.
10 リンチノらを指す。
11 S. ダンザンらを指す。
12 ЗЭТ, p.25.
13 ЗЭТ, p.26.
14 ЕСЦ, p.230. 1924年8月1日の人民政府第26会議において，この決議を政府が実行することが決まった（ЕСЦ, p.232）。
15 1924年8月21日付全軍評議会発人民政府宛文書（YTA, Ф.1-Д.1-ХН.322-ХХ.212-213）。
16 АВПРФ, Ф.111-ОП.7-ПАП.2-Д.11-Л.273.
17 ЗЭТ, pp.23-24.
18 ヴァシリエフ（А. Н. Васильев）は，労働人民委員部法務顧問，鉄道軍隊総合司法協議会メンバー，中央アジア法務人民副委員などを務め，モンゴル駐在ソ連全権代表に就いた。
19 МББ, pp.132-133.
20 ГАРФ, Ф.Р391-ОП.11-Д.47-ЛЛ.5-6.

21　РГАСПИ, Ф.495-ОП.152-Д.29-Л.4.
22　РГАСПИ, Ф.495-ОП.152-Д.24-Л.2.
23　ПСЧК, p.171.
24　このパーティーに参加して祝辞を述べたのは，ヴァシリエフ，ツェレンドルジ，ユーヂン，ハタンバートル・マグサルジャブ，スタルコフ，ボヤンネメフ，ダムバドルジ，コシチ，リンチノである（РГАСПИ, Ф.495-ОП.152-Д.29-Л.60）。
25　ボドーの粛清事件が発生し，人民党と王公，仏教勢力の一定の協力関係が築かれたことを，こう表現したのだと思われる。
26　РГАСПИ, Ф.495-ОП.152-Д.29-ЛЛ.64-66.
27　НТА, Ф.4-Д.1-Х/Н.351-Х.15.
28　共戴14年2月16日（1924年3月22日）付人民党中央委員会幹部会第5会議議事録（НТА, Ф.4-Д.1-Х/Н.242-ХХ.25-27）。
29　本当の姓はラスコリニコフ。1924〜1928年にコミンテルン執行委員会東方局局長を務めた。
30　РГАСПИ, Ф.495-ОП.152-Д.23-ЛЛ.15-17；КМ, pp.62-64.
31　実際に，РГАСПИには，グルセドらがペトロフに提示した部分が省略されたモンゴル人民党代表の報告が所蔵されている（РГАСПИ, Ф.495-ОП.152-Д.21-ЛЛ.15-21,29-33）。この報告の日付は「1924年6月19日」である。
32　共産主義青年インターナショナル第4回大会のことであろう。
33　ЗЭТ, pp.24-25.
34　共戴14年2月9日（1924年3月5日）付人民党中央委員会幹部会会議議事録には，青年同盟がこの大会に代表としてボヤンネメフとダムディンを派遣することを伝達してきたことが記されている（НТА, Ф.4-Д.1-Х/Н.242-Х.23）。コミンテルン側の名簿には，青年同盟代表として，ボヤンネメフ，ザナバザル，ドルマジャブ，スタルコフの名が見える（РГАСПИ, Ф.492-ОП.1-Д.351-ЛЛ.46,60）。
35　ブリヤート・モンゴル人活動家ダシ・サムピロン（Даши Сампилон）のことであろう。彼は1922〜1925年に，モスクワの人民政府全権代表部において書記，参事官を務めた（ВБД3, p.20）。
36　この文書は，1924年夏にS. ダンザンらが粛清され，ボヤンネメフが逮捕された後の文書である。この表現は，1924年夏の政変によってボヤンネメフが逮捕されたことについて記したものである。
37　РГАСПИ, Ф.495-ОП.152-Д.23-Л.8.
38　1924年5月20日にボグド・ハーンが崩御したことによって，それまでの共戴年号を廃止し，モンゴル国14年，という表記を用いることにした。詳細は第6章を参照されたい。
39　НТА, Ф.4-Д.1-Х/Н.244-Х.9.

40 リンチノのモスクワ派遣問題に関して，ЕСЦに掲載されているツェレンドルジの日記の1924年8月22日，8月23日の項目に，以下の興味深い記述が見られる。
  23日［旧暦7月23日のこと。西暦8月22日］
  外交代表［モンゴル駐在ソ連全権代表ヴァシリエフ］が来て，リンチノのモスクワ派遣を今日の会議において承認することを止めるように，と言った。これに対して，私は認めた。
  24日［旧暦7月24日のこと。西暦8月23日］
  外交代表のところにツェベーン［ジャムツァラーノ］と共に赴き，Ｅ［エルベグドルジ（リンチノ）］とＤ［Ｓ．ダンザン］の仲が悪くなったことを説明し，取るべき措置を協議した。そして，Ｅをそのまま残し，Ｄをモスクワに送るよう計画した（ЕСЦ, pp.528-529）。
この日記の記述によると，リンチノのモスクワ派遣計画が最終的に否決されたのみならず，逆に，ツェレンドルジ，ジャムツァラーノ，ヴァシリエフによって，リンチノではなくＳ．ダンザンをモスクワに派遣する計画さえ作られていたことになる。だが，ЕСЦの編集者によると，このツェレンドルジの1924年の日記は1994年の『ウネン』紙22, 23, 24-25号に掲載されたが，文書館の所蔵番号などが記載されておらず，文書館においても該当する日記を発見することはできなかった，とのことである（ЕСЦ, p.545）。上に引用した部分は，20тэмдэглэл, p.122にも掲載されているが，この史料集にも，この日記の所蔵元は記載されていない。このため，この日記の記述の真偽に関しては，今後の一層の調査の進展が必要であろう。

41 『モンゴル革命青年同盟史関係史料』は1926年に作成されたので，1926年の呼称であるオラーンバートルが使われているが，1924年当時の呼称はフレーである。

42 ЗЭТ, pp.24-25.

43 РГАСПИ, Ф.495-ОП.152-Д.28-Л.35.

44 Дашдаваа 2003, p.92；生駒 1999, pp.257-258など。

45 РГАСПИ, Ф.495-ОП.152-Д.21-ЛЛ.24-25；КМ, pp.65-66.

46 НТА, Ф.4-Д.1-Х/Н.240-Х.3.

47 НТА, Ф.4-Д.1-Х/Н.242-Х.90.

48 1924年6月21日にこの委員会が開催され，人民党第3回大会における各報告の作成や，協議事項などが決定された（ЕСЦ, pp.227-228）。1924年6月29日には，協議事項，報告の構成を若干変更した上で，大会の内容に関する報告がこの委員会から出されている（НТА, Ф.2-Д.3-Х/Н.4-ХХ.1-3）。また，共戴14年5月25日（1924年6月26日）人民党中央委員会幹部会第19会議において，この委員会における決定事項が報告され，大会における報告に関する決議が出されている（НТА, Ф.4-Д.1-Х/Н.242-Х.99；ЕСЦ, p.229）。モンゴル国

14年7月4日（1924年8月4日）の人民党中央委員会幹部会会議においても，この委員会の報告を受けて，大会における報告に関する協議が行われた（НТА, Ф.4-Д.1-Х/Н.242-Х.117）。ダムバドルジは，1923年末頃には青年同盟に批判的になっていた（Дашдаваа 2003, pp.87-89）。

49　ЗЭТ, p.24.
50　これに関しては補論を参照されたい。
51　ボグド・ハーン政権時代に内務省官僚などを務め，人民政府においても内務省で活動した人物。
52　政府補佐官，外務省副官を務め，1923年10月に外務大臣に就いた。その後，経済省，内務省の大臣を歴任し，ツェレンドルジの死後に首相に就いた。
53　当時法務省長官を務めていた人物。
54　軍事教育局，モンゴル銀行で活動した人物。
55　すでに第4章の冒頭において述べたように，本来，この大会は人民党「第2回大会」であった。この最後の会議において，この大会を第3回大会とすることが決議されたのである。
56　ダムバドルジ報告は，НТА, Ф.2-Д.3-Х/Н.2-а-ХХ.8-10；МАНЗХ, pp.34-40に拠った。これは『人民の権利』紙の1924年8月19日付20号の記事である。
57　МАНЗХ, p.42；ТСМНП, p.34.
58　МАНЗХ, p.54；ТСМНП, p.54.
59　МАНЗХ, p.39；НТА, Ф.2-Д.3-Х/Н.2-а-ХХ.8-10. 原文書は，1924年8月19日に発行された『人民の権利』20号である。
60　ТСМНП, pp.189-191. この箇所はМАНЗХ, pp.173-174にも掲載されているが，バドラフの発言の中のスタルコフの名前が削除されている。
61　第19会議においてダムバドルジらが青年同盟の活動を監査する委員会に選出されていた。
62　МАНЗХ, pp.187-189；ТСМНП, pp.208-211.
63　МАНЗХ, pp.45-46；ТСМНП, pp.39-42.
64　МАНЗХ, p.49；ТСМНП, p.47.
65　共産主義青年インターナショナルのことであろう。
66　МАНЗХ, pp.17-18；НТА, Ф.2-Д.3-Х/Н.2-а-Х.3. 原文書は，1924年8月14日に発行された『人民の権利』19号である。
67　МАНЗХ, p.44；ТСМНП, p.37.
68　МАНЗХ, pp.156-175；ТСМНП, pp.159-194；НТА, Ф.2-Д.3-Х/Н.1-а-ХХ.117-128.
69　ルイスクロフについては，第6章を参照されたい。
70　コミンテルン執行委員会メンバー。
71　РГАСПИ, Ф.495-ОП.152-Д.24-Л.17；КМ, p.69. この報告書の記述については，第6章を参照されたい。

72 Дашдаваа 2003, p.103；ЗЭТ, p.65；ИМ, p.73；Рощин 1999, p.117.
73 たとえば，РГАСПИ, Ф.495-ОП.152-Д.28-Л.33，КМ, p.68（ルィスクロフ報告書）など。
74 この報告書は，АВПРФ, Ф.111-ОП.7-ПАП.2-Д.11-ЛЛ.241-273に保管されているものである。大会における各人の発言まで記載されている部分もあり，詳細な議事録である。
75 この報告書（РГАСПИ, Ф.495-ОП.152-Д.24-ЛЛ.294-310）は，1924年12月24日付でルィスクロフがペトロフに送付した諸資料の内の1つである。ルィスクロフはこれを「モンゴル革命青年同盟第3回大会議事録（モンゴル語からの翻訳）」と表記している（РГАСПИ, Ф.495-ОП.152-Д.24-Л.244）。この報告書のもととなるモンゴル語議事録が存在したようだが，管見の限りにおいては発見されていない。この報告書は，「報告版同盟第3回大会議事録」とは異なり，大会の各会議の内容を端的にまとめたものである。
76 АВПРФ, Ф.111-ОП.7-ПАП.2-Д.11-Л.249.
77 青年同盟において活動し，人民党においても中央委員会幹部に選出された人物。
78 АВПРФ, Ф.111-ОП.7-ПАП.2-Д.11-ЛЛ.241-242.
79 「報告版同盟第3回大会議事録」（АВПРФ, Ф.111-ОП.7-ПАП.2-Д.11-Л.252）。
80 共産主義青年インターナショナルのことであろう。
81 РГАСПИ, Ф.495-ОП.152-Д.24-Л.294. МТХЗББに掲載された大会第1会議の決議録には，
> 第6項：ロシア大使，首相，全軍評議会幹部たち，党中央委員会委員長，コミンテルン［共産主義青年インターナショナルであろう］代表たちを，友好のために名誉メンバーに招待し，本大会に参加させるよう決議した。（МТХЗББ, p.32. 原文書は1924年9月15日発行の雑誌『革命青年同盟』1号，pp.8-9）

と記されている。
82 АВПРФ, Ф.111-ОП.7-ПАП.2-Д.11-Л.255.
83 РГАСПИ, Ф.495-ОП.152-Д.24-ЛЛ.295-300.
84 РГАСПИ, Ф.495-ОП.152-Д.24-Л.298.
85 АВПРФ, Ф.111-ОП.7-ПАП.2-Д.11-ЛЛ.252-253.
86 АВПРФ, Ф.111-ОП.7-ПАП.2-Д.11-ЛЛ.246-247.
87 第4章註4に記した人民党と青年同盟の関係に関するリンチノ案のこと。
88 8箇条規約の承認は，すでに人民党第3回大会第23会議においてなされている（НТА, Ф.2-Д.3-ХН.1-а-ХХ.163-164；МАНЗХ, p.214）。同じことが青年同盟大会でも決議されたのである。
89 АВПРФ, Ф.111-ОП.7-ПАП.2-Д.11-ЛЛ.257-258. この内容はМТХЗББ, pp.

33-34にも掲載されている。
90　РГАСПИ, Ф.495-ОП.152-Д.24-ЛЛ.298-299.
91　これについては，第4章註4を参照されたい。
92　АВПРФ, Ф.111-ОП.7-ПАП.2-Д.11-ЛЛ.266-269.
93　РГАСПИ, Ф.495-ОП.152-Д.24-Л.305.
94　АВПРФ, Ф.111-ОП.7-ПАП.2-Д.11-ЛЛ.270-272.「モンゴル革命青年同盟第3回大会」にも同様の内容の決議が記されている（РГАСПИ, Ф.495-ОП.152-Д.24-ЛЛ.306-308)。

第6章

モンゴル人民共和国第1回国会と
T. ルィスクロフ

　1923年夏以降，外モンゴルの政治情勢を規定する重要な要素となっていたリンチノらとスタルコフらの対立は，1924年夏の人民党と青年同盟の2つの大会をもってひとまず終結することになった。

　だが，これによって外モンゴルに対するソ連，コミンテルンの関与が弱まったわけではなかった。1924年5月末に締結された中ソ協定によって，外モンゴルに対する中華民国の主権を承認し，外モンゴルから自軍を撤退させることを受け入れたソ連は，外モンゴルの現状を中ソ協定締結後の情勢に適合させるために外モンゴルへの関与を継続することになるのである。

　以前の外モンゴルに対するソ連，コミンテルンの関与には，オフチン，スタルコフといったモンゴル駐在エージェントが大きな役割を果たしていた。これと同様に，1924年夏の政変以後，外モンゴルに対するソ連，コミンテルンの関与に重要な役割を果たしたのが，1924年秋に外モンゴルに派遣されたコミンテルン執行委員会モンゴル駐在公式代表トゥラル・ルィスクロフ（Турар Рыскулов）であった。外モンゴルにおける彼の活動を検討することは，外モンゴルに対するソ連，コミンテルンの姿勢を解明する際に大きな意義を持つものである。

　外モンゴルにおけるルィスクロフの活動に関して，従来の研究においては，後に発生することになる彼とリンチノの対立が主として取り上げられてきた。[1]
従来の研究は，ルィスクロフの活動を，人民党とソ連，コミンテルンのつな

がりを強めて人民党をコミンテルンの指導下に置き，以前の青年同盟の誤りを指摘し，人民党左派を支援して人民党を「ボリシェヴィキ化」することであった，と指摘している。このような先行研究の指摘には，正しい部分もある。だが，ルィスクロフの活動目的や，その背景にある，外モンゴルに対するソ連，コミンテルンの姿勢を解明できているとは言い難い。

　外モンゴルにおけるルィスクロフの活動の目的や，当時の外モンゴルに対するソ連，コミンテルンの姿勢を解明するためには，ルィスクロフの外モンゴル赴任以前のソ連，コミンテルンの対外モンゴル方針とルィスクロフの活動の関係を検討し，ルィスクロフの活動を相対化する必要があるだろう。そこで，本章においては，第5章までに論じてきたスタルコフの方針とルィスクロフの活動の関連性という視点から，外モンゴルにおけるルィスクロフの活動を分析し，外モンゴルに対するソ連，コミンテルンの姿勢を解明することを試みたい。

　ルィスクロフの活動の中においても特に重要であると筆者が考えているのは，彼が外モンゴルに派遣されて以降初めての大きな政治的事件である1924年11月のモンゴル人民共和国第1回国会 (ulus-un yeke qural, великий хурулдан) をめぐる活動である。共和制への移行が正式に宣言された第1回国会において，ルィスクロフがいかなる活動を行っていたかを検討することによって，1980年代末まで続くモンゴル人民共和国の成立が，ソ連，コミンテルンにとっていかなる意義を持っていたかを解明することができるはずである。

　第1回国会に関する従来の研究においては，国会が国の権限を王公，仏教勢力から大衆へ移譲する「民主化」を推進し，モンゴルの独立を確立した，と指摘されている。だが，第1回国会においてはルィスクロフが大きな役割を演じており，国会におけるすべての決議を単純にモンゴル人の意思に基づくものとみなすのは正しくない。第4章において論じた人民党第2回大会のケースと同様に，第1回国会におけるソ連，コミンテルンの意図を解明することによって，この国会が持つ意義をより明確にすることができるはずである。

　第1回国会におけるルィスクロフの活動について従来の研究においては，ルィスクロフが憲法制定などの国会の運営に積極的に関わったという事実や，

モンゴルの「ソヴィエト化」が進められたことが指摘されてきた。本章においても論じるように，ルィスクロフが第1回国会の運営に深く関わったことは事実である。だが，このようなルィスクロフの活動がどのような意義を持っていたかに対する考察が，従来の研究においては大きく欠けている。第1回国会とソ連，コミンテルンの関係が充分に解明されていないのは，このような考察がないためであろう。

　本章において筆者が目的としているのは，第1回国会そのものの概述ではなく，外モンゴルとソヴィエト，コミンテルンの関係から外モンゴルの政治情勢を分析するという本書の主題に沿って，ソ連，コミンテルンの対外モンゴル方針にとって，第1回国会の開催と，国会をめぐるルィスクロフの活動がどのような意味を持っていたかを解明することである。この目的のために，本章においては，まず中ソ協定締結後の外モンゴルに対するソ連，コミンテルンの姿勢について検討し，外モンゴルにおける共和制への移行の決定過程を説明する。次に，外モンゴルにおけるルィスクロフの活動目的を解明し，ルィスクロフがその目的に沿った活動を第1回国会の開催を通じて行っていたことを検討する。

第1節　中ソ協定締結後の中ソ関係と外モンゴル

　第1回国会におけるルィスクロフの活動の分析を行う前に，その前提として，当時の外モンゴルに対するソ連，コミンテルンの姿勢を明らかにしておく必要がある。本節においては，モンゴル問題に対する当時のソ連の姿勢を手がかりとして，外モンゴルに対するソ連，コミンテルンの姿勢を考察する。
　また，1924年5月のボグド・ハーンの崩御と中ソ協定の締結によって，人民党，人民政府において共和制への移行が決定された過程についても，合わせて説明する。

1．中ソ協定の締結とソ連，コミンテルンの対外モンゴル方針

　1924年5月31日の中ソ協定の締結によって，ソ連は，外モンゴルからのソ連軍の撤退と，外モンゴルに対する中華民国の主権を受け入れたことに対す

る対応を本格的に進めることになる。すでに第3章、第4章において述べたように、ソ連、コミンテルンは、この問題に対する実際の対応をすでに1923年の時点において取り始めていた。

　第3章において言及したように、中ソ協定の第5条においては、外モンゴルからのソ連軍の引き揚げと国境の安全のための措置を、個別に会議を開催して協議し、これらの問題がまとまり次第、外モンゴルからのソ連軍の完全な引き揚げを実行する、と定められている。この条項については、1924年6月2日付カラハン発チチェリン宛書簡に重要な記述がある。この書簡は、中ソ協定の各条文についてチチェリンに解説するためにカラハンが送ったものである。

　　モンゴルに関する2つ目の要求は、我々がモンゴルからの軍の撤退にいかなる条件も付けないよう中国人が求めていたことである。中国人は、明確に定められた期間にモンゴルから軍を引き揚げさせる、という無条件の義務を我らの側に要求していた。我々が行った「譲歩」は、協定第5条の「条件」という語の代わりに「問題」という語を加えたことである。かくして、以前には、会議において軍の撤退条件が規定された後に我々は軍を撤退させなければならなかったのに対して、今では、会議において軍の撤退の問題を調整し終わった後に我々は軍を撤退させなければならないのである。

この記述によれば、中ソ協定における外モンゴルからのソ連軍撤退の問題に対して、中華民国側は、当初、撤退の期間を明確に定めるように要求していた。しかし、協議の結果、実際の協定第5条に記されている内容に決定したのである。中ソ協定の第5条は、ソ連が自軍の外モンゴル撤退を認めたものであることには間違いないが、撤退の期日とその完全な実施を明確に定めたものではなかったのである。この協定は、モンゴル問題において重要な位置を占めていた外モンゴルからのソ連軍の撤退の具体的な実行が一時的に延期されたものであった、とも捉えることが可能であろう。

　このようにモンゴル問題の完全な解決が事実上一時的に延期されたことから考えると、中ソ協定締結以降も、ソ連、コミンテルンはモンゴル問題に対する従来の姿勢を維持し、そのために外モンゴルに対するソ連、コミンテル

ンの姿勢にも，それほど大きな変化が生じなかったと考えられる。実際に，1924年6月3日付チチェリン発カラハン宛書簡には，以下の記述がある。

  貴殿もご存じのように，政治局付属として，孫［孫文］の問題，将来の中国軍学校の位置，モンゴルにおけるわが軍についての問題に関する委員会が設立された。政治局における報告はまだない。我らの委員会は，上述のすべての問題において，旧路線と方法の現状維持と，総じて我らの政策の継続を望ましいと承認した。

モスクワにおいては，中ソ協定の締結を受けても，モンゴル問題に関しては従来の路線の維持と政策の継続が承認されていたのである。第5章において言及した1924年8月11日付コミンテルン執行委員会のモンゴル問題関係決議も，外モンゴルに対する従来のコミンテルンの姿勢を維持した内容であった。これらのことから，ソ連，コミンテルンは，中ソ協定前から外モンゴルに対して取っていた姿勢を，協定締結後も受け継いでいたと判断することができるだろう。

 この状況を受けてカラハンは，チチェリンに対して，1924年6月23日付書簡において，ソ連軍撤退について以下のように述べている。

  中ソ協定の調印に関連して，我々は，将来の会議においてなされるであろう決定が我々とモンゴル人にとって突然のものにならぬように，モンゴルに対して真剣に注意を払う必要がある。実際のところ，この決定はすぐに出るものではなく，会議は数ヶ月以内には開催されないであろう。モンゴルに関する問題は会議の終わりまでには決定されるかもしれないし，軍撤退の期間は，我らが把握しているところでは丸1年もかかることがわかっているほど，長く設定されるかもしれない。だが，モンゴルそのものに対する不可欠な準備作業，とりわけ，何よりもまずモンゴル軍に関わるものに対しては，充分に多くの時間が費やされてしまうであろう。何らかの一定の軍撤退を行い，モンゴルが静かにわが軍撤退の時を迎えることができるようにこの先どんな準備を行う必要があるのか，という何らかの計画を立てるほどには，現在までに我々の手元にあるモンゴル軍に関するすべての情報は，緊張したものではない。……私が思うに，我々がモンゴルに戦闘能力を有する軍隊を持つ場合，この軍

第6章　モンゴル人民共和国第1回国会とT. ルィスクロフ　　299

隊は，我らのモンゴル国境に関して我らを平穏に保ってくれるし，国境にいてお金をかけている我らの部隊のいくらかを解放してくれるだろう。[10]
カラハンは，ソ連軍の撤退に関する協議は当面開催されず，撤退に関する具体的な決定が出るまでまだ時間がかかると見ていた。その一方において，ソ連軍が撤退しても支障が出ないほどに整備された外モンゴルの軍隊を準備するのにも時間がかかると考え，外モンゴルに対して注意を払うよう指摘している。この文書に記されている，外モンゴルとソ連の防衛のために外モンゴルの軍備の充実を図るカラハンの視点は，第3章において指摘した彼の視点とほぼ同じであると考えることができる。これは，中ソ協定締結後においても，外モンゴルに対する彼の姿勢が変化していないことを示すものであろう。ソ連軍の外モンゴル撤退と外モンゴルの軍備の強化に関するこのような記述は，1924年8月25日付カラハン発チチェリン宛書簡[11]，1924年10月6日付チチェリン発カラハン宛書簡[12]などにも共通して見出すことができる。

以上のことから，ソ連は，中ソ協定の締結後においても，外モンゴルに対する従来の姿勢，つまり外モンゴルに対する中華民国の主権と外モンゴルからのソ連軍の撤退を受け入れても外モンゴルがソ連から離れていかないようにする措置を取る，という方針を継続しようとしていたのである。このことが，コミンテルン代表としてのルィスクロフの活動に影響した可能性を，考慮しておく必要があろう。

外モンゴルに対するソ連，コミンテルンの姿勢が変化し始めるのは，1924年秋以降における馮玉祥のクーデター，孫文の北伐の準備の本格化，北伐の実行といった中国における大きな政治的事件が発生した後である，と筆者は考えている。だが，この問題は少なくとも第1回国会の後から重要性を持ち始め，本章との関わりは非常に少ないので，ここでは触れないこととする。

2．外モンゴルにおける共和制への移行について

従来の研究においてすでに指摘されているとおり，1924年5月に発生した政治的に重要な2つの事件，つまりボグド・ハーンの崩御と中ソ協定の締結が，外モンゴルにおける共和制への移行を推進した重要な要因となり，1924年6月初頭に人民党中央委員会において共和制への移行が決定された。[13]

共和制への移行について，共戴14年5月1日（1924年6月3日）の人民党中央委員会幹部会会議において，

> 第4項：追加協議。［人民党］中央委員会総務課が奏上してきたことには，［人民］政府第15会議において，ボグド・ハーン，ジェブツンダムバ・ホトクトが本年4月17日［西暦5月20日］の寅の刻に崩御されたことを協議した。そして，ハーンの印を政府に移管し，国会を開催するまでは国の主権を人民政府に臨時に保持させるよう決議した。案ずるに，あらゆる民主国家は共和制を施行するが，我らモンゴルは［人民政府が成立した］当時の状況に合わせてボグド・ジェブツンダムバ・ホトクトをハーンに従来どおり推戴し，民主制限制を行ってきた。だが，現在，ボグド・ハーンがすでに崩御されたため，当然ながら，今まさに民主国家制に合わせて共和制を行うべきであろう。このように奏上されたことを協議した。これは正しいが，［人民党中央委員会］全体会議において協議すべきであるため，直ちに全体会議を招集するよう決議した。[14]

という決議が出された。これを受けて，共戴14年5月5日（1924年6月7日）の人民党中央委員会全体会議議事録には，

> 第1項：ボグド・ハーンが崩御したため，現在，民主国家制に合わせて共和制を施行することについて協議した。そして，人民共和国制を施行すべきであり，大総統……を選出せず，国会規則に従って国の主権を国会に保持させ，国会が開催されていない時には政府に保持させる。そして，人民共和国制を施行する大祭礼を［旧暦］6月6日［西暦7月8日］に国の大祭と共に行う。また，年号をその日からモンゴル国14年に変更する。これらのことを政府に送付して遂行させるよう決議した。[15]

とある。このように，ボグド・ハーンの崩御を契機として，共和制への移行[16]と，年号の変更が決議された。

筆者が注目しているのは，これらの記述から，ボグド・ハーンの崩御に伴って人民政府の国家統治権限の強化が図られていたことがうかがわれる点である。ハーンの印がボグド・ハーンの宮殿から人民政府に移管され[17]，国会が開催されていない間は，国の権力は人民政府が保持することになった[18]。加えて，第5章において述べたように，当時内防局が人民政府の管轄下に移され

第6章　モンゴル人民共和国第1回国会とT. ルィスクロフ　301

つつあった。今までに述べてきたように，当時の人民政府は，王公，仏教勢力と人民党との一定の協力関係に基づいており，ソ連，コミンテルンにとって望ましくない政権のあり方を取っていた。このため，このような人民政府の強化は，ソ連，コミンテルンにとっては懸念される事態であったはずである。

共和制への移行については，1924年6月に出された『モンゴル駐在ソ連全権代表部報告』No.10にも以下の記述がある。

> ボグド・ゲゲーンの死後，彼の代理となる者についての問題が生じた。つまり，モンゴルにはハーンの座を直接継ぐことに関する法律がなく，総じて明確に公表した憲法もないのである。今年の秋に，モンゴル全体の立法機関たる国会が迫っている。モンゴルの国家機構に関する問題を調整し，モンゴル国が共和制国家であるのか，それとも帝政国家であるのかを決定することが，この国会の1つの目的である。……
>
> **共和国を宣言したことについて。**
>
> 政府，党［人民政府，人民党］の指導層は，国会まで，共和制を公的に宣言することを延期した，と私は前に書いた。彼らは，政権を奪取したことと，大衆による選挙のシステムがいまだ成立していないことを利用し，決定を早急に出し過ぎたという罪に陥ることを恐れているようである。事実上，この問題は共和制へ向けてすでに以前から決定されている。また，現在大会［コミンテルン第5回大会］を行っているコミンテルンに対してモンゴル人民党と，党が支える政府の進歩的性格を示す。そして第3に，カラハンがウェリントン・クーと締結した協定によってモンゴル国が名目上とは言え，嫌っていた宗主国の一部に公式になってしまった。これらすべてを合わせて，リンチノとツェレンドルジは，これらのことを認め，問題をすぐに決定するよう刺激を与えた。6月3日，モンゴル人民党中央委員会において，1. ツェレンドルジ，2. 全軍司令官ダンザン［S. ダンザン］，3. ダムバドルジ，4. ヤポン・ダンザン［A. ダンザン］，5. ジャダムバ，6. ロソル，7. リンチノが協議し，モンゴル国において，国事を執り行う共和制を設立するよう満場一致で決議した。[19]

記述によると，リンチノ，ツェレンドルジといった人民党，人民政府の指導層の一部は，コミンテルンに対して人民党と人民政府の「進歩的性格」を示し，外モンゴルに対する中華民国の主権を認定した中ソ協定に対抗するために，共和制への移行を公式に決議したことになる。1924年6月に人民党において決定された共和制への移行には，中ソ協定への対抗という意味が一定程度あったと考えられる。

第2節　モンゴル人民共和国第1回国会における ルィスクロフの活動

先に述べたとおり，従来の研究においては，モンゴル人民共和国の成立や第1回国会の開催は人民党，人民政府のモンゴル人の意思に基づくものとしてのみ捉えられてきた。だが，モンゴル人の意思の一方において，ソ連，コミンテルンもまた，従来の対外モンゴル方針を継続して遂行する，という観点から外モンゴルの共和制を推し進めようとしていたのである。ソ連，コミンテルンによる共和制施行の推進にとって大きな意義を持ったのが，第1回国会に関するルィスクロフの活動であった。

本節においては，モンゴル近現代史における重要な政治事件である第1回国会をめぐるルィスクロフの活動を検討し，本書が主題としているソ連，コミンテルンと外モンゴルの関係において第1回国会が持った意義を考察し，第1回国会において宣言されたモンゴル人民共和国の成立が，ソ連，コミンテルンの対外モンゴル方針にとっていかなる意義を持ったのかを解明する。

1．外モンゴルにおけるルィスクロフの活動目的

本節において重要な役割を担うことになるカザフ人T. ルィスクロフは，1894年にジェティス州東タルガル郷[20]のカザフ遊牧民の家庭に生まれた。彼は，1916年の中央アジアにおける反乱の頃からトルキスタンの民族運動に関わり，ロシア二月革命が発生すると共産党勢力に携わるようになった，いわゆるムスリム・コミュニストである。1919年3月には，トルキスタン共産党トルキスタン地方ムスリム・ビューローの議長，同年5月にトルキスタン共産党地方

委員会メンバーに就任した。1920年1月にトルキスタン共和国中央執行委員会議長に就くと，共和国の名称をチュルク・ソヴィエト共和国に，またトルキスタン共産党の名称をチュルク諸民族共産党に改名しようとしたが，レーニンらの反対に遭い，議長職を辞した。その後，1920年秋にロシア・ソヴィエト連邦社会主義共和国民族問題人民委員部第2副代表，1922年9月にロシア共産党中央委員会中央アジア局メンバー，1922～1924年にトルキスタン自治社会主義ソヴィエト共和国人民委員会議議長などを務め，1924～1925年にモンゴル駐在コミンテルン執行委員会代表として活動した。[21]

　ルィスクロフが外モンゴルに派遣された目的については，彼に関するいくつかの文書から分析することが可能である。1924年9月16日付マヌイリスキー，ヴォイチンスキー発コミンテルン執行委員会東方局宛文書には，

　　　ルィスクロフは，コミンテルン執行委員会幹部会の決議に基づいて，コミンテルン執行委員会東方局によってコミンテルン代表としてモンゴルへ派遣される。これは，指示を実行し，人民革命党と青年同盟の間の活動を調和させるためである。[22]

というルィスクロフの外モンゴル派遣の理由が記されている。ルィスクロフは，第4章および第5章において論じたリンチノとスタルコフの対立の問題を解決するために派遣されたのである。これと同様のことを，1924年6月29日付カラハン宛書簡において，チチェリンが以下のように述べている。

　　　ウルガにおいては，[人民]党と青年同盟の間に，表に現れない闘争が常に存在している。ルィスクロフを派遣して青年同盟を間違った傾向から離しておく必要がある。[23]

この記述は，コミンテルンのみならず，外務人民委員のチチェリンも，リンチノとスタルコフの対立の解決のためにルィスクロフを外モンゴルに派遣するよう望んでいたことを示すものであろう。

　ルィスクロフは外モンゴル到着後の1924年10月6日に，レセプション[24]において演説を行っている。このレセプションの議事録からも，彼の活動目的を読み取ることができる。以下の引用は，議事録に記されたルィスクロフの演説の内容である。

　　　第1：全世界共産党[コミンテルン]の代表ルィスクロフが，コミン

テルンの名においてモンゴル人民党に祝意を表明し，コミンテルンが自分を，モンゴル人民党を教導するためにこの地に代表として派遣した，と報告し，コミンテルンの指導層が与えた身分証明書を示した。そして，これをダムバドルジに通訳させて聞かせた。その後，「私ルィスクロフはコミンテルンの代表，中央アジア大陸の執行官の補佐である。

　1．私は，コミンテルンから与えられた指示に基づき，貴党のさまざまな活動を支援し，同志たるあなた方と考えを合わせて遂行することになる。

　2．モンゴル人民党が，この党の内部に2つのグループが存在し，その内の不適切な勢力を一掃したことは，非常に良いことである。我らコミンテルンがこれを認めないことはない。だが，党と青年同盟は，互いの関係を損なうことなく，大いに友好的に力を合わせて本来の活動を遂行するであろう。

　3．コミンテルンは，モンゴル大衆の自由を確固たるものにするよう努める。一方，モンゴル人は，中国の手中に再び入らぬ方法をあらかじめ考案しておくべきである。また，我らコミンテルンはモンゴルを独立させることを望んでいる。

　4．モンゴル人民党は，大衆と極めて緊密であるべきである。モンゴル人民党第3回大会の決議において，大衆に安寧を享受させる，とあるので，ただ1つの階級に基づくべきである。[25]そのため，大衆に自由を与えたことを特に知らせるために，この国の憲法にこのことを加えるであろう。……

　5．コミンテルンは，モンゴル人民党の規律を厳密にすることを重視し，これを遂行するよう指示している。モンゴル人民党は，コミンテルンの全権メンバーとなろうと努めるべきである。

　……

　7．コミンテルンは，モンゴル人がこれ［人民党］よりほかに党を作ってはならず，ただ革命青年［同盟］をよく指導し，これを党の後継として支援させる，と言っている。……」と回答して報告した。[26]

ここでルィスクロフは，コミンテルンの指示に基づいて人民党を指導するた

めに外モンゴルに来た，と自ら述べている。このコミンテルンの指示を考える際に注目すべきなのは，ルィスクロフが，人民党に，大衆との緊密なつながりを持たせ，党としての規律を確立させるよう望んでいることである。この考え方は，以前のスタルコフの姿勢と非常に似たものであると言えるであろう。

　このレセプションの別の議事録には，このルィスクロフの報告に対する決議が記されている。

　　　コミンテルンから任命されてきた代表ルィスクロフが，モンゴル人民党が今回次々と望んで行うべき事柄と，これについてコミンテルンがルィスクロフに指摘した指示を報告した。これについて以下のように決議した。……
　　　……
　　　2．モンゴルの大衆を中国のどん欲な資本家から切り離し，国内の富裕な仏教僧，王公の奴隷として欺かれないようにする。そして，国の行政を，大衆の本当の考えに合わせて指導し，コミンテルンの教義と一致させて遂行するよう望む。これらのことをモンゴル人民党中央委員会が表明する。
　　　3．この党の中から，本来の活動に障害となることを行い，反動勢力の考えに助けとなるようなことが起これば，モンゴル人民党中央委員会はこれらを根絶する。また，国事を指導している公務機関を，党に反抗する勢力から清め守る。国の上級公務機関の活動を本当に指導して遂行する中央機関に［人民党中央委員会を］変えることを望み，これを表明する。
　　　4．さらに，労働者大衆を党メンバーとし，革命に努めさせる。そして，モンゴル国を国外の圧迫から切り離して守る。さらに，大衆を富裕な資本家の手から救い出す。これらのことに努力し，教化することを，努めて改善すべきである。[27]

ここには，王公，仏教勢力に対する対抗や，国家運営に関わる機関を人民党が「党に反抗する勢力」から保護し，国家統治の中心的機関にすることが記されている。これらは，以前スタルコフが主張した政権からの王公，仏教勢

力の排除と，人民党が国家統治を行う体制の構築を改めて決議したものであると考えることができるだろう。このような決議が，ルィスクロフが参加した人民党中央委員会の会議において出されたのである。

ルィスクロフは，上述の人民党中央委員会のレセプションの際に観察した外モンゴルにおける欠点と課題について，モスクワに報告電報を送っている。1924年10月7日受領ルィスクロフ，ユーヂン発モスクワ宛電報には，[28]

> 昨日，［人民］党中央委員会幹部会の公式会議が行われ，その席上において私はコミンテルンの指示と当面の諸課題について報告した。幹部会には最初から最後までツェレンドルジが含まれており，彼はコミンテルンの原則に従い，その指示を実行する準備があることを表明した。決議は補足的に伝達された。モンゴルの環境を深く洞察することに成功したと思う。良い印象をもたらしたのは，左翼青年のグループである。これは主として，中央委員会委員長ダムバドルジ，政治局代表ジャダムバ，司令官チョイバルサンである。彼らは，友好的に私の部屋に寄り，意見を分かち合い，我々の方針を中心にして団結しようと衷心から望んでいる。
>
> このグループの志向は完全に革命的である。彼らは，国家建設の経験が少ないことを公然と認め，指示を要請している。リンチノとの関係は，反発しないように努める。だが，私がモンゴル人と直接の関係を持ち，またブリヤートの共産主義者たちを引きつけることができれば，リンチノの役割も変化するかもしれない。欠点に目を向けよう。つまり，党と政府の関係のもつれ，地方とのつながりの弱さ，労働者大衆が完全に組織されていないこと，党プログラムと憲法の混乱，国家機関および党機関の未整備，規律と教化活動の弱さ，などである。当面の課題として予定されているのは，国家建設活動に労働者大衆を参加させることを保証するという意味において国会を召集して憲法を変更すること，［国家］建設の一定の経済方針の基盤に統一するという形で貧民大衆と職人を組織すること，党プログラムの変更，諸見解の確認，規律，党列の粛正，貧窮勢力の引き入れ，党教官育成学校，中央の活動家の地方派遣，宣伝キャンペーン，大衆活動家を特別に起用するよう選抜すること，仏教問

題などである。これらすべての課題は，最近の党大会において示された視点と矛盾することはなく，左派は完全に支持している。しかし，成功を保証するために，我々には，15人ほどのモスクワとブリヤートの党エージェントの援助が不可欠である。これにはヴァシリエフも賛同し，貴殿に報告することを約束した。[29]

とある。レセプションを通じて，ルィスクロフは，外モンゴルの指導層を観察し，現状における欠点と課題を定めた。まず，彼はモンゴル人，ブリヤート・モンゴル人と直接関係を築くことによって，スタルコフらを打倒したリンチノの役割を変化させる可能性に言及している。ルィスクロフはすでに外モンゴル到着の当初から，リンチノに対する一定の警戒感を抱いていたとみなすことができるであろう。

その後に続く外モンゴルの現状の欠点には，以前スタルコフが挙げていたものが含まれている。ルィスクロフは，これらの欠点を克服するための課題として，第1に，国会を招集して国家の建設に労働者大衆を参加させる体制を作ることを挙げた。そして，このような大規模な課題を達成するために，人員の増派を要請したのである。

1924年10月21日受領ルィスクロフ発ヴォイチンスキー宛電報においても，これと同様の内容が以下のように記されている。

現実の事情を考慮すると，国の内情を強化することが春までに不可欠なようであるとして望まれている。党は，本当に国の指導的立場にならなくてはならない。そして同時に我らの政策を忠実に実行するのである。これらすべての大規模な活動のために人員が必要である。[30]

ルィスクロフは，上述の諸文書と同様に，人民党が国家を統治する体制の構築を目指し，人民党を通じてコミンテルンの活動を実行することを望み，人員の増加の必要性を改めて説いた。

外モンゴルにおける活動を始めて約1ヶ月後の1924年11月2日に，ルィスクロフはマヌイリスキー，ヴォイチンスキーに宛てて，外モンゴルに関する長大な報告書を執筆した。[31] この報告書にも，ルィスクロフの活動目的が詳細に記されている。

上述のとおり，ルィスクロフが外モンゴルに赴任した理由の1つは，リン

チノらとスタルコフらの対立の問題の調整であった。この問題に関して，ルィスクロフはこの報告書に以下のように記している。

1. モンゴル人民革命党と青年同盟について。

党と青年同盟の相互関係の経緯に関して。

……党と青年同盟の相互関係の問題は，モンゴルの政治政策においてほとんど基本的な問題になってしまった，と言う必要がある。……

党と青年同盟の最近の大会において起こった出来事に関して。

……かくして，最近の両大会において，特に困難なこともなく，私が述べた極端な２つのグループ——ダンザン［S. ダンザン］一派と，ボヤンネメフ，スタルコフが率いた青年同盟の左翼——が，最終的に排除された。勝利者となったのは人民革命党左翼であった。両大会の報告書によれば，このような結果に対する特別な準備が双方共になかったことが見受けられる。これら排除されたグループの指導者は，一部は銃殺され（ダンザン，バヴァーサン），一部は逮捕されたり，更迭されたりした。

はじめにツェレンドルジとジャムツァラーノのような何人かの人々から出された，最終手段に対していくらか反対する試みを除けば，誰も彼らを擁護しなかった。逆に，自分たちの指導者たちの逮捕を要求したチョイバルサン（現在総司令官である）率いる青年同盟の30人のメンバーが，この問題の主唱者となった。……

そして，これらの出来事の結果，ボヤンネメフ，スタルコフらの青年同盟左翼の指導者たちは茫然自失とし，動揺し，以前の立場から直接後退し，自らの過ちを臆病に認めているさまが見受けられる。

……

青年同盟中央委員会の実際の状況に関する私の印象。

……その他，私は，もっぱら人民党左翼のみを信頼したのではなく，最初の日から，ボヤンネメフ，スタルコフの支持者と同時に関係を築く試みを行った。これは，彼らのグループから有能な人物を引き出して利用するためである。……ダンザン一派が行ったいくつかのことに関与したとして，最近の大会において青年同盟左翼が非難されたことは，事実上根拠があることである。だが，これは，一時的で異常な提携であり，

おそらく，無辜の考えから指図されたものであろう，と私は考えている。
すべてにおいてボヤンネメフ，スタルコフが悪いのではない。
とは言え，それでもやはり私は思う。これらすべての失敗のために，罪をボヤンネメフ，スタルコフに被せるべきではない，と。なぜなら，数多くの客観的な原因があったからである。
何よりもまず，党と青年同盟の相互関係の問題は，はじめから誤って設定されたのである。これは，モンゴルのこと，モンゴルの人々の風潮，モンゴルの人々の社会グループの相互関係を，我々が充分に知らなかった，ということによって説明される[32]。

ここには，1924年夏の政変の状況と，それに対するルィスクロフの見解が記されている。この記述によると，ルィスクロフは，スタルコフらの活動の誤りを批判する一方において，スタルコフらを完全に否定するのではなく，むしろスタルコフのグループに所属した人間を利用しようとしている。ルィスクロフは，政権からの王公，仏教勢力の排除を目指すという点においてはスタルコフと考えを一にしていたことから，スタルコフを完全に否定するような姿勢は取らなかったのだと思われる。このようなルィスクロフの姿勢は，外モンゴルにおける活動に対してコミンテルンとソ連外務人民委員部が示すべき援助について，彼がこの報告書に記した箇所にも現れている。

1. 我々が以前の電報において何人かの名前を挙げて要求した数（6人）の党活動家を確実に派遣すること。

2. 青年同盟のために約束した資金を送ること。

3. ソ連において出版された政治啓蒙書籍を，その大半がモンゴルの負担によったとしても，モンゴルの党組織に（定期的に）供給すること。

4. 共産主義青年インターナショナル代表をただちに派遣すること。

5. 私にくれると約束した全書籍を送ること。……

6. 現在，大規模な実践的活動が展開され，これに関する条件が好都合になっているため，モスクワに向けて我々が提示した要求に対して，あらゆる支持を示してくれることが望ましい。

7. 女性課の活動を必ずや活発化させる必要がある。そのため，コミンテルン女性課から特別教官を特に派遣することが必要であるとみなし

ている。[33]

この記述において，ルィスクロフは，青年同盟に対する資金の送付を求め，前共産主義青年インターナショナル代表のスタルコフが失敗したばかりであるにもかかわらず，改めてモンゴル駐在代表を派遣するよう要請している。ルィスクロフは，第4章，第5章において論じたスタルコフらの姿勢を本質的には否定していないのである。

　また，この報告書においてルィスクロフは，ツェレンドルジらに対して示すべき姿勢について以下のように記している。

　　ツェレンドルジのグループについて。
　　ツェレンドルジのグループは（このグループには，現在の財務大臣[34]，外務大臣[35]，内務大臣[36]，ジャムツァラーノおよび他の人々が関係している），充分に影響力のあるグループである。いわゆる富裕牧民，民族知識人（官吏），仏教僧の中の進歩的思想を持つ階級や，さらに中級民の意見を反映し，彼らを代表している。このグループのメンバーは，何よりもまず，民族主義的進歩思想の持ち主であり，モンゴルの独立のために信念を持って闘っている。そして，このことの利益のために，もちろん，我らの側に基づいている。だが，革命的スローガンや手法については慎重である。……

　　ツェレンドルジのグループは，政権に置いておかなければならず，盾としなければならない。しかし，大衆の中にあるこのグループの下層基盤を次第に奪っていく必要がある。その際，逆に，青年たちが強化されなければならない。……もし同時に人民党の青年勢力が強化されれば，このグループは我々の手中に入るであろう。

　　そして，おそらく，ダンザンとバヴァーサンが銃殺されたことによって，ツェレンドルジのグループとツェレンドルジ自身には，大いに印象づけられたところがあったようである。現在，ツェレンドルジと彼の側の人々は大きく変化し，充分に従順になった。また，青年たちを重視し，国の民主化に関するあらゆる措置を望んで（しかし，実際には仕方なく）行っている。[37]

記述によると，ルィスクロフは，今のところツェレンドルジらは自分たちの

側に付いているが，彼らは仏教勢力などを背景としたグループであり，「革命的」なものには慎重な姿勢を取っており，今後このグループを取り込んでいく必要がある，と判断している。第4章において言及したように，ツェレンドルジは，以前，「モンゴルの封建，宗教勢力に近いところがある」と指摘されていた人物である。ルィスクロフもこの認識を受け継ぎ，ツェレンドルジらに対してこのような姿勢を取ったのであろう。

　この報告書において，ルィスクロフは，モンゴル人の間における自分の立場と自分の活動目的について，以下のように述べている。

　　現在の［人民党］中央委員会の活動状況と，中央委員会における私の役割。

　　概して，中央委員会と［人民］政府の現在の構成は完全に望ましいが，とにかく職員は国家建設の課題をよく想定していない。まだ行く末にはたくさんの仕事がある。

　　これを例証するために，この地において1ヶ月の間行った私の活動から，一連のエピソードを引用する。つまり，活動にどう加わり，どのような役割を果たし，現在の活動状況はどのようであるかを，ここから見出すことになるであろう。私は，コミンテルンの指示に従って，自らの課題を完全に理解し，ただちにしかるべき立場に自らを位置づけるよう決心した。モンゴル人は，私がコミンテルンからモンゴル人のところに配置された単なる顧問である，と考えていた。そして，私は報告書や指示を書くが，それを気に入れば受け入れ，気に入らなかったら突き返す，と考えていた。

　　政府のレセプションにおける演説から始まり，その後の他の各会議において，私はモンゴル人たちに以下の考えを浸透させた。コミンテルンは非常に多くのことを望み，私をここに派遣して，思想面において我々に近くて強力な党をここに本当に建設するよう望んでいる。コミンテルンは，大衆が実際に自らの運命を操る本当に民主化した国家を見ることを望んでいる[38]。

ここには，モンゴル人がルィスクロフを当初あまり重視していなかったことが指摘されている。このことには，以前のスタルコフの失脚が関係している

と思われる。すでに論じてきたように，スタルコフは，一部モンゴル人政治家に反発に遭い，失脚するに至った。このため，人民政府，人民党の指導層の中に，コミンテルンのエージェントを重視しない傾向が形成されつつあったと考えられる。これに対して，ルィスクロフは，人民党を思想的にコミンテルンに近くて強力な党に作り替え，大衆が指導する国家を建設する，という自身の活動目的を改めて人民党，人民政府に対して主張したのである。

ルィスクロフは，この報告書に，外モンゴルにおける具体的な課題を以下のように列挙している。

　党プログラムの作成について。

　1. 人民革命党と青年組織のプログラムを作成すること。……プログラムの根本には，以下の目的を設定する。その目的とは，人民革命党を本当の中下層大衆の党に再編し，この党が同時に国家建設の分野においては最大限では国の民主化を行い，モンゴル大衆の発展段階に応じて可能な方法によって，この国の階級的特徴を発表することで大衆を経済的に解放することである。……党のプログラム，規約，活動方針を明確に示すことによって，モンゴル人民党の党列におけるあらゆる動揺，あらゆる極右，極左の偏向にけりを付け，党の方針をより堅固に明確にすることが不可欠である。

　党粛正。

　2. 人民革命党と同盟の列にただちに全体的な粛正を実施し，あらゆる富裕な異分子を放逐し，同時に貧民大衆勢力に対して党に加入する広い窓口を開放すること。……

　人民革命党が完全に正式なメンバーとしてコミンテルンに加入することについて。

　3. 外交政策における我らにとってのモンゴルの意義，東方諸国においてモンゴルが有名であること，そしてこの地において我々の影響力をさらに大いに強固にする必要性に鑑みて，国の民主化という課題と階級に基づく党の形成を行った後で，他の党と同様にコミンテルンの列に入るという原則が不可欠であるとみなす。……

　党は適切な地位を占めるべきである。

4. 我々と労働者大衆の利益に忠実であり，国を指導する本当に唯一の革命党に党がなれるような状態に，党活動を設定する必要がある。……

地方における党建設について。

5. 党に関する当面の基本的課題は，地方（アイマグ，ホショー，ソムなど）における党建設の問題である。……

政治啓蒙活動，党学校，出版。

6. 党組織のメンバーに対して，特に地方において，政治啓蒙および文化活動を実際に設定する必要がある。なぜなら，［党］組織のメンバーの大半が文字を知らず，党の課題を理解せず，国家建設に関して適切に活動できないでいるためである。……

7. 人民党第3回大会が決議したように，思想的な面において青年同盟の指導を人民革命党に帰属させて，党と青年同盟の間の相互関係を明確にする。……事実，最近の2つの大会と，青年同盟左翼の敗北の後，青年同盟をもっぱら文化啓蒙と教育の活動にのみ制限する傾向が出ている。このような問題設定はもちろん誤りであり，このようなことに対して我々は闘うことになる。同盟のメンバーから，何よりもまず，人民革命党の将来の価値あるメンバー，不屈の革命家を準備する必要がある。……

ロシアへの留学生派遣。

8. わが国の教育機関において教育するために，青年同盟から，より多い頻度で，より多くの人をロシアへ送る必要がある。……

権力機構への青年の登用。

9. 国会に関連して，省参事会メンバー，これら省や機関の各課の補佐役や課長に，革命青年同盟員からより多くを登用する必要がある。ただ，今のところは，現在権力にある幹部たちはもとのままに保っておく。

軍における政治活動。

10. 軍における党活動（政治指導）が比較的好都合であるとは言え，にもかかわらず，何よりもまずモンゴル軍を政治的にしかるべく整えることが我々にとって総合的に意義があるということを考慮して，軍の政

治啓蒙活動にさらに大きな注意を払う必要がある。……

女性課について。

11. ……［人民党］中央委員会は，モンゴルの女性に関する活動に，重大な注意を払うことになる。

党会議について。

12. 党と青年同盟の各組織の（1週間毎の）各会議を，今後，総じて興味深いものにし，これら会議を利用して教育活動を実施し，下級大衆を公的活動に引き入れ，彼らの中に国家建設に対する興味を起こす必要がある[39]。

この内，1,2,4,5は，第4章において論じたように，スタルコフが行おうとした活動でもある。3に記されている外モンゴルにソ連，コミンテルンの影響を拡大する必要性は，第3章において述べたように，以前からすでにソ連側において論じられていたことであった。7,8,9においては，人民党第3回大会の決定に従って人民党と青年同盟の関係を調整する必要があると記されている一方，青年同盟を重視し，国家機関においても活用することが謳われている[40]。

このような傾向は，この報告書の結論にも強く表れている。

結論

……私が報告の初めに述べたように，最も正しい活動の設定の仕方は，私がここに当面の課題を述べた方針，つまり党の方針に基づいて我らの影響を確固たるものにすることであると考える必要があろう。

……モンゴル政策に影響する措置をただ全権代表部経由のみによって行うのは，現実に合致しない。ソ連全権代表部は，その本質において，建設活動の深みに深く立ち入ることができず，モンゴル政府とより外交的な面において対話せざるを得ず，この枠を乗り越えることが決してできないのである。コミンテルンが人民革命党に対して厳しく指導し，この党を介して我らの影響をモンゴルに浸透させるのは，別問題である。コミンテルン全権代表が事実上モンゴル人民革命党中央委員会の指導者となり，この中央委員会が国家の実際の指導者となるようにする条件に，コミンテルン全権代表を置くよう努める必要がある[41]。

ここにもまた，人民党が国家を統治する体制を作り，この人民党を介してコミンテルンが外モンゴルにおける影響を確保する，という構図が再び記されている。

これらすべてのことから，外モンゴルにおけるルィスクロフの活動の目的と内容は，実は1923年以降スタルコフが実行しようとしてきたものとほぼ同じである，と判断することができる。

先に述べたように，ルィスクロフはこの報告書において，自分がコミンテルンの指示を受けたコミンテルン代表として人民党を指導することを強調していた。このことから，これらのルィスクロフの目的と活動は，コミンテルンの方針に合致したものであったと推測される。ルィスクロフの外モンゴル派遣に対するコミンテルンの認識については，1925年7月9日付ヴォイチンスキー発ペトロフ宛文書に重要な記述がある。

> 我らがルィスクロフをモンゴルへ派遣した理由が，モンゴルにおける党建設活動を深め，国家機構をさらに民主化し，モンゴル人をリンチノの影響から次第に解放することであったことを，貴殿はご記憶であろう。
> ルィスクロフがモンゴルへ到着したその最初の時期から，彼はこれらの課題の実行に着手した。彼は大仕事をした，と言うべきであろう。このことは，モンゴル人も否定していない[42]。

コミンテルンは，人民党の建設と，政権の「民主化」（政権からの王公，仏教勢力の排除）を目的としてルィスクロフを外モンゴルに派遣していたのである。さらに，以前スタルコフと対立したリンチノの影響力を弱めることも，コミンテルンはルィスクロフの活動の目的とみなしていた[43]。後にルィスクロフとリンチノは対立し，双方とも外モンゴルから去ることになる。だが，この対立は，すでにルィスクロフが外モンゴルに派遣された当初から予期し得たことだった可能性が高いのである。

ルィスクロフの外モンゴル派遣に対するコミンテルンのこのような姿勢の背景には，王公，仏教勢力に対するソ連，コミンテルン側の認識が，以前と変わっていないことがあったと思われる。1924年12月5日付の統一国家政治機構（ОГПУ）極東州全権代表アリポフ，同東方課課長ペテルス，同ブリヤート・モンゴル自治ソヴィエト社会主義自治共和国支部長アブラモフ宛ラデ

ツキー,バルダエフ発「1924年12月1日までのモンゴルの国内状況に関する報告書」には,王公,仏教勢力に関して,

> ここから,これら保守層が国外の同盟者なしで行動することがない限り,中国の干渉や日本との同盟等もありうるのである。[44]

という認識が記されている。「親中反ソ」の傾向を持つ王公,仏教勢力,という意識は,ソ連,コミンテルンにおいて変わらず受け継がれていたのである。

以上のような活動目的を持っていたルィスクロフが,第1回国会の意義をどう捉えていたかについては,先に引用した1924年11月2日付ルィスクロフ発マヌイリスキー,ヴォイチンスキー宛報告書に,以下の記述がある。

国会の意義

数日中に開催される国会は,疑いなく,大衆の目の前において,そしてモンゴルに興味を寄せる外国世界に対して,大きな意義を有するであろう。国会は,全モンゴル大衆の名において,第1に,モンゴル共和国が得た全成果を是認(批准)し,共和国宣言と,またすべての期間における政府の基本的な措置を承認する。第2に,たとえば人口の内の貧しい大衆を組織して彼らを政権に向けるための一連の重要文書を裁定し,国の民主化に対する法的基盤を設置する。第3に,初めて政権(政府)を選出する。この政府は,ロシア人によって任命された政府と理解させるのではなく,人民大会によって選出された人民政府として理解されることになる。そのため,国会は総じて,教育および宣伝面における大きな意義を持つ。……

……私がすでに述べたように,モンゴル共和国については,いかなる憲法も存在していない。

……政府,国会,各省に関して存在する規則は,恐ろしく混乱したものであり,モンゴルには資本政府と民主政府のどちらが存在するのかをこれによって理解することはできない。[45]

ルィスクロフは,国会を開催することによって,人民政府の支援基盤を「大衆」に置く状況を作り出し,外モンゴルの政権に大衆を関与させることを重視していた,とみなすことができるだろう。これは,政権からの王公,仏教

勢力の排除につながるものであるとも捉えることが可能であろう。このことは憲法の制定にも反映した。憲法の制定を通じて，人民政府を「民主」政府にすることを狙ったのである。また，ルィスクロフは国会の対外宣伝効果にも着目し，人民政府がソ連の傀儡ではなく，モンゴル人の手によるモンゴル人の政府であることを，国会を通じて宣伝しようとした。

このような認識は，ルィスクロフ個人だけのものではなかった。1924年11月3日付ユーヂン発チチェリン宛文書には，国会開催の意義について，

> 国会招集の日時の問題は，すでにヴァシリエフがいた時に明確に決定された。……3年間のすべての成果を承認し，国の民主化の措置を認可する必要がある。これは，住民の精神を高揚させ，住民を国家建設に近づけさせる。外の視点からは，国会はモンゴル民族の意思を証明し，モンゴルが操り人形——ロシア人の傀儡——に指導されているのではなく，大衆によって選ばれ，自発的にソ連を志向する政府によって指導されていることを示すのである。中国との我らの交渉にとって，国会の決議は有益な資料になるであろう。[46]

と記されている。ユーヂンが想定していた国会の意義は，上述のルィスクロフが考えていた国会の意義とほとんど同じである。スタルコフと同様にルィスクロフもまた，ユーヂンらと協力して活動していたことを，ここからうかがうことができるだろう。

以上のように，外モンゴルにおけるルィスクロフの活動方針は，以前のスタルコフが取った活動方針とほぼ同一のものであり，人民党が国家を統治する体制作りと，大衆を支持基盤とする政権の建設，つまり政権からの王公，仏教勢力の排除を目指したものであった。そして，この方針の上に，第1回国会の開催があったのである。

2．ルィスクロフの報告書に見るモンゴル人民共和国第1回国会

従来，第1回国会を検討する際には，モンゴル国立中央文書館（ҮТА）に保管されている公文書（国会の決議録など），1984年に刊行された史料集『モンゴル人民共和国第1回国会』（БНМАУАИХ）などの史料が用いられてきた。だが，ソ連，コミンテルンとの関係から第1回国会を分析する際にとりわけ

重要になるのは,ルィスクロフが記した第1回国会の報告書[47](以下「ルィスクロフ国会報告」と称する)であろう。この報告書は,1924年12月15日付で作成されており,正式なタイトルは「モンゴルの第1回全国大会の活動について」である。ルィスクロフはこの報告書をペトロフに送っている。この報告書は,第1回国会に対するルィスクロフの考えや活動が詳細に記されたものであり,重要な史料であると言うことができる。だが,従来の研究においては,ロシアの研究者が第1回国会の外務省報告と憲法制定について論じるためにこの報告書を用いただけに止まっている。[48]この報告書が持つ本来の意義と言うべき国会に対するルィスクロフの姿勢についてはほとんど検討されていない。

そこで,本項においては,「ルィスクロフ国会報告」を中心にして,ルィスクロフと第1回国会の関係を検討し,第1回国会がソ連,コミンテルンの対外モンゴル方針においてどんな意味を持っていたかを考察したい。

A. 第1回国会の準備作業

第1回国会の準備作業について,ルィスクロフは,1925年に雑誌『新東方』に掲載された「モンゴルの国会」に以下のように記している。

> 国会開催前の基本的準備作業は充分であった。[人民]政府と人民党中央委員会は,すべての注意を,国会開催の直前にこの準備作業に向けたのである。国会は国の諸問題を解決する際に本当に大きな役割を果たし,すべての主たる措置を承認しなければならない,とすべての人々は自ずから理解していた。[49]

この記述は,人民政府,人民党の指導層が国会開催前に準備作業に注意を払い,充分な準備作業を行った,ということを示しているかのようにみえる。しかし,この史料には,人民政府と人民党が準備作業に注意を向けたのは「国会開催の直前」であった,という興味深い記述がある。この記述に関連して,ルィスクロフは「ルィスクロフ国会報告」に以下の重要な記述を残している。

> 言っておかなければならないのは,[人民]党中央委員会も[人民]政府も,国会が何に従事し,その役割がどのようなものであるかを,想像していなかった,ということである。少なくとも国会開催までもう10日

ほどしか残っていなかったのに，政府においては何も準備されておらず，国会の日程さえもが不明確であった。

　ある人々（たとえばジャムツァラーノ）はこう言った。国会は審議機関であり，そこで各アイマグの代表たちは政府の活動に関して自分の意見を述べるが，その後三々五々帰宅するのだ，と。またある人々はこう言った。国会は宣伝としての意義を持ち，人民党と政府を普及させるために数多くの講義――報告を国会の代表たちに読み聞かせる必要がある，と。

　このことは，もちろん，完全に理解できることである。なぜなら，地方自治，国会，政府に関する法が出版されたのは昨年であり，ホブド地域においては1924年でさえあった。この立法に基づき，政府も地方自治も，3年の期間をもって選出された。……

　それゆえ，第1回国会において政府の新たなメンバーが選出されることさえ予定されていなかったのである。[50]

ここには，国会開催の約10日前まで，人民党，人民政府においてはほぼ何の準備もされていなかったことと，人民党，人民政府の指導層が，国会をそれほど重視していなかった様子が記述されている。ジャムツァラーノが国会に対して用いた「審議機関」（совещательное учреждение）という語は，国会は話し合いを行う場でしかなく，国事を決定する議決機関（решающее учреждение）ではない，ということを表現したものであろう。また，国会が地方に対する単なる宣伝機関として認識されていたことも記されている。ルィスクロフは，この状況の原因を，政府や国会に関する法律が地方に広まるのが遅かったため，と述べている。

　人民党，人民政府の指導層も以前から国会開催を準備しており，[51]このルィスクロフの記述だけをもって，人民党および人民政府の側に国会開催の意思が全くなかったと言うことはできない。だが，人民党，人民政府の指導層の中には，1924年11月に，ルィスクロフの指導のもとに国会を開催することには消極的であり，このような国会の意義を大きく捉えてはいなかった者たちがいた，とみなすことは可能であろう。

　人民政府側の文書にも，第1回国会開催の準備作業が国会開会直前に急い

で行われたことが記述されている。人民政府において，国会において行う報告と協議すべき諸問題の準備が決議されたのが1924年10月24日，国会規則，報告を行う省と人の数を計画することが決議されたのが10月31日であった[52]。また，国会は最初11月3日に開会することが決定されたが，準備作業が進展しなかったため，開会日を11月8日に変更することが，11月5日に決定された[53]。ルィスクロフの記述どおり，国会の準備は開催直前に行われていたと判断できる。

このような状況において，国会開催を強く推し進めたのは，ルィスクロフであったようである。これについて「ルィスクロフ国会報告」には，

> 国の民主化，また同様に人民党第3回大会の決議に関してコミンテルンと外務人民委員部の一定の課題を有し，また国会開催が近づいたことを考慮し，国会のあらゆる意義に鑑みて，私は人民党中央委員会会議の1つにおいて，国会の活動の役割と性格の問題を決定的に提示した。

> 意見を交換した後，皆に以下のことが明らかになった。国会は，実際に，国家的問題の解決にとって大きな役割を演じなければならない。国会は何よりもまず実際に国の主であるべきである。そして国会は報告を準備する必要があり，国会を通じてあらゆる基本的措置が遂行されるのである。こうして，この後，（国会開催まであと10日ほど）熱狂的な準備の作業が始まったのである。

> 日程の作成から細々としたことに至るまで，個人的に関与し，指示を与えることになった。なぜなら，このような国民的集会は初めて開催されるのであり，事実政府も［人民党］中央委員会も何から始めるのかわからなかったのである。政府の全機関は動き始め，各省は自分たちの報告の筆記本文の構成を急いで準備することになった。

> 続けざまに中央委員会会議が設けられ，そこにおいて政府と各省の全報告を事前に検討することになった。また，これらの報告に関する国会の決議の草案も検討した。党中央委員会は，大量の訂正を加え，一節を丸ごと削除することになった。なぜなら，実際に，多くの大臣たちが国家建設の課題をどう理解すべきかをまだ学んでいない，と判明したからである。……

> 要するに，国会開催までに報告の約半分を検討することができ，残り
> は国会の会議の間の休憩時間中に検討した。しかし，いずれにせよ，す
> べての議題が，党中央委員会のフィルターを通ったのである。
> 　すでに記したとおり，国会の開催は完全に時宜に適ったものであった。
> 国会は，政府が行ったことすべてを大衆の側から承認することが必要で
> ある，という意味でのみ時宜に適していたわけではない。国の民主化に
> 関する一連の措置に是認を受けるためにのみ必要であったわけでもない。
> 差し迫っている中国との交渉に対して，モンゴル人の意思を表明するた
> めにも必要だったのである。
> 　外交についての国会の決定に関しては，有益な資料にだけなりうるよ
> うにし，我らの外交の方向性にとって害を及ぼすものであってはならな
> いように思われる。
> 　これらすべての全般的な考えのほかに，言っておく必要があるのは，
> 国家活動，とりわけモンゴルの経済状況を調整する必要性が本当に成熟
> した，ということである。これに関して，国会は，疑いなく，その課題
> を遂行した。[54]

と記されている。ルィスクロフは，国会の意義を重視し，国会を開催するよう説得したのは自分であった，と主張している。そして，ルィスクロフは国会開催の準備作業の細かい点にまで関与したのである。

興味深いのは，国会の議事内容の中核を形成する政府および各省の報告とそれに対する決議が，人民党中央委員会において事前に検討されていることである。ルィスクロフは，国会における全議題が「党中央委員会のフィルターを通った」と記している。人民党側の文書においても，1924年10月末頃から人民党中央委員会幹部会議が連日開催され，第1回国会における諸報告およびその決議や，国会規則などについて協議されていることが確認できる。[55] また，第1回国会の議長団も，人民党中央委員会において事前に決められていたことが，「ルィスクロフ国会報告」に以下のように記されている。

> 　国会の議長団は，［人民］党中央委員会によって事前に決められてい
> た。議長にはジャダムバ（青年同盟中央委員会委員長）が予定され，メン
> バーにはドガルジャンツァン（地方出身者），ゲレグセンゲ[gelegsengge][56]

（党中央委員会書記）が予定された[57]。

国会を「国の主」とみなし，その中心に人民党中央委員会を置く，というこの考え方は，人民党を，国家の統治において中心にあるべき機関と位置づけるスタルコフらが基づいてきた方針と同一であると考えることができるだろう。ルィスクロフもまたこの方針を受け継ぎ，国会の開催を通じて，人民党を，国家を統治する中心機関と位置づけようとしていたのであろう。

また，このルィスクロフの措置は，上述の人民政府の権限の強化と関係があるとも想定される。上述のとおり，1924年春から夏にかけて，人民政府の権限が強化されつつあった。ルィスクロフは，王公，仏教勢力との一定の協力という政権の形態を取っている人民政府の権限強化に直面して，これに対する対抗策として，国会を通じて人民党が国家統治の中心にある体制を築こうとしたとも想定されるのである。

このように，ルィスクロフは，外モンゴルの政権からの王公，仏教勢力の排除と，人民党が国家を統治する体制作り，というスタルコフ以来の方針を実行するために，国会を重視し，人民党に対して国会の開催を急がせ，国会開催の準備作業に積極的に関与したと考えられる。

B．第1回国会の内容とルィスクロフの関与

ルィスクロフの説得と，慌ただしい準備作業を経て，第1回国会は11月8日に開会した。第1回国会は，11月8日から11月28日までの全16回の会議で構成されている。「ルィスクロフ国会報告」によると，国会に参加した代表は全部で77人であり，その内46人が人民党員であった[58]。

第1会議（11月8日）において，議長にジャダムバ，副議長にバドラフ，書記にゲレグセンゲとドガルジャンツァンが選出された。これは，先ほど触れた人民党中央委員会の事前の決定とほぼ同一である。各人が祝辞を読み，国会開会の祝電をチチェリンらに送ることが決議された。

第2会議（11月9日）においては，国会規則を承認し，議題を通知し，国会参加資格委員会を選出した。また，ツェレンドルジによる政府報告とその協議が行われ，ナワーンネレンの内務省報告が行われた。内務省報告に関する協議は第3会議（11月10日）において行われた。また，第3会議においては，国内における諸問題が協議された。

第4会議（11月12日）においては，アマルの外務省報告とその協議が行われた。その後，リンチノが全軍評議会に関する報告を行った。リンチノの報告に関する協議は，第5会議（11月13日）において行われた。第5会議では，軍，大衆に対する教化活動に関するジャダムバの報告が行われた。

　第6会議（11月15日）では，ブルネーバートル（bürnebaγatur）が人民政府監査局報告を行い，これに関する協議が行われた。また，国会参加資格監査委員会の報告と，人民教育省と典籍委員会に関するジャミヤンの報告が行われ，協議が行われた。ジャミヤンの報告に関しては第7会議（11月17日）においても協議が引き続き行われた。また，第7会議においては，ドルジの財務省報告とその協議が行われた。ドルジの報告については第8会議（11月18日）においても協議が行われた。

　第9会議（11月19日）においては，ソドノムドルジ（sodnumdorji）[59]が法務省の報告を行い，これに対する協議が行われた。ソドノムドルジの報告に関する協議は第10会議（11月21日）でも行われた。また，第10会議においては各アイマグの報告が行われた。

　第11会議（11月22日）では，各地の代表の報告がそれぞれ行われた。各地の代表の報告は，第12会議（11月24日）においても引き続き行われた。また，経済省と相互援助組合に関するドルジの報告と，これに関する協議が行われた。経済省に関する協議は，第13会議（11月25日）においても行われた。

　第14会議（11月26日）においては，モンゴル人民共和国憲法に関する協議が行われ，憲法が採択された。また，フレーをオラーンバートルに改名し，公文書における旧暦の使用を止めることも決議された。

　第15会議（11月27日）では，国家小会議のメンバーにツェレンドルジ，リンチノ，マグサルジャブ，チョイバルサン，ナワーンネレン，ナイダンスレン，バトハーン，アマガエフ[60]，ブルネーバートル，アマル，ギワーバルジル（givabaljur）[61]，ゲンデン（gengdün）[62]，ドガル，バヤルヴァーニ，ラムジャブ，タルダド，ジャミヤン，バルダン，バドラフ，オトゴン，アビルメド，ジャムツァラーノ，ダンガー，ダムディンスレン，ダウトバイ[63]，テベグト[64]，ゴンジョーン，ダムバドルジ，ジャダムバ，ゲレグセンゲが選出された。そして，第16会議（11月28日）において閉会式が行われたのである。

これらの国会の議事内容に対して，ルィスクロフは上述の活動目的に基づいて関与していた。第1会議において，ルィスクロフは，以下の祝辞を述べている。

　　コミンテルン，第3インターナショナルの執行委員会の名において，モンゴル国の国会に衷心からお祝いを申し上げる。我らコミンテルンの教義は，あらゆる抑圧，搾取された弱小国を庇護し，自由を享受させるよう努める，というものである。……貴モンゴル国は，このような被抑圧，被搾取の弱小国の1つである。……［共戴］11年，このコミンテルンとソヴィエト・ロシアがこの目的に基づいて援助を示し，現在もまた示し続けている。……また，あなた方の敵は誰かと言えば，中国の反動的帝国主義官吏と軍である……。……モンゴル国の国会は，この国家の事を執行する主であろう。そのために以下のように望む。

　　この望んで得た自由をさらに改善して確固たるものにし，モンゴル大衆を幸福へと到達させる良き指導を広げて遂行する。また，その上に，コミンテルンの教義を知り，あらゆる弱小な者たちを自分自身のように救い助けることを忘れずに努めるべきである。また，あなた方に敵が襲いかかってきたら，我らコミンテルンは支援を示す。これは，ただ大衆が国権を握って実行しているからである。また，必ずや，自分たちおよび他の民族の大衆を同様に庇護すべきである。

　　コミンテルンの功績を広く拡大するために，今述べたことを完全に遂行するよう信じている。[65]

この祝辞においてルィスクロフは，人民党，人民政府とコミンテルンのつながりを強調し，大衆を支援することの重要性を主張している。また，国会を「国家の事を執行する主」と表現している。これらは，先に述べた外モンゴルにおけるルィスクロフの活動目的や，ルィスクロフが国会に対して抱いていた考えに合致するものである。

　第2会議におけるツェレンドルジの政府報告は，1921年の成立以降人民政府が行ってきた活動についてまとめたものである。[66] この報告について，ルィスクロフは「ルィスクロフ国会報告」において，

　　ツェレンドルジが通読した……政府報告の根本的部分においては，自

治（1912年［原文ママ］）のもとにおいてモンゴル大衆が獲得したものと，現在人民政府が存在するもとにおいて獲得したものを比較し，ソヴィエト・ロシア［原文ママ］の援助とソヴィエト・ロシアとの緊密な友好の重要性などが指摘されている。

政府報告に対する決議においては，上に述べたのと同様の獲得と考えが強調され，とりわけ，共和国の成果に反革命が行うあらゆる攻撃に対する決定的な闘いの必要性が強調された[67]。

と記している。ルイスクロフは，ツェレンドルジの報告を，ソ連との関係の重要性と人民政府の成果を強調したという点において評価し，この報告に対する決議を，「反革命」との闘いの必要性が強調された点において評価していた。実際に，ツェレンドルジの報告の本論に当たる部分の冒頭には，

第1項：共戴11年に我らモンゴル人民党が初めて発足し，ソヴィエト・ロシア国政府と全世界共産党の大コミンテルンから援助を得て，人民軍を召集し，外国の帝国主義的敵対勢力や，国内の専制主義者を一掃した[68]。

と記されており，ソヴィエト・ロシア，コミンテルンとの協力，国内外の敵対勢力との闘争が述べられている。また，この報告に対する決議においては，

2.……ロシア白軍，日本，中国等の国の帝国主義反動勢力がわが国の境を侵略しようとする有害な考えを起こし，非常に危険であった。……だが，我らの聖俗帝国主義反動勢力の中から狡賢い者どもが現れ，［共戴］9年に自治権を徐樹錚に売り渡したのみならず，何度か騒ぎを起こした。そして，ロシア白軍の者どもと，中国，日本の帝国主義反動勢力を支援してモンゴル国の領土を支配させ，大衆の自由を根絶やしにし，自分たちの自治政府と同様に，モンゴル大衆を抑圧しようとしていた。

このため，全モンゴル国国会は，このように国を外国に売り渡して支配させ，大衆を再び抑圧し，水火の苦しみを味わわせようとしていた聖俗専制勢力と，大臣，官吏たちを，売国的な憎むべき悪党とみなす。さらに，国会は，このようなことを人民政府がモンゴル国の利益，人民革命の清き理，モンゴルに自由を与えようとする大業，そして大衆の信仰

を守るためにこのように重罪として処断したことを，本当に正しいとみなす。そして，もしこれ以降，国内の帝国主義反動勢力の残滓が外国の敵と密かに結びつき，以前と同様に大衆にとって有害なことを起こせば，必ずや離間に遭うことなく，以前どおりに重く処断すべきである。

　3. ……外国と関係を結ぶことを見てみると，自らの利益に固執せず，我らモンゴル国を衷心から援助し，国の建設と世界の東方に位置する多くの弱小国の援助に努めているソヴィエト社会主義共和国連邦と友好を深め，互いに助け合うことは，すべて非常に正しい。……

　4. 今後，人民政府は，あらゆる国事を元のままに真正の大衆の道理に合わせて次第に改善すべきである。[69]

と記されている。人民政府が王公，仏教勢力，ロシア白軍，日本，中国と対抗すべきであることが規定され，ソ連との友好の強化が謳われ，人民政府が大衆に基づく組織であるべきことが改めて強調された。

　さらに，ルィスクロフは，第1回国会において王公，仏教勢力の人物を政権から追放する活動に着手していた。この重要な活動について先行研究では，コミンテルン側がナワーンネレンに対して否定的態度を国会で取ったことを推測しているが，この活動の詳細については解明されていない。[70]ルィスクロフのこの活動の最も主要な対象となったのは，内務大臣のナワーンネレンであった。第4章において触れたように，ナワーンネレンに対しては，すでにスタルコフの時代においても，ボヤンネメフらが強烈な批判を行っていた。ソ連，コミンテルン側にとって，ナワーンネレンは，人民政府に関与する王公，仏教勢力の代表的人物になっていたのであろう。

　このナワーンネレンが行った内務省報告について，ルィスクロフは「ルィスクロフ国会報告」においてこう記している。

　　内務省報告が始まった時には，論争が必ず起こる，とすでに言われ始めていた。加えて，報告を行ったのはセツェン・ハン，以前の支配王公であり，チンギス・ハーンの子孫である。彼は，後に自らの称号を拒否した。[71]しかし，明らかに，地方出身者（地方の代表）は，内務省報告に対してあらかじめ批判的な姿勢を示していた。[72]

ルィスクロフは，内務大臣のナワーンネレンが有力な王公であるため，地方

の代表が彼の報告に対して批判的な姿勢を示した，と記している。ただし，ルィスクロフ自身が「ルィスクロフ国会報告」に記しているとおり，内務省報告について議論が巻き起こったのは，税金と駅站制を今後どうするかという問題についてであり，ナワーンネレン個人をめぐってではなかった。いずれにせよ，ナワーンネレンの報告が紛糾したのは確かなようである。

ナワーンネレンのような王公を政権から排除しようとするルィスクロフの姿勢は，国家小会議を通じて新たな政府メンバーを選出する際に強く表れた。これについて，「ルィスクロフ国会報告」には以下の記述がある。

13. 国家小会議と政府の選出について。

11月27日に国会小会議の選挙が行われた。小会議の30名の名簿を党中央委員会で前日に協議した際に，小会議と政府のメンバーに大衆——地方出身者を引き付けるという点において，[人民党]中央委員会にいくらか圧力をかけることになった。

何よりもまず，大臣の構成を特定する必要があった。前財務大臣のドルジ・メイレン[dorji meyiren]を候補者とする際に，いくらか議論になった。ツェレンドルジ，リンチノから始まり，ダムバドルジ以外，ジャダムバは黙っていたが，他のすべての中央委員会メンバーは，ドルジ・メイレンを候補者にすることを擁護し，こう指摘した。「ドルジ・メイレンは古参のパルチザンであり，中国が占領した時には牢獄につながれたのだ」云々と。……ドルジ・メイレンに関して私はこう指摘した。「ドルジ・メイレンは今までにラクダ2000頭を蓄えたのみならず，自分の仕事において遊牧の利益のためには活動せず，自分の報告において遊牧について触れるのを忘れ，中国商人と関わり合いになっている。このような人間は，財務省や，彼を移すことが望まれている外務省の長であってはならないのみならず，おそらく，党内に残すこともできない」と。私がさらに自分の理由を決定的に述べたところ，皆同意した。もちろん，これ以外にも，ドルジ・メイレンは単にロシア人を好んでいなかったのだが，この理由に言及するわけにはいかなかった。……

国会は，セツェン・ハン（内務大臣）に対して大きな一歩を進めた。彼を通してしまうことは望まれないことであった。しかし，この支配王

公はかつて革命的な行動を取り，自らの称号を拒否し，弁髪を解き，人民党に決定的に加わっている。それ故，こういったことを奨励するために，彼が完全には有能な活動家ではないとしても，彼を残す必要があった[77]。

財務大臣のドルジ・メイレンは，先に言及したところでは，ルィスクロフがツェレンドルジのグループに分類した人物である。この史料の記述によると，ルィスクロフは，国家小会議と人民政府に大衆出自の人間を加えるために人民党中央委員会に圧力をかけ，ドルジ・メイレンのような王公とみなされた人間を大臣の座から追い出したのである。また，有力王公であるナワーンネレンを内務大臣の座から追い出すような措置を取ろうとしたことがうかがわれるが，実現できなかったようである[78]。これについて，1924年12月5日付の統一国家政治機構（ОГПУ）極東州全権代表アリポフ，同東方課課長ペテルス，同ブリヤート・モンゴル自治ソヴィエト社会主義自治共和国支部長アブラモフ宛ラデツキー，バルダエフ発「1924年12月1日までのモンゴルの国内状況に関する報告書」には，以下の記述がある。

　　以下のことをここに強調しておかなければならない。この国会によってモンゴルの発展における新たな時期が始まった。そして，この新たな時期においてモンゴル社会の建設に積極的に関与したのが，正真正銘の「大衆」の代表たちであった。彼らは地方からやって来て，自分たちの代表を政府の一員に加えたのである。小会議議長[79]，法務大臣[80]，財務大臣[81]，外務大臣[82]は，彼らの中から選出された。以前の政府メンバーの内，ポストを奪われた王公と官吏は，財務大臣ドルジ・メイレンと法務大臣ソドノムドルジである。戦術的な考えから，セツェン・ハンの家系の数人の王公がとにかく政府の構成員に残ることになったが，彼らが当分の間「アルド（大衆）」に「誠実に」奉仕する，ということを考えておく必要がある。……

　　……国会の活動の全体的な進展から見たところでは，国会は，ソ連との兄弟的連帯，王公のグループと仏教勢力に対する多かれ少なかれ一定の圧力という旗印と，国の民主化に関する措置の遂行という総合的な旗印のもとに行われた[83]。

この記述からも，政権からの王公の排除を目的として，ドルジ・メイレンらが政権から除外されたことがわかる。その一方において，「戦術的な考え」によってナワーンネレンを排除できなかったことがうかがわれる。ルィスクロフはナワーンネレンを内務大臣の座から排除しようとしたが，その影響力の大きさのためにこれを実行できなかったのであろう。また，この報告書においては，第1回国会は王公，仏教勢力に対する圧力と国の民主化のために行われた，と明確にみなされている。このように，ルィスクロフは第1回国会を通じて，人民政府の重要ポストから王公を排除しようとしていたのである。

　このようなルィスクロフの姿勢は，第1回国会における憲法の採択にも反映された。すでに指摘されているように，この憲法の採択にルィスクロフは積極的に関与した。だが，彼が一体何のために憲法採択に関与したのかは，まだよくわかっていない。「ルィスクロフ国会報告」には，憲法の採択について以下のように記されている。

　10．憲法の採択

　　国会の歴史的決定の1つとみなす必要があるのが，モンゴル人民共和国憲法の採択である。全モンゴル人の成果と人民政府の行いが承認されて強化されるのみならず，モンゴル人民共和国の特性そのものが形成され，政治‐文化的発展の展望が規定されるのである。……憲法起草の問題に関してのみならず，他の問題に関しても，最初から，私の主唱的役割を邪魔しようとする一部の人々の試みがあった。だが，後に，彼らの懇願を完全に除去することに成功した。それは，何よりもまず，提示されたこれらの問題をより正しく理解したおかげであり，第2に，モンゴル人自身の指導層が私を完全に支持したためである。だが，毎日毎日，モンゴルの中央委員会［人民党中央委員会］の活動に関与し，説明をし，講義さえも行い，半保守的あるいは単純なモンゴル人の脳の傾向を全くもって変えるためには，充分長い期間が要された。

　　最初にモンゴル人，特に右派勢力は，憲法の問題に臆病な態度を取った。しかし，理解した後においては，提示した考えから取り残されることを自ら望まなくなった。憲法草案は，ツェレンドルジの特別委員会に

おいて慎重に協議されたのみならず、その後4〜5日ほど、党中央委員会において条項毎に検討された。中央委員会の会議においては、熱い討論がなかったわけではないが、とにかく草案はすべて（何らかの必要な修正はあったが）承認された。……

　憲法の基本的な部分はどういったところにあるのか、憲法にもたらされた変更によってモンゴル社会にいかなる結果が予見されているのか。

　1. 何よりもまず、憲法は、モンゴル人民共和国のあらゆる革命的成果を承認し、構造面においてソヴィエト型の国家に自らを近づけて共和国の社会 - 政治的特性を定義する一連の基本的な規定を、その宣言部分に付け加えた。……

　2. この憲法そのものによって、ボグド・ハーンと「ゲゲーンたち」の権力体制の廃止が、総じて確固たるものになった。そして、今のところはモンゴル人の日々の生活において巨大な役割を演じている宗教勢力の未来の役割と立場を規定したのである。……

　3. 30人からなり、構成としては地方出身の平民の遊牧民が優勢を占める国家小会議を設定することによって、モンゴルの官吏徒党（党員、非党員）の支配に終止符を打った。この官吏徒党は、現在まで遊牧民大衆の利益にあまり応えていない。……

　4. 結果的にとりわけ重要なのが、選挙権の条項である。ここにおいて、すでに決定的に、あらゆる搾取勢力が選挙権と大衆生活に対する影響を失ったのである。[84]

ルィスクロフは、憲法採択が外モンゴルに及ぼす主たる影響を4つの項目にわたって述べている。特に2〜4の項目においては、政治からの王公、仏教勢力などの排除という点において共通している。この時採択された憲法の第1条「モンゴルの真正の大衆の自由の宣言」の第1項においては、全権を有する人民共和国の建国を宣言し、この国においては国の主権（degedü erke）が真正の大衆にある、と規定されている。[85] ルィスクロフにとって、この規定は、国の主権が大衆にあることを宣言することを通じて、政権からの王公、仏教勢力の排除を推し進めようとしたものだったのであろう。ルィスクロフが第1回国会の開催を急がせた理由の1つは、ここにあったと想定される。

このように，ルィスクロフは，外モンゴルの政権から王公，仏教勢力の排除という目的の実現のために，政権からの王公，仏教勢力の人物の排除や，憲法の採択といった措置を第1回国会において取っていたのである。国会におけるモンゴル人民共和国の成立は，ソ連，コミンテルンにとって，1923年以降推進しようとして果たせなかった政権からの王公，仏教勢力の排除という目的を，一歩前進させたものだったのである。
　第4章において論じたように，かつてスタルコフらが自分たちの目的に基づいて人民党第2回大会を強行した結果，リンチノらの強い反発を招いてしまった。これと同様に，今まで述べてきたルィスクロフの姿勢もまた，リンチノの反発を招くことになる。1925年1月付のリンチノ発スターリン，チチェリン宛書簡には，ルィスクロフに対するリンチノの姿勢が明確に記されている。この書簡は，すでに先行研究においても取り上げられており，国会の憲法審議をめぐるルィスクロフに対する反感，コミンテルンの急進的政策を推し進めようとするルィスクロフに対する批判，その後のリンチノとルィスクロフの対立と，仏教に対するリンチノの考え方について指摘されている[87]。この書簡には以下の記述がある。

　　　私はルィスクロフから耳にした。貴殿，同志チチェリン，そして総じてモスクワにおいては，国会の活動の結果はルィスクロフの仕事によるものだそうだ，と考えたがっている，と。これは，事実的かつ戦術的に誤っている。ここにいる我々，ソヴィエトの職員もモンゴルの職員も皆こう言っている。これは，我らが共同して行ったほぼ4年間の活動の結果であり，すべてを計画して規定した党第3回大会の成果である，と。モンゴル人たちは，これらすべてを聞いて，率直にこんなことを言った。「まるで我々は今まで何もしていなかったみたいだ」と。……
　　　……貴殿と他の中央の職員は，ルィスクロフを信じているなら，私を最も忌まわしい奴だとみなし続けるだろう。これはもちろん侮辱的である。……
　　　……一方，ルィスクロフは，我々を，主として私を，革命において臆病である，と弾劾している。……
　　　……ルィスクロフは，［人民］党中央委員会のより善良で実務的な

人々であるジャダムバ（青年同盟中央委員会委員長，政府課長），チョイバルサン（総司令官），ジャミヤン，ツェレンドルジ，アマルらを，（ルィスクロフによると）いわゆるリンチノ一派，反コミンテルン派……と表明した。……

　……ルィスクロフは，モンゴルの憲法作成の際に，モンゴルの外交政策はコミンテルンの指示に従う，という条項を含めることを成し遂げようとした。……

　……現在，そして近い将来において，我々にとって特に痛い部分になるのが，仏教僧と宗教の問題であろう。……党と同盟［人民党と青年同盟］の多くのメンバーが，皆とは言わなくとも99パーセントが信仰を持っており，党と同盟の粛正作業が行われておらず，仏教僧の間における宗教改革的な活動が構築されていない。……このような状況において，国家からの宗教の分離の結果には危惧がある。なぜなら，寺院に対する我々のコントロールを失う完全に現実的な危険性と，寺院から国家が建設されてしまう危険性があるからである。

　……2つ目の課題は，寺院のコントロールを遂行することを可能にし，革命政権の重い腕を寺院に置くことを可能にするよう仲介する勢力の発見と育成である。この勢力は，高位仏教僧 – 党員から獲得されるよう提起されている。そして，現在まで，寺院の状況に関する情報，仏教僧に対するコントロール，仏教僧の間における宗教改革的活動を，我々は，この高位仏教僧からなる完全に信頼できる党員を通じて，得たり行ったりしてきたのであり，これからもそうするであろう。これら高位仏教僧たちは，戦術的な考えと提案によって，自らの仏教僧としての称号を保持している。こういった同志たちの1人（ジャミヤン）は，［人民党］中央委員会のメンバーを構成しており，古参の忠実な党員である。……ジャミヤンとほかの彼と同様の同志たちは，自分の活動のやり方としてしばしば寺院に赴き，仏教僧と親交を結び，しばしば私のところに助言を求めに来る。こういったことすべてが，ルィスクロフには疑わしく思われたのである。[88]

リンチノは，第1回国会の活動すべてがルィスクロフの手柄であるとする意

見に反駁し，リンチノ，ツェレンドルジらに対するルィスクロフの否定的姿勢を非難している。中でも注目されるのが，リンチノが人民党と仏教勢力との一定の協力関係の重要性を主張し，この協力関係が功を奏していることを強調していることである。このようなリンチノの主張は，第4章，第5章において見られたスタルコフらに対するリンチノの姿勢とおおむね同一のものであるとみなすことができる。

リンチノとルィスクロフの対立に関しては，1925年の外モンゴルの政治情勢，中ソ関係，内モンゴル，フルンボイル等と人民政府との関係など，なお多くの要素を合わせて考慮する必要がある。だが，1924年11月に開催された第1回国会をめぐるルィスクロフの活動が，人民党，人民政府と王公，仏教勢力との協力関係の排除という点において以前のスタルコフの活動と同様の性質を持ち，この点においてリンチノとの対立をも惹起してしまった，とみなすことは可能であろう。

本章の結論

本章においては，第1回国会をめぐるルィスクロフの活動の検討を通じて，中ソ協定の締結と1924年夏の外モンゴルの政変を経た後のソ連，コミンテルンの外モンゴルに対する姿勢を解明し，ソ連，コミンテルンにとっての第1回国会とモンゴル人民共和国の成立の意義を考察した。

中ソ協定締結後の情勢に備えるために，ソ連は外モンゴルの軍備の充実を図る方針を取り続けた。1924年に発生した数々の政治的事件にもかかわらず，ソ連，コミンテルンの対外モンゴル方針に変化はほとんどなかったのである。そのため，人民党の組織の建設，人民党が外モンゴルを統治する体制作り，外モンゴルの政権からの王公，仏教勢力の排除という方針も継続されたと考えられる。

このようなソ連，コミンテルンの姿勢を受けて外モンゴルに派遣されたのがルィスクロフであった。彼は，以前のスタルコフらの方針を完全な誤りとはみなさず，その方針の大半を受け継いで外モンゴルにおける活動を進めた。

このルィスクロフの姿勢が最も顕著に反映されたのが，第1回国会におけ

る彼の活動であった。国会の開催に積極的ではないモンゴル人指導者も存在する中において，ルィスクロフは国会を国家の主とみなし，その中心に人民党中央委員会を位置づけることによって，人民党の国家統治機関化を一歩推し進めようとした。国会の会議においても，彼は国の民主化，つまり王公，仏教勢力の政権からの排除を試みた。このような状況において採択されたモンゴル人民共和国憲法においては，国の主権が大衆に存する人民共和国の成立が謳われた。このことは，ルィスクロフ，そしてソ連，コミンテルンにとって，外モンゴルの政権から王公，仏教勢力を排除するという従来の方針を推し進めたという意味で重要だったのである。しかし，このようなルィスクロフ，ソ連，コミンテルンの姿勢は，以前のスタルコフのケースと同様に，またしてもリンチノの強い反発を招くことになるのである。

このように，モンゴル近現代史上に重要な意義を持つモンゴル人民共和国の成立には，1923年以来の中ソ関係と，それに伴う外モンゴルにおける政治情勢の大きな変化が強く影響していたのである。

註

1 二木 1995, pp.251-254；Дашдаваа 2003, pp.148-152；Дамдинжав 2006, pp. 29-32；生駒 1999, pp.264-276；Батбаяр 2006, pp.106-107；ИМ, p.75など。

2 生駒 1999, pp.258-264；Дашдаваа 2003, pp.135-148；Батбаяр 2006, pp. 105-106；ИМ, p.75；Рощин 1999, p.119；Устинов 1996, pp.255-287など。

3 たとえば，БНМАУАИХ, pp.3-14；Устинов 1996, pp.280-286；ХЗМ, pp. 53-54；Баабар 1996, pp.343-349；ИСМО, pp.53-57；БНМАУТЗ, pp.210-219；Ширэндэв 1999, pp.364-369；Barkmann 1999, pp.247-251；ИМ, p.74；Рощин 1999, pp.116-117；小貫 1993, pp.202-203；МУТ5, pp.152-155；Дашдаваа 2003, pp.105-112；バトバヤル 2002, p.39など。

4 Батсайхан 2007, pp.196-197；Лхамсүрэн 1995, pp.50-51など。

5 Дашдаваа 2003, pp.105-112；Батбаяр 2006, pp.105-106；二木 1995, p.251；Лузянин 2003, p.140；Баабар 1996, pp.343-349；Рощин 1999, pp.119-121；Рощин 2002b, p.105など。

6 カラハンは，1924年6月3日のロシア共産党中央委員会政治局の会議において中国駐在全権代表に任命されており（РГАСПИ, Ф.17-ОП.3-Д.441-Л.2），中ソ協定締結後もソ連の対中政策に対して大きな役割を果たしていくことになる。

7　ПСЧК, p.206.
8　この委員会のメンバーは，フルンゼ（М. В. Фрунзе），チチェリン，モロトフ（В. М. Молотов），ペトロフ（代理としてヴォイチンスキー）であった（ПСЧК, p.231）。
9　ПСЧК, p.230.
10　ПСЧК, pp.261-264.
11　ПСЧК, pp.315-317.
12　ПСЧК, pp.349-351.
13　ХЗМ, p.51；Баабар 1996, pp.328-330；ИМ, p.73；Рощин 1999, pp.112-113；Ширэндэв 1999, pp.362-363；МТТОХХЗ, pp.67-68；Рощин 1999, p.113；БНМАУТЗ, pp.210-211；МУТ5, p.151など。
14　НТА, Ф.4-Д.1-Х/Н.242-ХХ.86-87.
15　НТА, Ф.4-Д.1-Х/Н.240-Х.10.
16　人民党における共和制への移行の決議に先立つ1924年6月1日に，ヴァシリエフが人民政府に対して，共和制の施行を勧める発言をしていたことが，ツェレンドルジのその日の日記に以下のように記されている。

　　　　ロシア外交代表［ヴァシリエフ］が我らの政府［人民政府］に来て報告したこと。
　　　　……4. 現在，ボグド・ハーンがすでに崩御したため，あなた方モンゴルが共和制を施行すれば，我らコミンテルンは大いに喜び，さらに東方において大変驚くべきことになるだろう，といったことを［ヴァシリエフ］述べた。これに対して私は，これは大変適切で容易なことであるので，［人民］党中央委員会の同志たちと協議しようと述べた（ЕСЦ, pp.526-527）。

この記述によれば，人民党における共和制施行の決定の前に，ソ連側から共和制の施行を勧める助言があった可能性がある。ただし，ЕСЦの編集者によると，上に引用した部分を含めたツェレンドルジの日記は，文書館において発見した原本ではなく，1994年の『ウネン』紙22, 23, 24-25号に掲載されたものである。また，この『ウネン』紙には，引用した日記の原文の保管先が記載されておらず，編集者もこれらの日記を文書館において発見することができなかった，とЕСЦの編集者は述べている（ЕСЦ, p.545）。そのため，この史料の真偽についてさらに調査をする必要があろう。
17　『モンゴル駐在ソ連全権代表部報告』No.10にも，その様子が記されている（РГАСПИ, Ф.495-ОП.152-Д.29-ЛЛ.188-189）。
18　1924年7月8日の人民政府成立3周年記念のセレモニーの際にも，ツェレンドルジがこれに関する発言をしている（РГАСПИ, Ф.495-ОП.152-Д.29-Л.311）。
19　МББ, pp.142-149.

20 セミレチエ（ジェティス）州ヴェルヌィ郡で生まれたとする記述もある（『事典』, p.526）。セミレチエ（ジェティス）については，補論の註67を参照されたい。
21 Устинов 1996, pp.18-287；『事典』, p.526。
22 РГАСПИ, Ф.495-ОП.152-Д.225-Л.286.
23 ПСЧК, p.300.
24 このレセプションには，ルィスクロフのほか，ダムバドルジ，ツェレンドルジ，アマル，チョイバルサン，ジャダムバ，ハヤンヒャルワー，ジャミヤン，ゲレグセンゲが参加し，人民党中央委員会の建物において挙行された。このレセプションは，1924年10月6日の人民党中央委員会幹部会第37会議のことであろう。この会議の議事録が，НТА, Ф.4-Д.1-Х/Н.244-ХХ.54-57に保管されている。
25 人民党第3回大会第5，第6会議においては，人民党が中下級層の大衆に基づく党であることが決議されていた（МАН3Х, pp.62,72-73；НТА, Ф.2-Д.3-Х/Н.1-ХХ.16-18）。
26 КМ, pp.66-67.
27 НТА, Ф.4-Д.1-Х/Н.244-ХХ.54-56.
28 宛名の部分が塗りつぶされており，判読できない。ただ，その横に「モスクワ」と記されているため，ソ連，コミンテルンの中央に宛てて出された電報であると判断される。また，この電報のコピーをヴォイチンスキーに渡すよう記されている。
29 РГАСПИ, Ф.495-ОП.152-Д.24-ЛЛ.11-12.
30 РГАСПИ, Ф.495-ОП.152-Д.24-Л.13.
31 この報告書は，РГАСПИ, Ф.495-ОП.152-Д.24-ЛЛ.16-60などに所蔵されている。また，КМにはモンゴル語訳が収められている。本書においては，РГАСПИの史料番号と，КМの頁数を併記することにする。
32 РГАСПИ, Ф.495-ОП.152-Д.24-ЛЛ.16-23；КМ, pp.68-72.
33 РГАСПИ, Ф.495-ОП.152-Д.24-ЛЛ.41-42；КМ, p.84.
34 ドルジ・メイレンであろう。
35 アマルのこと。
36 セツェン・ハン・ナワーンネレンのこと。
37 РГАСПИ, Ф.495-ОП.152-Д.24-ЛЛ.27-28；КМ, pp.75-76.
38 РГАСПИ, Ф.495-ОП.152-Д.24-ЛЛ.29-30；КМ, pp.76-77.
39 РГАСПИ, Ф.495-ОП.152-Д.24-ЛЛ.34-41；КМ, pp.80-84.
40 人民党と青年同盟の関係に関する人民党第3回大会における決議に関しては，第5章を参照されたい。
41 РГАСПИ, Ф.495-ОП.152-Д.24-ЛЛ.58-59；КМ, p.95.
42 РГАСПИ, Ф.495-ОП.152-Д.31-Л.26.

43 ИМ, p.75.
44 РГАСПИ, Ф.495-ОП.152-Д.28-Л.37об.
45 РГАСПИ, Ф.495-ОП.152-Д.24-ЛЛ.52-53 ; KM, pp.91-92.
46 РГАСПИ, Ф.495-ОП.152-Д.24-Л.100.
47 РГАСПИ, Ф.495-ОП.152-Д.24-ЛЛ.115-238.
48 Рощин 1999, pp.119-120 ; Лузянин 2003, pp.139-140.
49 Рыскулов 1925, p.215.
50 РГАСПИ, Ф.495-ОП.152-Д.24-ЛЛ.118-119.
51 たとえば，共戴13年12月5日（1924年1月11日）の人民政府会議において，国会印を作成する決議が出されている（БНМАУАИХ, pp.313-314）。共戴14年4月21日（1924年5月24日）の人民党中央委員会幹部会会議においては，国会に参加する各地の代表には人民党，青年同盟に無害な大衆を選出すべきであるという指示を公布する，という決議が出されている（НТА, Ф.4-Д.1-Х/Н.242-Х.81）。また，1924年9月12日付の人民政府発政府5省，人民党中央委員会，人民教育省，監査局宛文書には，国会における協議事項の作成を進めるよう勧告している。この文書によると，人民政府は本年旧暦6月には国会開催の日付を決議していた（УТА, Ф.1-Д.1-Х/Н.287-ХХ.95-96）。だが，このような勧告文書が出されていることから，国会開催の準備が進んでいないことも同時にうかがわれる。

1923年末にも国会開催の予定があったことが，1923年11月20日付『モンゴル駐在ソ連全権代表部報告』No.4に記されているが，人民党も青年同盟もまだ本腰を入れていない，とも記されている。また，この時からすでに国会の目的が「人民党が指導する民主主義的労働者の議会が国の主となる」ことであったことも記されており（РГАСПИ, Ф.495-ОП.152-Д.20-ЛЛ.19-21），国会に対するソ連，コミンテルン側の姿勢が変わっていないことが確認できる。
52 МАБНЗТЯ, pp.46-47.
53 УТА, Ф.1-Д.1-Х/Н.288-ХХ.57-58.
54 РГАСПИ, Ф.495-ОП.152-Д.24-ЛЛ.119-121.
55 第1回国会の協議事項，報告の準備のために1924年10月24日の人民政府会議において特別委員会が設けられることが決議され，その委員にアマル，ゲレグセンゲ，L. デンデブらが任命された（УТА, Ф.1-Д.1-Х/Н.287-ХХ.434-435）。1924年10月29日の人民党中央委員会幹部会会議第41会議において，国会の内容などが協議され（НТА, Ф.4-Д.1-Х/Н.244-ХХ.75-77），11月4日の人民党中央委員会幹部会会議第42会議議事録には，国会における各省の報告を検討したことが記されている（НТА, Ф.4-Д.1-Х/Н.244-ХХ.81-82）。また，第1回国会開会後においても，11月9，10，13，14，20～25日に，人民党中央委員会幹部会会議が開催され，国会における報告と決議が協議されている（НТА, Ф.4-Д.1-Х/Н.244-ХХ.83-93）。

56 人民政府法務省や監査局において活動した後，人民党中央委員会書記などを務めた人物。
57 РГАСПИ, Ф.495-ОП.152-Д.24-Л.121.
58 РГАСПИ, Ф.495-ОП.152-Д.24-Л.121.
59 人民政府法務大臣。
60 アマガエフについては，補論の註101を参照されたい。
61 地方代表として第1回国会に参加し，国家小会議メンバー，外務大臣を務めた。
62 サイン・ノヤン・ハン・アイマグ出身の地方代表だったが，国家小会議議長に選出された。やがて人民党の指導層に加わり，激しい権力闘争を経て，首相に就いたが，粛清された。
63 カザフ族の代表。
64 アルタイ・ウリヤンハイの代表。
65 БНМАУАИХ, pp.26-27. このルィスクロフの祝辞は，1925年に出版された『新たなモンゴル（Новая Монголия）』にも掲載されている（Рыскулов 1998, pp.264-266）。
66 БНМАУАИХ, pp.34-44.
67 РГАСПИ, Ф.495-ОП.152-Д.24-Л.122.
68 БНМАУАИХ, p.35.
69 БНМАУАИХ, pp.47-48.
70 Бат-Очир 2001, pp.64-65.
71 1924年の春に，ナワーンネレンとツェレンドルジは，相次いで自らの王公としての称号を返上していた。
72 РГАСПИ, Ф.495-ОП.152-Д.24-Л.122.
73 РГАСПИ, Ф.495-ОП.152-Д.24-ЛЛ.122-123. БНМАУАИХに掲載されている内務省報告をめぐる議論においても，議論の対象になっているのは税金や駅站制であり（БНМАУАИХ, pp.66-69），ナワーンネレンの身分ではない。
74 国家小会議（ulus-un bay_a qural）は，法律を決定し，政府各省の活動を監査し，政府の活動を指揮する機関である。
75 大臣は，正式には，国会閉会後の国家小会議において選出されることになっていた。しかし，この記述によると，国会の席上においてある程度大臣候補を特定しておき，その上で国家小会議において正式に大臣を選出する，という方法を取ったようである。
76 1919年に徐樹錚が軍を率いてフレーを占領し，軍事力によって外モンゴル自治の廃止を遂行したことを指している。
77 РГАСПИ, Ф.495-ОП.152-Д.24-ЛЛ.145-146.
78 БНМАУАИХに掲載されている第1回国会第15会議の議事録には，ナワーンネレンが国家小会議のメンバーに選出されたことに対して，エリンチンと

いう代表が，憲法においては王公には選挙権も被選挙権もない，と規定されていることを指摘したが，ダムバドルジがナワーンネレンを功績ある人間として擁護し，その後の多数決でナワーンネレンの選出が承認された，という経緯が記されている（БНМАУАИХ, pp.275-276）。
79　ゲンデンのこと。ゲンデンについては本章註62を参照されたい。
80　ナイダンスレンのこと。
81　バドラフのこと。
82　ギワーバルジルのこと。註61を参照されたい。
83　РГАСПИ, Ф.495-ОП.152-Д.28-ЛЛ.35об-37.
84　РГАСПИ, Ф.495-ОП.152-Д.24-ЛЛ.139-142.
85　МУYХ, p.10；РГАСПИ, Ф.495-ОП.152-Д.24-Л.155.
86　Ринчино2, pp.126-144. リンチノは，最初この書簡をチチェリンに送り，後にスターリンにも送ったようである。リンチノはこの書簡をペトロフにも送っており，それがРГАСПИ, Ф.495-ОП.152-Д.39-ЛЛ.1-14に保管されている。だが，いずれの書簡にも，書簡発行日は記されていない。
87　二木 1995, pp.251-252；Жабаева/Цэцэгмаа 2006, pp. 258-259。
88　Ринчино2, pp.133-143.

補　論
外モンゴルとフルンボイル，新疆

　本書の第Ⅰ～Ⅲ部においては，外モンゴルの政治情勢とソヴィエト，コミンテルンの関係を論じた。これらは，外モンゴルのモンゴル人の活動に関わるテーマであった。この一方において，外モンゴル以外の地域に住まうモンゴル人と人民政府の関係に関わる諸問題も，無視することはできない。
　20世紀に入ると，モンゴル人の統一と独立を希求する活動が，モンゴル各地において起こり始めた。序章で触れた1911年のモンゴル独立運動はその好例である。他方，辛亥革命，モンゴル独立運動，ロシア革命などに端を発する20世紀初頭の東北アジアにおける混乱の中において，ロシア，中国，日本などの各勢力はモンゴルに対して関与を図った。統一と独立を模索するモンゴル人の活動と，モンゴルに対する外からの関与の相互関係は，20世紀のモンゴルの情勢に大きな影響を与えてきたものであり，モンゴル近現代史を研究する者にとって避けて通ることのできないテーマである。
　このようなモンゴル人の民族運動の問題の構図は，モンゴル，東北アジア，東西トルキスタン，チベットなどの広範な地域を包含するものであった。このため，この問題は，単にモンゴル人の問題であるだけではなく，20世紀の歴史において重要な位置を占めるアジアの国際関係にも影響を及ぼしうるものであった。
　国際関係という観点から20世紀のモンゴル人の民族運動を解明する際に，1つの重要な鍵となるのが，本書における主題であるモンゴルとソヴィエト，

コミンテルンの関係である。すでに第Ⅰ～Ⅲ部において論じてきたように，外モンゴルの人民党，人民政府の活動に対してソヴィエトとコミンテルンは深く関与していた。そのため，人民党，人民政府と，外モンゴル以外の各地のモンゴル人との関係に対しても，ソヴィエト，コミンテルンが何らかの関与を図っていたことが想定されるのである。本書が重視する，対中関係を前提としたソヴィエト，コミンテルンの外モンゴルに対する関与という視点から，20世紀のモンゴル人の民族運動を考察する試みは，この問題の新たな一面を解明する大きな契機となりうるものであろうと筆者は考えている。

　1921～1924年において，人民党，人民政府が活動の拡大を図っていた地域として，フルンボイルと新疆を挙げることができるだろう。そこで，この補論においては，1921～1924年におけるこれらの地域と人民政府のつながりと，ソヴィエトとコミンテルンの対モンゴル政策の関連を検討し，モンゴル人の民族運動と当時の国際情勢の関係の一端を解明することを試みる。

第1節　フルンボイルに対する人民政府の活動と
　　　　　ソヴィエト，コミンテルン

　1920年代における人民政府とフルンボイルの活動家たちのつながりは，従来のモンゴル近現代史研究においてもよく取り上げられてきたテーマである。ただし，従来の研究においては，1924年以降をテーマとして取り上げる傾向が強いと言うことができるであろう[2]。これは，1924年に成立した外モンゴルのダムバドルジ政権が積極的に内モンゴル人民革命党に援助を行ったためであろう。それ以前の1921～1924年における両者の関係については，ミャグマルサンボーやアトウッド，ルジャニンなどが，人民党とフルンボイルの青年活動家グループの関係の樹立や，人民政府とフルンボイルとの間に結ばれた協定についてわずかに触れているのみである[3]。

　これら従来の研究においては，人民政府とフルンボイルの関係を，独立と統一を目指すモンゴル人の運動という観点からしか説明していない。このような両者の関係のあり方は，確かに一定の真実を含んでいる。だが，人民党，人民政府の活動を検討する際に，外モンゴルにおいて大きな影響力を持って

いたソヴィエト，コミンテルンの関与も合わせて論じる必要があることは，筆者が本書においてすでに論じてきたとおりである。本節において考察するように，人民政府，人民政府を支えるソヴィエト，コミンテルンにとって，フルンボイルはモンゴル人が居住する地域である一方，安全が確保されなければならない国境を接する地域であり，仮想敵として想定していた張作霖が勢力を維持する地域でもあった。フルンボイルと人民党，人民政府の関係を単にモンゴル人の関係の中においてのみ位置づけてしまうことによって，むしろ当時の実情を正確に把握できなくなる可能性さえあるだろう。

そこで，本節においては，ソヴィエト，コミンテルンとの関係から1921〜1924年の人民政府とフルンボイルの関係を分析し，この両者が関係を構築していく過程が当時の東北アジアをめぐる国際情勢にいかなる影響を与えたかを考察したい。このために，まず当時の人民党，人民政府とフルンボイルの関係には，民族運動におけるつながりと，隣接地域としての関係の2つがあったことを考察する。次に，このような両者の関係に対して，ソヴィエト，コミンテルンが取っていた姿勢を考察する。なお，本節においては，フルンボイルの政治情勢そのものの考察ではなく，人民政府，ソ連，コミンテルンがフルンボイルに対して取った姿勢の考察を主眼とする。

1．人民党，人民政府とフルンボイル
A．20世紀初頭のフルンボイル

モンゴル人が居住する他の諸地域と同様，フルンボイルもまた20世紀初頭のモンゴルをめぐる激動に巻き込まれた地域であった。1911年にモンゴル独立運動が発生すると，フルンボイルにおいては勝福の勢力がボグド・ハーン政権に呼応した。だが，その後，1915年のキャフタ三国協定によって中華民国の宗主権下の自治が外モンゴルのみに制限されると，フルンボイルは，キャフタ三国協定とは別にロシア帝国と中華民国の間に結ばれた協定において，中華民国のもとにおいて一定の自治を享受する特別区域と位置づけられることになる。だが，1917年にロシア革命が発生すると，フルンボイルの状況は大きく変化することになる。モンゴル民族の統一と独立を目指してブリヤート・モンゴルや内モンゴルの人々が参加し，ロシア白軍のアタマン・セミョ

ノフ（Атаман Г. М. Семенов）や日本軍も関与した1919年の大モンゴル国運動は，フルンボイルにおいても支持を集めたが，失敗に終わった。ロシア革命と大モンゴル国運動の混乱の中，1920年にフルンボイルの特別区域制が廃止されてしまう。特別区域制廃止後，フルンボイルには善後督辧兼交渉員が置かれたが，モンゴル人に対する行政である旗務を担当したのは呼倫貝爾副都統公署であった。フルンボイルの自治が設定された際には，副都統には勝福が就いていたが，1916年に貴福が副都統を継いだ。

　これらの状況のもと，フルンボイルにおいて青年層を中心に次第に民族運動が発展し始めた。メルセ（melse, 郭道甫）やフーミンタイ（vumintan, buyangerel, 福明泰，富明泰，敖明泰）などがこの運動で大きな役割を担い，彼らによってフルンボイル学生会が結成された。この組織を基盤として後にフルンボイル青年党が結成されることになる。また，彼らは人民党との関係樹立を模索し，1922年にフレーを訪れた。この頃から，フルンボイルのグループと人民党の関係が築かれ始めたのである。

B．フルンボイルの活動家グループと人民党大会

　フルンボイルの民族運動と人民党の関係に関する従来の研究においては，第4章において詳述した1923年7月18日〜8月10日の人民党第2回大会にフーミンタイが参加したこと，同年冬にフルンボイルの数名が人民党に入党したこと，フルンボイルの民族運動グループが人民党東方部として承認されたことなどが指摘されている。人民党第2回大会の議事録によると，1923年7月18日に開催された大会第1回会議において，フーミンタイは13番目に祝辞を読んでいる。この祝辞はまだ発見されておらず，その内容を知ることは現時点においては困難である。

　また，人民党第2回大会においては，外モンゴル以外のモンゴル人と人民党の関係に関する決議が出されている。大会第4会議（1923年7月30日）の議事録の第6項には，

> 人民党第10支部代表が提案して報告した4箇条の内の……第2に，同一民族たる内モンゴルなどの多くのモンゴル民族に我ら人民党の思想を宣伝すべきであることを報告し，熟練した代表を派遣して大業を成しとげるよう望む，という報告があった。……これら3箇条［原文ママ］は

非常に正しいため、そのとおりに承認し、［人民党］中央委員会に執行させるよう決議した。[13]

という決議が記されている。この会議において報告された人民党第10支部代表の報告においては、人民党の本来の目的がモンゴル民族の統一と文化および民族の発展であることが強調され、内モンゴルなどの各地のモンゴル人に人民党の思想を伝えるために代表を派遣することが主張された。[14]

スタルコフが記したと思われる「党大会決議に対する注釈」という史料には、この決議について、[15]

3. モンゴル民族の間における活動について

この問題を大会に提起したのは、軍務省における党支部［人民党第10支部］であった。どのようにこの支部がこの問題に取りかかったかについて詳細を私が照会したところ、この問題を提起したのが、この支部の指導をしていた党の重要メンバー、ジャムツァラーノ（ブリヤート）であったことがわかった。ジャムツァラーノは熱烈な民族主義者である。……なぜジャムツァラーノがモンゴル民族の間における活動の問題を、自分で大会に提起するのではなく、支部経由で提起したのかは、言うのが難しい。特徴的なのは、この問題は、ある会議の最後に、この問題に対してジャムツァラーノとは別の姿勢を取っている党員のグループが会議を後にした時に、突然発覚した、ということである。[16]

と説明されている。ジャムツァラーノは、この問題を人民党第2回大会において突然提示していたようである。

フーミンタイは、1924年7月に行われた人民政府成立3周年のセレモニーにも出席し、フルンボイルと外モンゴルの協力関係の重要性を主張している。[17] 彼は人民党第3回大会にも参加し、中国、日本、張作霖の抑圧から内モンゴル、フルンボイルを救い出すよう要請する祝辞を述べた。これに対して、人民党第3回大会第5会議（1924年8月8日）において、以下の決議が出されている。[18]

第6項：モンゴル民族の各部と関係を築き、全モンゴルを統一するという目的は、わが党の重要な目的である。だが、バルガ、内モンゴル、ウリヤンハイなどの我らと宗教を同じくする同民族たるモンゴル人は、[19]

現在まで互いに関わり合って1つになることができていない。そのため，これ以後，いかに関わり合って関係を強固なものにし，統一するかという特別な決定を出して努めるのが良いであろう。これについて協議し，モンゴル民族と，宗教を同じくする者たちを，このように強固な関係を築いて統一するよう努めるのが極めて適切であるため，［人民党］中央委員会が時勢と道理を加味してできる限り適切な措置を考案し，このことを次第に前進させることに努めるべきである，と決議した。[20]

この決議は，フルンボイル，内モンゴル，ウリヤンハイなどのモンゴル人との関係を樹立するために人民党中央委員会ができる限りの措置を講じる，というものであった。

フーミンタイらが人民党との関係を構築していくにつれて，人民党も彼らとの関係を重視するようになり，人民党第2回大会と第3回大会において外モンゴル以外の各地のモンゴル人との関係樹立を推進する決議が出されるようになったのであろう。

以上の点は，フルンボイルの活動家グループと人民党の連帯を示すものである。しかし，人民党，人民政府は，このフーミンタイを，単にモンゴル人の活動家として友好的に受け入れただけではなかったことを指摘しておく必要がある。実は，フーミンタイに対しては警戒感を抱く傾向が人民党，人民政府に存在したのである。人民党第2回大会に参加するためにフレーを訪れていたフーミンタイに関して，当時ソ連との交渉のためにモスクワに滞在していたリンチノは，共戴13年6月6日（1923年7月19日）付人民政府外務省宛の電報において，

> フーミンタイはツェレンピルを知っているようだ。そこで彼にそれとなく事情を尋ね，ツェレンピルの逮捕に努めるように。また，フーミンタイを賓客として遇する一方において，警戒もしておくべきである。[21]

と述べている。リンチノは，ツェレンピルとフーミンタイの間に関係があるとみなしていたのである。ツェレンピルとは，第2章において述べたツェレンピル事件の中心人物のことであろう。すでに論じたように，この事件は，外モンゴルに「反ソヴィエト・ロシア」，「反人民政府」の勢力が根強く存在することを浮き彫りにしたボドーの粛清事件の後に発生した，いわゆる「反

革命事件」であり，ソヴィエトにとっても，また人民党，人民政府にとっても脅威になりうる事件であった。ツェレンピル事件においては，ツェレンピルの文書が満洲を経由して日本に届けられており，フルンボイルも事件の舞台の一部であった。「反革命事件」であるツェレンピル事件とフルンボイルのつながりに直面して，リンチノら人民政府指導層は，フルンボイルの活動家に対して，受け入れる姿勢を示す一方で，警戒感も示していた可能性が高いのである。1923年11月9日付人民政府の文書には，ツェレンピルに関係のあるバルガのサインオチラルを逮捕したことが記されている。[22]ツェレンピル事件に関わりのあるバルガの人間が実際に逮捕されていることからも，ツェレンピル事件に関しては，フルンボイルと人民党，人民政府の関係は緊迫したものであった可能性がうかがわれる。

C．人民政府とフルンボイルの協定

　以上のように，フルンボイルと人民党，人民政府の間に存在したのは，民族運動における協力関係だけではなかった。人民党，人民政府にとってフルンボイルは，上述した「反革命事件」と関係のある警戒すべき地域であり，また国境問題を抱える隣接地域でもあった。

　これに関して，1921年後半にセツェン・ハン・アイマグのマンライ・ワン・ホショーなどのバルガの人々を強制的にフルンボイル側に組み込もうとする武力侵入がフルンボイル側から一度ならず行われ，人民政府がこれに抗議した，という指摘が先行研究にある。[23]この問題に関して，共戴12年6月19日（1922年8月11日）付人民政府第35会議の議事録によると，呼倫貝爾副都統公署がこの問題に関する書簡を人民政府宛に送付してきた。この書簡には，呼倫貝爾副都統公署が武装兵を派遣して人々を連れ帰ったことはないこと，ロシア白軍による混乱によって外モンゴルに逃げたバルガの人々を親類が引き取っただけであること，外モンゴルに移ったバルガの人々は外モンゴルには利益にならないこと，彼らがフルンボイルに戻ってきてもフルンボイルに損はないこと，などが記してあった。この書簡に対して，この人民政府第35会議においては，フルンボイルから武装兵が派遣されている問題はまだ調査中であり，人民政府からフルンボイルへ送った特使は国境を越えることを許されなかったこと等を考慮すれば，呼倫貝爾副都統公署の書簡は無駄なもの

である，と判断した。[24]

　1923年末に人民政府と呼倫貝爾副都統公署間で協定が締結されることになるが，それはこういった諸問題が外モンゴルとフルンボイルの間に生じた結果であろう。従来の研究においては，協定が締結されたこと自体は指摘されているが，協定の内容や締結に至る過程についてはほとんど解明されていない。[25]

　共戴13年11月20日（1923年12月28日）の人民政府第5会議の議事録には，

　　　第1項：これより前に，呼倫貝爾副都統公署から，ハルハとバルガの間で関係する事柄は少なくなく，双方から大官を任命して境を接する場所で面会し，あらゆる関係する事柄を協議し，一民族たるモンゴル人の友好を尊重して頂きたい。もし認めてくれるならば，いつどの場所で会うかを回答して送ってくれるよう望むものである。こう送ってきたことについて，わが政府は，このことをこのように協議することは非常に正しいため，［首相］正式代理大臣[26]，全軍司令官のダンザン［S. ダンザン］を任命し，東方国境に派遣し，上述のことを共に協議するよう決定し，このことを各所に伝達した。[27]

とある。外モンゴルとフルンボイルの双方に関わる事柄を協議するために，双方から特使を派遣する提案が呼倫貝爾副都統公署から出され，これを人民政府が受け入れたようである。[28]この議事録には，S. ダンザンが協定を締結して帰還した後の報告についても言及されている[29]ことから，協定の締結が12月28日以前に行われたことがわかる。協定の内容についてこの議事録には，

　　　モンゴル，バルガの境界周辺に居住する双方の大衆を宗教と民族のつながりによって助け守り，友好的に居住させることについて決議した臨時の協定6箇条[30]

としか書かれておらず，国境付近の住民に関する条項があった程度のことしかわからない。

　これに対して，『モンゴル駐在ソ連全権代表部報告』No.5（1923年12月17日付）の「バルガへの代表団」には協定の条項が記載されている。この史料においては，協定は全9箇条で構成されている。

　　　1. バルガの人々は，中華帝国主義者の何らかのグループを志向する

ことなく，民族的で民主的な政策に則る義務を負う。

　2．一方，モンゴルは，独立モンゴルの将来の命運に関する交渉が起こった際には，バルガのことを忘れない義務を負う。

　3．双方は，モンゴルからバルガへ，あるいはバルガからモンゴルへ，しっかりした目的を持って向けられたあらゆる庇護と協力を示す義務を負う。

　4．バルガは，モンゴルに敵対的な人々やグループにその領内を通過させない義務を負う。

　5．モンゴルに対して敵対的な軍隊がバルガを通ってモンゴルへ移動する場合，これを阻止するためにバルガはあらゆる措置を取る。

　6．双方の国境を跋扈する小規模の盗賊団は，国境地帯の双方の当局の同意のもとに，捕縛され，撲滅されなければならない。

　7．モンゴルは，好ましい条件において，銀行，協同組合，文化啓蒙活動をバルガと統一調和させる義務を負う。

　8．干ばつなどの災難の場合には，バルガの住民とモンゴルの当局の同意があれば，バルガの人々が遊牧のためにモンゴルへ移動することを妨げられることはない。ただし，バルガの人々が刈草を食い荒らさせず，総じて略奪を行わない，という条件付きである。

　9．何千人もの規模で遊牧移動してきたバルガの人々が，バルガに戻ることを望んだ際には，モンゴル政府はこれに妨害を行わない。その代わり今度は，バルガに居住するブリヤート人に外モンゴルへ遊牧移動することを，バルガは許可する。[31]

　この内，第1，2，3，7条は，フルンボイルが中国ではなくモンゴルに含まれることを再認識させ，フルンボイルと外モンゴルのつながりを強化するものであると言うことができる。

　第4，5，6条は，国境地帯の安全保障に関わるものである。詳細は後述するが，当時，人民政府，ソ連，コミンテルンはフルンボイルにおいて張作霖に対抗する措置を取ることを考えていた。そのためにこの条項が設けられたのであろう。

　第8，9条は，国境付近の牧地利用に関する条項である。牧地利用の問題

は外モンゴルとフルンボイルの間でよく起こる問題だったようである。たとえば，1924年6月17日の人民党会議においては，バルガの人々が越境遊牧した際の牧地使用料を協議し，以後使用料を徴収する，という決議がなされた[32]。また，1924年10月21日の人民党会議議事録には，フルンボイルで雪害にあった遊牧民をハルハで越冬させることを協定のとおりに承認した，と記されている[33]。

このように，この協定は，外モンゴルとフルンボイルの民族的統一を図っただけではなく，境を接するために生じる諸問題を人民政府と呼倫貝爾副都統公署の双方が解決しようとしたものだったのである。人民党，人民政府にとってフルンボイルは，同胞であるモンゴル人が暮らす地域である一方において，中国，日本，張作霖などの影響が及ぶ危険な地域であり，隣接地域としての問題を抱える地域でもあったのである。

2．ソヴィエト，コミンテルンの対モンゴル方針とフルンボイル

本書において論じてきたように，人民党，人民政府の活動には，ソヴィエト，コミンテルンの意図も関わっていることが多い。フルンボイルとの関係もまた例外ではない。本項においては，ソヴィエト，コミンテルンがフルンボイルに対していかなる姿勢を示していたかを検討し，人民党，人民政府とフルンボイルの関係の新たな一面を解明することを試みる。

A．フルンボイルに対するシュミャツキーの姿勢

すでに述べたように，人民政府が成立した1921年において，外モンゴルにおけるソヴィエト・ロシアとコミンテルンの活動に大きな影響力を持っていた人物の1人に，シュミャツキーがいた。

第1章において述べたとおり，1921年にソヴィエト・ロシア，コミンテルンにおいて，張作霖が外モンゴルに遠征を行うという認識が広まっていた。シュミャツキーもまた，そのような認識を持っていた。この問題に関連して，1921年9月10日付チチェリン宛文書においてシュミャツキーは，張作霖に対する警戒感を露わにし，張作霖のモンゴル進攻の可能性を排除する手段として，

　　　モンゴルへ中国侵略主義者の軍を主に移動させる唯一の（それゆえ歴

史的性格を持つ）道に，我々は影響を拡大する必要がある。ここで私は，現在まで華北の満洲軍の権力者の影響下に置かれてきたバルガと外モンゴルのことを指して言っている。私はこれに関していくつかの準備活動を行い始めた。バルガの王公と外モンゴルの王公の小会議を開催する実践的方法を計画している。何よりもまず，バルガの王公をハルハの地，ハルハの人々と緊密に結びつけることが必要である。[34]

と述べている。張作霖の外モンゴル進攻の可能性に対して，フルンボイルと外モンゴルを結びつけることによって対抗することをシュミャツキーは考えていたのである。

シュミャツキーはこの文書において，

この間，ソヴィエト・ロシアに頼る方法でハルハの人々がどのような成功を得たのかを，小会議に来たバルガと外モンゴルの人々に見せるため，どうあっても，モンゴルの軍，行政，経済の機関を建設する活動を，早急に行う必要がある。[35]

とも述べている。シュミャツキーは単にフルンボイルと外モンゴルのつながりを築くだけでなく，そこにソヴィエト・ロシアの影響を及ぼすことによって，張作霖の影響を弱め，張作霖の外モンゴル進出を防ごうと考えたのであろう。

一方，シュミャツキーはこの文書において，

こういった活動すべてを，大モンゴルのスローガンのもとにモンゴルに何も注文をつけることなく独立を与える，という考えで行うならば，間違いである。[36]

とも記している。彼の考えは，モンゴル人の民族独立の希求を尊重するというよりも，モンゴルにおけるソヴィエト・ロシア，コミンテルンの勢力を保護するという意識から生じたものと考えるべきであろう。

これに関して，第1章において言及した1921年の中ソ関係を考慮しておく必要があるだろう。中ソ公式交渉が難航したために，当時，ソヴィエト・ロシアは交渉によらない防衛措置を講じる必要があったはずである。フルンボイルに関してシュミャツキーが提示した上述の考えは，このような事情に基づいていたと考えられ，情勢の不安定な中国に対して外モンゴルとロシアを

防衛するという意識から生じたものであろうと思われる。

　B．1923年のフルンボイルをめぐるソ連，コミンテルンの姿勢
　　——モンゴル人の民族運動と中ソ公式交渉

　張作霖の勢力下にあるフルンボイル，という構図を念頭に置いた姿勢は，その後も外モンゴルに関わるソヴィエト，コミンテルンのエージェントに受け継がれていったようである。この状況は，フーミンタイが参加した人民党第2回大会が開催された1923年においても変わらなかったようである。

　スタルコフが指導した人民党第2回大会においては，人民党および国家の組織に関する決議が数多く出され，地方，特に東部2アイマグに対して人民党の活動を拡大することが決まった。すでに第4章において詳述したように，これについてスタルコフは，東部2アイマグにおいて革命活動は封建勢力の抵抗に遭っており，日本，張作霖の支援を受けた反革命勢力がこの地域で活動しているため，東方における人民党の活動には特別な政治的および戦略的意義が与えられている，と判断していた。ソ連，コミンテルンにとって，外モンゴル東部地域に対する人民党と青年同盟の活動の拡大は，人民党に対立姿勢を示すモンゴルの封建勢力や日本，張作霖に対する対抗措置だったのである。

　このような見方は，外モンゴル東部地域のみならず，フルンボイルに対しても取られていたようである。『モンゴル駐在ソ連全権代表部報告』No.3（1923年10月15日付）所載のフルンボイルに関する報告書の結論には，

　　　モンゴルにとっては，バルガおよびその防衛部隊との関係をこじれさせることなく，総じて張作霖の活動と彼の措置，そして特にバルガへの軍隊の移動を，鋭く見守る必要がある。[37]

とある。1923年においても，フルンボイルはソ連と外モンゴルにとって，張作霖が影響力を有する警戒すべき地域であり続けたのである。このような状況を受けて，『モンゴル駐在ソ連全権代表部報告』No.5（1923年12月17日付）の「バルガへの代表団」には，

　　　バルガを張作霖などの中国反動勢力の影響下から引き離すために，モンゴル人民党中央委員会は，バルガにいる青年グループとの関係を強化することを決めた。[38]

という記述がある。これらの記述にあるように，フルンボイルは張作霖の影響が及ぶ危険な地域であり，この地域から張の影響力を除く必要がある，という認識が，当時の人民党の指導層や，外モンゴルに関わるソ連，コミンテルンのエージェントたちに存在したのである。この認識は，上述のシュミャツキーが提示した考えを継承したものであろう。フルンボイルの民族運動と人民党の接触にはこのような意義もあったのである。

このような傾向が存在した一方において，人民党とフルンボイルの接触を快く思わない姿勢をチチェリンが示し始めた。共戴13年9月20日（1923年10月29日）付ダワー発人民政府外務省宛電報には，

> さらに，フルンボイル，チャハル，イリ[39]などの地に代表を派遣するようモンゴル政府がお金を出すことになっているというのを大臣［外務人民委員］チチェリンが聞き，非難しているため，このことを政府に合わせて伝えるように[40]。

というドゥホフスキーの言葉が記されている。チチェリンのこの姿勢は，彼が中ソ公式交渉に携わるソ連外務人民委員部の長を務めていることが影響していると思われる。第3章において論じたように，この電報が出された1923年10月末には，モンゴル問題に関して譲歩することで中ソ公式交渉を進展させるという方針に基づいて，カラハンが交渉を始めていた時期に相当する。このような状況において，人民党，人民政府とフルンボイルのフーミンタイらとのつながりは，中国側の反発を招くことであったと思われる。チチェリンは，この交渉に関与する者として，交渉の進展の障害となる要素を排除したかったのであろう。

このチチェリンに対して，ユーヂンが説得を試みている。1924年11月3日付ユーヂン発チチェリン宛文書[41]には，

> 去る10月中旬，貴殿もご存じのメルセが率いるバルガの人々のグループがバルガからウルガに到着した。彼らは，昨年夏にバルガに組織されたモンゴルの党の委員会（または，このグループの別名は，東方国境駐在人民党中央委員会）の使節であり，東部モンゴルおよび内モンゴルにおける蜂起が時宜に適しているという問題をモンゴル政府に提起する全権を与えられている。またこのグループは「モンゴル民族を統一し，東ア

補　論　外モンゴルとフルンボイル，新疆　　353

ジアにおける諸民族の大革命を準備する目的を有している」。同時に，我らの政府に対して，彼らは書簡を持ってきた。この書簡では，彼らの党委員会が我らに対して，目的としている課題の遂行のために必要なものすべてを提供することに支援を示すことについて，我らの政府と連絡を取るよう要請している。

　……ルィスクロフと私が同意したところでは，モンゴル政府はこの来訪者たちといかなる公式の交渉も行わず，問題はモンゴル人民党中央委員会において検討されることになった。我らの理解は以下のとおりである。一方では，我らはバルガと内モンゴルに対する積極的進出を不許可にしておかなければならない。……だがこれに対してもう一方では，おそらく事実上革命的な風潮を有するバルガの人々に冷や水を浴びせかけてはならない。……バルガ，内モンゴル，新疆におけるモンゴル民族の革命化と組織に関する一連の実際的課題をモンゴル人民党に対して提起することが我々にとって時宜に適っている，と私には思われる。このような決定は，モンゴル人の健全な民族革命志向が流れ込みうるはけ口を作り出してくれるだろう。そしてこのはけ口は，汎モンゴル主義者たちの地位を弱め，この活動を健全化して組織的な方向へと向け，最終的には，この活動を直接に指導する可能性を我々に与えてくれるであろう。こちらにルィスクロフが到着したのと共に，我々は，モンゴルの党活動において，党の活動の観察と修正の立場に止まってはならない。現在，組織的で創造的な活動が必要である[42]。

と記されている。これによると，1924年10月にメルセなどのフルンボイルの活動グループの代表たちがフレーを訪れ，人民政府とソ連に，フルンボイルにおける蜂起に対する支援を求めた。ルィスクロフとユーヂンは，フルンボイルと内モンゴルに対する進出を不許可にしておく必要があると述べつつ，フルンボイル，バルガ，内モンゴルに対する人民党の活動を論じ始めるべきである，とチチェリンに提案している。上に引用した文章全体においては，ユーヂンはこの活動を肯定的に捉えていると言うことができるだろう。チチェリンとユーヂン，ルィスクロフらの間に，認識の差が生じているのである。この差は，モスクワにおいて中ソ関係などの複雑な諸要素を考慮しなくては

ならないチチェリンと，外モンゴル現地においてモンゴル人たちを直接相手にして活動しているユーヂンたちの認識の差であると考えられる。

第2節　新疆における人民政府の活動とソヴィエト，コミンテルン

　近年の研究の進展によって，人民政府が新疆のモンゴル人との関係樹立を模索していたことが次第に解明されつつある。人民政府と新疆のモンゴル人の関係樹立に関する最近の研究によると，1920年代初頭の新疆における人民政府の活動は，イリなどの地域のモンゴル人と関係を樹立して彼らを中国の抑圧から解放することを目的としていた，とされている[43]。この目的のために，1921年に人民臨時政府代表の新疆派遣計画が立案され[44]，1922年には，実際に新疆に人民政府代表が派遣され，現地のモンゴル人との関係を樹立し，「ウイグル住民」とも関係を築いた[45]。先行研究においては，この人民政府の一連の活動を，「人民政府が，民族として1つであるモンゴル人の間のつながりを強化し，彼らの間に人民政府の政策を宣伝し，西部地域の多くの民族をモンゴル国に含める[46]」活動と位置づけている。

　本書において論じてきたとおり，人民党，人民政府の活動には，ソヴィエト，コミンテルンが何らかの影響を及ぼしていることが多い。新疆における人民政府の活動も，ソヴィエト，コミンテルンとの関係から分析することが必要であろう。また，新疆は多くの民族，国家が関わる地域である。この地域における人民政府の活動は，新疆をめぐる国際関係に対しても影響力を持ったはずである。新疆における人民政府の活動を，こういった観点から検討することが必要なのである。

　先行研究においては，新疆に対するソヴィエト，コミンテルンの直接の関与については，すでにいくらか論じられている[47]。だが，新疆における人民政府の活動とソヴィエト，コミンテルンの関係については，新疆におけるコミンテルンの活動に対して「モンゴル人共産主義者」の支援があったことが示唆され，モンゴル人民党代表ナーツォフがコミンテルン宛に報告メモを送っていたことが紹介されただけである[48]。

ソヴィエト，コミンテルンとの関係から新疆における人民政府の活動を分析することによって，この活動をモンゴル人の統一と独立を目指す運動として捉えるのみに止まらず，新疆における人民政府の活動と，東西トルキスタンおよび東アジアの情勢や中ソ関係との関係を解明し，20世紀のモンゴル人の民族運動が持っていた影響力を捉え直すことができるはずである。

　本章においては，1920年代前半の新疆における人民政府の活動に対するソヴィエト，コミンテルンの関与を中心に考察する。このため，まず新疆における人民政府の活動を概観し，この活動における人民政府の意図を検討する。次に，この人民政府の活動に対してソヴィエト，コミンテルンが取った姿勢を考察する。そしてこれらを通じて，モンゴル人の統一と独立を目指す運動と国際情勢の関係の一端を解明する。

1．新疆における人民政府の活動
A．20世紀初頭の新疆

　人民政府が関与しようとした20世紀初頭の新疆は，政治的に不安定な状況にあったと言うことができる。辛亥革命が発生すると，その影響によって革命派の蜂起がイリなど各地で発生した。[49]この時，ドンガン[50]の部隊を活用して新疆支配を確立したのが，楊増新[51]であった。多様な民族を包含する新疆の統治者として，楊増新は，各民族の支配者層に爵位を承認することなどを通じて，新疆各民族の不満を抑えようと試みた。[53]その一方において，楊増新はトルコ系ムスリムに対して従来の権威と教育を認める代わりに，近代的思想の導入を防ぐ措置を取っていた。[54]

　また，この頃，楊増新は，新疆の北部地域に隣接するアルタイ山脈の南側斜面と山麓地域一帯（以下「アルタイ地区」と称する）を新疆省に組み込もうとしていた。ホブドからアルタイ地区にかけての一帯においては，1911年のモンゴル独立運動の際にボグド・ハーン政権軍と中華民国軍との間において激しい戦闘が行われた。[55]だが，1918年に北京政府がアルタイ・ウリヤンハイ7旗にザサグ印を与え，[56]アルタイ地区を新疆の管轄下に置いたのである。[57]

　1917年のロシア革命の発生は，新疆の情勢に一層の混乱をもたらすことになり，楊増新はロシア革命後の混乱に対応することを余儀なくされた。中華

民国は，建前上，旧ロシア帝国側の外交官を正式に国交を有する相手とみなしていた。その一方において，中央アジアにおいてソヴィエト政権が次第に勢力を拡大する現状に対応するために，新疆の地方官がソヴィエト政権と非公式に接触することも認めていた。[58]

　ソヴィエト・ロシア軍とロシア白軍の内戦が始まると，新疆にはロシア白軍のバキチ（А. С. Бакич）[59]らが逃げ込み，勢力を強めた。[60]当初，楊増新はロシアにおける内戦に対して中立を守ろうとした。だが，ロシア白軍が新疆において勢力を強めるにつれて，新疆の情勢が次第に悪化した。楊増新はこれを受けて，それまでの中立を維持する態度を変えた。そして，新疆当局とソヴィエト・ロシア側の間において白軍掃討の共同作戦に関する協定が締結され，1921年5月にソヴィエト・ロシア軍は新疆に入った。バキチは外モンゴル西部に逃亡した後，1922年にソヴィエト・ロシア軍によって逮捕された。[61]しかし，その後も新疆には小規模のロシア白軍が留まり，ソヴィエトに対する攻撃を続けた。[62]

　新疆は，トルコ系ムスリムが多数居住する地域であり，彼らの動向が情勢に強く影響する土地である。辛亥革命の発生に対してトルコ系ムスリムも活動を起こし，ハミにおいてはテムルの反乱[63]が1912年初頭に発生し，トルファンにおいても蜂起が発生した。[64]この頃，楊増新によって近代的思想の流入が妨げられ，漢語教育とクルアーンに基づく教育しかないトルコ系ムスリムの間において，近代的教育を普及させる運動が起こった。だが，この運動は，漢人のみならずイスラムの支配者層，宗教知識人層の反発も受けて失敗に終わった。[65]

　新疆に居住する多数の民族の中には，モンゴル人も含まれている。新疆には，旧トルグート，新トルグート，ホショート，チャハル，ウールドなどのモンゴル人が居住していたのである。1911年に辛亥革命とモンゴル独立運動が勃発すると，新疆のモンゴル人の間においては，これらの事件に対してさまざまな反応が見られた。ボルタルにおいてはチャハルが騎兵隊を組織し，イリの反清蜂起に参加した。[66]

　一方，モンゴル独立運動に応じたモンゴル人も現れた。ソミヤー（sumiy_a）はその代表的人物であろう。彼は1874年にイリのチャハル左翼鑲黄旗に

生まれ、チャハル左翼総管などを務めたが、その一方において反漢闘争も組織していた人物である。宣統3 (1911) 年11月19日、イリの清朝軍とチャハル左翼8旗の間に衝突が起こり、ソミヤーは麾下の152戸552人を連れてイリを去った。彼らはセミレチエ地方を経由して外モンゴルに入った。ボグド・ハーン政権は彼にキャフタ近辺の哨戒所の地を与えた。その後、ソミヤーはボグド・ハーン政権の内モンゴル派遣軍に従軍して大功を立て、1915年末にキャフタ付近の28哨戒所の長に任命された。またキャフタ西方の3哨戒所の土地を得てトゥシェート・ハン・アイマグ管轄下の1旗を建設し、旗ザサグに任命された。

ソミヤー以外にも、当時の新疆のモンゴル人の中に中国に対する反感を強く抱いていた者がいたことを示す例として、ハズルンドの記述を挙げることができるだろう。彼は、自身の回想録に、トルグートのテインラマに会ったこと、テインラマが独立自主の傾向を持っていたので漢人は彼の活動を制しようと試みたこと、などを記している。この話は、旧トルグート南路ハン旗について書かれたものであろうと推定される。当時、楊増新と善隣関係を保っていた旧トルグート南路ハン旗のザサグ、ゾリグトハン・ボヤンムンフは、楊増新によって12営のモンゴル騎兵の統括を任されていた。当時、ボヤンムンフは北京に居住していたが、1917年に急逝し、その子マンチュクジャブがザサグ位を継いだ。この時マンチュクジャブがまだ幼年であったため、マンチュクジャブの母ボルジブジトが印務を司り、モンゴル騎兵統括の職務はボヤンムンフの弟バンディホトクトが摂政として管理することになった。この事実は、ハズルンドが伝えるテインラマの経歴とほぼ合致する。このことから、ハズルンドの伝える独立自主の性格の強いテインラマは、バンディホトクトのことであろうと推定できる。

以上のような反漢姿勢の強いモンゴル人がいる一方において、1910年代の混乱の中で、中国側に付くことによって安定を確保しようとしたモンゴル人もいた。1913年にアルタイ地区の王公ミシグトングロブは、外モンゴルの支配を脱して中国側に付く意思を新疆政府に表明した。その後、1919年末以降、アルタイ地区において新トルグートの王公が新疆省政府に新たなザサグ印を請求する、という出来事が発生した。1920年4月16日新トルグート部輔国公

アリザイドルゴルの実弟四等タイジのゴムボジャブら発楊増新宛文書には，アリザイドルゴルがモンゴル独立運動の際にボグド・ハーンからザサグ印をもらい，新トルグート左旗から離れて1旗を形成したが，今回新たなザサグ印を新疆省政府からもらいたい，とある。これに対して新疆省政府は，1920年4月20日付で，アリザイドルゴルの旗はアルタイにあるが，現在アルタイは新疆に帰属しており，外モンゴルの範囲内にはない。そこで，外モンゴルが頒布した印は一律に回収すべきである，という返答をアリザイドルゴルに送った。この事態は，モンゴル独立運動の際に新トルグート左旗からボグド・ハーン政権に帰順した人々が，外モンゴルの自治廃止を受けて新疆省政府から保証を受けようとしたために発生したのであろうと思われる。20世紀初頭のモンゴルをめぐる複雑な政治情勢に対して，1910～1920年代のアルタイ地区，新疆のモンゴル人は，外モンゴルと中国に対して複雑な反応を示したと言うことができるであろう。

B．1922年のモンゴル人民政府の活動

新疆のモンゴル人との関係樹立の計画が人民臨時政府において初めて提唱されたのは，同政府がまだキャフタにおいて活動していた頃である。この計画に主たる役割を果たしたのが，先に言及したソミヤーと彼の弟デムベレル（demberel）らであった。キャフタ付近に居住していたソミヤーらは，1921年初頭以降，人民党の活動に関わるようになっていたのである。

1921年3月24日の人民臨時政府会議において，中国の抑圧からモンゴル人を解放する人民臨時政府の活動に協力して人民義勇軍に参加するようイリのモンゴル人に宣伝するため，ソミヤーらのイリ派遣が決議された。だがソミヤーの旗のメンゲトがロシア白軍のスハレフと共に騒乱を起こしたため，この計画を中止せざるを得なくなった。デムベレルの回想録には「5月にもこの議題が人民臨時政府の会議で協議された」とあるが，代表が派遣された可能性は低い。

人民政府成立後，新疆モンゴル人との関係樹立の動きが本格化した。これに関してリンチノは，1925年6月25日のモンゴル人民革命党中央委員会会議における報告において，人民政府代表が1922年と1923年に新疆へ派遣された，と述べている。

補　論　外モンゴルとフルンボイル，新疆　　359

1922年の代表派遣に関しては，先行研究に詳細な記述がある。それによると，1922年春に人民政府首相ジャルハンズ・ホトクトがイリのモンゴル人宛の書簡を作成した。この書簡の内容は，外モンゴルで人民政府が建設されて国家統治が進められている一方，中華民国では漢人の権力闘争が行われている，という形で外モンゴルの状況をイリのモンゴル人に伝達し，これに対する返答を求めたものである。1922年7月初頭，この書簡を持って新疆に赴いたデムベレルはまずウールド営上旗のナサンバトなどの有力者たちに会った。ウールド営上旗の人々は会議を開き，デムベレルはこの会議で外モンゴルとの関係樹立の重要性を説いた。これに対してウールドの代表たちは，中国から離れて外モンゴルと統一することを以前から望んでいたことを表明した。その後デムベレルは，タルバガタイ，アルタイ・トルグート，チャハル，ウールドなどの代表を招集して7月10日に会議を開いた。これら代表たちは，ジャルハンズ・ホトクトの書簡に対する返答として，武器と軍隊の送付と，漢人勢力の一掃を要請し，ソミヤーをイリのモンゴル人の代表に任命する文書をナワーン（navan）に持たせてデムベレルに同行させた[84]。

　この時のデムベレルの活動について，1922年9月25日付トルキスタン共産党ジェティス州委員会[85]発ロシア共産党中央委員会中央アジア局[86]宛デムベレルの身分証明文書には，

　　この文書の提示者デムベレルは，モンゴル革命政府［人民政府のこと］代表であり，新疆のカルムィク住民との関係樹立のために来た。

　　……デムベレルはカルムィク住民や，クルジャ地域[87]の革命諸組織と連絡を取り，現在，モンゴル政府によって課された任務を終えた。……

　　……デムベレルに同行しているのが，彼の同志，バンザロフ（ウプラヴィロフ），アビライ，ツェレン，そしてクルジャ地域で彼らと一緒になったカルムィク住民の代表ノヴァンである。

　　彼らは皆モスクワ駐在モンゴル全権代表部経由でモンゴルへ送られなければならない。

　　……デムベレルらは，カルムィク（モンゴル）住民の運動を準備する，という一定の課題を有し，この点においてデムベレルらは準備活動における結果を得た[88]。

とある。ここには，デムベレルらは，新疆の「カルムィク」[89]や，クルジャの革命組織と接触し，ノヴァン（Нован）と行動を共にするようになったことが記されている。このノヴァンは，先に言及したナワーンのロシア語式綴りであろうと思われる。彼の名はいくつかの公文書に登場する。たとえば，西暦3月15日[90]付のタシケントのナーツォフ[91]発人民政府宛電報には，

> ナワーンと私は2人で先ほどタシケント市に着き，モスクワに入ろうとしているところである。元来課されたことを遂行し，さらに政治，財政，軍事の状況に関して非常に豊富な情報を収集した。モスクワからナワーンを，報告書と集めた情報と共にフレーに送る[92]。

という記述がある。この電報は，新疆における活動にナーツォフが従事した直後に人民政府にその結果を伝達したものだと思われる。新疆における活動に，ナワーンが関与したことが記されているのである。また，1925年4月29日付ナーツォフ発ペトロフ，ヴォイチンスキー宛電報の，

> 貴殿らもご存じの新疆の革命諸グループの非合法活動大会の召集について貴殿らの意見をお伝えください。ナワーンは，貴殿らの出発の決定を待っています[93]。

という記述からは，「新疆の革命諸グループの非合法活動大会」にナワーンが関与している様子がうかがわれる。

これらのことから，ナワーンは1922年のデムベレルの新疆派遣の際に人民政府との関係を樹立した後，新疆モンゴル人の1代表として外モンゴルに滞在し，新疆における人民政府の活動に関与した，と考えられる。新疆における人民政府の活動は，すでに外モンゴルに移住したソミヤー，デムベレルらに加え，新たに新疆のモンゴル人が加わることによって進められていったのである。

1922年のデムベレルの新疆派遣の目的の1つは，人民政府の文書に対する新疆のモンゴル人の回答を獲得することであった。先行研究が提示した回答文書は，新疆のモンゴル人が外モンゴルに対する統合を望んだ内容になっていた。しかし，この文書以外にも，新疆のモンゴル人がデムベレルに渡した文書が存在する。その1つが，1922年9月7日付ウールド営上旗会盟（Верх-неолетский сейм）[94]代表ナサンバトおよびイリ地域の他の10地域の諸代表発[95]ソ

補　論　外モンゴルとフルンボイル，新疆　361

ヴィエト・ロシア政府宛文書である。この文書の前半部は，外モンゴルの自治廃止の頃までのイリのモンゴル人の行動，漢人による圧迫を述べた長文によって構成されており，この文書を出した人々の反漢感情の強さがうかがわれる。これに対して，後半部においては，イリの人々の代表としてソミヤーを選出し，中国の支配からの解放と民族的統一に対してソヴィエト・ロシアに援助を要請している。[96]ここで注目されるのは，新疆のモンゴル人が人民政府にのみならず，ソヴィエト・ロシアにも援助を申請していたことである。このことは，デムベレルの活動にはソヴィエト・ロシアが関与していた可能性を示すものであろう。

また，共戴12年7月16日（1922年9月7日）付ソミヤー宛ウールド営中旗会盟（Среднеолетский сейм）および他の10地域の各代表発文書には，[97]

> 我らイリのモンゴルの人民大衆を，反動中国が（我々に）しでかした抑圧と苦しみから解放するために，官吏デムベレルと共にモンゴル政府の書簡が送られてきた。これを受け取ったことにより，我々諸代表は，ウールド営中旗の総管リジのところに集まり，ロシアとモンゴルに援助を要請することを決めた。この結果，もちろん，イリ地域の権力者の中から経験があって良い官吏の誰かを全権代表に選出するのが適当であるはずである。だが，（権力者たちは）諸外国の状況や新たな革命期の原則をよく知らない。また，漢人がこのことについて知ったら，我々に対して大災難を及ぼしてしまうだろう。この漢人の非合法的な活動を考慮している。さらに，貴殿が内外のことや新たな革命時代の精神を知っており，基本的な事柄を実行する経験があることを考慮して，我々は貴殿，貴ソミヤー・ベイスを，イリ地域の全モンゴル人の全権代表に選出することを決め，選出した。これを貴殿に通知し，現状理解に基づいて，我々イリ・モンゴルの抑圧された大衆を放置せず，このことの実行に対してありとあらゆる措置を取ることを要請する。ロシアとモンゴルが，我々の要請に応じて，我々の状況に通じて軍隊と武器を出すならば，この文書を受け取り，反動的漢人官吏と兵士をこの地域から戦って一掃し，多くの苦しみを抱えるモンゴル大衆に安寧をもたらすために，早急に来着するよう要請する。[98]

とある。この記述からは，新疆のモンゴル人の中から人民政府に直接代表を送ることはリスクの高い行動である，と新疆のモンゴル人がみなしていた様子が見受けられる。このようなリスクを避けるという意味で，ソミヤーが代表に選出されたのである。また，この文書には民族統一を求める記述がない。この文書の発行者たちは，人民政府に対して，外モンゴルと新疆のモンゴル人の統一を強く求めるようなことはしなかった，ということになるのである。

　これらのことから，人民政府の呼びかけに対して新疆のモンゴル人は，現状に鑑みて，必ずしも外モンゴルとの統一という選択をしたわけではなく，むしろ複雑な対応を示したと考えるべきであろう。

C．人民政府の政治家と新疆における活動

　先に述べたように，人民政府は，新疆モンゴル人と関係を樹立し，彼らを中国から切り離して人民政府側に引き付けることを目的として，デムベレルを新疆に派遣した。

　この一方において，新疆における人民政府の活動をより広く活用しようとする人々が人民政府内にいた。その内の1人がリンチノであった。彼は，1925年6月25日のモンゴル人民革命党中央委員会会議における報告において，

　　　内モンゴルに次いで，新疆地域のモンゴル人は，モンゴル民族の最大
　　　のグループを提示している。……新疆における革命活動は非常に有利な
　　　条件を有している。

　　　……さらに，革命活動を築き上げ，総じて新疆との不断で強固なつな
　　　がりを設けることは，係争中のアルタイ地区の命運を我々にとって有利
　　　に解決するのにかなりの程度寄与するであろう。アルタイ地区のせいで，
　　　我々は新疆督軍と常に確執を引き起こしている。周知のとおり，新疆督
　　　軍はこの係争中の土地を占領して植民し，我らのホブド地域に対する基
　　　盤に変えるよう決めたのである[99]。

と述べている。リンチノは，新疆における人民政府の活動とアルタイ地区の問題を結びつけようとしていたのである。当時，人民政府はアルタイ地区の領有権を主張し，ホブドを挟んで新疆省側と対立していた[100]。新疆における人民政府の活動がこの問題に利用できるとリンチノは考えたのである。

　また，アマガエフ[101]も，新疆における人民政府の活動をより広範に活用しよ

うとしていた人物である。『モンゴル駐在ソ連全権代表部報告』No.10の中の「ブリヤート共和国中央執行委員会代表アマガエフとの対話」には、そのような彼の考えが以下のように記されている。

> 少なからず重要なのが、モンゴル人が居住する中国諸地域、つまりバルガ、内モンゴル、中国トルキスタンの世論を動員することである。それらの地のモンゴル人をデモに、可能なら中国のショーヴィニストに対する蜂起に動員する必要がある。要するに、これらモンゴル人の住む中国の地域の積極性が、北京の帝国主義者たちの欲望を鎮めるようにする必要がある。[103]

アマガエフは、中国トルキスタン（新疆）における人民政府の活動を、単に新疆における問題とのみ捉えるのではなく、中華民国との関係にも活用することを考えたのである。

2．ソヴィエト，コミンテルンの姿勢

　以上のような新疆における人民政府の活動には、ソヴィエト、コミンテルンが関与していたことを考慮しておかなければならない。たとえば、上に述べたように、新疆のモンゴル人は、ソヴィエト・ロシア宛の援助要請文書をデムベレルに出していた。このことは、デムベレルの新疆派遣にソヴィエト・ロシアが関与していたことを示唆するものであろう。

　このため、人民政府の活動とその意図を追求するだけでは、新疆における人民政府の活動の実情と意義を解明するのは困難である。そこで、本項においては、ソヴィエト、コミンテルンが新疆における人民政府の活動といかなる関係を持ったかを検討し、この活動の意義を考察する。

A．新疆におけるモンゴル人と「ウイグル住民」の関係

　先行研究においては、1922年に新疆の「ウイグル住民」の代表がデムベレルと面会し、モンゴルと「ウイグル住民」の共同反漢闘争を行うことを提案し、モスクワに赴いたことが指摘されている。[104]先行研究においてはこれ以上言及されていないが、実はこの問題こそが、ソヴィエト・ロシア、コミンテルンと深く関連するものだったのである。モンゴル人と「ウイグル住民」の関係樹立について、上述の1922年9月25日付デムベレルの身分証明書に以下

のような記述がある。

　デムベレルらは，［新疆の］カルムィク（モンゴル）住民の運動を準備する，という一定の課題を有し，この点においてデムベレルらは準備活動における結果を得た。これによって，中国の専制と横暴に抑圧されていた現地のウイグル住民（タランチ，ドンガン，カシュガル人）[105]もまた，中央の党諸組織［モスクワのロシア共産党］においてこの問題を解明するために，カルムィクと共に活動し，代表を派遣することを決めた。デムベレルと共に出発したのは以下の代表たちである。

　1．マフムード・ホジャム・ヤロフ［Махмуд Ходжам-Яров］。アタマン・ドゥトフ[106]掃討の中心人物。アルティ・シャフル－ジュンガル[107]の労働者の革命連合「ウイグル」の代表。トルキスタン共産党メンバー。タランチ。

　2．ミラム・イミノフ［Мирам Иминов］。クルジャ地域のタランチ住民の代表。著名な革命家。中国行政当局の追及からの逃亡者。

　3．アサドゥッラー・シェイフ・ハフィゾフ［Асадулла Шейх Хафизов］。アルティ・シャフル（六城：カシュガルあるいは東トルキスタン）の革命地下組織の代表。

　4．カーディル・ハジ・ハシム・ハジエフ［Кадыр Хаджи Хашим Хаджиев］。アルティ・シャフル－ジュンガルの労働者の革命連合「ウイグル」のジェティス州委員会代表。カシュガル人。トルキスタン共産党メンバー。

　ハシム・ハジエフは，ウイグル共産主義者第1回セミレチエ州党会議において，コミンテルン第4回大会への代表にも選出されている。

　彼らは皆タシケントまで自腹で行った。それゆえトルキスタン共産党州および都市委員会は，モンゴル政府の全権代表部とコミンテルン執行委員会の会計で，モスクワまでの資金を彼らに供給するよう要請している。[108]

　この記述によると，デムベレルが新疆モンゴル人の運動の準備に成功したのを見て，中国の専制と抑圧にさらされた「ウイグル住民」が，モスクワの党の各機関でこの問題を解決するため，新疆モンゴル人と共に活動し，代表を

派遣することにした。そして,「ウイグル住民」の代表として,マフムード・ホジャム・ヤロフ,ミラム・イミノフ,アサドゥッラー・シェイフ・ハフィゾフ,カーディル・ハジ・ハシム・ハジエフの4人の名が挙げられている。文書の記述によると,彼らは皆,革命連合「ウイグル」,トルキスタン共産党,「革命地下組織」のメンバーである。

　これらのグループに関連して,当時の東西トルキスタンの状況を考慮に入れておく必要がある。1919年以降,新疆から西トルキスタンに移った人々が,各地に同盟組織を結成した。上述の革命連合「ウイグル」などはこのような中国出身者の同盟組織であった。コミンテルンはこれら組織の統合を目指し,[109] 1921年1月にセミレチエ(ジェティス)州の中心地ヴェルヌイにおいて第1回セミレチエ州大会を開催した。また1921年6月には革命連合「ウイグル」[110] とアルティ・シャフル労働者同盟の統合を目指してカシュガルおよびジュンガル労働者と貧者の第1回大会が開催された。この頃,ヴェルヌイにおいて,ロシア共産党セミレチエ州都市委員会のもとにウイグル人共産主義者支部が活動し始めていた。1922年9月,ヴェルヌイにおいてウイグル人共産主義者第1回州大会と革命連合「ウイグル」の第2回州大会が開催され,コミンテルン第4回大会の代表を選出した。1923年には中国新疆の革命家大会を開催する試みがなされた。セミレチエ州だけでも全部で約50の革命組織・共産主義組織が存在し,そこには1500人に達する「ウイグル人」党員が加わった。コミンテルンは新疆から来た人々をソヴィエト式教育施設で教育し,新疆における活動を進めようとした。[111]

　このような東西トルキスタンの状況から考えると,ホジャ・ヤロフらは元来,西トルキスタンにおいても活動していた可能性が高く,デムベレルとの接触前からソヴィエト・ロシア,コミンテルンと関係を持っていたと思われる。上述のとおり,新疆における人民政府とコミンテルンの関係について先行研究においては,「モンゴル人共産主義者」が新疆におけるコミンテルンの活動を助けた,と考えられてきた。だが実際には,新疆および西トルキスタンでまとまりつつあった一部のムスリムのグループが反漢闘争を共通の目的として,人民政府および新疆モンゴル人と連携しようとした際に,コミンテルンが媒介になったのであろう。コミンテルンは,東西トルキスタンのム

スリム活動家グループをまとめると共に，そこに新疆のモンゴル人も抱え込もうとしたと考えられる。

1925年6月25日のモンゴル人民革命党中央委員会会議の報告においてリンチノは,

> 1924年秋に，モンゴル―ムスリムの革命民族勢力の成立大会が，我らの代表が参加し，コミンテルンの指導のもとに行われるはずであった。しかし，なぜかこの会議は行われなかった。[112]

と述べている。この記述から，少なくとも1924年頃までは，1922年に始まった新疆のモンゴル人，人民政府，新疆のムスリム勢力，コミンテルンのつながりが継続したと考えることができるだろう。

B. コミンテルンの意図

1923年に人民政府が新疆に代表を派遣する際にも，コミンテルンが干渉していた。1923年の人民政府代表の新疆派遣そのものについては，従来の研究においてほとんど明らかにされていない。史料も，筆者が確認した限りにおいては，断片的なものしか残っておらず，活動の全体像を把握することは現時点においては大変困難である。

その一方において，筆者が注目しているのは，1923年の人民政府代表の新疆派遣が行われる前の人民党とコミンテルンのやり取りである。これに関して，リンチノは1925年6月25日のモンゴル人民革命党中央委員会会議における報告において,

> ［人民党］中央委員会から，我々は関係樹立のために1922年と1923年にそこ［新疆］へ活動家を送った。後者の回においてはコミンテルンと共同である。[113]

と述べ，1923年の新疆における人民政府の活動がコミンテルンとの共同活動であったことを指摘している。リンチノは，1925年12月24日付の論文「モンゴル，ソ連，中国」においても,

> 1923年の夏，コミンテルンは，中国トルキスタンにおいて革命活動を構築する必要性に原則的に同意した。……この課題の遂行のために中国トルキスタンに派遣されたのがナーツォフとデムベレルである。後者はモンゴル人民革命党から派遣された。[114]

補　論　外モンゴルとフルンボイル，新疆

と述べている。これによると，1923年には，新疆における人民政府の活動にはコミンテルンの同意が必要とされていたことになる。そして，人民党からの派遣が付記されたデムベレルに対して，コミンテルンの任務を受けていたのはナーツォフであったと考えられる[115]。

すでに第5章において言及したように，ナーツォフは，コミンテルンのエージェントとして人民党の活動に早くから関わったブリヤート・モンゴル人活動家である。彼は，1921年4月に極東書記局によって西モンゴルに派遣され，1923年6月まで活動しており[116]，西モンゴルにおける活動に通じていた。彼が新疆における活動報告をコミンテルンに提出したことが先行研究で明らかになっている[117]。

新疆における人民政府の活動に対するコミンテルンの意図を解明する際に，このナーツォフの活動目的を検討することは重要な意義を持つ。1924年1月19日付でホルゴスからコミンテルン執行委員会東方局に宛てた電報[118]において彼は以下のように自分の活動目的を述べている。

> 私がクルジャへ至急出発することを主張しているのは，……汎モンゴル主義の冒険主義的傾向を破壊するためである[119]。

彼の言う「汎モンゴル主義的傾向」の破壊とは，地域の枠を越えた各地のモンゴル人の結びつきを阻止することを意味すると考えられる。

しかし，この考えは，ナーツォフ自身の発案ではない可能性が高い。ナーツォフは，後にペトロフ宛の文書において，

> 私はルィスクロフに，新疆問題に関する我々の意見を伝えた。彼は，新疆革命諸グループ内における地下活動の準備についての貴殿の視点と完全に一致しているのみならず，この活動を，我々が予定していたよりもさらに大きな規模に発展させることを考えている。つまり，バルガ，内モンゴルなどのすべての民族革命グループと結びつけることを始めるのである。
>
> 私は彼の視点を完全に分かち合っている。……この活動は，綿密な注意によって準備されるものであり，力と時間を少しも考慮せずに汎モンゴル主義運動の積極的活動家たちいくつかのグループが思いつく冒険主義的敵対行為ではないと思われる[120]。

と述べている。ナーツォフは，新疆のモンゴル人の活動を，フルンボイルおよび内モンゴルのモンゴル人の運動と結びつけるルィスクロフの計画に賛同し，この計画を「汎モンゴル主義的」ではないと主張し，ペトロフを説得しようとしているのである。このことから，「汎モンゴル主義的傾向」の破壊はナーツォフ自身の考えではなく，コミンテルンの意図であったと考えるべきであろう。

　このコミンテルンの意図についてリンチノが重要な記述を残している。上述の論文「モンゴル，ソ連，中国」においてリンチノは，

　　本報告の筆者［リンチノ］は，1923年の夏，6月30日に，モンゴルに対する中国トルキスタンのモンゴルおよびトルコ系ムスリム大衆の支援の訴えによって，中国トルキスタンにおける非合法革命活動の設立について，モンゴル人民革命党中央委員会の名前でコミンテルンとの交渉を行った。このとき筆者は，コミンテルンに提示したテーゼに以下のように記した。……中国の自由で兄弟的な諸民族の全中国民族連邦共和国の建設……のスローガンのもとにある，中国辺境の少数民族と抑圧された者たちの間の革命的結合と，革命的活動の創立は，世界および中国の革命運動の最も強く求められている課題である。[121]

と記している。記述によると，リンチノは，新疆における活動について1923年6月30日に人民党を代表してコミンテルンと交渉している。この交渉は，第3章において詳述した1923年4〜7月の人民政府とソ連の交渉の際に行われていた。この交渉の結果，上述のコミンテルンの同意が得られたのであろう。

　このコミンテルンの同意は，この交渉においてリンチノが示したテーゼによって得られたようである。上に引用した「モンゴル，ソ連，中国」の記述によると，このテーゼは，全中国民族連邦共和国の建設のスローガンのもとにおいて中国辺境の少数民族と抑圧された者たちの間に革命的結合がなされて革命的活動が組織されるのであり，これらが世界および中国の革命運動の課題である，と規定するものであった。これは，中国領内の少数民族に関わる活動は，モンゴル人に関するものでも，中国領という枠組みを維持したまま行うことを規定したものだと言うことができるであろう。リンチノは，こ

補　論　外モンゴルとフルンボイル，新疆　　369

れをテーゼとしてコミンテルンに約束させられたとも解釈できる。コミンテルンは，新疆における人民政府の活動が，中国という枠組みを超え，外モンゴルと新疆のモンゴル人を過度に結びつけてしまうことを望まなかったのであろう。

　このコミンテルンの要望について以下の3点を考慮する必要があろう。第1に当時の中ソ関係の影響である。すでに言及したように，中ソ公式交渉は，モンゴル問題の紛糾のために長期にわたって難航した。だが，1923年前半頃にソ連がモンゴル問題に関して中華民国側に譲歩し，交渉の終結を目指し始めた。このような時期において，人民政府と新疆モンゴル人の過度の結びつきは，中華民国を刺激しうるものであり，ソ連にとって避けたいことだったはずである。これに関連して，共戴13年2月7日（1923年3月24日）受領ジャダムバ発人民政府外務省宛電報には，モスクワ駐在人民政府全権代表部に対するチチェリンの以下の発言が記録されている。

　　　チチェリンに対して，イリ地域に関することについて尋ねたところ，
　　「モンゴル政府がこれについて送ってきた文書は知らない。一般に，イ
　　リ地域は中国領と考えている」と言った。[122]

チチェリンは，人民政府側の照会に対してイリが中国領であることを表明することによって，新疆における人民政府の活動の過度の拡大に釘を刺そうとしたと考えられる。また，先行研究の指摘によると，ナーツォフのコミンテルン宛報告には，新疆土着民族の武装蜂起は，全中国規模で我々が行っている外交活動に損害をもたらしうる，と記されている。[123]新疆における民族運動が，中ソ間のさまざまな外交活動の障害になりうるという認識がコミンテルン側にあった可能性は高い。

　この問題に関しては，前節においてフルンボイルの問題に関連して述べたのと同様に，モスクワにおける判断と外モンゴル現地における判断の差があったと考えられる。リンチノが交渉を行ったコミンテルンの中央やチチェリンが，新疆における人民政府の活動に一定の制限を設けようとしている一方において，上述のとおり，ルイスクロフやナーツォフは，新疆における人民政府の活動をフルンボイル，内モンゴルなどにおける活動と結びつけることに躊躇していない。中ソ公式交渉などを考慮しなければならない中央と，人

民党，人民政府にモンゴル人政治家と直接向き合っている外モンゴル駐在エージェントの認識の差によって，このように複雑な状況が生じたのであろう。

　第2に考慮すべき点として，ソ連，コミンテルンと中国国民党の関係を挙げることができるだろう。ソヴィエト・ロシア，コミンテルンは1920年頃から中国国民党に注目し，中国国民党もソ連から軍事援助を得ようとしていた。[124]
1923年1月26日付ヨッフェ発，チチェリン，レーニン，トロツキー，ジノヴィエフ，スターリン，カメネフ（Л. Б. Каменев），ラデク（К. Б. Радек）宛書簡には，孫文が考えていた第1計画がうまくいかなかった場合の第2計画[125]として，以下のことが記されている。

　　現在，この地，いわゆるムスリムの中国，つまり東トルキスタンと，そこに隣接する諸地域は，孫の強力な影響力のもとにある。この影響力は，どんな場合においても我々との緊密で直接のコンタクトを維持するために強化されなければならない。

　　その後，呉佩孚の勢力圏に触れることのない四川を通って，つまり，甘粛，陝西を通り，そこに存在する孫の100000人の軍隊がさらに先に，モンゴル国境まで進む。モンゴル国境地域は，豊かな地域と目され，東トルキスタンを通じても，ウルガを通じても，我々との直接のコンタクトの線上の地域にある。

　　この軍は我々によって武装される。……この軍が充分な軍事能力を身につけたとき（孫の意見によると，2年程を要するであろう），その時，孫の最後の「北伐」が着手され，今回は，無条件に成功するであろう。[126]

この孫文の計画においては，東トルキスタン（新疆）はソ連と孫の直接の接触の場として設定されている。この計画に関して，1924年1月8日付カラハン発スターリン，トロツキー，ジノヴィエフ，チチェリン宛書簡には，

　　昨年初頭，ヨッフェの伝達文書に基づいて，政治局において，中国における我らの政策に関する問題が，特に孫文と国民党に関して提起された。中国トルキスタンかモンゴルにおいて軍を組織するための援助に関する孫文の提案が検討された。我々は，財政，軍事物資，軍教官の面において彼を援助しなければならない。外務人民委員部は，この時このような軍事計画に対して反対を表明した。［ロシア共産党］中央委員会会議

において，この視点を擁護したのはチチェリンと私である。中央委員会は外務人民委員部の意見に賛同したが，とにかく，［中国の］北部か西部のある地域において，大規模部隊の組織に対して孫文に援助を示すことが不可欠であると承認した。中央委員会の決定と，トロツキー，スターリン，チチェリンから成る委員会が作成したはずである，1923年3月21日に承認された指示によって，我々はこの大規模部隊の組織に対して，日本製ライフル8000丁，機関銃15台，大砲「オリサカ」4台，装甲車2輌を約束した。[127]

と記されている。これらの記述から，1923年の時点で，ソ連，コミンテルンにおいて，新疆を孫文支援のルートと考える認識が存在した，とみなすことが可能であろう。このため，地域の不安定と中国国民党の反感を惹起しうる「汎モンゴル主義」的な新疆と人民政府のつながりをソ連，コミンテルンが望まなかったと推測されるのである。

第3に当時の東西トルキスタンの情勢である。内戦は終結したが，新疆にはまだロシア白軍残党が存在し，ソ連への攻撃を行っていた。また新疆と隣接する中央アジアでもバスマチ運動[128]が続いていた。不安定な新疆情勢に鑑み，人民政府の対新疆活動がこれ以上の不安定を惹起しないように，コミンテルンは人民政府の活動を管理しようとしたのであろう。

結　論

補論においては，1921～1924年におけるフルンボイル，新疆と人民党，人民政府の関係を，ソヴィエト，コミンテルンとの関係から考察することを試みた。

当時，フルンボイルに対して人民政府は2つの姿勢を取っていた。第1に，同じモンゴルとして民族的統一を図るという姿勢である。これは，フルンボイルの活動家との関係樹立や1923年に結ばれた協定の内容の一部に反映された。第2に，国境を接する地域に対して安全保障などの問題の解決を要求する姿勢である。フルンボイルから張作霖の影響を排除する措置，ツェレンピル事件とフーミンタイの関係に対する態度，1923年協定の内容の一部，牧地

利用問題にはこの姿勢が反映している。

　ソヴィエト，コミンテルンは，張作霖に対する安全保障という観点から対外モンゴル政策，対中国政策の中にフルンボイルを位置づけていた。この観点から，当初は，基本的には人民党，人民政府とフルンボイルの関係は許容されていたと言うことができるだろう。だが，事態を複雑にしたのは中ソ公式交渉の進展であった。中華民国の機嫌を損ねるような人民党，人民政府の活動を放っておけないチチェリンは，フルンボイルなどとの関係に対して懸念を表明し始めたのである。その一方において，仮想敵である張作霖への対策，という要素もあった。このため，人民党，人民政府とフルンボイルの関係に対するソ連，コミンテルンの姿勢は，現地のエージェントは推進するが，中央の高官は懸念を示す，という複雑な形を取ったのである。

　フルンボイルとの関係の一方において，人民政府は新疆のモンゴル人とも関係樹立を試みていた。人民政府の呼びかけに対する新疆モンゴル人の対応は多様であった。全員が外モンゴルとの統一を望んだわけではなく，人民政府への代表派遣を躊躇する姿勢も見られた。人民政府は新疆モンゴル人との関係樹立のために新疆での活動を始めたが，リンチノ，アマガエフはこの活動を新疆だけに留めず，対中関係などに利用しようとしていた。

　新疆における人民政府の活動はムスリムの運動とも関係を持ち，東西トルキスタンの民族運動の一部としての意義を持ったとも言うことができるだろう。この時に媒介となったのがコミンテルンであった。新疆におけるモンゴルとムスリムのつながりは，東西トルキスタンと東アジアに対するソヴィエトおよびコミンテルンの戦略に関わるものであった。このソヴィエト，コミンテルンの東アジア戦略が特に強く反映されたのが，1923年の新疆における人民政府の活動に対するコミンテルンの関与である。新疆における人民政府の活動は，ソ連およびコミンテルンにとって，中ソ関係や地域の安定を乱しうるものであった。フルンボイルのケースと同様に，ソ連の安全保障に関わる中ソ公式交渉の進展と東西トルキスタンの情勢の安定のために，コミンテルンは新疆における人民政府の活動に関与したと考えられる。

　第1章において論じたタンヌ・ウリヤンハイ，そして補論において論じたフルンボイル，新疆と人民党，人民政府の関係に対するソヴィエト，コミン

テルンの姿勢から，ソヴィエトとコミンテルンは，1920年代前半の人民政府のモンゴル各地への進出を，自国家の安全保障と中華民国との関係という観点からコントロールしようと試みたと言うことができるであろう。

註
1 本書においては，トルキスタンに関して，中国の勢力が及ぶ東部地域を「新疆」あるいは「東トルキスタン」，ソヴィエトの勢力が及ぶ西部地域を「西トルキスタン」と表記する。
2 1924年以降における外モンゴルのダムバドルジ政権の対内モンゴル援助やソ連，コミンテルンの姿勢に関しては，二木 1984，生駒 1995，呼斯勒 2002，Atwood 2002a，Atwood 2002b などの研究を挙げることができる。
3 Atwood 2002a, pp.142-168；Лонжид/Батсайхан 1995, pp.7-8；Лузянин 2003, p.128；Мягмарсамбуу 2007, pp.45-46.
4 フルンボイルにおけるダグール族の有力者。後に呼倫貝爾副都統にも任命される。
5 この時，勝福の政権に自治を確認することによって，フルンボイルの自治が設定された（中見 2001, p.124）。
6 『事情』, pp. 10-23；『盟情』, p. 9；「巴爾虎」, pp. 21-22；『問題』, pp. 22-23；Atwood 2002a, p.126；『志略』, pp.56-59。フルンボイルの統治のために副都統が清代に設置された。清末に副都統は一度廃止されるが，特別区域時代に復活した。
7 フルンボイルの活動家。ダグール族。フルンボイル学生会やフルンボイル青年党の組織に大きな役割を果たし，内モンゴル人民革命党設立にも関わった。またハイラル蒙旗小中学校を設立し，フルンボイルの現代民族教育の発展に努めた（呼斯勒 2001, p.111；『民族志』, pp.571-576；Atwood 2002b, pp. 1029-1030；『実録』, pp.647-659；中見 2001, pp.122-147など）。
8 メルセと共に重要なフルンボイルの活動家。ダグール族。フルンボイル学生会，フルンボイル青年党の組織に関与し，人民党との関係樹立に大きな役割を担い，内モンゴル人民革命党設立に尽力した。1920年以降，ハイラル蒙旗中学校の教師を務めたこともあった（呼斯勒 2001, p.111；『民族志』, pp. 581-583；Atwood 2002b, p.1023など）。
9 1911年のモンゴル独立運動以降のフルンボイルや大モンゴル国運動に関しては；中見 2001, pp.121-147；『事情』, pp.153-162；『盟情』, pp.8-9；橋本 1940, pp.76-77；Жамсран 1997, p.190；札奇斯欽 1955, pp. 227-228, 255；生駒 1995, pp.275-276；二木 1984, p.106；二木 1997；『革命史』, pp.109-110；酒井 1935, pp.37-41；『問題』, pp.17-26；Atwood 2002a, pp.114-148, 155-168；

ХМ, pp.39-50；Базаров 2002；『資料集』, pp.409-413などを参照した。
10　二木 1984, pp.105-106；生駒 1995, p.276；Atwood 2002a, pp.155-168；Мягмарсамбуу 2007, pp.46-47など。
11　НТА, Ф.2-Д.2-Х/Н.1-ХХ.2-4,10；НТА, Ф.2-Д.2-Х/Н.4-Х.24；МАН2Х, p.12.
12　人民党第10支部は，人民政府軍務省に設けられた支部である。人民党第2回大会参加代表名簿によると，第10支部の代表はグルセデとジャムツァラーノである（МАН2Х, p.156；НТА, Ф.2-Д.2-Х/Н.1-ХХ.16-20）。引用した文章に登場する「人民党第10支部代表」を，МАН2Хにおいてはグルセデと推定している（МАН2Х, p.41）が，後述するスタルコフの記述から，この「人民党第10支部代表」はジャムツァラーノであると考えられる。
13　МАН2Х, pp.41-42；НТА, Ф.2-Д.2-Х/Н.2-ХХ.2-4.
14　МАН2Х, p.49；НТА, Ф.2-Д.2-Х/Н.2-Х.11.
15　この史料自体には著者の署名がないが，この史料は第4章において用いたスタルコフの「第2回大会報告書」の添付資料の一部であると考えられる。そのため，この史料の作者も，スタルコフであると想定される。
16　РГАСПИ, Ф.495-ОП.152-Д.19-Л.36.
17　РГАСПИ, Ф.495-ОП.152-Д.29-Л.315.
18　МАН3Х, p.24；НТА, Ф.2-Д.3-Х/Н.2-а-Х.6. 原文書は，1924年8月19日の『人民の権利』20号である。
19　ロシア，モンゴルの文書においては，フルンボイルはバルガと表記されることがある。
20　МАН3Х, p.61；НТА, Ф.2-Д.3-Х/Н.1-Х.16.
21　ГХТА, Х.1-Д.1-Х/Н.62-5-No.58.
22　УТА, Ф.1-Д.1-Х/Н.177-ХХ.111-113.
23　Жамсран 1997, p.152.
24　УТА, Ф.1-Д.1-Х/Н.73-ХХ.69-72.
25　Лонжид/Батсайхан 1995, pp.7-8；Лузянин 2003, p.128；Мягмарсамбуу 2007, pp.45-46.
26　当時，S. ダンザンは首相正式代理の職に就いていた。
27　УТА, Ф.1-Д.1-Х/Н.165-Х.228.
28　なお，呼倫貝爾副都統公署からはエルヘムバト，ソルファンガが派遣された（Мягмарсамбуу 2007, p.45）。
29　УТА, Ф.1-Д.1-Х/Н.165-ХХ.228-229.
30　УТА, Ф.1-Д.1-Х/Н.165-Х.229.
31　РГАСПИ, Ф.495-ОП.152-Д.20-ЛЛ.135-136.
32　НТА, Ф.4-Д.1-Х/Н.242-Х.95.
33　НТА, Ф.4-Д.1-Х/Н.244-ХХ.66-67.
34　МББ, p.101.

補　論　外モンゴルとフルンボイル，新疆

35　МББ, p.101.
36　МББ, p.101.
37　РГАСПИ, Ф.495-ОП.152-Д.20-Л.54.
38　РГАСПИ, Ф.495-ОП.152-Д.20-Л.135.
39　新疆の地名。本章註43を参照されたい。
40　ГХТА, Х.1-Д.1-Х/Н.62-5-No.82.
41　コピーがヴォイチンスキーに送付されている。
42　РГАСПИ, Ф.495-ОП.152-Д.24-ЛЛ.98-99.
43　バルハシ湖に注ぐイリ河の河谷地域（『事典』, p.67)。
44　Лонжид 1994, pp.44-45；Мягмарсамбуу 2008, pp.34-37。
45　Мягмарсамбуу 2008, pp.50-60。
46　Мягмарсамбуу 2008, p.50。
47　新疆とソヴィエト，コミンテルンの関係を扱った研究として，Бармин 1999，Бармин 2000，Ганин 2004，寺山 2002，Nyman 1977，馮 1934，『社会史略』，坂本 1974，『中国革命』，励 2004，包 1984，『辺境事情』，Такенов 1983などを挙げることができる。
48　Бармин 1999, pp.88-89。
49　中田 1977, pp.553-556；『社会史略』, pp.14-30；呉・何 1982, pp.467-481；陳 1982, pp.482-489；魏 1982, pp.490-510；『歴史選輯』, pp.592-600。
50　新疆の漢人ムスリムをこう呼ぶ。
51　中田 1977, pp.556-565；『社会史略』, pp.35-36；魏 1982, pp.510-512。
52　楊は1860年に雲南で生まれ，科挙に及第して甘粛などで官吏を務めた後，新疆に至った（中田 1977, pp.552-553；『社会史略』, pp.34-35；Nyman 1977, p.20；馮 1934, p.34)。
53　『社会史略』, pp.119-122；『史綱』, pp.488-490。
54　清水 2000, p.89など。
55　包 1984, pp.31-33；Жамсран 1997, p.63；『衛拉特史』, pp.271-272など。
56　モンゴルにおいて，ホショー（旗）を治める長をザサグと呼んだ。ザサグ印は，ザサグであることを示す印璽である。
57　『衛拉特史』, p.250；包 1984, p.33など。
58　川島 2004, pp.403-412。
59　モンテネグロ出身のロシア帝国の軍人。ロシア革命後，ソヴィエト軍と戦いながら中央アジアを東へ後退し，新疆，西モンゴルに至った（Ганин 2004など）。
60　寺山 2002, p.105；Nyman 1977, pp.38-41；馮 1934, pp.41-42；Ганин 2004, pp.109-141；Бармин 1999, pp.42-55。
61　『社会史略』, pp.80-98；坂本 1974, pp.61-62；馮 1934, pp.42-43；Ганин 2004, pp.141-174；『中国革命』, p.48；励 2004, pp.355-358；Бармин 1999, pp.

55-62。
62　寺山 2002, p.105。
63　在地のウイグル王公に対する蜂起から新疆当局の軍との衝突に至った事件。
64　『社会史略』, pp.38-41。
65　新免 1990, pp.2-8；新免 1994, pp.5-6；王 1995, pp.9-11,15-18；大石 1999, pp.26-39；清水 2000, pp.89-91；木下 2001, pp.140-145。
66　『博爾塔爾簡史』, pp.60-61。
67　バルハシ湖南方の広大な地域の名称。現在のカザフスタン南東部とキルギスタン北部に当たる。カザフ語およびクルグズ語「ジェティス」のロシア語訳（『事典』, p.285）。
68　Лонжид 1994, pp.9-17.
69　ヘンニング・ハズルンド・クリステンセン（Henning Haslund Christensen）。1896年にコペンハーゲンに生まれ，カルル・クレブスのウリヤスタイ遠征隊に加わった後，1927～1930年のスウェン・ヘディンの中央アジア調査隊に参加し，1936～1937年にモンゴル調査を行った（ハズルンド 1950a, pp.1-3）。新疆のモンゴル人に関する彼の記述は，スウェン・ヘディン調査隊参加時のものである。
70　この名は「高貴なラマ」という意味の言葉であって本名ではない，とハズルンドは述べている（ハズルンド 1950b, p.92）。
71　ハズルンド 1950b, pp.93-96。
72　包 1984, p.77；『史綱』, p.485；oyirad, p.347。
73　ハズルンド 1950b, pp.93-96.
74　『衛拉特史』, pp.272-274；『史綱』, pp.498-501；oyirad, pp.371-378。
75　『新疆档案』, pp.4-5。
76　『新疆档案』, p.5。
77　Лонжид 1994, pp.18-50；Мягмарсамбуу 2008, pp.16-31. ソミヤーとデムベレルが人民党の活動に関与する過程については，デムベレルの回想録（demberel）に詳しい。
78　Лонжид 1994, pp.44-45；Мягмарсамбуу 2008, pp.34-35。
79　これが西暦か共戴暦かは不明だが，いずれにせよ西暦の4～6月頃であろう。
80　demberel, pp.85-86.
81　人民党は1925年にモンゴル人民革命党に名称を変更した。
82　Ринчино, pp.116-126。
83　ウールド営は，清代に設けられたイリ駐防八旗の一部を形成する集団であり，上3旗と下5旗に分かれる（小沼 2005；『伊犁歴史』, pp.114-126など）。
84　Мягмарсамбуу 2008, pp.50-58.
85　西トルキスタンにおいては，ムスリム住民の自治を追求したトルキスタ

自治政府が1918年2月にソヴィエト政権などの軍事力で解体された。1918年4月30日にトルキスタン自治社会主義ソヴィエト共和国が成立し，同年6月17日にトルキスタン共産党が成立した（ИКОСА, pp.259-270；Турк20в, pp.115-119；『事典』, pp.389-390）。1920年10月にはコミンテルンのトルキスタン局が設立された（Такенов 1983, p.224）。

86　本章註67を参照。
87　漢字名は伊寧。イリの主要都市。
88　РГАСПИ, Ф.495-ОП.152-Д.16-Л.24.
89　この文書の「カルムィク」は，引用文中に「カルムィク（モンゴル）」とあることを考慮すると，トルゲートのみを指すのではなく，広く新疆のモンゴル人全体を指すと思われる。
90　この電報の直前の電報が共戴13（1923）年後半の電報であることから，この電報は1924年のものだと推測される。
91　ナーツォフは1923年の人民政府の新疆への代表派遣の際にデムベレルに同行していた。これについては後述する。
92　ГХТА, Х.1-Д.1-Х/Н.62-4-No.8.
93　РГАСПИ, Ф.495-ОП.152-Д.31-Л.19.
94　原文のсейм は，モンゴル語のチョールガンを指すと思われる。モンゴルでは行政単位毎に王公を招集する会議が設けられ，チョールガンと呼ばれた。
95　原文はрайон。デムベレルが招集したタルバガタイ，チャハル左右翼，ウールドなど各地のことを指していると思われる。
96　РГАСПИ, Ф.495-ОП.152-Д.16-ЛЛ.20-21об.
97　ウールド営は上3旗と下5旗に分かれるため，「中旗」が何を指すのかは不明である。
98　РГАСПИ, Ф.495-ОП.152-Д.16-ЛЛ.22-23.
99　Ринчино, pp.125-126.
100　共戴13年11月20日（1923年12月28日）付人民政府発ホブド大臣等宛文書には，人民政府からツァガーンビリグ公を盟長，ナツァグドルジ公を将軍としてアルタイ地区へ派遣したことに対するアルタイ地区道尹，アルタイ・ウリヤンハイの旗の反発が記されている（YTA, Ф.1-Д.1-Х/Н.17-XX.60-63）。また，アルタイ地区道尹に対して人民政府のアルタイ地区統治の正当性を主張したリンチノの書簡もある（Ринчино, pp.34-38）。

　　この一方において，ホブドのモンゴル王公たちが，人民政府に従うことを好まず，新疆にホブド地域を統合させることを望んでいたことが，『モンゴル駐在ソ連全権代表部報告』No.4（1923年11月20日付）の「ホブドにおける風潮について」に記述されている（РГАСПИ, Ф.495-ОП.152-Д.20-Л.11）。ホブドやアルタイ地区のモンゴル人は，外モンゴルと新疆の狭間において複雑な対応を示していたのである。

101 マトヴェイ・アマガエフ（Матвей Амагаев）。ブリヤート・モンゴル人活動家。1923年に成立したブリヤート・モンゴル自治ソヴィエト社会主義共和国でブリヤート・モンゴル共和国中央執行委員会代表に選出された。後にモンゴル駐在コミンテルン代表を務めた（ВБДЗ, pp.6-8）。
102 1924年6月頃のものであろう。
103 РГАСПИ, Ф.495-ОП.152-Д.29-Л.208；МББ, p.151.
104 Мягмарсамбуу 2008, pp.57-58.
105 ジュンガルや清朝によってイリに移住させられ、農耕をさせられた天山南路出自のトルコ系農民を指す（『事典』, pp.67,73）。
106 ドゥトフ（А. И. Дутов）は、ロシア内戦の結果、新疆に入ったロシア白軍の中において中心的役割を果たしていた将軍である。1921年2月に暗殺された。
107 タリム盆地周縁のオアシス地域の名称。カシュガル、ホータン、アクス、クチャなど6つの都市を指す（『事典』, p.41）。
108 РГАСПИ, Ф.495-ОП.152-Д.16-ЛЛ.24-24об.
109 これらの組織には中国出身の「ウイグル人」やドンガンが加わったが、漢人はほとんどいなかった（Такенов 1983, p.225）。
110 この大会で結成された中国出身労働者セミレチエ州委員会に、ハシム・ハジエフが含まれている。タケノフは彼のことを「非党員」と表記している（Такенов 1983, p.226）。
111 Бармин 1999, pp.87-88；『事典』, p.445；Такенов 1983, pp.224-227。
112 Ринчино, p.126.
113 Ринчино, p.126.
114 Ринчино, p.210.
115 1923年8月2日付ヴォイチンスキー宛機密電報においてリンチノは、ナーツォフを「中国トルキスタンにおけるモンゴル人民革命党代表」と記している（РГАСПИ, Ф.495-ОП.152-Д.18-Л.11）。だが、彼の経歴や派遣目的を考えると、彼がコミンテルンのエージェントとしての役割を担ったと考えてよかろう。
116 1923年9月5日付コミンテルン執行委員会東方局発行のナーツォフの身分証明書（РГАСПИ, Ф.495-ОП.152-Д.18-Л.8）。
117 Бармин 1999, pp.88-89.
118 クルジャの西北方に位置する都市。
119 РГАСПИ, Ф.495-ОП.152-Д.24-Л.3.
120 ГХТА, Ф.2-Х/Н.73-Х.3（原文書はРГАСПИ, Ф.495-ОП.152-Д.24）。この文書は1924年末～1925年のものであろう。この計画はルイスクロフが発案した。当時、フルンボイルおよび内モンゴルの活動グループが内モンゴル人民革命党を結成した。ルイスクロフの計画はこれに新疆を結びつけるものであった

と推測される。

- 121　Ринчино, pp.208-209.
- 122　ГХТА, Х.1-Д.1-Х/Н.90-No.653194.
- 123　Бармин 1999, p.89.
- 124　Мамаева 1999, pp.20-68；『中国革命』, pp.103-119など。
- 125　この計画は，孫文が陳炯明と呉佩孚(ちんけいめい)を打倒し，張作霖が北京を占領した後で，張作霖が北京を孫文に譲り渡す，というものである（ВКНДК, pp.193-194）。
- 126　ВКНДК, p.195.
- 127　ПСЧК, pp.156-157.
- 128　バスマチ運動とは，ロシア革命後の内戦期以降，ソヴィエトに反抗したトルキスタンのムスリム住民の武力闘争である。場所によっては1930年代までソ連を苦しめた。バスマチ運動に大きな役割を果たした層はさまざまであり，部族長から青年運動家までがバスマチ運動を指導した（『事典』, pp.428-429；Басмачество, p.114；Турк20в, pp.164-243,363-379；帯谷 1992；帯谷 1998）。

終　章

本書の結論
――外モンゴルの政治情勢とソヴィエト，コミンテルン

　本書においては，人民政府が外モンゴルにおける政権を担うようになった1921年から，モンゴル人民共和国が成立した1924年までの間に外モンゴルにおいて発生した政治事件を，外モンゴルとソヴィエト，コミンテルンとの関係から検討することによって，当時の外モンゴルの政治情勢の実態と，東アジア情勢との関連を解明し，モンゴル近現代史において重要な意義を持った外モンゴルとソヴィエト，コミンテルンの関係の本質を考察した。

　ソヴィエトとコミンテルンは外モンゴルにおいて極めて重要な役割を担っていた。だが，外モンゴルとソヴィエト，コミンテルンの関係について公文書を用いて考察した詳細な研究は，従来の研究においては存在しなかった。とりわけ，1921～1924年に関しては，この関係には不明な部分が多かったのである。

　終章においては，本書において得られた知見を基にして，1921～1924年の外モンゴルの政治情勢を構成した要素を今一度整理し，この時期の外モンゴルの政治情勢がいかなる構図に基づいて成立していたかを提示してみたい。

第1節　外モンゴルの政治情勢の展開
　　　　――1921～1924年

　外モンゴル自治の復興運動の中から成立した人民党は，1921年7月10日に人民政府を形成した。これと共に，外モンゴルに対するソヴィエト・ロシア，

コミンテルンの本格的な関与が始まった。

　第Ⅰ部においては，このような人民政府成立当初の外モンゴルとソヴィエト・ロシア，コミンテルンの関係が，いかなる形で始まったかを解明することを目指した。

　第1章第2節において示したように，発足当時の人民政府は，新政権の組織を構築し，新たな国家経営のために必要な体制の整備を目指していた。だが，この時問題となったのが，旧条約であったと思われる。旧条約には，外モンゴルにおけるロシアの利権が規定されていた。これらは，人民政府の国家経営に対して大きな障害となりうるものであった。そこで，人民政府には，旧条約を廃して新たな条約をソヴィエト・ロシアと結ぶことによって，この障害を排除する必要があった。条約締結交渉に臨んで人民政府がソヴィエト・ロシアに提示した要望や，条約締結交渉の場における人民政府代表の発言には，旧条約の廃止とそれに代わる新たな規定を要求する姿勢が色濃く反映されていた。

　これに対して，ソヴィエト・ロシア側は，条約締結交渉を通じて，外モンゴルにおける「反ソヴィエト・ロシア」勢力の発生に備え，複雑な外交問題を規定することを避け，外モンゴルにおけるソヴィエト・ロシアの利益を確保しようとしていた。このソヴィエト・ロシアの行動の背景には，当時ソヴィエト・ロシアにおいて，人民政府が成立した外モンゴルに対する姿勢が分かれていたことがあった。このことが最も顕著に反映されたのが，第1章第3節において取り上げたウリヤンハイ問題に対するソヴィエト・ロシアの対応であった。当時，ソヴィエト・ロシアにおいては，ウリヤンハイ問題をめぐって，外モンゴルへのウリヤンハイの統合を推進する方針と，ウリヤンハイの「独立」を維持する方針の2つがあった。先行きの見えない中国情勢および外モンゴル情勢に鑑みて，外モンゴルがソヴィエト・ロシアの確実な同盟者でありうるか，という問題に対する判断に差異が生じ，その結果ウリヤンハイ問題に対する2つの方針が併存していたのである。ソヴィエト・ロシアはウリヤンハイ問題に対する姿勢を一本化できないまま人民政府との条約締結交渉に臨み，ウリヤンハイ問題に対する2つの方針を折衷した宣言に基づいて人民政府と交渉を行っていた。このように，ソヴィエト・ロシアは，

中国情勢および外モンゴル情勢の先行きを見通せなかったために，条約締結交渉においては，せめて外モンゴルにおける一定の利益を確保し，国家の安全を保障する措置を外モンゴルにおいて取ったのである。第1章第4節において検討したとおり，コミンテルンも，このソヴィエト・ロシアの姿勢に合わせて，極東諸民族大会において外モンゴルの独立に対する支持を表明し，中国国民党代表の賛同を強引に取り付けることによって，外モンゴルを自分たちの側に引きとめようとしたのである。

　この状況に大きな変化を与えたのが，1921～1922年にかけて発生したボドーの粛清事件である。第2章第1節において論じたとおり，この事件においては，元来ソヴィエト・ロシア，コミンテルンのエージェントが重用していたはずのボドーが，反ソヴィエト・ロシアの姿勢を取り，オフチンと対立し，政府の重要な職を辞するに至った。第2章第2節において指摘した辞任後のボドーらの活動は，人民政府内外の王公，仏教勢力とボドーらが関係を築いていた可能性を示唆するものであった。オフチンは，これを受けて，外モンゴルに「親中反ソ」の王公，仏教勢力が存在すると認識するに至ったのである。この状況に対して，人民政府においては，王公，仏教勢力の有力者を含めた政権を築くことによって情勢の安定を図ろうとした。ここにおいて，以後外モンゴルの政治情勢を左右し続ける王公，仏教勢力と人民党との一定の協力関係が成立したのである。リンチノらは，このような政権のあり方こそが外モンゴルの現状に合致していると考えていた。人民政府による国家経営を現実的に進めていくために，リンチノらは王公，仏教勢力と一定の協力関係を結ぶことを選択したのである。これに対して，オフチンは，外モンゴルをソヴィエト・ロシアの同盟者とみなす従来の方針を改め，ソヴィエト・ロシアから人員を増派して，人民党の組織の強化をソヴィエト・ロシアの力によって進めることを考え始めたのである。

　第Ⅱ部においては，第Ⅰ部において述べた1922年までの外モンゴルの政治情勢が大きく変化し，1924年夏の政変の原因が形成されたという点において，1923年の外モンゴルの政治情勢が持った歴史的意義を解明した。

　第4章第1節において論じたように，コミンテルンが，王公，仏教勢力と人民党との協力関係を問題視し，政権からの王公，仏教勢力の排除と人民党

の組織の強化に本格的に取り組み始めたのが，1923年であった。当時，外モンゴルにおいてソ連，コミンテルンの活動を指導していたスタルコフは，このコミンテルンの方針に基づき，人民党の大会の開催を通じて，政権からの王公，仏教勢力の排除に着手しようとした。こうして開催されたのが人民党第2回大会であった。大会においてはスタルコフがイニシアチブを握り，王公，仏教勢力との対立，人民党の組織の強化，人民党が国家を統治する体制の構築を推進しようとしたのである。

ところが，第4章第2節において考察したとおり，このようなスタルコフの姿勢は，リンチノら人民党，人民政府の一部指導層の強い反発を招いてしまう。この対立は，リンチノの巧みな行動のために当初からリンチノに有利な状態で進行することになる。このような状況において，スタルコフとS. ダンザンの間に協力関係が成立したのである。

第4章結論に記したように，人民党第2回大会においてソ連，コミンテルンは，外モンゴルの現状を変えるために，王公，仏教勢力の排除と人民党の強化に乗り出した。この点において，第2回大会はそれまでの外モンゴルの政治情勢に対して転換をもたらした。また，このソ連，コミンテルンの姿勢に対してリンチノら人民政府指導層が反発するという構図が人民党第2回大会を契機に形成され，この構図の中においてS. ダンザンの粛清の原因が生み出された。この点において，第2回大会によって，その後の外モンゴルの政治情勢を決定づける構図が作り出された。モンゴル近現代史における1923年の政治情勢の重要性は，まさにここにある。

第Ⅲ部においては，第Ⅱ部の議論を受け継ぐことによって，モンゴル近現代史において転換の年とされている1924年の外モンゴルの政治情勢を分析した。

第5章第1節において指摘したとおり，リンチノはスタルコフとの対立を推進し続けた。リンチノらは，自分たちの立場をコミンテルンに説得するために，コミンテルン第5回大会を利用しようとし，フレーにおいては青年同盟の切り崩しや内防局の政府直轄化を図った。リンチノらにとって，1924年夏の人民党第3回大会は，スタルコフを支持する者たちとの対立の場であった。この一方において，スタルコフらもリンチノとの対立を進めようとして

いた。彼らにとっても、人民党第3回大会は、リンチノらとの対立を終結させる場だったのである。この間、コミンテルンは一貫してスタルコフらを支持し、政権からの王公、仏教勢力の排除と、人民党が国家を統治する体制作りを要求し続けていた。

　第5章第2節において指摘したように、人民党第3回大会においてイニシアチブを握ったのは、リンチノらであった。彼らは大会の準備作業に関与し、大会においては前年の人民党第2回大会に対する批判を行った。リンチノらは、S. ダンザンらの粛清の際には、S. ダンザンとスタルコフらが結びついていたことを激しく批判した。S. ダンザンらの粛清は、スタルコフらとの関係と関連して行われていたのである。その後に行われた青年同盟第3回大会においては、リンチノらが大会を把握し、スタルコフに対する激しい糾弾が行われた。従来、S. ダンザンが粛清されたことで知られていた1924年夏の政変は、実は、1923年に発生して以降、外モンゴルの政治情勢に影響を与え続けてきたリンチノとスタルコフの対立が終結した事件だったのである。この政変は、外モンゴルの実情を顧みないソ連、コミンテルンの関与に、人民党、人民政府の一部指導層が反発した結果、生じたものであった。

　だが、この状況にもかかわらず、ソ連、コミンテルンは従来の方針を捨てず、新たなエージェントであるルィスクロフを派遣した。第6章第2節において言及したように、外モンゴルにおけるルィスクロフの活動目的は、以前のスタルコフの活動目的とほぼ同一のものであった。このことには、外モンゴルに対するソ連、コミンテルンの方針と、外モンゴルの王公、仏教勢力に対するソ連側の認識が以前と何ら変わっていないことが影響していた。

　ルィスクロフは、自身の活動目的を遂行するために、国会の開催を急がせ、積極的に関与した。ルィスクロフが第1回国会を通じて実現しようとしていたことは、スタルコフと同様に、外モンゴルの政権からの王公、仏教勢力の排除、人民党が国家を統治する体制の構築であった。モンゴル近現代史上に残る歴史的事件であるモンゴル人民共和国憲法の採択と、モンゴル人民共和国の成立は、ソ連、コミンテルンの強い要求の中において行われたものだったのである。

　本書においては、従来の研究が充分に解明することのなかったソヴィエト、

コミンテルンの外モンゴル駐在エージェント，特にオフチン（第2章第1節および第2節）とスタルコフ（第4章，第5章）の活動を解明することができた。第1章第3節および第2章第1節において示したとおり，シュミャツキーは人民政府が成立した外モンゴルをソヴィエト・ロシアの同盟者と捉え，リンチノ，ボドー，A. ダンザンなどのモンゴル人政治家の意見を聞き，彼らの活用にも前向きであった。これに対して，オフチン以降のエージェントたちは，ソヴィエト，コミンテルンの方針の実行を重視し，この方針にモンゴル人政治家を従わせようとする姿勢を取り続けた。このオフチンらの姿勢に大きく影響していたのが，ボドーの粛清事件の際に，ソヴィエト・ロシア，コミンテルンに反抗する勢力が外モンゴルに存在することが明らかになったことであろう（第2章第1節および第2節）。この点において，ボドーの粛清事件は，1921～1924年の外モンゴルの政治情勢とソヴィエト，コミンテルンの関係において極めて大きな意義を有する事件であったと位置づけられる。第2章第2節において示したとおり，ボドーの粛清事件を契機として，ソヴィエト，コミンテルンにとって信頼のおける人民党の政権を作る，というソヴィエト，コミンテルンの方針が確立し，この方針に対するリンチノらの反発によって外モンゴルの政治情勢は大きく変化していくことになるのである。

　この問題に関連して，上述の方針を貫こうとするソヴィエト，コミンテルンの硬直した姿勢が，1923年以降の外モンゴルの政治情勢に大きく影響していたことを指摘しておかなければならない。第5章第1節において論じたように，スタルコフらが，リンチノらとの対立において劣勢に立たされたにもかかわらず，方針を変えずに活動を続けて失脚したことには，ソ連，コミンテルンのこのような姿勢が影響していた。この姿勢が，1923年以降のリンチノらとスタルコフらの対立や，ルィスクロフの活動（第6章）に対して影響を及ぼしていたのである。王公，仏教勢力を排除した真正の人民党が外モンゴルを統治する体制を作ろうとするソヴィエト，コミンテルンの硬直した姿勢が，外モンゴルにおける政治家の対立や粛清事件の遠因になっていたことは否定し得ない事実である。

　1921～1924年の外モンゴルの政治情勢に関してもう1つ重要なことは，第5章第2節と第6章において論じたことから明らかなように，この時期にお

いては，ソヴィエト，コミンテルンの方針に対して，人民党，人民政府のモンゴル人たちが反発し，これを跳ねかえすことができた，という点である。序章において言及したように，従来の研究の中には，人民政府成立後の外モンゴルを，単にソ連の傀儡とみなすものがあった。これに対して，モンゴル人の活動を解明することによって，この説の打破を図る試みが先行研究において行われてきた。しかし，従来の研究においては，モンゴル人の活動にのみ視点が集中し，ソヴィエト，コミンテルンの活動が解明されていなかったために，この両者の関係を明確にすることができなかったのである。

　これに対して本書においては，ソヴィエト，コミンテルンの方針に対するリンチノ，ツェレンドルジなどの主要な外モンゴル指導層の姿勢について，第4章第2節，第5章第2節および第6章第2節において言及した。彼らは，王公，仏教勢力との一定の協力を外モンゴルの現状に合致すると考え，ソヴィエト，コミンテルンに対して反発し続けたのである。ここにおいて重要な役割を果たしたのがリンチノであった。彼は，王公，仏教勢力との協力の主唱者であり，元極東書記局モンゴル・チベット課課長であったことを利用して，外モンゴルにおけるコミンテルンの活動の本来の指導者であるスタルコフを追い落とすことに成功した。そして，第6章第2節において指摘したように，これによって，モンゴル人指導層の間には，ソ連，コミンテルンのエージェントを軽視する風潮さえ形成されつつあったのである。ルイスクロフの外モンゴル派遣の目的の1つに，外モンゴルをリンチノの影響から解放する，というものがあったのは，まさにこの状況の結果である。

　このように，現在のモンゴル近現代史研究において重視されている「モンゴル人の歴史」の構築だけではなく，外モンゴルとソヴィエト，コミンテルンの活動の関係を考慮することによって，新たな外モンゴルの政治情勢が浮かび上がってくる。この両者の関係が政治情勢に大きく影響し，そこから，この時期の数多くの政治事件が発生したのである。

第2節　外モンゴルの政治情勢と中ソ関係

　以上の外モンゴルの政治情勢に大きく影響したのが，中華民国に対するソ

ヴィエト，コミンテルンの姿勢であった。第1章第1節において説明したとおり，国交正常化などを求めて1920年以降行われてきた中ソ間の交渉においてソヴィエトが求めていたことの1つは，自国の安全保障であった。ソヴィエトにとっては，モンゴル問題もこの目的に関わるものであった。そのため，ソヴィエトは，自国の安全が保障されない状況においては外モンゴルから自軍を撤退させることができず，これが一因となって中ソ公式交渉は長引くことになった。

中ソ公式交渉とモンゴル問題の関係に関連して重要な意義を持つのが，第3章において主題となった1923年のソ連の譲歩であろう。ソ連は，外モンゴルに対する中華民国の主権と外モンゴルからの自軍の撤退を受け入れることによって，長引く交渉の終結を目指す姿勢を取り始めた。だが，ソ連はこの譲歩を名目上のものとしてのみ捉えており，中ソ公式交渉において譲歩しても，外モンゴルが中華民国に引きつけられないように外モンゴルを強化する措置に着手し，また外モンゴルにおけるソ連の影響の確保を図り始めた。第3章第1節において明らかにしたように，従来，中ソ公式交渉において自軍の撤退を認めない強硬な姿勢を取っていたソ連が，このような二面性のある姿勢を取り始めたことが，1923年のソ連の譲歩の本質であった。

第3章第2節において考察したとおり，外モンゴルに直接関わりを持つこのようなソ連の変化は，当然，外モンゴルの政治情勢に影響することになった。この譲歩を前にして，ソ連は，人民政府の軍建設を支援し，軍顧問を外モンゴルに派遣した。さらに，当時外モンゴルにおいて開催された人民党第2回大会にも，このソ連の譲歩が影響を及ぼしたと考えられる。人民党第2回大会は，王公，仏教勢力の排除と人民党が国家を統治する体制作りのために行われたものであった。王公，仏教勢力は「親中反ソ」である，とソ連，コミンテルンが当時みなしていたこと，また人民党第2回大会の開催が1923年4～7月に行われていた人民政府とソ連の交渉の進展条件であった可能性が高いことなどから考えると，人民党第2回大会開催の背景には，中ソ公式交渉におけるソ連の姿勢の変化があったことを考慮すべきであろう。この点において，外モンゴルの内外において大きな変化が発生した1923年の政治情勢はモンゴル近現代史において大きな意義を持つのである。

外モンゴルに対する中華民国の主権と外モンゴルからのソ連軍撤兵を受け入れても，ソ連から離れていかない外モンゴルの政権を作り上げるというソ連，コミンテルンの姿勢は，その後も受け継がれることになる。第6章第1節において検討したように，1924年5月に中ソ協定が締結された後も，ソ連，コミンテルンはこの姿勢を貫いた。このため，1923年以降，スタルコフの失脚，S.ダンザンらの粛清，ルィスクロフの着任など，政治的意義を持つさまざまな事件が発生しても，外モンゴルに対するソ連，コミンテルンの姿勢には大きな変化が見られなかったのである。

　また，第1章第1節において触れたように，1921～1924年においてソ連，コミンテルンは，極東における自国の安全保障に対して，外モンゴルを活用することを考えていた。ソ連にとって，外モンゴルは中華民国，日本などの東アジアに対する橋頭堡であり，自国の安全保障に活用しようとするのは当然のことであったと思われる。ソヴィエトの対東アジア政策にとって外モンゴルが大きな役割を果たしていたことは，東アジア情勢における外モンゴルの果たす重要性の大きさを示すものであると考えるべきであろう。

　補論第1節および第2節において考察したとおり，中ソ関係や東アジア情勢と関連づけて外モンゴルを位置づけるというこのようなソ連，コミンテルンの意識は，人民党，人民政府が外モンゴル以外のモンゴル人と関係を築く活動にも影響を及ぼしていた。「モンゴル人の歴史」の構築のみを目指した従来の研究は，この人民党，人民政府の活動を単に統一と独立を模索するモンゴル人の運動としてのみ描いてきた。だが，ソヴィエト，コミンテルンとの関係を考慮した場合，この人民党，人民政府の活動は，隣接諸地域に広く影響を及ぼし，地域の不安さえも惹起しうるものであった。そのため，ソヴィエト，コミンテルンはこの活動に干渉せざるを得なくなっていくのである。

　補論の結論において記したとおり，人民党，人民政府のこの活動に対して，ソヴィエト，コミンテルンは，自国の安全保障と中華民国との関係という観点から関与していた。このため，ソヴィエト，コミンテルンの姿勢は非常に複雑なものになった。補論第1節において示したとおり，フルンボイルに対する人民党，人民政府の活動に関して，張作霖に対抗するために推進する傾向がある一方において，中ソ公式交渉を抱えていたチチェリンは，1923年以

降反対し始めていた。補論第2節において論じたとおり，新疆における人民党，人民政府の活動に対しても，特にモスクワにおいて制限を設ける動きが起こった。リンチノがコミンテルンに提示したテーゼは，全中国民族連邦共和国の建設というスローガンのもとにおいて中国辺境の少数民族に革命的活動が組織される，と規定するものであった。これは，中国領内の少数民族に関わる活動は，中国領という枠組みを維持したまま行うことを規定したと言えるものであった。

このように，中ソ関係は，外モンゴル以外のモンゴル人と人民党，人民政府の関係に対して大きな影響を及ぼしていたのである。

第3節　外モンゴルとソヴィエト，コミンテルンの関係

本書における考察から，自国の安全保障を考慮して対中関係などの国際情勢を見据えながら外モンゴルに対する姿勢を決定し，その姿勢に基づいて外モンゴルを自分たちの目的に合うように調整しようと図るソヴィエト，コミンテルンと，ソヴィエト，コミンテルンとの関係を保ちながら不当な介入を排除して自分たちの国家建設を進めようとするリンチノらモンゴル人一部指導層の関係，という構図の中において，1921～1924年の外モンゴルの政治情勢は成立していた，と結論することが可能であろう。

この構図は，単にソヴィエト，コミンテルンと外モンゴルの間の関係のみを規定するものではなく，外モンゴル内部の情勢にも影響を及ぼしていた。たとえば，序章において述べたように，従来の研究においては，1921～1924年の外モンゴルにおいて「民主化」，つまり大衆を基盤とした政権が築かれ，王公，仏教勢力が政権から排除されることが推進された，とみなされてきた。だが，本書において検討したところでは，急激な「民主化」を進めようとしたのはソヴィエト，コミンテルンであり，人民党，人民政府においては，むしろ外モンゴルの現状に鑑みて王公，仏教勢力との一定の協力を望む傾向の方が強かった。このことは，この「民主化」なるものが単なるモンゴル人の活動ではなく，上に指摘した構図の中に位置づけて考えなければならないものであることを示している。加えて，本書において詳細に検討したように，

1921～1924年に外モンゴルをめぐって発生した数多くの政治的事件は，すべてこの構図と一定の関係を持っていた。このことは，「モンゴル人の歴史」の構築のみを目指して，この時期の外モンゴルにおける政治的事件をモンゴル人の活動としてのみ考察することが，モンゴル近現代史研究においては適当ではないことを示すものであろう。

　第6章において検討したルィスクロフの活動も，この構図の中に位置づけられるものであった。このことから，この構図は，1921～1924年にのみ適用されるものではなく，その後も外モンゴルの政治情勢を引き続き構成し続けた可能性が高いと考えられる。

　序章において論じたように，現在のモンゴル近現代史研究においては，モンゴルにおいて発生した諸事件を，モンゴル人による活動としてのみ捉え，「モンゴル人の歴史」の構築を進める傾向が強く表れている。だが，元来，モンゴル人が居住する東北アジアから中央アジアにかけての諸地域は，モンゴル人のみならず幾多の民族，国家が関わり合う地域である。外モンゴルに限らず，一般に近現代モンゴルの諸事象を研究する際には，一民族，一国家の視点からの考察のみに頼る手法では，その実態を解明することは困難である。このことを顕著に示すのが，本書において提示した1921～1924年の外モンゴルの政治情勢を規定していた構図だと筆者は考えている。

あとがき

　本書は，1921〜1924年の外モンゴルの政治情勢を，ロシアおよびモンゴルの公文書を用いて，外モンゴルとソヴィエト，コミンテルンの関係から分析した研究の成果である。本書のもととなっているのは，2010年4月に筆者が早稲田大学において博士（文学）を取得した博士学位論文「外モンゴルとソヴィエト，コミンテルン——1921年7月〜1924年11月」である。この博士学位論文に加筆訂正したのが本書である。本書および博士学位論文の各章各節のもとになった学術論文は，以下のとおりである。

- 第1章第2節　青木雅浩，「ロシア・モンゴル友好条約とモンゴル人民政府」，『北東アジア研究』7，2004年。
- 第1章第3節　青木雅浩，「ロシア・モンゴル友好条約締結交渉におけるウリヤンハイ問題」，『東洋学報』89-4，2008年。
- 第1章第4節　青木雅浩，「極東諸民族大会とモンゴル」，『史観』158，2008年。
- 第2章　青木雅浩，「ボドー事件と外モンゴルの政治情勢」，『史学雑誌』119-3，2010年。
- 第3章　青木雅浩，「1923年のモンゴル人民政府とソ連の交渉——中ソ交渉におけるソ連の譲歩と外モンゴル」，『東洋学報』91-3，2009年。
- 第4章　青木雅浩，「モンゴル人民党第2回大会とソ連・コミンテルン」，『早稲田大学モンゴル研究所紀要』5，2009年。
- 第5章　青木雅浩，「外モンゴルにおける1924年夏の政変について」，『内陸アジア史研究』25，2010年。
- 補論第1節　青木雅浩，「モンゴル，ロシアの公文書史料とモンゴル近現代史研究——フルンボイルに対するモンゴル人民政府の姿勢（1921-1924）を一例に」，『史滴』30，2008年。
- 補論第2節　青木雅浩，「モンゴル人民政府と新疆（1921-1924）」，『早

稲田大学文学研究科紀要』第4分冊第55輯, 2010年。
これら以外の部分に関しては, 新たに書き起こした。

　公文書を用いた研究が進められているモンゴル近現代史研究においても, 本書が扱う1921〜1924年に関しては, 重要な時期であるにもかかわらず, 充分な研究が行われていない状況にある。そのような分野において, モンゴルとロシア両方の公文書を充分に用いた研究は, 本書が初めてであろう。この点において, 本書が果たす役割は大きいと信じている。2011年は, モンゴル独立運動100周年, 辛亥革命100周年, 1921年のモンゴル革命90周年という, 東アジア近現代史にとって大きな意義のある年である。このような年に本書を上梓できたことは, 大変感慨深い。

　筆者がモンゴル近現代史研究を本格的に志すようになったのは, 大学3年生に在籍していた1996年であった。早稲田大学に入学して以来, モンゴル史を研究したいと漠然と考え, モンゴル語, ロシア語, 中国語などの習得に努めていた。そして, 大学3年の頃, モンゴル近現代史ならば, 若い筆者にも新たな研究を提示できそうだと考えたのである。当時は, モンゴルやロシアが民主化してまだ間もない頃であった。それまで秘匿されてきた機密公文書が開放され始めたという点に, 筆者は大きな可能性を感じたのである。

　しかし, それが以後今に至るまでの苦難の始まりであったとも言える。重要な史料が研究者の間に出回っていないということは, つまり, 現地に行かなければ史料を獲得できない, ということである。ちょっとした研究を行うだけでも, 現地に赴いて史料を獲得してくる必要がある。かくして, 筆者は, 1997年に初めてモンゴルの地を踏むことになった。

　当時の筆者は, 外国旅行に行ったこともなければ, そもそもパスポートさえ持っていなかった。そのような人間が初めて滞在する外国がモンゴル国, しかも2年間である。友人にはひどく驚かれ, 父母には心労をかけてしまった。今でこそ便利になったオラーンバートルも, 1990年代にはまだまだ発展途上にあった。日本では簡単にできることでも, モンゴルではそうはいかず, 苦労を伴う毎日を送ることになった。当時の文書館調査もまた, 苦労の連続

であった。現在ほど使い勝手が良くなく，文書館によっては事実上立ち入ることができないところもあった。文書館員とのコミュニケーションの取り方についても，試行錯誤を繰り返すことになった。

　だが，このような苦労の連続のおかげで，文書館調査の進め方，史料の扱い方など，その後の研究の礎を築くことができた。また，人として成長することもできたと思っている。モンゴルにおける2年間の経験は，研究にとってのみならず，筆者の人生にとっても大きな意義を持つことになった。

　筆者にとってモンゴルの一番の思い出は，その自然の美しさである。都会生まれの都会育ちである筆者にとって，モンゴルの大自然はただただ驚嘆の限りであった。西のハンガイ，東の大草原，南のゴビ，点在する家畜の群れ，砂嵐，満点の星空など，一生忘れることはないであろう。また，いい先生方と友人に恵まれたことも，留学の成功につながった。

　その後，早稲田大学大学院の修士課程，博士後期課程に入学し，研究を進めていった。そして，筆者が研究テーマとしている1921年以後の外モンゴルの政治情勢を本格的に研究するためには，ロシア語の公文書が不可欠だ，という結論に到達したのである。それまで，筆者は何とかしてモンゴル語の公文書だけで研究を進めようと努めてきた。だが，結局，モンゴル語文書と合わせてロシア語文書が入手できた時にのみ，充分な学術論文を執筆することができる，という状況に陥ったのである。この現状に至り，筆者は2回目の留学——ロシア留学を決意した。

　予想したとおり，ロシア留学は，筆者の研究面において劇的な変化をもたらしてくれた。手に入れたかった情報が，いとも容易に，しかも大量に獲得できたのである。筆者にとって，ロシアの公文書館はまさに宝の山であった。初めてロシア国立社会政治史文書館（РГАСПИ）の入館証を手にした時には，ようやく来ることができた，と非常に感慨深いものがあったことを，今でもよく覚えている。РГАСПИには，モンゴル関係のみならず，中国，中央アジア等，ユーラシアのさまざまな地域の近現代史に影響を及ぼしうる史料が眠っている。これらが活用されないのは，もったいないことであろう。

　研究以外では，秋に色づく木々，冬の初めに降ってくる雪の結晶，白樺の

林など，首都モスクワでも美しい自然を目にすることができ，その中を散歩するのが，筆者のお気に入りの休日の過ごし方であった。また，ロシアでは酒と煙草が他の物価に比べて極端に安く，筆者としては助かったことも，書き添えておく必要があるだろう。このロシアにおいて獲得した重要な公文書史料が，その後の筆者の研究を決定づけた。今日の筆者の研究成果は，ロシアの公文書によるところが非常に大きい。

こうして，筆者は研究を進め，博士学位論文を執筆し，本書を完成させることができた。ここに至るまでに，多くの方々にお世話になった。誰よりもまず，筆者の指導教授である早稲田大学文学学術院の吉田順一教授に，心より感謝申し上げたい。吉田教授には，筆者が大学に入学して以来，モンゴル語の学習から論文指導に至るまで，17年にわたってご指導頂いている。この長年の厚恩に対して，本書が少しでも恩返しになってくれれば，と思っている。

東京外国語大学大学院総合国際学研究院の二木博史教授には，以前筆者の卒業論文を読んで頂いて以来，さまざまなご助言を頂いてきた。また，東京外国語大学アジア・アフリカ言語文化研究所の中見立夫教授には，興味深い研究会をご紹介頂き，数々のご指摘を頂いてきた。二木教授，中見教授は，日本におけるモンゴル近現代史の代表的研究者であり，筆者が受けた刺激は計り知れないものである。ここに感謝の念を表したい。

早稲田大学文学学術院の柳澤明教授は，筆者が早稲田大学の学生であった時には講義を受講させて頂き，大学院に入ってからもご指導，ご助言を頂いてきた。また，筆者がロシアに留学する際にも，図書館，文書館の使用法について貴重なご助言を頂いた。ここに感謝申し上げたい。また，東北大学東北アジア研究センターの岡洋樹教授，島根県立大学北東アジア地域研究センター長の井上治教授には，筆者のモンゴル留学をはじめとして，さまざまな面においてご支援頂いてきた。ここに改めて感謝の意を表したい。

筆者の研究が進展したのは，先生方のご指導と，大学院のゼミにおける討論のおかげである。筆者と同じ近現代史を専攻する吉田教授のゼミ仲間たちには，研究指導の度にさまざまな助言，叱咤激励を頂いた。改めて感謝申し

上げたい。

　留学先でお世話になった人々もまた，多数にのぼる。モンゴル留学以来，ツォルモン先生，ロンジド先生，ヒシグト先生をはじめとするモンゴル国の先生方には，研究，文書館調査，モンゴルにおける生活など多くの面においてお世話になり続けている。筆者のモンゴル留学，モンゴルにおける文書館調査が成功したのは，ひとえにこれらの先生方のおかげである。筆者単独であったならば，右も左もわからないモンゴルで，一体どれほどのことができたであろうか。モンゴルの先生方には，心からお礼申し上げたい。また，文書館調査の際には，その文書館の館員の方々の支援が重要な役割を果たす。この点において，ロシア連邦，モンゴル国両国の文書館の館員の方々には大変お世話になった。ロシアやモンゴルの文書館というと，使い勝手が悪そうなイメージがあるが，決してそんなことはなく，文書館の館員の方々は親切そのものである。

　本書の完成には，研究助成も大きく影響した。富士ゼロックス小林節太郎記念基金2009年度研究助成プログラム「小林フェローシップ」による援助は，筆者の研究の進展に大きな役割を果たした。また，本書は，早稲田大学の2010年度第1回学術研究書出版制度の助成によって出版されたものである。ここに記して謝意を表したい。また，筆者の拙い原稿を整え，本書の出版に漕ぎ着けてくださった武田文彦氏をはじめとする早稲田大学出版部の方々に御礼申し上げたい。

　最後に，筆者の研究を長年にわたって陰に日向に支えてくれた家族に，心より感謝したい。

青木　雅浩

史料，参考文献一覧

本書において使用した史料，参考文献は，1. 公文書史料，2. 刊行史料集，3. 参考文献に分類される。これらの項目毎に，史料，文献を言語別にまとめて提示した。本文において使用した略号を，日本語文献は五十音順，キリル文字モンゴル語文献およびロシア語文献はキリル文字アルファベット順，中国語文献は拼音によるラテン文字アルファベット順，その他の言語の文献はラテン文字アルファベット順に並べて掲載した。

日本語の文献は，著者，書名，出版社，出版年の順に書誌情報を提示した。外国語文献については，著者，書名，出版地，出版年の順に提示した。また，論文はすべて，著者，論文題名，掲載された雑誌名（書籍の場合は，著者，書名，出版社（外国語文献の場合は出版地）），出版年の順に提示した。

1. 公文書史料

・モンゴル語

YTA：モンゴル国立中央文書館所蔵史料
　Ф.1：モンゴル人民共和国閣僚会議フォンド
　Ф.445-Д.1：コミンテルンとモンゴル国（モンゴル人民革命党）の関係に関する通常保管フォンド（1918～1943年）
HTA：モンゴル人民革命党文書館所蔵史料
　Ф.1-Т.1：革命秘密組織「モンゴル人民党」関係文書（1919～1921年2月）
　Ф.2-Д.2：モンゴル人民党第2回大会関係文書（1923年7月18日～8月10日）
　Ф.2-Д.3：モンゴル人民党第3回大会関係文書（1924年8月4日～9月1日）
　Ф.4-Д.1：党中央委員会1921～1925年文書
　Ф.12-Д.1：D. スフバートル（1893-1923年）の経歴に関連する文書（1912-1965年）
　Ц.1-Д.1：モンゴル人民革命党とコミンテルンの関係に関する文書（1918-1937年）
　Ц.6-Д.1：党，国家の指導的活動家（A. アマル，B. ツェレンドルジ，D. ロブサンシャラブ，G. デミド，D. ボドー，Ö. バドラフ，В. И. ユーヂン，Б. シュメラリ，B. コラロフなど）の経歴に関する文書
ГХТА：モンゴル国外務中央文書館所蔵史料

X.1：外務省書庫史料フォンド
Ф.2

・ロシア語

РГАСПИ：ロシア国立社会政治史文書館所蔵史料
  Ф.17：ソ連共産党中央委員会フォンド（1898, 1903-1991年）
    ОП.3：政治局（1919-1952年）
  Ф.372：ロシア共産党（ボ）中央委員会極東局フォンド（1920-1925年）
  Ф.492：コミンテルン第5回大会フォンド（1924年）
  Ф.495：コミンテルン執行委員会フォンド（1919-1943年）
    ОП.18：コミンテルン執行委員会書記局（1915-1943年）
    ОП.152：モンゴル人民革命党（1918-1936年）
    ОП.154：コミンテルン執行委員会東方書記局（1920-1936年）
  Ф.533：共産主義青年インターナショナルフォンド（1919-1943年）
АВПРФ：ロシア連邦外交政策文書館所蔵史料
  Ф.0111/111：モンゴル関係報告フォンド（1918年-/1920年-）
ГАРФ：国立ロシア連邦文書館所蔵史料
  Ф.Р391：ロシア電報局（РОСТА）フォンド（1918-1935年）
  Ф.Р130：ロシア・ソヴィエト連邦社会主義共和国会議フォンド

2. 刊行史料集

・日本語

『大会議事録』：コミンテルン編，高屋定国，辻野功訳，『極東勤労者大会 日本共産党成立の原点』，合同出版，1970年。

・縦文字モンゴル語

demberel：demberel, *mongɣul arad-un qubisqaltu nam-un nigedüger qural*, Верхнеудинск, 1931.

gelegsengge：gelegsengge, nam-un qoyaduɣar yeke qural-un tuqai, *mongɣul arad-un qubisqaltu nam-un teüke-dür qolbuɣdal büküi jüil-üd*, ulaɣanbaɣatur, 1928.

・キリル文字モンゴル語

Бадрах: Өлзийтийн Бадрах, *Намаас баруун бөөрөнхийчүүд лүгээ тэмцсэн амжилттай их тэмцлийн туршлага*, Улаанбаатар, 2001.（1932年出版のものをキリル文字化して2001年に出版したもの）

Батсайхан 1999：О. Батсайхан, *Хятад, Орос, Монгол гурван улсын 1915 оны Хиагтын гэрээ*, Улаанбаатар, 1999.

Батсайхан 2006 : Эмгэнт Оохнойн Батсайхан, *Цэрэнпил гүнгийн хэргийн тухайд*, Улаанбаатар, 2006.

БНМАУАИХ : Эмхтгэсэн Д. Даш, *Бүгд Найрамдах Монгол Ард Улсын анхдугаар их хурал. 1924 оны 11 сарын 8-28. Дэлгэрэнгүй тайлан*, Улаанбаатар, 1984.

Бодоо : Лхамсүрэнгийн Бат-очир, *Догсомын Бодоо*, Улаанбаатар, 2001.

ДӨ 91-4 : БНМАУ-ын ШУА-ийн дорнодахин, олон улс судлалын хүрээлэн, *Дорно-өрнө*, 1991-4(27), Улаанбаатар, 1991.

ДӨ 92-1 : БНМАУ-ын ШУА-ын дорнодахин, олон улс судлалын хүрээлэн, *Дорно-өрнө*, 1992-1(28), Улаанбаатар, 1992.

ЕСЦ : Эмхтгэсэн Х. Магсаржав, О. Батсайхан, *Ерөнхий сайд Б. Цэрэндорж. 1868-1928*, Улаанбаатар, 1998.

ЗЭТ : Монгол улсын боловсролын их сургууль, Монголын түүхийн тэнхим, *Монголын хувьсгалт залуучуудын эвлэлийн түүхэнд холбогдох зүйлүүд*, Улаанбаатар, 2007.

КМ : Монгол улсын архивын хэрэг эрхлэх газар, Оросын төрийн архивын алба, *Коминтерн ба Монгол*, Улаанбаатар, 1996.

МАБНЗТЯ: БНМАУ-ын НАХ яамны дэргэдэх улсын архивын хэрэг эрхлэх газар, *Монголд ардын бүгд найрамдах засаг тогтоон явуулсан нь*, Улаанбаатар, 1970.

МАН2Х : МАХН-ын төв хорооны дэргэдэх намын түүхийн институт, *Монгол Ардын Намын хоёрдугаар их хурал. Баримт бичгүүд, 1923 оны долоо-наймдугаар сар*, Улаанбаатар, 1974.

МАН3Х : МАХН-ын төв хорооны дэргэдэх намын түүхийн институт, *Монгол ардын намын гуравдугаар их хурал*, Улаанбаатар, 1966.

МББ : С. Дамдинсүрэн, О. Батсайхан, А. С. Железняков, В. Н. Шепелев эмхт, *Монголын тухай БХК(б)Н-ын баримт бичигт, 1920-1952*, 1 боть. 1920-1932, Улаанбаатар, 2002.

МОЦХА : Хариуцлагатай эмхтгэгч Т. Оюунбазар, И. И. Кудрявцев, *Монгол-Оросын цэргийн хамтын ажиллагаа. 1911-1946*, 1. 1911-1936, Улаанбаатар, 2007.

МТХЗББ : Эмхтгэн боловсруулсан Э. Лувсанбалдан, *МХЗЭ-ийн түүхэнд холбогдох зарим баримт бичгүүд. 1921-1940*, 1 боть, Улаанбаатар, 1972.

МУУХ : Эмхтгэж тайлбар бичсэн Ж. Амарсанаа, О. Батсайхан, *Монгол улсын үндсэн хууль. Баримит бичиг*, Улаанбаатар, 2004.

МҮС : Д. Даш эмхт, *Монголын үнэн сонин*,Улаанбаатар, 1971.

МХЗЭИХ : Хуучин бичгээс шинэ бичигт буулган редакторласан Л. Эрэвгийлхам, *Монголын хувьсгалт залуучуудын эвлэлийн хоёр, гурав, дөрөвдүгээр*

их хурал, Улаанбаатар, 1988.
МХТЗ : Боловсруулан бичиж эмхтгэсэн Г. Дашням, З. Лонжид, *Монголын хувьсгалчдын түүхт зөвлөлгөөн*, Улаанбаатар, 2001.
МШТ : Магсаржав, *Монгол улсын шинэ түүх*, Улаанбаатар, 1994.
20тэмдэглэл : Дэмбэрэлийн Өлзийбаатар эмхт, *XX зууны 20-иод оны тэмдэглэлүүд. Баримтын эмхтгэл*, Улаанбаатар, 2007.

・ロシア語

АВ : Ответственные редакторы В. Виноградов, А. Литвин, В. Христофоров, *Архив ВЧК. Сборник документов*, Москва, 2007.
ВКНДК : Го Хэнъюй, М. Лёйтнер, Р. Фельер, М. Л. Титаренко, К. М. Андерсон, В. И. Глунин, А. М. Григорьев ред, *ВКП(б), Коминтерн и национально-революционное движение в Китае. Документы*, Т.1. 1920-1925, Москва, 1994.
ДВПСР : М. П. Малышева, В. С. Познанский ред, *Дальневосточная политика Советской России (1920-1922 гг.). Сборник документов Сибирского бюро ЦК РКП(б) и Сибирского революционного комитета*, Новосибирск, 1996.
ПСРОДВ: *Первый с′езд революционных организаций Дальнего востока. Сборник*, Петроград, 1922.
ПСЧК : Составитель А. И. Картунова, *Переписка И .В .Сталина и Г. В. Чичерина с полпредом СССР в Китае Л. М. Караханом*, Москва, 2008.
Ринчино : Б. В. Базаров, Б. Д. Цибиков, С. Б. Очиров ред, *Элбек-Дорджи Ринчино о Монголии*, Улан-Удэ, 1998.
Ринчино2 : Комитете по Делам Архивов при Совете Министров Республики Бурятия, *Элбэк-Доржи Ринчино. Документы, статьи, письма*, Улан-Удэ, 1994.
Рыскулов 1925 : Т. Рыскулов, Великий Хурулдан Монголии, *Новый Восток*, кн.8,9, 1925.
Рыскулов 1998 : Министерство Науки, Академия Наук Республики Казахстан, Институт Истории и Этнологии им. Ч. Ч. Валиханова, Архив Президента Республики Казахстан, *Т. Р. Рыскулов. Собрание сочинений в трех томах*, Т.3, Алматы, 1998.
СКО : И. Ф. Курдюков, В. Н. Никифоров, А. С. Перевертайло, *Советско-Китайские отношения. 1917-1957. Сборник документов*, Москва, 1959.
ТСМНП : *Третий с′езд Монгольской Народной Партии*, Урга, 1924. (НТА, Ф.2-Д.3-Х/Н.3-а に所蔵されているコピー)

・英語

FCTFE：*The first congress of the toilers of the Far East,* London, 1970.（Originally published in Petrograd 1922）

・中国語

陳 2003：陳春華,「有関蘇俄対烏梁海地方政策的文件選訳」,『蒙古史研究』7, 2003年。

回想録1：張国燾,「我的回憶」,『明報月刊』117, 1966年。

回想録2：張国燾,「我的回憶」,『明報月刊』118, 1966年。

『問題』：郭道甫,『呼倫貝爾問題』, 上海, 1931年。

『新疆档案』：新疆維吾爾自治区档案局, 中国社会科学院辺疆史地研究中心, 『新疆通史』編撰委員会編,『近代新疆蒙古歴史档案』, 烏魯木斉, 2007年。

『中俄会議参考文件』：沈雲龍主編,『中俄会議参考文件　中俄交渉公署編』, 近代中国史料叢刊第33輯, 台北, 1969年。

・ドイツ語

EKKROFO: *Der Erste Kongreß der kommunistischen und revolutionären Organisationen des Fernen Ostens,* Hamburg, 1922.

3．参考文献

・日本語

生駒 1995：生駒雅則,「ダムバドルジ政権下のモンゴル――第一次国共合作とモンゴル民族解放運動」, 狭間直樹編,『一九二〇年代の中国』, 汲古書院, 1995年。

生駒 1999：生駒雅則,「モンゴル人民革命党とコミンテルン――コミンテルン駐在代表ルイスクロフの更迭問題をめぐって」, 樺山紘一等編集,『岩波講座世界歴史23　アジアとヨーロッパ』, 岩波書店, 1999年。

生駒 2007：生駒雅則,「初期コミンテルンとモンゴル」,「初期コミンテルンと東アジア」研究会編著,『初期コミンテルンと東アジア』, 不二出版, 2007年。

磯野 1974：磯野富士子,『モンゴル革命』, 中央公論社, 1974年。

犬丸 1961：犬丸義一,「日本マルクス主義の源流」, 井汲卓一編,『現代のイデオロギー』2, 三一書房, 1961年。

犬丸 1965：犬丸義一,「コミンテルンとアジア」,『アジア・アフリカ研究』5-11, 1965年。

遠藤 1944：遠藤一郎,「蒙古民族問題とソ聯の地位」,『蒙古』140, 善隣協会, 1944年。

王 1995：王柯，『東トルキスタン共和国研究』，東京大学出版会，1995年。
大石 1999：大石真一郎，「ウイグル人の近代――ジャディード運動の高揚と挫折」，『アジア遊学』1，1999年。
小川 1930：小川繁，『内外蒙古に対する露国の活動』，東亜経済調査局，1930年。
小貫 1993：小貫雅男，『モンゴル現代史』，山川出版社，1993年。
小沼 2005：小沼孝博，「イリ駐防八旗の設置について――清朝の新疆支配体制の構築に関する一考察」，『東方学』110，2005年。
帯谷 1992：帯谷知可，「フェルガナにおけるバスマチ運動。1916-1924年」，『ロシア研究』51，1992年。
帯谷 1998：帯谷知可，「ウズベキスタンにおけるバスマチ運動の見直しとその課題」，『地域研究論集』v.1.no.2，1998年。
川島 2004：川島真，『中国近代外交の形成』，名古屋大学出版会，2004年。
木下 2001：木下恵二，「楊増新の新疆統治」，『法学政治学論究』48，2001年。
後藤 1938：後藤富男，『蒙古政治史』，高山書院，1938年。
小林 1985：小林幸男，『日ソ政治外交史――ロシア革命と治安維持法』，有斐閣，1985年。
齋藤 1931：齋藤良衛，『ソヴィエト露国の極東進出』，日本評論社，1931年。
酒井 1935：酒井二郎，「呼倫貝爾民族史」，『蒙古時報』創刊号，1935年。
坂本 1952：坂本是忠，「モンゴル民族主義の一般的考察」，『東洋文化』10，1952年。
坂本 1974：坂本是忠，『辺疆をめぐる中ソ関係史』，アジア経済研究所，1974年。
『事情』：南満洲鉄道株式会社哈爾濱事務所調査課，『政治的方面より見たる呼倫貝爾事情』，哈爾濱日日新聞社印刷部，1927年。
『事典』：小松久男，梅村坦，宇山智彦，帯谷知可，堀川徹編集，『中央ユーラシアを知る事典』，平凡社，2005年。
清水 2000：清水由里子，「1930年代の新疆におけるトルコ系ムスリムの教育運動について：カシュガルを中心に」，『聖心女子大学大学院論集』22，2000年。
新免 1990：新免康，「新疆ムスリム反乱（1931-34年）と秘密組織」，『史学雑誌』99-12，1990年。
新免 1994：新免康，「「東トルキスタン共和国」（1933-1934年）に関する一考察」，『アジア・アフリカ言語文化研究』46/47，1994年。
橘 2004：橘誠，「外モンゴル自治政府の再興とその歴史的意義――臨時人民政府との関係を中心に」，『史学雑誌』113-10，2004年。
橘 2006：橘誠，「「モンゴル」独立と領域問題――露蒙協定の分析を中心に」，『アジア研究』52(3)，2006年。

田中 1973：田中克彦，『草原の革命家たち』，中央公論社，1973年。

『中国革命』：ボリス・スラヴィンスキー，ドミートリー・スラヴィンスキー著，加藤幸廣訳，『中国革命とソ連　抗日戦までの舞台裏　1917-37年』，共同通信社，2002年。

辻野 1968：辻野功，「極東勤労者大会について」，『キリスト教社会問題研究』13，1968年。

寺山 2002：寺山恭輔，「1930年代初頭のソ連の対新疆政策」，『東北アジア研究』6，2002年。

東亜研究所1943：『蒙古人民共和国の政治と政治生活——外蒙政治の発展』，東亜研究所，1943年。

中田 1977：中田吉信，「新疆都督楊増新」，江上波夫教授古希記念事業会編，『江上波夫教授古希記念論集　歴史篇』，山川出版社，1977年。

長田 2003：長田彰文，「『極東労働者大会』と朝鮮問題」，『上智史学』48，2003年。

中見 1994：中見立夫，「モンゴルの独立と国際関係」，溝口雄三，浜下武志，平石直昭，宮嶋博史編，『アジアから考える3　周縁からの歴史』，東京大学出版会，1994年。

中見 2001：中見立夫，「ナショナリズムからエスノ・ナショナリズムへ——モンゴル人メルセにとっての国家・地域・民族」，毛里和子編，『現代中国の構造変動7　中華世界——アイデンティティの再編』，東京大学出版会，2001年。

橋本 1940：橋本平八，「呼倫貝爾蒙古政治史略」，『蒙古』99，1940年。

ハズルンド 1950a：ハズルンド著，内藤岩雄訳，『蒙古の旅』上，岩波書店，1950年。（初版は1942年）

ハズルンド 1950b：ハズルンド著，内藤岩雄訳，『蒙古の旅』下，岩波書店，1950年。（初版は1942年）

波多野 1961：波多野乾一，『中国共産党史』1，時事通信社，1961年。

服部 1999：服部龍二，「ワシントン会議と極東問題1921-1922」，『史学雑誌』108-2，1999年。

バトバヤル 2002：Ts. バトバヤル著，芦村京，田中克彦訳，『モンゴル現代史』，明石書店，2002年。

バトバヤル・シャラフー 1998：Ts・バトバヤル，D・シャラフー，「一九二〇年代におけるモンゴル・ロシア関係とウリヤンハイ問題」，『一橋論叢』120-2，1998年。

原 2004：原暉之，「A. A. ヨッフェ（1883-1927）——日ソ国交正常化への地ならし」，御厨貴編，『時代の先覚者後藤新平1857-1929』，藤原書店，2004年。

「巴爾虎」：イ．ゲ．グメニューク，「北満の西境呼倫貝爾——巴爾虎事情」，

『調査時報』3-5, 1923年。
広川 2010：広川佐保,「1920年代, 内モンゴルにおける制度変革とモンゴル王公――北京政府, 張作霖との関係から」,『東洋学報』91-4, 2010年。
呼斯勒 2001：呼斯勒,「満洲国少将郭文通について」,『日本モンゴル学会紀要』31, 2001年。
呼斯勒 2002：呼斯勒,「中国共産党の文献にみる内モンゴル人民革命党（1925-34年）」,『東京外国語大学大学院博士後期課程論叢　言語・地域文化研究』8, 2002年。
二木 1984：二木博史,「ダムバドルジ政権の内モンゴル革命援助」,『一橋論叢』92-3, 1984年。
二木 1995：二木博史,「リンチノとモンゴル革命」,『東京外国語大学論集』51, 1995年。
二木 1997：二木博史,「大モンゴル国臨時政府の成立」,『東京外国語大学論集』54, 1997年。
二木 2000：二木博史,「『モンゴリーン＝ウネン』紙の内容の再検討」,『東京外国語大学論叢』60, 2000年。
『辺境事情』：満洲事情案内所編,『満蘇支辺境事情』, 奉天, 1936年。
『蒙古年鑑』：善隣協会調査部編,『蒙古年鑑』, 善隣協会, 1936年。
盛島 1928：盛島角房,『外蒙の現勢と其将来』, 支那実情調査会, 1928年。
モロジャコフ 2009：ワシーリー・モロジャコフ著, 木村汎訳,『後藤新平と日露関係史――ロシア側新資料に基づく新見解』, 藤原書店, 2009年。
『モンゴル史』：モンゴル科学アカデミー歴史研究所編著, 田中勝彦監修, 二木博史, 今泉博, 岡田和行訳,『モンゴル史』1, 恒文社, 1988年。
矢野 1928：矢野仁一,『近代蒙古史研究』, 弘文堂書房, 1928年（初版は1925年）。
山内 2007：山内昭人,「初期コミンテルンとシベリア・極東」,『史淵』144, 2007年。
山極 1966：山極晃,「極東民族大会について（一）」,『横浜市立大学論叢 人文科学系列』17-2/3, 1966年。
山極 1969：山極晃,「極東民族大会と中国」,『国際法外交雑誌』68-2, 1969年。
ユ 2007：ユ・ヒョヂョン,「コミンテルン極東書記局の成立過程」,「初期コミンテルンと東アジア」研究会編著,『初期コミンテルンと東アジア』, 不二出版, 2007年。
吉岡 1965：吉岡吉典,「日, 朝, 中三国人民連帯の伝統」, 旗田巍著者代表,『アジア・アフリカ講座3　日本と朝鮮』, 勁草書房, 1965年。
ラティモア 1966：ラティモア著, 磯野富士子訳,『モンゴル――遊牧民と人民委員』, 岩波書店, 1966年。

・縦文字モンゴル語

oyirad："oyirad mongɣul-un tobči teüke"-yi nayiraɣulun bičikü duɣuyilang, *oyirad mongɣul-un tobči teüke*, douradu debter, ürümči, 2000.

・キリル文字モンゴル語

Баабар 1996：Баабар, *XX зууны Монгол*, Улаанбаатар, 1996.

БАТ：Лосолын Бямбажаргал, Чүлтэмийн Цовоохүү, *Билиг арɣын тоолол (XV, XVI, XVII жаран) (1867-2046)*, Улаанбаатар, 2002.

Батбаяр 2006：Цэдэндамбын Батбаяр, *Монгол ба их гүрнүүд. 20 зууны эхний хагаст*, Улаанбаатар, 2006.

Бат-Очир 1991：Л. Бат-Очир, *Бодоо сайд：үзэл ба үйлс*, Улаанбаатар, 1991.

Бат-Очир 1996：Л. Бат-Очир, *Чойбалсан*, Улаанбаатар, 1996.

Бат-Очир 1999a：Л. Бат-Очир, Догсомын Бодоогийн талаар нэмэн өгүүлэх нь, *Түүхийн үнэний эрэлд*, Улаанбаатар, 1999.（初出は1992年）

Бат-Очир 1999b：Л. Бат-Очир, Монгол Зөвлөлтийн анхны хэлэлцээр хэрхэн бэлтгэгдсэн бэ?, *Түүхийн үнэний эрэлд*, Улаанбаатар, 1999.（初出は "Үнэн" 1991.11.2.）

Бат-Очир 2001：Лхамсүрэнгийн Бат-Очир, *Халхын хаадын төгсгөл*, Улаанбаатар, 2001.

Батсайхан 2007：Эмгэнт Оохнойн Батсайхан, *Монгол үндэстэн бүрэн эрхт улс болох замд. 1911-1946*, Улаанбаатар, 2007.

Баттогтох 1991：С. Баттогтох, *Нууц хуйвалдаанаас нугалаа завхралд*, Улаанбаатар, 1991.

БНМАУТЗ：БНМАУ-ын ШУА-ийн Түүхийн Хүрээлэн, *Бүгд Найрамдах Монгол Ард Улсын түүх*, 3, Улаанбаатар, 1968.

Болд 2008：Равдангийн Болд, *Монголын тусгаар тогтнол ба Америкийн нэгдсэн улс*, Улаанбаатар, 2008.

Болдбаатар 2003：Ж. Болдбаатар, Монголын залуучуудын хөдөлгөөний түүхийн асуудалд, *Түүх*, 2. 211(20), Улаанбаатар, 2003.

Бор 1996：Киян Жүгдэрийн Бор, *Монголын тусгаар тогтнолын гэрэл сүүдэр*, Улаанбаатар, 1996.

Буруутнууд：Төв аймгийн засаг даргын тамгын газар, *Буруугүй «буруутнууд»*, Зуунмод, 1993.

Дамдинжав 2006：Д. Дамдинжав, *Элбэгдорж Ринчино гэгч хэн байв*, Улаанбаатар, 2006.

Дамдинсүрэн 2001：Санжийн Дамдинсүрэн, *Монголын тусгаар тогтнол. эрин зууны баталгаажилт*, Улаанбаатар, 2001.

Дарьсүрэн 2007：Лха. Дарьсүрэн. С. Данзангийн амь нас хортны золиос болжээ, *20 зууны Монголын түүхт хүмүүс.Улс төрийн хөрөг*, 1, Улаанбаатар, 2007.（初出は1993年）

Даш 1990 : Д. Даш, *Солийн Данзан*, Улаанбаатар, 1990.

Дашдаваа 2003 : Ч. Дашдаваа, *Улаан түүх. Коминтерн ба Монгол*, Улаанбаатар, 2003.

Жабаева/Цэцэгмаа 2006 : Л. Б. Жабаева, Ж. Цэцэгмаа, *Монголын ардын хувьсгалын үйл хэрэгт Буриадын үндэсний сэхээтнүүдийн гүйцэтгэсэн түүхэн үүрэг*, Улаанбаатар, 2006.

Жамсран 1997 : Хэрээд Л. Жамсран, *Монголын төрийн тусгаар тогтнолын сэргэлт*, Улаанбаатар, 1997.

Лонжид 1994 : З. Лонжид, *Түшээт хан аймгийн их түшээт уулын хошуу ялгуун баатар Лаварын Сумъяа*, Улаанбаатар, 1994.

Лонжид 2004 : З. Лонжид, Д. Бодоогийн тухай бодол эргэцүүлэл, *Эрдэм шинжилгээний бичиг. no.228(23). Түүх*, 3, Улаанбаатар, 2004.

Лонжид/Батсайхан 1995 : Судлаж боловсруулсан Зоригтын Лонжид, Оохнойн Батсайхан, *Жанжин Данзан*, Улаанбаатар, 1995.

Лхамсүрэн 1995 : Лхамсүрэн, *Монголын гадаад орчин төрийн тусагаар тогтнол*, Улаанбаатар, 1995.

МАХНТТ : МАХН-ын сургалт судалгааны прогноз төв, *Монгол ардын хувьсгалт намын түүхэн товчоон*, Улаанбаатар, 2001.

Мөнхцэцэг 2002 : Мөнхцэцэг, *Эрдэнэ Жинон Ван Ц. Ширнэндамдин*, Улаанбаатар, 2002.

МТТОХХЗ : Б. Балдоо, С. Дамдинсүрэн, Л. Хайсандай, *Монголын тусгаар тогтнол ба Орос, Хятадын хүчин зүйл*, Улаанбаатар, 1999.

МТХ : Ц. Баасандорж эмхт, *XX зууны Монголын түүхт хүмүүс. Улс төрийн хөрөг*, 1, Улаанбаатар, 2007.

МУТ5 : Ж. Болдбаатар, М. Санждорж, Б. Ширэндэв ред, *Монгол улсын түүх*, 5, Улаанбаатар, 2003.

Мягмарсамбуу 2007 : Тахилт овгийн Галиндэвийн Мянмарсамбуу, *Баргын эрх чөлөөний тэмцэл. Нүүдэл, суудал*, Улаанбаатар, 2007.

Мягмарсамбуу 2008 : Тахилт овгийн Галиндэвийн Мягмарсамбуу, *Лаварын Дэмбэрэл*, Улаанбаатар, 2008.

ОДМУУ : А. Нямаа, Ч. Батцэцэг, *Орос дахь Монгол угсааны улсууд*, Улаанбаатар, 1995.

Пүрэв 2001 : Отгоны Пүрэв, *Ардын засгийн анхны ерөнхий сайд*, Улаанбаатар, 2001.

Санждорж 1963 : М. Санждорж, *Халхад Хятядын мөнгө хүүлэгч худалдаа нэвтэрч хөлжсөн нь. (18 зуун)*, Улаанбаатар, 1963.

ХЗМ : Монгол улсын ШУА-ийн Түүхийн Хүрээлэн, *Хорьдугаар зууны Монгол*, Улаанбаатар, 1995.

ХЗМЦ : Батлан хамгаалахын их сургуулийн батлан хамгаалахын эрдэм шинжилгээний хүрээлэн, *Хорьдугаар зууны монгол цэрэг*, Улаанбаатар, 2001.

ХМ : Л. Жамсран, Y. Эрдэнэбаяр, Н. Алтанцэцэг, *Хятад дахь монголчууд*, Улаанбаатар, 1996.

Цэрэн 2007 : Цэвэгжавын Цэрэн, С. Данзанг хэрхэн хороосон бэ?, *20 зууны Монголын түүхт хүмүүс. Улс төрийн хөрөг*, 1, Улаанбаатар, 2007.（初出は1990年）

Ширэндэв 1999 : Б. Ширэндэв, *Монгол ардын хувьсгалын түүх*, Улаанбаатар, 1999.

Эрдэнэбаяр 2000 : Э. Эрдэнэбаяр, Э. Д. Ринчиногийн улс төрийн үйл ажиллагааны тухай асуудалд. 1921-1925он, *Түүхийн судлал*, Т.27.Ф.1-19, Улаанбаатар, 2000.

・ロシア語

Аранчын 1982 : Ю.Л. Аранчын, *Исторический путь тувинского народа к социализму*, Новосибирск, 1982.

Базаров 2002 : Б. В. Базаров, *Неизвестное из истории панмонголизма*, Улан-Удэ, 2002.

Бармин 1999 : В. А. Бармин, *Советский Союз и Синьцзян 1918-1941гг*, Барнаул, 1999.

Бармин 2000 : В. А. Бармин, Синьцзян в советско-китайских отношениях 1918-1924 гг, *Актуальные вопросы российско-китайских отношений : история и современность*, Барнаул, 2000.

Басмачество : А. И. Зевелев, Ю. А. Поляков, Л. В. Шишкина, *Басмачество*, Москва, 1986.

ВБД1 : Составители Ш. Б. Чимитдоржиев, Т. М. Михайлов, *Выдающиеся бурятские деятели. Видные деятели культуры, просвещения и науки. 17-нач.20 вв*, Вып.1, Улан-Удэ, 1994.

ВБД3 : Составители Ш. Б. Чимитдоржиев, Т. М. Михайлов, *Выдающиеся бурятские деятели*, Вып.3, Улан-Удэ, 1999.

Ганин 2004 : А. В. Ганин, *Черногорец на русской службе : Генерал Бакич*, Москва, 2004.

Заятуев 1962 : Г. Н. Заятуев, *Первые газеты революционной Монголии*, Улан-Удэ, 1962.

Златкин 1957 : И. Я. Златкин, *Очерки новой и новейшей истории Монголии*, Москва, 1957.

ИКОСА : Председатель А. М. Богоутдинов, *История коммунистических организаций Средней Азии*, Ташкент, 1967.

ИМ : Р. Б. Рыбаков глав.ред, *История Монголии. XX век*, Москва, 2007.

ИСМО : Главный редактор Б. Г. Гафуров, *История советско-монгольских отношений*, Москва, 1981.

ИТ : С. К. Тока, Ю. Л. Аранчин, Л. В. Гребнев, В. И. Дулов, В. Ч. Очур, Л. П. Потапов, Х. М. Сейфулин, Н. А. Сердобов, *История Тувы*, т.2, Москва, 1964.

Капица 1958 : М. С. Капица, *Советско-китайские отношения*, Москва, 1958.

Картунова 2000 : А. И. Картунова, *Политика Москвы в национально-революционном движении в Китае. Военный аспект. 1923г.-июль 1927г*, Москва, 2000.

Лузянин 1995 : С. Г. Лузянин, Монголия. Между Китаем и Советской Россией (1920-1924), *Проблемы дальнего востока*, 95-2, Москва, 1995.

Лузянин 2003 : С. Г. Лузянин, *Россия-Монголия-Китай в первой половине XX в*, Москва, 2003.

Мамаева 1999 : Н. Л. Мамаева, *Коминтерн и Гоминдан 1919-1929*, Москва, 1999.

Москаленко 2004 : Н. П. Москаленко, *Этнополитическая история Тувы в XX веке*, Москва, 2004.

Панцов 2001 : А. В. Панцов, *Тайная история советско-китайских отношений*, Москва, 2001.

Рощин 1999 : С. К. Рощин, *Политическая история Монголии*, Москва, 1999.

Рощин 2001 : С. К. Рощин, О российско-монгольском соглашении 1921 года, *Россия и Монголия. Новый взгляд на историю взаимоотношений XX веке*, Москва, 2001.

Рощин 2002a : С. К. Рощин, Из истории становления советско-монгольских дипломатических отношений (1920-е гг.), *8 Международный конгресс монголоведов (Улан-Батор, 5-12 августа 2002г.)*, Москва, 2002.

Рощин 2002b : С. К. Рощин, О деятельности уполномоченных Коминтерна в Монголии (1921-1932 гг.), *Россия и Монголия в свете диалога евразийских цивилизаций. Материалы научной конференции. Звенигород. 2-5 июля 2001г*, Москва, 2002.

Рощин 2005 : С. К. Рощин, *Маршал Монголии Х.Чойбалсан*, Москва, 2005.

Саввин 1930 : В. П. Саввин, *Взаимоотношения Царской России и СССР с Китаем*, Москва, 1930.

Соркин 1960 : Г. З. Соркин, Съезд народов дальнего востока, *Проблемы востоковедения*, 1960-5, Москва, 1960.

структура : Г. М. Адибеков, Э. Н. Шахназарова, К. К. Шириня, *Органи-*

зационная структура Коминтерна. 1919-1943, Москва, 1997.

Такенов 1983 : А. С. Такенов, К вопросу участия уйгурских трудящихся в революционном движении в Семиречье, *Актуальные проблемы советского уйгуроведения*, Алма-Ата, 1983.

Тепляков 2007 : А. Г. Тепляков, *Непроницаемые недра. ВЧК-ОГПУ в Сибири 1918-1929гг*, Москва, 2007.

Турк20в : Академия наук Республики Узбекистан, Институт Истории, *Туркестан в начале 20 века*, Ташкент, 2000.

Устинов 1996 : В. М. Устинов, *Турар Рыскулов*, Алматы, 1996.

Хулан 2001 : Х. Хулан, Договор с Россией. Международный статус Монголии, *Историко-правовые аспекты*, Улан-Батор, 2001.

Цапкин 1948 : Н. В. Цапкин, *Монгольская народная республика*, Москва, 1948.

Шурхуу 2001 : Д. Шурхуу, Урянхайский вопрос в Монголо-Российских отношениях в первой четверти ХХ века, *Россия и Монголия. Новый взгляд на историю взаимоотношений ХХ веке*, Москва, 2001.

・英語

Atwood 2002a : Christopher P. Atwood, *Young Mongols and vigilantes in Inner Mongolia's interregnum decades, 1911-1931*, 1, Leiden, Boston, Köln, 2002.

Atwood 2002b : Christopher P. Atwood, *Young Mongols and vigilantes in Inner Mongolia's interregnum decades, 1911-1931*, 2, Leiden, Boston, Köln, 2002.

Bawden 1968 : C. R. Bawden, *The modern history of Mongolia*, London, 1968.

Campi 1991 : Alicia J. Campi, Perception of the Outer Mongolia by the United States government as reflected in Kalgan (Inner Mongolia) U.S. consular records 1920-1927, *Journal of the Mongolia Society*. 14, Bloomington, 1991.

Carr 1966 : Edward Hallet Carr, *The Bolshevik revolution. 1917-1923*, 3, London, 1966.（初版は1953年）

Dashpurev/Soni 1992 : D. Dashpurev, S. K. Soni, *Reign of terror in Mongolia 1920-1990*, New Delhi, 1992.

Elleman 1993 : Bruce A. Elleman, Secret Sino-Soviet Negotiations on Outer Mongolia, 1918-1925, *Pacific affairs*. 66-4, Vancouver, 1993.

Eudin/North 1957 : X. J. Eudin, R. C. North, *Soviet Russia and the East*, Stanford, 1957.

Friters 1949 : Gerard M. Friters, *Outer Mongolia and its international position*, Baltimore, 1949.

Leong 1976 : Sow-Theng Leong, *Sino-Soviet diplomatic relations, 1917-1926*, Canberra, 1976.

Morozova 2002：Irina Y. Morozova, *The Comintern and revolution in Mongolia*, Cambridge, 2002.

Murphy 1966：George G. S. Murphy, *Soviet Mongolia. A study of the oldest political satellite*, Berkeley, Los Angeles, 1966.

Nyman 1977：Lars-Erik Nyman, *Great Britain and Chinese, Russian and Japanese interests in Sinkiang, 1918-1934*, Sweden, 1977.

Pasvolsky 1922：Leo Pasvolsky, *Russia in the Far East*, New York, 1922.

Pollard 1933：Robert T. Pollard, *China's foreign relations. 1917-1931*, New York, 1933.

Rupen 1964：Robert A. Rupen, *Mongols of twentieth century*, Bloomington, 1964.

Rupen 1979：Robert A. Rupen, *How Mongolia is really ruled? A political history of the Mongolian People's Republic, 1900-1978*, Stanford, 1979.

Sandag/Kendall 2000：Shagdariin Sandag, Harry H. Kendall, *Poisoned Arrows. The Stalin-Choibalsan Mongolian Massacres, 1921-1941*, Boulder, 2000.

Tan 1932：T. Tan, *Political Status of Mongolia*, Shanghai, 1932.

Tang 1959：Peter S. H. Tang, *Russian and Soviet policy in Manchuria and Outer Mongolia 1911-1931*, Durham, 1959.

Whiting 1968：Allen S. Whiting, *Soviet policies in China. 1917-1924*, Stanford, 1968.（初版は1953年）

Wilbur/How 1989：Wilbur C. Martin, How Julie Lien-ying, *Missionaries of Revolution. Soviet advisers and nationalist China.1920-1927*, Cambridge, London, 1989.

Wou 1978：Odoric Y. K.Wou, *Militarism in modern China. The career of Wu P'ei-Fu. 1916-39*, Canberra, 1978.

・中国語

包 1984：包爾漢,『新疆五十年』, 北京, 1984年。

『北洋軍閥』4：章伯鋒主編,『北洋軍閥1912-1928』第4巻, 武漢, 1990年。

『博爾塔爾簡史』：武立徳主編,『新疆博爾塔爾蒙古族発展簡史』, 北京, 2003年。

陳 1982：陳慧生,「資産階級領導的迪化起義」,『新疆歴史論文続集』, 烏魯木斉, 1982年。

樊 2004：樊明方,『唐努烏梁海歴史研究』, 北京, 2004年。

馮 1934：馮有眞,『新疆視察記』, 上海, 1934年。

『革命史』：郝維民主編,『内蒙古革命史』, 呼和浩特, 1997年。

金 2001：金光耀主編,『顧維鈞与中国外交』, 上海, 2001年。

藍 2000：藍美華,「蘇俄早期對蒙政策初探（1917-1924）」, 中国邊政協會編,『蒙古民族與周邊民族關係學術會議論文集』, 台北, 2000年。

李1996：李嘉谷，『中蘇関係1917-1926』，北京，1996年。
励2004：励声，『哈薩克斯坦及其與中国新疆的関係』，哈爾濱，2004年。
『歴史地図』：譚其驤主編，『中国歴史地図集』8（清時期），香港，1992年。
『歴史選輯』：新疆社会科学院歴史研究所，『新疆地方歴史資料選輯』，張家口，1987年。
劉2001：劉學銚，『外蒙古問題』，台北，2001年。
盧・劉1995：盧明輝，劉衍坤，『旅蒙商』，北京，1995年。
呂2007：呂一燃主編，『中国近代辺界史』上巻，成都，2007年。
『民国地図集』：張其昀主編，『中華民国地図集』第2冊（中亜大陸辺疆），1964年。
『盟情』：呼倫貝爾盟地方志弁公室編，『呼倫貝爾盟情』，呼和浩特，1986年。
『民族志』：呼倫貝爾盟民族事務局編，『呼倫貝爾盟民族志』，呼和浩特，1997年。
『社会史略』：白振声，鯉淵信一主編，『新疆現代政治社会史略（1912-1949年)』，北京，1987年。
『史綱』：馬大正，成崇徳主編，『衛拉特蒙古史綱』，烏魯木斉，2006年。
『実録』：全国政協文史和学習委員会等編，『達斡爾族百年実録』下，北京，2008年。
魏1982：魏長洪，「伊犁辛亥革命論述」，『新疆歴史論文続集』，烏魯木斉，1982年。
『衛拉特史』：新疆師範大学学報編輯室，『衛拉特史論文集』，烏魯木斉，1987年。
王1963：王聿均，『中蘇外交的序幕――従優林到越飛――』，台北，1963年。
呉・何1982：呉廷楨，何玉疇，「辛亥革命在新疆」，『新疆歴史論文続集』，烏魯木斉，1982年。
向1985：向青，『共産国際与中国革命関係論文集』，上海，1985年。
薛2009：薛銜天，『民国時期中蘇関係史』上，北京，2009年。
楊1994：楊奎松，「遠東各国共産党及民族革命団体代表大会的中国代表問題」，『近代史研究』1994年第2期，1994年。
『伊犁歴史』：姜崇侖主編，『伊犁歴史與文化』，烏魯木斉，2004年。
札奇斯欽1955：札奇斯欽，『蒙古之今昔』2，台北，1955年。
『志略』：国務院興安局調査科，『呼倫貝爾志略』，新京，1939年。
『中国外交史』：呉東之主編，『中国外交史　中華民国時期1911-1949年』，河南省，1990年。
『中華民国史』4：朱漢国，楊群主編，『中華民国史』4，成都，2006年。
『資料集』：『達斡爾資料集』編輯委員会編，『達斡爾資料集』5，北京，2003年。

・ドイツ語

Barkmann 1999：U. B. Barkmann, *Geschichte der Mongolei oder die "Mongolische Frage,"* Bonn, 1999.

地図1　外モンゴルとその周辺

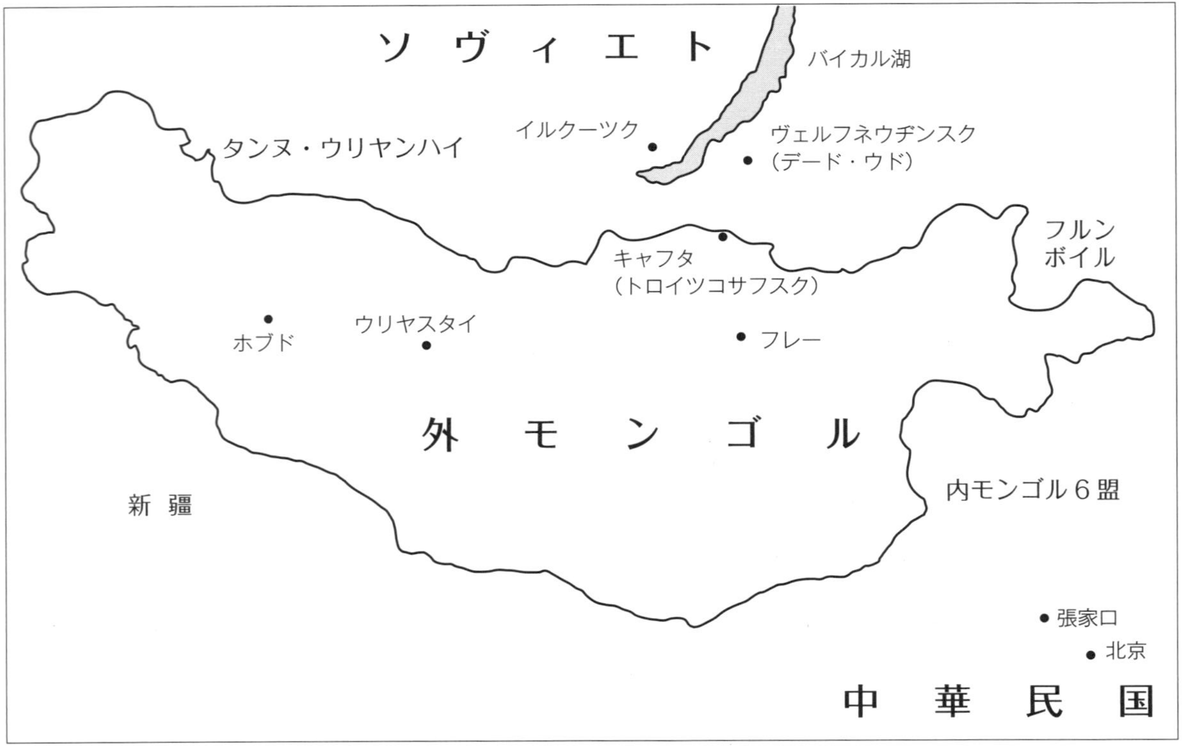

ソヴィエト
バイカル湖
タンヌ・ウリヤンハイ
イルクーツク
ヴェルフネウヂンスク
（デード・ウド）
ブルン
ボイル
キャフタ
（トロイツコサフスク）
ウルガ
ホブド
ウリヤスタイ
外モンゴル
内モンゴル6盟
新疆
中華民国
張家口
北京

出所：『歴史地図』，pp.55-58。

地図 2　外モンゴルの各地域

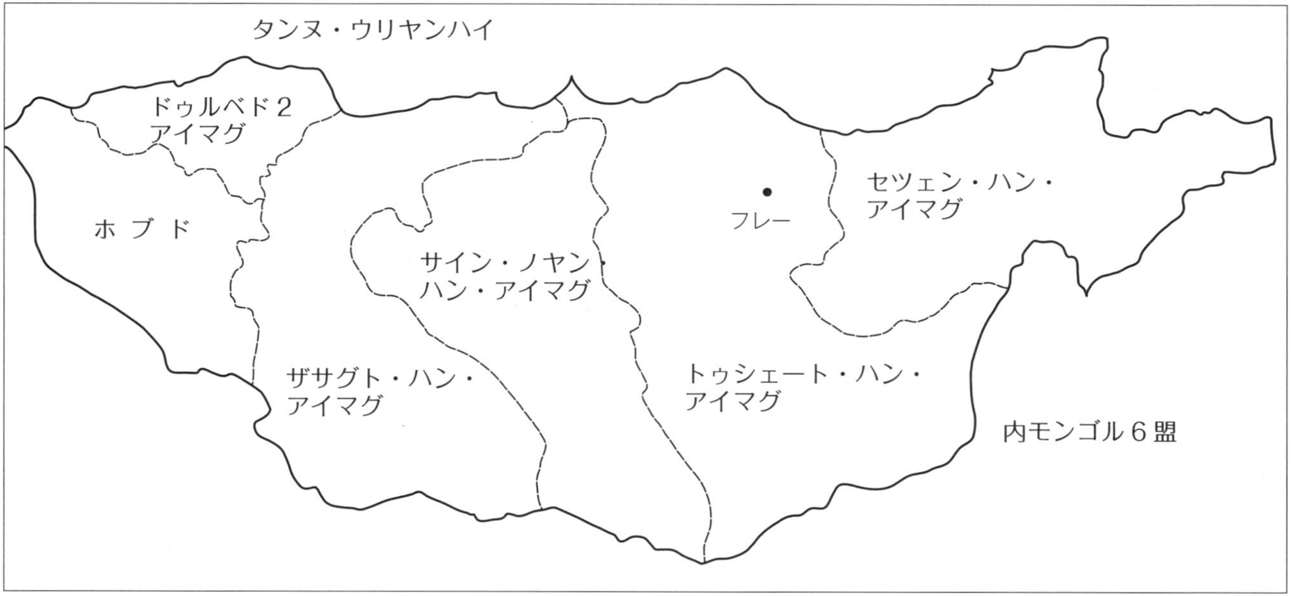

タンヌ・ウリヤンハイ

ドゥルベド2
アイマグ

ホブド

ザサグト・ハン・
アイマグ

サイン・ノヤン・
ハン・アイマグ

セツェン・ハン・
アイマグ

トゥシェート・ハン・
アイマグ

フレー

内モンゴル6盟

出所：『モンゴル史』, 地図1；『歴史地図』, pp.55-56。

地図 3　新疆全図（補論）

外モンゴル

バルハシ湖

タルバガタイ（塔城）
アルタイ地区
ホルゴス（霍城）
クルジャ（伊寧）
イリ地域

セミレチエ（ジェティス）地域

クチャ
アクス
タリム盆地
カシュガル
ホータン

出所：『歴史地図』, pp.52-53；『民国地図集』, pp.E11, E12。

地図4　イリ地域（補論）

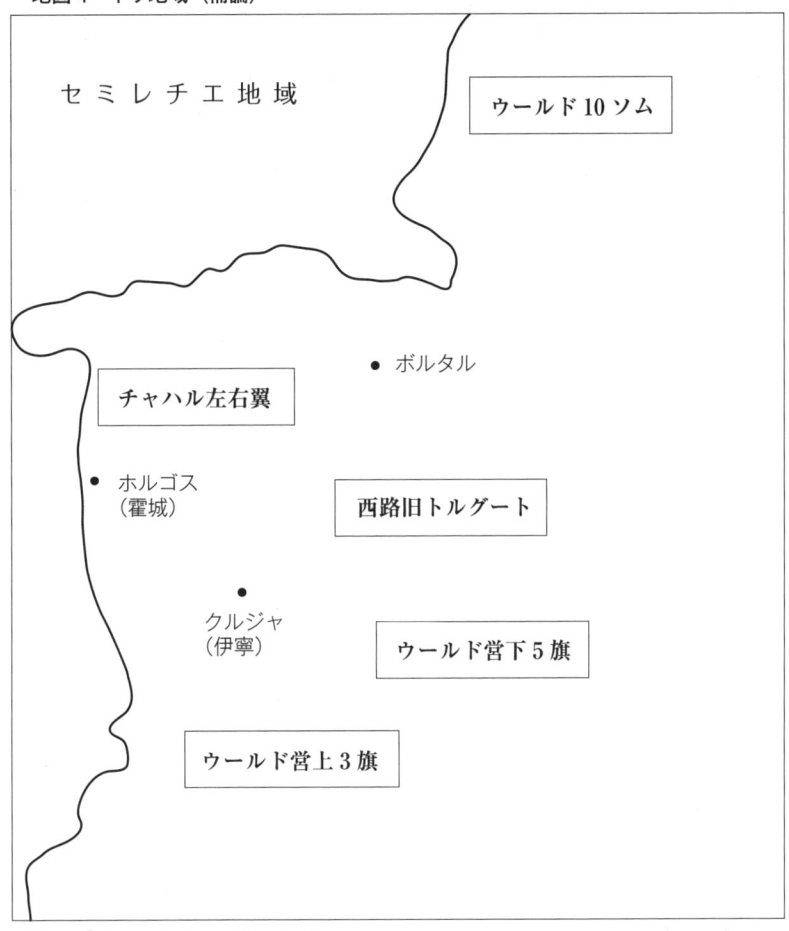

セミレチエ地域

ウールド10ソム

・ボルタル

チャハル左右翼

・ホルゴス
（霍城）

西路旧トルグート

・クルジャ
（伊寧）

ウールド営下5旗

ウールド営上3旗

出所：『民国地図集』, pp.E11, E14。

事 項 索 引

※「モンゴル人民党」「モンゴル人民政府」「外モンゴル」「モンゴル」「ソヴィエト（ソ連，ソヴィエト・ロシア）」「コミンテルン」「中国」は，登場頻度が著しく高いので，索引には含めなかった。

◆あ行

アイマグ　44, 96, 138-140, 222, 237, 314, 320, 324, 352
アジア　26, 80, 341
　東北——　91, 341, 343, 391
　東——　2, 6, 14, 15, 24, 39, 93, 109, 353, 356, 373, 381, 389
アメリカ　8, 129-132, 136-138, 142-144, 156, 181, 195, 220
アルタイ・ウリヤンハイ　272, 339, 345-346, 356, 378
アルタイ地区　356, 358-359, 363, 378
アルタンボラグ　48
アルティ・シャフル　365-366
安福派　36
イフ・シャビ　212
イリ　353, 355-362, 370, 376, 379
　——駐防八旗　377
イルクーツク　80, 112-113, 157, 180, 184, 197
ウイグル　355, 364-366, 377, 379
ヴェルヌイ　337, 366
内モンゴル　3, 95, 172, 174, 245, 272, 334, 343-346, 353-354, 358, 363-364, 368-370, 374, 379
　——人民革命党　342, 374, 379
ウラジオストク　32
ウリヤスタイ　44-45, 48, 138-139, 377
　——定辺左副将軍　48
ウリヤンハイ人民革命党　71
ウリヤンハイ地方革命委員会　66

ウリヤンハイ駐在全権代表官（人民（臨時）政府）　62, 64, 100
ウリヤンハイ問題　16, 23, 47, 50, 60-66, 68-71, 73-76, 84, 100, 101, 382
ウールド　357, 360, 378
　——営　360-362, 377, 378
S. ダンザンらの粛清　17, 152, 162, 241, 283
「エルベグドルジ・リンチノ。党および政府の数人の個人性格分析について」　226
オラーンバートル　18, 269, 291, 324

◆か行

外国課（ロシア共産党中央委員会極東局）　103
外務人民委員（ソヴィエト）　28, 42, 71, 76, 304, 353
　——部（ソヴィエト）　24-25, 28-29, 53, 70, 74, 83, 92, 100, 134, 156, 173, 175, 180-182, 185, 186, 190, 197, 206, 232, 237, 262-263, 266, 310, 321, 353, 371-372
革命軍事評議会［軍事評議会］　26, 182, 185, 198
革命連合「ウイグル」　365-366
カザフ　303, 339
過剰干渉問題　115, 118, 123-126
ガミン　219-220, 247
カルムイク　82, 193, 360-361, 365, 378
帰化城　158
キャフタ　3-4, 19, 69, 93, 275, 358-359
　——三国協定［三国協定］　3, 40-41, 42-43, 46-47, 94, 172, 343
旧トルグート南路ハン旗　358

418

共産主義青年インターナショナル　103, 216-217, 224, 231, 239, 243, 244, 246, 247, 248, 258-259, 266-268, 270, 272, 287, 292, 293, 310-311
　——第3回大会　215-217, 246, 247
　——第4回大会　267, 280, 286, 290
共和制　1, 46, 296, 297, 300-302, 303, 336
極東課（ソヴィエト・ロシア外務人民委員部）　32, 51
極東共和国　5, 31-33, 82, 165-166, 170, 197, 199
極東局（ロシア共産党中央委員会）　24-25, 27, 92, 113, 248
極東書記局（コミンテルン）　4, 24, 26-30, 80, 88, 93, 104, 112-114, 116, 152, 154, 156, 224, 231, 259, 368
極東諸民族大会　16, 22, 23-24, 78-83, 87, 91, 102, 104, 118, 129, 158, 383
　——中国代表団　82, 85-86, 103
　——モンゴル代表団　82
9月9日宣言　74-77
庫倫弁事大員　3
クルジャ［伊寧］　360-361, 365, 368, 378, 379
経済法課（ソヴィエト・ロシア外務人民委員部）　51
公式的歴史　7-11, 13, 108
国際関係課（コミンテルン）　114, 153
国立ロシア連邦文書館　18
コシュ・アガチ　44, 48, 65, 96
国家小会議　324, 328-329, 331, 339
コミンテルン執行委員会　27-28, 79, 92, 103, 113, 153, 206-207, 231, 244, 262-263, 266, 270, 292, 295, 299, 304, 365
　——小ビューロー　80-81, 102
　——東方局　32-33, 81, 102, 290, 304, 368, 379
　——東方局極東課　103, 203, 206-207
コミンテルン第2回大会　80
コミンテルン第3回大会　50, 62, 80, 102

コミンテルン第4回大会　146, 205-207, 264, 365-366
コミンテルン第5回大会　257, 259, 266, 274, 302, 384

◆さ行

最恵国　57-58, 99
「財政基本政策」　212
財政協議会（モンゴル人民政府）　19
財務人民委員部（ソヴィエト・ロシア）　50
サイン・ノヤン・ハン盟［サイン・ノヤン・ハン・アイマグ］　44, 248, 339
ザサグ　356, 358-359, 376
ザサグト・ハン・アイマグ　44, 245, 248
ザバイカル　24
山西商人　158
ジェティス［セミレチエ］　303, 337, 358, 365-366, 377, 379
侍臣　94, 100, 130-131, 135, 140
シベリア　24-25, 92, 170
シベリア外交代表部　24, 28, 93, 113
シベリア革命委員会　24, 71, 74, 92, 194
シベリア局（ロシア共産党中央委員会）　24-25, 37, 65-67, 71-74, 92, 113
シベリア出兵　37, 80-81, 102
シベリア・モンゴル全権代表（ソヴィエト・ロシア外務人民委員部）　26
上海　178
十月革命　7
主権　19, 33, 37, 69-70, 77, 98, 163-165, 171, 172, 174-177, 186, 204, 295, 297, 300, 301, 303, 331, 335, 388-389
ジュンガル　365-366, 379
ジリム盟　245
清　3, 43-44, 48, 87-89, 94, 121, 219, 379
辛亥革命　247, 341, 356-357
新疆　17-18, 199, 342, 354, 355-371, 372-373, 374, 376, 377, 378, 379, 390
新首相選出問題（1923年）　233-234, 237-239, 241, 251

事項索引　419

『シン・トリ』　110, 151
人民義勇軍　5
人民教育省（モンゴル人民政府）　19, 97, 324, 338
人民政府側作成条約草案　42, 47, 50, 52, 55, 96, 101
『人民の権利』　256, 292, 375
「青年同盟と人民党（日記と回想の抜粋）」　123, 243, 247, 248
セツェン・ハン・アイマグ　222, 248, 347
「1923年のコミンテルン執行委員会極東課活動計画」　203, 206
1923年の人民政府・ソ連間の交渉　17, 165, 180, 193, 369
「1924年12月1日までのモンゴルの国内状況に関する報告書」　239, 269, 317, 329
1924年夏の政変　16-17, 162, 254, 256, 271, 279, 287-288, 290, 295, 310, 334, 383, 385
全軍評議会［モンゴル軍革命軍事評議会］　5, 134-135, 179-180, 183, 185, 197, 211, 246, 261, 289, 293, 324
宣誓協定　120, 154
全トヴァ大会　66
ソヴィエト・ロシア側作成条約草案　101
相互援助組合　94, 211-213, 215, 246, 273, 324
宗主権　3, 42, 46, 177, 343
外モンゴル自治　3-4, 43, 90, 110, 112, 164, 172-175, 186, 190, 339, 381
──政府［自治モンゴル政府，モンゴル自治政府］　3-5, 38, 43, 47, 54-55, 94, 110, 142, 219
ソノムダルジャーの商社　139
ソム　44, 314
「ソ連とモンゴル。1923年9月」　232, 250

◆た行

第5軍団（ソヴィエト・ロシア赤軍）　25-26, 67, 73, 157
第12回ロシア人住民地域大会（タンヌ・ウリヤンハイ）　66
「大衆へのモンゴル人民党の宣言書」［「外モンゴル大衆へのモンゴル人民党の宣言書」］　90, 104, 199, 212, 214, 219, 222
「大衆へのモンゴル人民党の宣言書の序文」　211
大盛魁　139, 141-142
対中要求5箇条　174-175, 186
「第2回大会日誌」　209-210, 247
「第2回大会報告書」［「モンゴル人民党第1回大会」］　205-208, 209-210, 217, 226, 228-229, 240, 245, 375
第2次カラハン宣言　31
大モンゴル国運動　344, 374
ダグール族　374
タシケント　361, 365
タランチ　365
タルバガタイ　360, 378
タンヌ・ウリヤンハイ［ウリヤンハイ］　44, 47-48, 52, 60-78, 84-85, 96, 99, 100, 126, 345-346, 373, 382
タンヌ・トヴァ人民共和国　67
チタ　32, 34, 113
チベット　25-26, 135, 157, 176, 341
チャハル　353, 357-358, 360, 378
──左翼鑲黄旗（イリ）　357
中央アジア局（ロシア共産党中央委員会）　304, 360
中華帝国主義　36-38, 46, 348
中華民国　3-4, 9, 23, 31-34, 41, 42-43, 48, 50, 53, 55, 60, 95, 98, 163-165, 167-171, 172, 174-177, 185-191, 193, 198, 201, 204, 247, 295, 297-298, 300, 303, 343, 356, 360, 364, 370, 373-374, 388-389
──外交部　168-169, 195
中国課（ロシア共産党中央委員会シベリア局東方諸民族部，コミンテルン極東書記局）　4, 153
中国共産党　82, 103
中国国民党　16, 79, 82-83, 85-86, 178,

371-372, 383
中ソ関係　　9, 15, 19, 31, 163-164, 334, 335, 351, 354, 356, 370, 373, 389-390
中ソ協定　　15, 162, 163-164, 171-172, 193, 196, 254, 295, 297-300, 303, 334, 335, 389
中ソ公式交渉　　9, 11, 15-17, 23, 31, 33-34, 39, 65, 68, 74, 78, 86, 91, 93, 162, 163-168, 170-171, 172-173, 176-178, 185, 188-191, 193, 194, 201, 204, 208, 241, 257, 288, 351, 353, 370, 373, 388-390
中東鉄道　　31-32, 34, 81, 102, 170
長春会議　　170
朝鮮　　25, 78, 82
朝鮮課（ロシア共産党中央委員会シベリア局東方諸民族部，コミンテルン極東書記局）　　4
直隷派　　188
ツェレンピル事件　　149, 160, 203, 250, 346-347, 372
デード・シベー　　275
典籍委員会　　19, 211-212, 215, 246, 324
トヴァ共和国　　96
統一国家政治機構　　239, 251, 269, 316, 329
トゥシェート・ハン・アイマグ　　222, 248, 358
東方諸民族大会　　80
東方諸民族部（ロシア共産党中央委員会シベリア局）　　4, 19, 24-26, 28, 36, 92, 112-114, 153
東方部（モンゴル人民党）　　344
東洋勤労者共産主義大学　　82
ドゥルベド　　154
特別課（東シベリア軍管区）　　134, 143, 157
トルキスタン　　303, 341, 356, 366, 372, 373, 374, 377, 380
――共産党　　303, 360, 365-366, 378
――共和国　　304
――自治社会主義ソヴィエト共和国　　304, 378
中国――　　187, 199, 364, 367, 369, 371, 379

西――　　366, 374, 377
東――　　365, 371, 374
トルゲート　　357-360, 378
トルコ　　176-177
トルコ系ムスリム　　187, 356-357, 369
トロイツコサフスク　　5, 187, 199
ドンガン　　356, 365, 379

◆な行
内防局　　134, 136, 157, 246, 261-262, 269, 273, 278, 288, 301, 384
南方政府　　85
二月革命　　264, 303
西モンゴル　　38, 63, 70-71, 94, 139, 154, 156, 235, 289, 368, 376
『ニースレル・フレー新聞』　　110, 151
日本　　6-7, 9, 24-25, 32, 37, 66, 78, 82, 83, 87-88, 90, 95, 104, 132, 144, 145, 148, 157, 167, 170, 192, 198, 220-221, 223, 317, 326-327, 341, 344-345, 347, 350, 352, 389
日本課（ロシア共産党中央委員会シベリア局東方諸民族部，コミンテルン極東書記局）　　4
ノヴォニコラエフスク　　71, 73-74, 157

◆は行
ハイラル　　32, 137-138, 374
バクー　　27, 80
バスマチ運動　　372, 380
バーリン　　245
バルガ　　211, 345, 347-350, 351-354, 364, 368, 375
バルハシ湖　　376, 377
ハルハ・モンゴル［ハルハ］　　44, 69, 132-133, 158, 348, 350, 351
東フレー派　　110
非常委員会　　251
フフホト　　158
ブリヤート・モンゴル［ブリヤート］　　4, 18, 25, 35, 38, 44, 82, 89-90, 94, 97, 110-111,

事項索引　　421

114, 117, 124, 138-140, 143-144, 169, 193, 199-200, 211, 246, 267, 275, 288, 290, 307-308, 343, 345, 349, 368, 379
──自治ソヴィエト社会主義共和国　239, 269, 316, 329, 379
ブルガリア　176-177
フルンボイル　17-18, 245, 272, 334, 342-354, 369-370, 372-373, 374, 375, 379, 390
──学生会　344, 374
──青年党　344, 374
呼倫貝爾副都統　344, 347-348, 350, 374, 375
フレー［ニースレル・フレー, イフ・フレー, ウルガ］　3, 5, 18, 29, 33, 38, 43, 45-46, 48, 51, 69, 96, 110, 114, 119, 123, 131, 134, 144, 155, 156, 158, 172, 175-176, 179-180, 190, 204, 211, 230-232, 236, 262-263, 268, 272, 291, 304, 324, 339, 344, 346, 353-354, 361, 371, 384
──市委員会（モンゴル革命青年同盟）［フレー支部］　260, 269, 278, 282-283, 288
北京　31, 33, 93, 139, 163, 165-166, 171, 172, 174, 178, 188, 358, 364, 380
──政府　31-34, 36, 165, 171, 356
ペトログラード　93, 102, 211
貿易人民委員（ソ連）　192
「報告版同盟第3回大会議事録」［「青年同盟第3回大会」］　261, 279-284, 286, 293
奉天　32, 176, 178, 188
ボグド・ハーン政権　3, 10, 38, 41, 47, 94, 95, 96, 97, 110, 152, 158, 292, 343, 356, 358-359
北伐　300, 371
ホショー　44, 64, 96, 141, 275, 314, 376
ホショート　357
ボドーの粛清事件　15-16, 22, 100, 107-109, 111, 129, 144, 146, 149, 150, 151, 162, 203, 261, 265, 290, 346, 383, 386
ホブド　44-45, 48, 96, 289, 320, 356, 363, 378
ホルゴス　368
ボルタル　357

◆ま行

マイマーチェン　29
満洲里　32, 132, 137-138
マンライ・ワン・ホショー　347
民主化　1-2, 5, 6-7, 10-14, 19, 112, 270, 296, 311, 313, 316-318, 321-322, 329-330, 335, 390-391
「民族・植民地問題のテーゼ」　80
民族民主化革命　5, 10, 14
民族問題人民委員部（ソヴィエト）　246, 304
ムスリム・コミュニスト　303
蒙彊経略使　32
蒙事会議　172, 196
蒙蔵院　171-172
モスクワ　26-27, 31, 42, 45, 50, 53, 62, 64-65, 70, 74, 80, 110, 120, 127, 152, 155, 156, 164, 168-169, 179-180, 184, 197, 206, 208, 210, 215, 225-226, 230, 232, 234, 248, 262-263, 268, 272-273, 276, 291, 299, 307-308, 310, 332, 337, 346, 354, 361, 364-365, 370, 390
──駐在人民政府全権代表　97, 156, 159, 160, 173, 246, 290, 360, 365, 370
『モンゴリン・ウネン』　89-90, 104
モンゴル革命青年同盟［青年同盟］　59, 82, 99, 103, 119-123, 127-128, 155, 157, 202, 211-212, 215-217, 222-223, 230-233, 235-239, 241, 243, 245, 246, 247, 248, 250, 256, 258-260, 262-267, 269-270, 273-277, 279-281, 283-287, 289, 290, 292, 293, 295-296, 304-305, 309-311, 313-315, 333, 337, 338, 352, 384
『──史関係史料』　122, 127, 215, 229-230, 233-234, 246, 260, 262, 267-268, 272, 291
──第1回大会［青年同盟第1回大会］　215-217, 247
──第2回大会［青年同盟第2回大会］　211, 215-217, 222-223, 232, 243, 246, 247
──第3回大会［青年同盟第3回大会］

422

255-256, 261, 269, 271, 279, 282-284, 287, 293, 385
「――第3回大会」 279-280, 282, 294
――中央委員会［青年同盟中央委員会，同盟中央委員会］ 122, 128, 152, 209, 213, 215, 217, 230, 234, 236, 239, 245, 260-261, 266-270, 272, 278, 279-287, 309, 315, 322, 333
「――に関する報告」 127-128, 155, 157
モンゴル国 5, 10-12, 19, 96
モンゴル国立外務中央文書館 18
モンゴル国立中央文書館 18, 318
モンゴル人民革命［モンゴル革命，人民革命］ 5, 7, 9-10, 14, 162
モンゴル人民革命党中央文書館 18, 244
モンゴル人民共和国 1-2, 7-10, 15, 108, 151, 154, 162, 247, 254, 279, 288, 296, 303, 330-332, 334, 381, 385
――憲法 324, 330, 335, 385
――第1回国会［第1回国会］ 1, 17, 179-180, 254, 296-297, 300, 303, 317, 318-320, 322-323, 327, 330-333, 334, 338, 339, 385
モンゴル人民党第1回大会［人民党第1回大会］ 5, 63, 97, 104, 199, 243, 275
モンゴル人民党第2回大会［人民党第2回大会］ 17, 149, 162, 201-202, 204-205, 207, 209-211, 213, 215, 217, 219, 222, 223-229, 232, 233, 236, 238, 240, 241-242, 243, 244, 245, 246, 247, 257, 274-275, 296, 332, 344-346, 352, 375, 384-385, 388-389
――特別委員会 210-211, 213-215, 226, 245
モンゴル人民党第3回大会［人民党第3回大会］ 174, 196, 240, 243, 255-257, 260, 268-269, 271-272, 274-278, 279-284, 288, 291, 292, 293, 305, 314-315, 321, 332, 337, 345-346, 384-385
モンゴル人民党中央委員会［人民党中央委員会，党中央委員会，モンゴル人民革命党中央委員会，人民革命党中央委員会］ 18, 39, 82, 93, 94, 103, 111, 118, 124-127, 144, 146, 152, 154, 155, 159, 172-173, 187, 204-208, 209-210, 212, 214-215, 217-219, 221-222, 226-231, 233, 234-238, 240, 243, 244, 245, 248, 257-258, 261, 265-266, 268, 270, 271-276, 286, 289, 290, 291, 292, 293, 300-302, 306-307, 312, 315, 319, 321-323, 328-333, 335, 336, 337, 338, 339, 345-346, 352, 354, 359, 363, 367, 369
――宣伝課 228-229, 248, 271
――総務課 301
――組織課 222, 227-229, 247
「モンゴル人民党を，いかに党員を入党させて組織するかについて」 226-228
モンゴル人民臨時政府［人民臨時政府］ 5, 29-30, 33, 62, 69, 97, 100, 103, 110, 115-117, 124, 153, 154, 243, 355, 359
「モンゴル，ソ連，中国」 186, 367, 369
「モンゴル代表の宣言」 42, 48, 50, 51, 62, 76, 95
モンゴル・チベット課［モンゴル課］（ロシア共産党中央委員会シベリア局東方諸民族部，コミンテルン極東書記局） 4, 18, 25, 35-36, 81, 88-89, 93, 94, 113-114, 116-117, 152, 387
モンゴル駐在全権代表部（ソヴィエト外務人民委員部） 29, 155, 157, 173, 178, 197, 203, 234, 240, 249, 261, 263-264, 279, 302, 315, 336, 338, 348, 352, 364, 378
モンゴル独立運動 3, 41, 43, 46, 245, 341, 343, 356-357, 359, 374
「モンゴルとその解放のための闘い」 87
「モンゴルにおける革命の展望」 90, 159
「モンゴルにおける最近の出来事に関して。人民党と青年同盟」 156, 224
「モンゴルにおける政治状況について」 90, 158
「モンゴルに関するワシントン会議のテーゼ」 88-89

事項索引 423

モンゴル民族統一戦線　36
モンゴル問題　9, 19, 24, 31-34, 69, 78-79, 82, 83-84, 86-87, 162, 163-169, 171, 177, 188-191, 193, 204, 206-207, 217, 244, 270, 297-299, 353, 370, 388
モンディ　44, 48

◆ら行

利権　47, 50, 52-55, 58-59, 382
領事館丘派　110
旅蒙商　158
臨時国会　157
「ルィスクロフ国会報告」［「モンゴルの第1回全国大会の活動について」］　319, 321-323, 325, 327-328, 330
歴史の見直し　11
ロシア革命　3, 7, 24, 33, 92, 341, 343-344, 356, 380
「ロシア側回答宣言」［1921年10月28日付ロシア・モンゴル会議の協議におけるロシア代表の回答宣言］　75-76
ロシア共産党　4, 24, 72, 92, 170, 365
ロシア共産党中央委員会　25, 28, 371-372
　──政治局　64, 156, 168, 170, 181-182, 299, 335, 371
ロシア国立社会政治史文書館　18

ロシア・ソヴィエト連邦社会主義共和国［ロシア社会主義ソヴィエト共和国, ソヴィエト社会主義大ロシア共和国, ロシア社会主義連邦ソヴィエト共和国］　31-32, 43, 47, 66, 74, 94, 96
ロシア帝国　3, 41, 46-47, 54-55, 59, 87-88, 94, 95, 96, 110, 132-133, 343, 357
ロシア白軍［白軍］　5, 7, 32, 34, 35-36, 56, 71, 80, 87, 90, 99, 126, 156, 166, 168, 171, 192, 220, 244, 289, 326-327, 343, 347, 357, 359, 372, 379
ロシア・モンゴル銀行　181
ロシア・モンゴル友好条約　16, 39, 42, 95, 111, 181, 198
　──締結交渉［条約締結交渉］　16, 22, 23, 38, 39-40, 42, 47, 50-53, 55, 57-59, 60-62, 68, 70, 75-78, 84, 91, 97, 101, 118, 120, 127, 129, 251, 382-383
ロシア連邦外交政策文書館　18
露中宣言　41-42, 95
露蒙協定　40-42, 46-47

◆わ行

ワシントン会議　80-81, 83, 89, 102
　「──の成果と極東情勢」　89

人名索引

◆あ行

アサドゥッラー・シェイフ・ハフィゾフ　365-366

アトウッド　342

アビルメド　211, 324

アブラムソン，М. М.　113

アブラモフ　239, 269, 316, 329

アマガエフ　324, 339, 363-364, 373, 379

アマル　196, 273, 324, 333, 337, 338

アリザイドルゴル　359

アリスキー　50

アリポフ　239, 269, 316, 329

アルヒンチェエフ　211

イシドルジ　280-281, 286

ヴァシリエフ，А. Н.　177, 190, 197, 262-264, 272, 280, 282, 289, 290, 291, 308, 318, 336

ウィルバー　79

ヴォイチンスキー，Г. Н.　81, 178, 203, 206, 231, 240, 250, 268, 279, 289, 304, 308, 316-317, 336, 337, 361, 376, 379

ウルジーホトグ　280-281, 286

ウンゲルン［ロマン・フョードロヴィチ・ウンゲルン・フォン・シュテルンベルグ，バロン・ウンゲルン］　5, 32-33, 35-38, 43, 56, 70-71, 94, 104, 110, 119-120, 123, 130, 165, 220

エルヘムバト　375

王正廷　171, 173, 175

オチロフ　51

オフチン，А. Я.　29, 59, 77, 115, 118-121, 123, 125-126, 128-136, 139, 142-143, 144-149, 156, 158, 159, 160, 203, 205-207, 224-225, 244, 295, 383, 386

◆か行

カーディル・ハジ・ハシム・ハジエフ　365-366, 379

ガポン，Ф. И.　25, 112

カラハン，Л. М.　31, 50, 62, 70, 115, 118, 130-133, 145, 147, 158, 159, 163-164, 171, 173-176, 178, 179-180, 182, 186-187, 189-192, 193, 198, 204, 205, 231, 263, 298-300, 302, 304, 335, 353, 371

貴福　344

ギワーバルジル　324, 340

クビャク，Н. А.　231, 248

グルセド　211, 257, 266-267, 274, 289, 290, 375

ゲツ，Б. Ф.　51, 57-58

ゲッケル，А. И.［エッケル］　189, 199

ゲレグセンゲ　244, 268, 322-324, 337, 338

ゲンキン［ダヂアニ］　197, 263

ゲンデン　324, 340

顧維鈞［ウェリントン・クー］　168-169, 171, 195, 302

コシチ，Д. И.　185, 203, 239, 290

後藤新平　170

呉佩孚　166-168, 171, 188-189, 195, 371, 380

コペツキー，М. В.　27, 92

ゴムボ　213

ゴムボジャブ　272, 277-278

ゴムボジャブ（トルグート）　359

ゴムボドルジ　211

ゴンジョーン　211, 324

ゴンチャロフ，Н. К.　25, 27, 80, 112, 152

◆さ行

サジ・ラマ　135, 157

425

サファロフ，Г. И.　79, 81, 83, 86-87, 102
サフィヤノフ，И. Г.　66-68, 72-73, 100
サムピロン［ダシ・サムピロン］　268, 290
サンダグドルジ（ベイレ）　44
シェインマン　192
ジェブツンダムバ・ホトクト（第8世）［ボグド，ボグド・ハーン，ボグド・ゲゲーン］　3, 38-39, 111, 119-121, 130-132, 139-140, 142, 152, 154, 157, 203, 254, 290, 297, 300-302, 331, 336, 359
ジノヴィエフ，Г. Е.　79, 81, 83-86, 113, 371
ジャダムバ［オイドブ］　154, 159, 160, 164, 180-182, 184, 197, 211, 273, 280-281, 286, 302, 307, 322-324, 328, 333, 337, 370
ジャミヤン　211, 324, 333, 337
ジャミヤンスレン　211
ジャムツァラーノ［ツェベーン，ベグゼエフ］　4, 18, 25, 50, 54, 62, 70, 104-105, 118, 151, 154, 155, 209-212, 214, 280, 291, 309, 311, 320, 324, 345, 375
ジャムバロン　154
シュミャツキー，Б. З.　26-29, 32, 39, 51, 59-60, 62, 63-67, 70-76, 80-83, 84, 93, 97, 98, 99, 100, 101, 114-115, 118-120, 126, 128-129, 130, 147-148, 156, 159-160, 203, 350-351, 353, 386
勝福　343-344, 374
徐樹錚　4, 326, 339
シルニンダムディン［エルデネ・ジノン・ワン・シルニンダムディン］　38-39, 50-51, 94
スクリャンスキー，Э. М.　198
スターリン，И. В.　152, 230, 262, 289, 332, 340, 371-372
スタルコフ，А. Г.［ゾリグト］　103, 127-128, 153, 155, 157, 202-203, 205, 207, 209-211, 213-219, 221-222, 223-232, 233-234, 236, 238-240, 241-242, 243, 245, 246, 247, 248, 250, 251, 256-257, 259-260, 262-270, 271-272, 274-278, 279-286,

287-288, 290, 292, 295-296, 304, 306, 308-313, 315-316, 318, 323, 327, 332, 334-335, 352, 375, 384-387, 389
ズナメンスキー，А. А.　27
ズブキン　135
スフバートル　38, 51, 94, 110, 114, 118-120, 127, 145, 211
スミルノフ，И. Н.　27, 63, 65, 67-68, 80, 112-113, 153
スンデブドノイ　212
セミョノフ，Г. М.　133, 343
曹錕　188
ソコビン，S.　130-132, 136-137, 143-144, 156, 158
ソドノムドルジ　324, 329
ソミヤー　357-363, 377
ソルキン　79, 101
ソルファンガ　375
ソロキン，А.　134-135, 136, 143, 144, 157
ソンドイ　159
孫文　83, 166-168, 170-171, 299-300, 371-372, 380

◆た行

ダウトバイ　324
Tao［張秋白］　83, 85-87
ダシエフ　211
ダシダワー　19, 79
ダムディン　212, 290
ダムディンバザル［ジャルハンズ・ホトクト］　38, 141-142, 144-146, 225, 233-234, 236-238, 242, 360
ダムバドルジ　29, 93, 207, 209-214, 222, 226-229, 236-237, 271-272, 274-276, 278, 279-286, 290, 292, 302, 305, 307, 324, 328, 337, 340, 342, 374
ダムビジャンツァン　129, 131, 138-143, 156
ダライ・ラマ　157
ダルバ・バンディダ・ホトクト［ダルバ・バンディダ］　230, 233-237, 250

ダワー　51, 159, 173, 175, 186, 197, 353
ダンザン, A.　82, 88, 103, 104, 114, 146, 150, 153, 178-179, 208, 209-214, 225-230, 234, 236, 240, 245, 248, 260, 274-275, 302, 386
ダンザン, S.　4, 11, 29, 34, 38, 42, 51, 53-54, 62, 89, 95, 97, 98, 103, 108, 110-111, 118-120, 127-128, 129, 135, 145-146, 155, 184, 188, 197, 198, 202, 211-213, 233-240, 241-242, 243, 245, 250, 251, 255-256, 260-262, 268-270, 272-273, 275-276, 278, 279-280, 282, 284-286, 287, 288, 289, 290, 291, 302, 309, 311, 348, 375, 384-385, 389
ダンチノフ　154
チチェリン, Г. В.　28, 32, 50-51, 56-59, 62, 63-66, 68, 70-71, 73-76, 93, 97, 101, 168-169, 175-178, 186, 189-190, 197, 230-231, 233, 236, 238-240, 250, 262-263, 268, 289, 298-300, 304, 318, 323, 332, 336, 340, 350, 353-355, 370-372, 373, 390
チャグダルジャブ　62, 64, 110-111, 114, 127, 130-131, 135, 137-143, 152, 153
チョイバルサン　110, 113-114, 122, 127, 131, 137-138, 155, 159, 179, 197, 286, 307, 309, 324, 333, 337
張国燾　82, 103
張作霖　32-33, 104, 166, 171, 188-189, 220-221, 223, 343, 345, 349, 350-353, 372-373, 380, 390
張斯麐　31
陳毅　3, 4
陳炯明　380
ツェデブスレン　40
ツェデンイシ［ゴチトスキー，ダシェピロフ］ 35-36, 94, 105, 117, 154, 212, 273
ツェベーン・テルグーン　135, 137, 143
ツェレンドルジ　51, 97, 144-145, 159, 173, 180-184, 188, 197, 211-214, 222, 233-238, 240, 242, 246, 249, 250, 261, 263, 271, 279-280, 282, 290, 291, 292, 302-303, 307, 309, 311-312, 323-326, 328-330, 333-334,

336, 337, 339, 387
ツェレンピル　149, 160, 346-347
ツェレンピル（ブリヤート・モンゴル）　199
デジドオソル　211-212
テベグト　324
テムゲー　154
デムベレル　359-363, 364-365, 367-368, 377, 378
デンデブ　82, 87, 103, 135, 137, 143
デンデブ, L.　272
ドゥトフ, А. И.　365, 379
トゥプシントゥル　273
ドゥホフスキー, С. И.　32, 51, 53-58, 60, 71, 82, 98, 157, 173-176, 179-180, 184-185, 186, 189-192, 197, 198, 353
ドガル　212, 324
ドガルジャンツァン　322-323
ドグソム　110
トグトホ　111, 135, 137-139, 142-143
トリリッセル, М. А.　32, 64, 81, 88
ドルジ　211-212, 273, 324
ドルジパラム　212, 235, 272-273, 288, 289
ドルジ・メイレン　328-330, 337
トロツキー, Л. Д.　170, 371-372

◆な行

ナイダンスレン　280, 324, 340
ナサンバト　360-361
ナツァグドルジ　211-213, 281, 286
ナーツォフ［シレン・アラブダノヴィチ・ショイジェロフ］　257, 266-267, 274, 288, 289, 355, 361, 367-370, 378, 379
ナムジル　272
ナムジルジャブ　212
ナムスライ　210, 214, 280
ナムスライジャブ　280-281, 286
ナムハイジャンツァン　44
ナワーン［ノヴァン］　360-361
ナワーンネレン［セツェン・ハン］ 144-145, 158, 225, 237, 323-324, 327-330,

337, 339
ニコライⅡ世　69

◆は行

パイケス，A. K.　165, 189
バヴァーサン　211, 213, 215-216, 272-273, 275-276, 278, 285-286, 287, 288, 309, 311
バキチ，A. C.　357
ハズルンド［ヘンニング・ハズルンド・クリステンセン］　358, 377
バダルチン　29
バトオチル　210, 212
バトオチル（国立商工業銀行）　273
バトハーン［エルデネ・バトハーン］　51, 97, 273, 324
バドラフ　127, 154, 155, 249, 250, 251, 254, 276, 288, 292, 323-324, 340
バーバル　79, 84
ハヤンヒャルワー　280, 337
バルダエフ　239, 269, 317, 329
バルダンドルジ　136, 139, 211, 261, 262
バンディホトクト［テインラマ］　358
ファリスキー，Ф. Г.　73
フヴァ，B. A.　179
馮玉祥　178, 300
二木（博史）　89
フーミンタイ［福明泰，富明泰，敖明泰］　211, 245, 272, 344-346, 352-353, 372
ブルトマン，H. Г.　25, 92, 112
ブルネーバートル　324
フルムキン　192
フルンゼ，M. B.　336
ブロンシュテイン，M. H.　92, 113
ペテルス　239, 269, 316, 329
ペトロフ，Ф. Ф.［ラスコリニコフ］　266, 290, 293, 316, 319, 336, 340, 361, 368-369
ベルリン　51
ホウ　79
ボグダノフ　135
ホチャコフ，M. C.　190-192

ボドー　4, 11, 34, 38, 94, 97, 100, 107-115, 118-128, 129-136, 138-143, 144-146, 148-149, 150, 151, 152, 155, 156, 158, 159, 160, 203, 206, 220, 224-225, 261, 383, 386
ボヤンネメフ［ツェツェンビリグト］　82, 89, 103, 154, 209-213, 215-217, 219, 221-222, 226, 228-230, 236-240, 243, 247, 250, 251, 262, 266-271, 272-278, 279, 281, 283-286, 287, 288, 290, 309-310, 327
ボヤンムンフ（ゾリグトハン）　358
ボリソフ，C. C.　29, 30, 113, 154
ボルジブジド　358
ホルロー　50, 54, 62, 70
ボロニン　135
ホワイティング　79
ポンツァグドルジ［ダー・ラマ・ポンツァグドルジ］　38, 111, 130-131, 135, 137-139, 141-143, 145, 152

◆ま行

マグサルジャブ［ハタンバートル・マグサルジャブ］　38, 94, 138-139, 142, 145, 158, 159, 218, 225, 235-237, 290, 324
マグサルジャブ［マグサルジャブ・ホルツ］　38, 40, 94, 120
マヌイリスキー，Д. З.　279, 304, 308, 317
マフムード・ホジャム・ヤロフ　365-366
マンズシリ・ラマ［マンズシリ・ホトクト，マンズシリ・ホトクト・ツェレンドルジ］　160, 233-234, 250
マンチュクジャブ　358
ミシグドルジ　211, 213
ミシグトングロブ　358
ミシュホフ　211
ミャグマルサンボー　342
ミャチコフ　135
ミラム・イミノフ　365-366
ミンジュールスンプ　272
ミンスケル　69, 100, 103
ムンフオチル　213

メルセ［郭道甫］　344, 353-354, 374
モロトフ，В. М.　336

◆や行

山極（晃）　79
ユーヂン，В. И.　178, 184-185, 197, 203, 211, 230-233, 236, 238-239, 249, 250, 290, 307, 318, 353-355
ユーリン，И. Л.　31-34, 165
楊増新　356-359
ヨッフェ，А. А.　164-173, 182, 189, 195, 371

◆ら行

ラコシ，М.　81, 88
ラデツキー　239, 269, 316, 329
ラブダン　212
ラムジャブ　122, 142, 154, 324
リュバルスキー，Н. М.　172-173, 196
リンチノ［エルベグドルジ，ボロダエフスキー］　4, 18, 25, 29-30, 36, 62, 77, 84, 89-90, 91, 93, 108, 114, 123-124, 128, 129, 135, 140, 146, 148, 150-151, 153, 156, 158, 164, 178, 179-184, 185-190, 197, 198, 202-203, 206-208, 210-213, 215-217, 224-227, 229-232, 233-240, 241-242, 243, 246, 248, 249, 250, 255-257, 259-261, 262-263, 265-270, 271-272, 274, 276-278, 279-280, 282-285, 287-288, 289, 290, 291, 293, 295, 302-303, 304, 307, 316, 324, 328, 332-334, 335, 340, 346-347, 359, 363, 367, 369-370, 373, 378, 379, 383-387, 390
ルイスクロフ，T.［トゥラル・ルイスクロフ］　17, 254, 278, 279, 285, 292, 293, 295-297, 300, 303-313, 316-317, 318-323, 325-333, 334-335, 337, 339, 354, 368-370, 379, 385-387, 389, 391
ルジャニン　12, 20, 100, 342
レジャフ　192
レーニン，В. И.　63, 66, 97, 211, 304, 371
ロシチン　12, 20, 156, 202, 208
ロソル　82, 103, 213, 302

◆わ行

ワンチコフ　154

人名索引　429

Outer Mongolia's Relationship with Soviet Russia and the Comintern
—From 1921 to 1924—

Masahiro AOKI

In this book we elucidate the political situation in Outer Mongolia and the relations between Outer Mongolia and Soviet Russia from July 1921 to November 1924 on the basis of Mongolian and Russian secret archives. In 1921-1924, a period in which political foundations that continued to the present day were established in Outer Mongolia, Soviet Russia and the Comintern exerted a great degree of political influence over Outer Mongolia.

After the Mongolian People's Government (MPG) was formed, Soviet Russia had intended to utilize Outer Mongolia to enhance its own national security. However, because of the unstable situation in China and Mongolia, there was a diversity of views in Soviet Russia on the question of whether Outer Mongolia would prove to be a reliable ally. Therefore, for the time being, Soviet Russia secured a partial interest in Outer Mongolia by negotiating the Treaty of Friendship between Soviet Russia and Mongolia. Further, the Comintern expressed their support toward Mongolian independence for the purpose of winning Outer Mongolia over to their side in the First Congress of the Toilers of the Far East.

Soviet Russia's attitude toward Outer Mongolia can be determined from the case of the purge of Bodo. Bodo, the prime minister in the MPG and an important politician of the Mongolian People's Party (MPP), resigned because of his opposition to the "interference" of Soviet Russia and the Comintern. After resigning, he intended to cooperate with members of the Mongolian aristocracy (*Noyan*) and *Lama*. However, A. Ya. Okhtin, the vice-representative of the Soviet People's Commissariat of Foreign Affairs in Outer Mongolia, was opposed to Bodo and devised measures to counter Bodo's initiatives. In consequence, Bodo was purged in the summer of 1922. In the process, a "coalition government" consisting of the MPP members and influential persons from *Noyan* and *Lama* was formed to stabilize the political situation in Mongolia. However, this led Soviet Russia and the Comintern to regard Outer Mongolia as an unreliable ally, and they began to plan the

著者紹介

青 木 雅 浩（あおき まさひろ）

1975年	神奈川県生まれ
2000年3月	早稲田大学第一文学部卒業
2002年3月	同大学院文学研究科史学（東洋史）専攻修士課程修了
2010年3月	同博士後期課程満期退学
2010年4月	同大学モンゴル研究所客員研究員
2011年4月	同大学非常勤講師，日本大学非常勤講師，東北大学東北アジア研究センター専門研究員

博士（文学）。専攻は東洋史（モンゴル近現代史）。
1997～1999年にモンゴル国ウランバートル大学，2004～2006年にロシア連邦モスクワ大学に留学。
［主な論文］「ボドー事件と外モンゴルの政治情勢」（『史学雑誌』119-3，2010年），「1923年のモンゴル人民政府とソ連の交渉——中ソ交渉におけるソ連の譲歩と外モンゴル」（『東洋学報』91-3，2009年）など。

早稲田大学学術叢書 13

モンゴル近現代史研究：1921～1924年
―― 外モンゴルとソヴィエト，コミンテルン

2011年3月30日　初版第1刷発行

著　者……………青　木　雅　浩
発行者……………島　田　陽　一
発行所……………株式会社　早稲田大学出版部
　　　　　　　　　169-0051　東京都新宿区西早稲田 1-9-12-402
　　　　　　　　　電話 03-3203-1551　http://www.waseda-up.co.jp/
装　丁……………笠　井　亞　子
印刷・製本………精文堂印刷株式会社

©2011, Masahiro Aoki. Printed in Japan　ISBN978-4-657-11705-2
無断転載を禁じます。落丁・乱丁本はお取替えいたします。

刊行のことば

　早稲田大学は、2007年、創立125周年を迎えた。創立者である大隈重信が唱えた「人生125歳」の節目に当たるこの年をもって、早稲田大学は「早稲田第2世紀」、すなわち次の125年に向けて新たなスタートを切ったのである。それは、研究・教育いずれの面においても、日本の「早稲田」から世界の「WASEDA」への強い志向を持つものである。特に「研究の早稲田」を発信するために、出版活動の重要性に改めて注目することとなった。

　出版とは人間の叡智と情操の結実を世界に広め、また後世に残す事業である。大学は、研究活動とその教授を通して社会に寄与することを使命としてきた。したがって、大学の行う出版事業とは大学の存在意義の表出であるといっても過言ではない。そこで早稲田大学では、「早稲田大学モノグラフ」、「早稲田大学学術叢書」の2種類の学術研究書シリーズを刊行し、研究の成果を広く世に問うこととした。

　このうち、「早稲田大学学術叢書」は、研究成果の公開を目的としながらも、学術研究書としての質の高さを担保するために厳しい審査を行い、採択されたもののみを刊行するものである。

　近年の学問の進歩はその速度を速め、専門領域が狭く囲い込まれる傾向にある。専門性の深化に意義があることは言うまでもないが、一方で、時代を画するような研究成果が出現するのは、複数の学問領域の研究成果や手法が横断的にかつ有機的に手を組んだときであろう。こうした意味においても質の高い学術研究書を世に送り出すことは、総合大学である早稲田大学に課せられた大きな使命である。

　「早稲田大学学術叢書」が、わが国のみならず、世界においても学問の発展に大きく貢献するものとなることを願ってやまない。

２００８年１０月
早稲田大学

早稲田大学学術叢書シリーズ

　2007年に創立125周年を迎えた早稲田大学が「早稲田第２世紀」のスタートにあたり，大学が擁する幅広い学問領域から日々生み出される優れた研究成果をシリーズ化。学術研究書としての質の高さを保つために，大学での厳しい審査を経て採択されたもののみを刊行する。

中国古代の社会と黄河　　　　　　　　　　　濱川　栄 著（￥5,775　978-4-657-09402-5)
中国の象徴とも言える黄河。幾多の災害をもたらす一方，その泥砂で華北に大平原を形成してきたこの大河は，中国古代の歴史といかなる関わりをもったかを検証。
東京専門学校の研究 ―「学問の独立」の具体相と「早稲田憲法草案」― 　　　　　　　　　　　　　　　　　　　　　真辺　将之 著（￥5,670　978-4-657-10101-3)
早稲田の前身・東京専門学校の学風を，講師・学生たちの活動より描き出した書。近代日本の政治史・思想史・教育史上の東京専門学校の社会的役割を浮き彫りに。
命題的推論の理論 ―論理的推論の一般理論に向けて― 　　　　　　　　　　　　　　　　　　　　　中垣　啓 著（￥7,140　978-4-657-10207-2)
命題的推論（条件文や選言文に関する推論）に関する新しい理論（MO理論）を提出し，命題的推論に関する心理学的諸事実をその理論によって説明したものである。
―亡命者の記録 ―池明観のこと― 　　　　　　　　　　　　　　　　　　　　　　堀　真清 著（￥4,830　978-4-657-10208-9)
現代韓国の生んだ最大の知識人，『韓国からの通信』の著者として知られる池明観の知的評伝。韓国併合から百年，あらためて日本の隣国とかかわりかたを問う。
ジョン・デューイの経験主義哲学における思考論 ―知性的な思考の構造的解明― 　　　　　　　　　　　　　　　　　　　　　藤井　千春 著（￥6,090　978-4-657-10209-6)
長く正当な評価を受けてこなかったデューイの経験主義哲学における，西欧近代哲学とは根本的に異なった知性観とそれに基づく思考論を描き出した。
霞ヶ浦の環境と水辺の暮らし ―パートナーシップ的発展論の可能性― 　　　　　　　　　　　　　　　　　　　　　鳥越　皓之 編著（￥6,825　978-4-657-10210-2)
霞ヶ浦を対象にした社会科学分野でのはじめての本格的な研究書。湖をめぐって人間はいかなるルールを作り，技術を開発し，暮らしを営んできたか，に分析の焦点をあてた。
朝河貫一論 ―その学問形成と実践― 　　　　　　　　　　　　　　　　　　　　　山内　晴子 著（￥9,345　978-4-657-10211-9)
イェール大学歴史学教授朝河貫一の戦後構想は，これまで知られている以上に占領軍に影響があったのではないか。学問的基礎の形成から確立，その実践への歩みを描く。
源氏物語の言葉と異国　　　　　　　　　　　金　孝淑 著（￥5,145　978-4-657-10212-6)
『源氏物語』において言葉としてあらわれる「異国」を中心に，その描かれ方を検討し，その異国の描かれ方がどのような機能を果たしているのかを分析する。

―2011年春季刊行の８冊―

経営変革と組織ダイナミズム ―組織アライメントの研究― 　　　　　　　　　　　　　　　　　　　　　鈴木　勘一郎 著（￥5,775　978-4-657-11701-4)
パナソニックや日産自動車などにおける変革プロセスの調査・分析をもとに，新しい時代の企業経営のために「組織アライメント・モデル」を提示する。

帝政期のウラジオストク ―市街地形成の歴史的研究― 佐藤 洋一 著（¥9,765　978-4-657-11702-1） 国際都市ウラジオストクの生成・発展期における内部事象の特質を研究。これからの日露両国の交流や相互理解を進める上での必読書。	
民主化と市民社会の新地平 ―フィリピン政治のダイナミズム― 五十嵐 誠一 著（¥9,030　978-4-657-11703-8） 「ピープルパワー革命」の原動力となった市民社会レベルの運動に焦点をあて，フィリピンにおける民主主義の定着過程および今後の展望を明らかにする。	
石が語るアンコール遺跡 ―岩石学からみた世界遺産― 内田 悦生 著　下田 一太（コラム執筆）（¥6,405　978-4-657-11704-5） アンコール遺跡の文化財科学による最新の調査・研究成果をわかりやすく解説するほか，建築学の視点からみた遺跡にまつわる多数のコラムによって世界遺産を堪能。	
モンゴル近現代史研究：1921～1924年 ―外モンゴルとソヴィエト，コミンテルン― 青木 雅浩 著（¥8,610　978-4-657-11705-2） 1921～1924年に外モンゴルで発生した政治事件の発生および経緯を，「外モンゴルとソヴィエト，コミンテルンの関係」という視点から，明らかにした力作。	
金元時代の華北社会と科挙制度 ―もう一つの「士人層」― 飯山 知保 著（¥9,345　978-4-657-11706-9） 女真とモンゴルの支配下にあった「金元時代」の中国華北地方において，科挙制度の果たした社会的役割，特に在来士人層＝知識人たちの反応を解説。	
平曲譜本による近世京都アクセントの史的研究 上野 和昭 著（¥10,290　978-4-657-11707-6） 江戸期における京都アクセントの体系を，室町期以降のアクセントの変遷もふまえながら，平曲譜本を中心とした豊富な資料をもとに緻密に考察する。	
Pageant Fever: Local History and Consumerism in Edwardian England YOSHINO, Ayako 著（¥6,825　978-4-657-11709-0） The first-book length study of English historical pageantry looks at the vogue for pageants that began when dramatist Louis Napoleon Parker organised the Sherborne Pageant in 1905.	

―2011年度中に刊行予定―（書名は仮題）

全契約社員の正社員化 ―広島電鉄労働組合・混沌から再生へ（1993年～2009年）―	河西 宏祐
対話のことばの科学 ―話すと同時に消えるにもかかわらずなぜ対話は円滑に進むのか―	市川 熹
チベット仏教世界から見た清王朝の研究	石濱 裕美子

書籍のご購入・お問い合わせ
当出版部の書籍は，全国の書店・生協でご購入できます。書店等に在庫がない場合は，書店等にご注文ください。
また，インターネット書店でもご購入できます。

早稲田大学出版部
http://www.waseda-up.co.jp/